U0918199

中国监狱企业制度研究

The Research on the System of Prison Enterprises in China

任永安◎著

图书在版编目（CIP）数据

中国监狱企业制度研究/任永安著．—北京：经济管理出版社，2017.9
ISBN 978－7－5096－5221－3

Ⅰ.①中…　Ⅱ.①任…　Ⅲ.①监狱—企业制度—研究—中国　Ⅳ.①F279.21

中国版本图书馆 CIP 数据核字(2017)第 166807 号

组稿编辑：宋　娜
责任编辑：宋　娜　张　昕
责任印制：黄章平
责任校对：王淑卿

出版发行：经济管理出版社
（北京市海淀区北蜂窝 8 号中雅大厦 A 座 11 层　100038）
网　　址：www.E－mp.com.cn
电　　话：（010）51915602
印　　刷：北京玺诚印务有限公司
经　　销：新华书店
开　　本：720mm×1000mm/16
印　　张：20.25
字　　数：332 千字
版　　次：2017 年 9 月第 1 版　　2017 年 9 月第 1 次印刷
书　　号：ISBN 978－7－5096－5221－3
定　　价：78.00 元

前　言

罪犯和监狱，对于社会来讲，可能具有神秘性和严肃性。我们从报纸、网络或电视中看到的监狱罪犯，总是身穿狱服，光头寸发，列队出勤跑操；或者罪犯越狱潜逃，大批警察、警车必将飞奔堵截，领导誓将尽快抓捕归案；如从监狱大门走过，也必会看到站岗武警神情肃穆、手持枪械警棍、门楼高大威严、环墙铁丝网密布。这都是一般老百姓对监狱的直观印象。但对于监狱的职责使命、内部机构、场所设施，虽然随着监狱的对外适度开放，人们与之有了一定的接触，但对多数人来说还是知之甚少，更谈不上对监狱企业的认识和了解了。而就笔者而言，作为司法部多年从事司法行政理论的研究人员，由于专业分工的原因，虽到地方出差，有时也会到监狱进行调研和视察，但也都是“粗枝大叶”，仅仅了解一些表面现象和浅显问题，对于监狱的客观规律还没有很好地把握。但又由于监狱管理工作是司法行政最为重要和敏感的工作，中央和省市司法行政领导都视此项工作为“重中之重”。由此，笔者又不得不随时关注监狱工作，特别是每次从新闻中看到监狱罪犯越狱逃跑事件的报道，也都会认真思考其原因，包括出逃罪犯个人的实际情况、监狱的内部管理、监狱硬件设施的防护、监狱生产经营状况等。如广东北江监狱罪犯脱逃事件、呼和浩特第二监狱越狱案件、保定监狱罪犯逃跑事件等，类似事件每年都会发生，只是近年来有所减少。此时，笔者想到最多的是，导致监狱罪犯逃跑的深层次原因仍然涉及监狱生产与罪犯劳动改造问题。

随着党的十八大以来反腐败斗争的深入，全国司法行政系统也出现不少由于腐败而导致的违法违纪事件，如辽宁、广西、湖南、广东、吉林、湖北、新疆、青海等省级司法厅领导涉案其中，几乎各省市都有司法行政人员被抓。总体来看，司法行政权力相对微弱，应该说腐败概率不大。但司法行政的监狱部门却在罪犯减刑、假释、转监等方面存在巨大腐败空间。

事实证明，监狱系统腐败确实严重，通过媒体报道出来的被查处的腐败案件可以看出，监狱腐败是司法行政业务领域腐败的高发区、多发区。根据媒体报道的监狱腐败现象，笔者重点分析监狱腐败是否还和监狱企业生产有关，毕竟21世纪初湖南邵东监狱腐败案件、辽宁大连监狱腐败案件，当时经中央领导多次批示，再加上有关媒体公开报道，监狱的负面形象凸显，全国监狱干警压力巨大，这也导致全国监狱布局调整和监狱体制改革的启动与推进。监狱改革已近15年，其效果究竟怎样？现在的监狱腐败与监狱企业生产是否还有直接关联？是否说明监狱改革的方向不准、措施不力，或者改革的深度还不够？要做好监狱管理工作，究竟需要构建怎样的监狱管理体制？监狱企业制度如何构建？构建的内容包括哪些？等等，这些问题始终困扰于心。

要观察和研究监狱问题，首先需要了解监狱和监狱企业的职能与性质。监狱作为刑罚执行机关，承担着改造和教育罪犯的神圣职责，对于维护社会秩序、保持社会稳定、巩固国家政权、保障经济发展具有重要作用，历来受到社会关注和各级政府重视。我国法律强制要求在押服刑罪犯有劳动能力的必须参加劳动，其中《刑法》第四十六条规定：“被判处有期徒刑、无期徒刑的犯罪分子，在监狱或者其他执行场所执行；凡有劳动能力的，都应当参加劳动，接受教育和改造。”《监狱法》第六十九条规定：“有劳动能力的罪犯，必须参加劳动。”有劳动能力的罪犯参加劳动，既是犯人的法定义务，又是犯人的法定权利。犯人参加劳动需要有必要的劳动场所和劳动岗位，这就涉及劳动生产和经营，监狱企业由此诞生。

监狱企业的职责就是为有劳动能力的在押罪犯提供劳动场所和劳动岗位，是监狱为教育和改造罪犯而设立的配套辅助功能性保障单位。“监狱企业”是21世纪初期监狱体制改革时要求监狱工作要适应市场经济发展的新形势而提出的新的称谓。这次改革之前，也就是在“监企一体”的计划经济时代，对于监狱里为犯人提供劳动场所和劳动岗位的保障性单位及其制度的称谓，主要使用的是“监狱经济”“监狱生产”“监狱生产经营”等词语。本次改革，在官方的正式文件中明确了“监狱企业”一词，并且将“监狱企业”与监狱分开作为改革的重要措施，由此，对于监狱企业的性质、功能、定位、作用、制度、规范等范畴的理论研究才逐渐涌现。如果从此角度来看，监狱企业的确是新的事物、新的视阈、新的理论、新的制度，很有研究的必要。

笔者虽对于“监狱企业”一词并不完全赞同，但对于监狱改革涉及的监狱中的生产部门或者说生产行业应当有一个规范用语还是非常认同的。可以说，本次监狱改革对此进行了深入、系统的研究，并提出这一称谓，希冀通过监狱企业分离来彻底解决当前困扰监狱发展的一系列深层次的矛盾和问题，这是值得肯定和赞许的。因官方文件使用该词，笔者就此开展研究，也算为促进改革提供理论支持。

为搞好研究，笔者查阅了大量书籍文献、网络资料、官方内部报告，以及全国高校的部分博士、硕士学位论文，发现关于监狱企业的资料很少，特别是监狱企业的基层实际数据匮乏，只是通过一些硕士论文搜集到一些省市的，权且进行分析和参考。在这些有限的资料中，笔者也尽可能地在本书中予以说明，以期增加论证支持。当然，笔者作为司法部的专职研究人员，也尝试通过相关机构查询必要的资料，只是有的已经得到，有的还没有着落，更多的还是新的数据不足，这种“不足”既有其客观原因，又有其主观原因，这里不公开述及。

本选题研究初始，相关理论研究甚少，后来随着监狱体制改革的全面铺开，相关单位的理论人员的研究成果也就逐渐产生，进而出版、发表。其中，司法行政系统的刘津教授和高寒教授分别出版了专著，还有其他一些同志也公开发表了理论文章。总的来看，这些成果皆是各位作者潜心研究、长期关注、深入思考的最终理论，多数是从经济学、企业管理学角度进行研究的，并且研究的范围和侧重点各有不同。因此，为避开与这些作者的研究重复，笔者决定更多地侧重于运用法经济学知识，也就是更多地运用法学和经济学双重知识①，对监狱企业的制度分析和制度构建进行专题研究，既包括监狱企业内部的各项制度，如产权制度、法人治理制度、产业政策制度、社会责任制度等方面的研究，还包括其外部的立法规范制度的研究，并且将立法规范制度作为重点研究内容，采用大幅篇章论证监狱企业的立法问题，试图以此促进监狱企业立法进程，通过立法加强和规范监狱企业的管理。

因受文献资料缺失、实地调研不足、笔者知识水平有限等条件所限，书中观点难免存在诸多缺憾或错误。此外，对于摘录、引用、参考的相关书籍、论文、理论文章等，笔者也尽可能做到准确无误，并且明文注释，

① 此处所提的“法经济学”并不等同于“法学和经济学”，而是为论述方便暂作此表述。

但因数量众多，难免出现疏漏之处。凡此种种，敬请各位专家学者、所参考资料的作者和其他同人批评指正！

笔者自感对司法行政理论研究事业还需砥砺前行。由于多年从事法学科研项目管理工作和司法行政理论研究工作，对理论研究事业产生浓厚兴趣，由此，随时关注法学理论和司法行政理论的发展。特别是十多年来，眼看司法行政理论的发展相对法院、检察院、公安等部门业务的理论研究明显滞后和严重不足，笔者对此非常寒心。查阅以前司法行政研究部门的成果，单是笔者所在的单位就先后出版《依法治国论》《中国律师制度研究》《各国司法体制简介》《外国司法体制若干问题概述》《各国司法体制的宪法性规定》等多部重要成果，对于当时的国家法治建设，特别是对于司法行政工作的改革和发展发挥了重要作用，得到高层领导和理论界的充分肯定。笔者或是这些研究成果的直接参与者，或是这些研究成果的见证人。而反观今日的司法行政理论研究成果，特别是司法部的专业研究单位，分量重的、学术水平高的、参考价值大的，已是很少，能够见到的也多是日常工作的总结，很难见到水平较高的司法行政理论研究成果，尤其是司法行政基础理论研究成果。笔者对此深感不安。司法部是全国司法行政的最高决策机关和最高指挥机关，不重视理论研究工作，不深入研究和把握司法行政的客观规律，如何科学决策？如何推进司法行政工作的改革与发展？如何引导司法行政为国家的法治建设提供法治保障和法治力量？对此，笔者只有不忘初心，利用有限的个人智慧，联合理论界的专家、学者，共同关注司法行政工作，力所能及地研究和撰写司法行政理论，为司法行政的未来发展贡献一己之力。如此，心安矣！

任永安

2017 年 2 月

摘 要

本书以2003年开始的我国监狱体制改革为背景，采用实证研究的方法，对监狱企业及其制度进行了中外比较和系统分析，从多个层面论证，力争破解当前制约我国监狱企业整体发展及其作用充分发挥的现实问题与根本症结，最终提出符合中国实际、有利于刑罚执行的监狱企业改革和完善的对策建议。

本书主要结论如下：

(1) 监狱企业是历史发展的必然产物，承担着重要职责，长期以来，在改造罪犯、促进经济发展、维护社会安全稳定等方面发挥了重要作用。

(2) 监狱企业不同于一般的社会企业和其他国有企业，具有自身特殊性，应当定位于特殊的公共企业，提供特殊的公共产品。

(3) 监狱企业的产权制度和法人治理结构与其他国有企业不同，这是由监狱企业的特殊性质决定的。对于监狱企业的产权重构和法人治理结构优化要充分尊重其特殊性质。

(4) 监狱企业承担的社会责任也不同于一般社会企业，为罪犯改造提供劳动场所和劳动岗位是其首要责任，追求经济利益是其次要责任，后者要服从前者。

(5) 监狱企业的产业选择、产业布局和产业升级，都要围绕有利于罪犯改造的需要进行改革和调整，并完善相关的配套政策措施。

(6) 监狱企业需要立法完善，立法主要内容包括监狱企业的性质与定位、设立与出资、组织架构与法人治理结构、财税优惠等。通过专门立法，保障监狱企业职能作用的良好发挥。

（7）美、英、德、日、俄等国的监狱企业设置与管理各具特点，对于改革和完善我国监狱企业制度具有镜鉴作用，但要客观分析和择优借鉴。

关键词：监狱；监狱企业；制度；改革

目　录

第一章　绪　论

监狱是国家的刑罚执行机关。一般认为，监狱是关押被法院判决有罪且需要服刑的罪犯的机构和场所。按照我国《刑法》和《监狱法》规定，在监狱服刑的罪犯，只要有劳动能力的必须参加劳动，接受教育改造，监狱企业由此诞生。监狱企业在政治职能上附属于监狱，主要为罪犯提供劳动场所和劳动岗位；而在体制和管理上，又与监狱分离，独立运行。监狱企业不同于一般的社会企业和其他国有企业，具有自身的特殊属性。这种特殊性决定了监狱企业在制度构建、产权界定、法人治理、社会责任履行、立法规范等各方面与其他企业既有共性又有个性。鉴于监狱企业的规模宏大，职责重要，但又相对封闭，历史积弊过多，改革任务艰巨的现实，有必要对我国当前的监狱企业从法经济学的视角进行系统分析，并提出今后进一步改革和完善监狱企业制度的对策建议。

对于监狱企业制度进行理论研究，必须首先了解和把握监狱企业性质、职能，然后才能对其制度的内在规律进行分析，并提出构建和完善监狱企业制度的对策建议。

监狱企业的特殊性决定了监狱企业制度的特殊性。监狱企业制度的组成、构建和完善不同于一般企业，这需要从理论和实践两个方面进行探索研究。本书为此从多个方面对监狱企业及其制度展开研究，目的在于阐释监狱企业制度的内涵，构建现代化的监狱企业制度，推进我国监狱刑罚职能的充分发挥。

第一节 监狱、监狱企业与监狱企业制度

一、监狱

我国《监狱法》第二条规定："监狱是国家的刑罚执行机关，依照刑法和刑事诉讼法的规定，被判处死刑缓期二年执行、无期徒刑、有期徒刑的罪犯，在监狱内执行刑罚。"目前我国的监狱职能与国外监狱承担的职能有所不同，故对其进行了重新定义。本书研究的"我国监狱"，是指"由司法行政机关管理，依照刑法和刑事诉讼法的规定，对判处死刑缓期二年执行、无期徒刑、有期徒刑的罪犯执行刑罚，并对其进行教育改造的国家刑罚执行机关"。

二、监狱企业

确定了监狱内涵，就需要准确定义监狱企业的概念。在政府文件中，监狱企业作为一个正式称谓，时间并不长，可以说是一个新词，起始于2003 年的监狱体制改革前后，在这之前，理论界和实务部门主要使用"监狱经济""监狱生产""监狱生产经营"等词语对监狱中的罪犯劳动场所和劳动生产改造予以定义和阐述。但这并不表明之前监狱中不存在企业，事实上，在此之前，监狱的经济生产单位大多都按照一般企业登记注册的方式在工商、税务、质检等部门办理了证照，只是当时把监狱生产经营部门作为监狱的内设单位，视其为具有看管犯人、专政性质的国家强制部门，没有从市场化的企业经营视角予以关注，这也是由计划经济时代的大背景决定的。而本次监狱体制改革伊始，"监企分开"是监狱体制改革的重要举措之一，"监狱企业"一词由此开始出现，受到社会关注。笔者对监狱企业含义也作出自己的界定，认为我国的"监狱企业"是指国家为监狱执行刑罚，改造和教育罪犯，提供罪犯劳动场所和劳动岗位，不以营利为目的的特殊公共企业。监狱企业是监狱实施改造和教育罪犯的重要载体，是监狱

工作的重要组成部分，没有监狱也就不会有监狱企业，没有监狱企业也不会有罪犯接受劳动改造教育的场所。监狱体制改革后，监狱和监狱企业分开，各自规范运行。

监狱企业规模宏大，目前全国性的最新准确数据很难查询到，只是查到本次监狱体制改革初期一些数据。但各省市数据，有的通过论文、报章等载体还是可以查到的。以经营效益比较好的山东监狱企业来说，山东监狱国有独资公司是山东省齐鲁新航集团，2008 年底，集团下辖全省监狱企业子企业共 106 个，资产总额 256 亿元，主营业务 95 亿元，实现利润 15.6 亿元。截至 2014 年底，集团下属监狱企业 24 个，按行业划分，具体为：机械行业单位 7 个，煤炭行业单位 4 个，以电力为主业的企业集团 1 个（里能集团），农业（2 个）和劳务加工（6 个）组成的其他行业 8 个，酒店服务业 3 个，基本建设单位 1 个。2014 年监狱企业职工人数 12392 人，干警 11467 人。1998 ~ 2008 年末，山东省监狱企业累计批复和返还到位的增值税款就达 33.6 亿元。[①] 山东监狱企业效益相对较好，在全国排名前几位。山东一省如此，可见全国的监狱企业的规模状况和资产数额也是非常巨大的。监狱体制改革要求监狱企业“也要讲效益”，这从国有资产保值增值来讲，确实很有必要，毕竟监狱企业是国有独资公司，需要保护国有资产。但监狱企业又不同于一般的社会企业，如何做到“讲效益”、保值增值，也是值得研究和解决的问题。

三、监狱企业制度

监狱企业具有特殊性，监狱企业制度也就具有特殊性，不同于《公司法》规定的一般企业的性质和条件。对监狱企业制度的分析和辨识，要尊重其自身的特殊规律，以此追寻构建和完善监狱企业制度的方式和途径。监狱企业制度既包括内在的各个环节、方面的制度，如产权制度、法人治理结构、社会责任、产业布局和产业政策等；又包括与其相关的其他制度，如法律调整规范制度。从总体来看，笔者就是要研究监狱企业制度体系。当然，域外监狱企业制度，特别是西方发达国家的监狱企业制度，对于我们来讲具有重要的借鉴和参考价值，值得认真分析研究。

---

① 庞娜娜：《山东省监狱企业管理问题研究》，山东财经大学硕士学位论文，2016 年，第 15、19 页。

第二节　监狱体制改革的背景

一、监狱体制改革

监狱是阶级矛盾不可调和的产物，是国家机器的重要组成部分。究其历史，自从人类有了阶级统治开始也就有了监狱，主要是用来关押罪犯的主要场所。新中国成立后，我国的监狱体制随着经济社会的发展，以及行刑理念的变化，进行过多次改革和调整。在不同时期，监狱为维护社会稳定、促进经济社会发展都作出过巨大贡献。但由于历史原因，监狱体制，包括管理体制、经费体制、劳动改造体制等，随着每项改革的完成，新的矛盾和新的问题又会逐渐出现，监狱体制改革是每届司法部领导都要面对的硬任务之一。21 世纪初，司法部党组认识到监狱体制长年积弊导致监狱刑罚执行职责的严重缺失和错位，以致严重影响到社会稳定和司法公正，影响到党和政府在人民群众中的威望与信誉，到了必须再次改革的重要历史时刻。这次改革不是原来的小打小闹，而是需要在体制转换、执法理念转变等方面进行大的改革，从而彻底解决监狱存在多年的诸多问题。基于这个层面的高瞻远瞩的认识，司法部党组上下协调，深入调研，反复论证，认真规划，科学布局，真抓实干，于 2003 年 1 月启动改革试点，2008 年全面推行，2011 年基本完成。应该说，这项工作是司法行政近 20 年来力度最大的改革工作，对于健全监狱履行职能、理顺监狱管理体制、完善监狱管理制度、解决监狱历史遗留坏账、维护社会安定团结，都发挥了巨大显著的作用。总的来看，改革的方向是对的，改革拟定的目标也是对的。

二、监狱企业与监狱体制改革

正是此次监狱体制改革，“监狱企业”一词在政府文件中才正式出现。从改革开始，司法部将“全额保障、监企分开、收支分开、规范运行”确

定为监狱体制改革的目标，“监狱企业”由此进入学术界和政府实务部门，在此之前，用词主要限于“监狱经济”“监狱生产”“监狱生产经营”等，监狱与监狱企业视为一家，监狱企业附属于监狱，即使在《监狱法》中对监狱企业也没有明确的定义和规范。自此，监狱企业的性质、定义、内涵、规律、制度、立法等，逐渐出现在报章期刊和理论研讨会上，引起学术界的注意。同样，全国司法行政系统甚至整个政法系统，对于“监狱企业”也有了重新认识和正确界定。应当说，没有此次监狱体制改革，也就没有监狱企业及其制度的专题研究，即使研究了监狱企业的实质内容，但“监狱企业”的准确内涵还没有得到官方的正式确认，也就谈不上使用该词并推动相关改革了。

三、监狱体制改革与监狱布局调整

21 世纪初的监狱体制改革的措施包括：监狱经费保障改革、监狱与监狱企业分离运行、监狱企业经营收入和监狱保障经费支出分开实施、监狱与监狱内设社会场所分离。这些是理论界和司法行政部门领导多次阐述的具体改革措施，但笔者认为，监狱布局调整和产业政策调整也是紧随监狱体制改革开展的，应当一并视为监狱改革的主要任务。也就是说，此一轮大动作的监狱改革，既包括监狱体制改革，又包括监狱布局调整。在能够查询到的官方政策、文件、领导讲话中，有的并没有明确将这两个方面结合成一个问题来看待，尤其理论界研究更多的是关于监狱体制改革，而对监狱布局调整和产业升级论及的并不多，这可能是因为监狱布局调整始于 2002 年初，而监狱体制改革始于 2003 年初，两者相差一年，并且分别下发文件正式推行，如此来说，可以视为两项改革决策。笔者认为，这两项改革决策虽有时间先后，但实质是为解决监狱现实存在的主要矛盾和问题而进行的重大改革，并且“监狱体制改革”限于软件制度方面的改革，而“监狱布局调整”是硬件建设方面的改革，应视为软硬件改革一体，综合论证研究，不失为一项科学理论。此外，严格来说，没有布局调整也不可能彻底完成体制改革，如布局调整中涉及监狱与社会分离、经费保障、产业政策调整、产业升级等，这也是监狱体制改革涉及的问题，特别是监狱企业作为监狱体制改革的最为重要的内容所必须面对的改革任务。反之，没有监狱体制改革，监狱布局调整会涉及很多困难和问题，还得通过监狱体制改革来解决。再者，监狱体制改革后期和监狱布局调整中后期，已基本按照一体化改革进行，如新疆维吾尔自治区的两项改革都是2009年正式启动，实际上已经很难分开论证与部署了，也基本上认为两者同属于一项改革，解决的是事关监狱长远发展的同一件事情。由此可见，这两项工作相辅相成，互相支持与促进，缺一不可，不能单独分开来看待，应该皆视为监狱改革的范畴予以论证研究。这可能是监狱系统外人士所没有深入了解的。

第三节　以往相关研究成果

一、司法行政理论研究

司法行政工作及其相关理论在学术界研究的人员和撰写的成果相较于公安、法院、检察院相对较少，并且这种“较少”是先“少”后“更少”。究其原因：一是司法行政工作曾于1959~1979年撤销，而1979年恢复至今也就30多年，并且职能几次变更，因此在理论体系方面不够完善，缺少系统的理论体系支撑。二是近年来的几届司法部领导对司法行政理论重视的程度差别较大，有的的确重视，如1993~1998年、2000~2005年，司法部领导既说又做，对理论研究真正重视，真正研究问题，也真正出台重要措施，改革和解决司法行政的主要困难和主要问题。后来有的司法部领导却对此不够重视，或只说不做，作秀而已；或连说也不说，直接轻视不睬。在这种情况下，司法行政相关工作的理论研究成果忽然多些，忽然又少些，但总体上还是少。司法行政工作向来用“点多、面广、线长”来概括，其中最为重要的工作是监狱管理和律师管理，实际上这两个业务的理论研究成果还是不少的，但这也是以往的成果，近几年还不是太多。三是司法行政工作既杂又散，工作性质不统一，职能也相对较弱，特别是地（市）县级司法行政部门，从公权力来说，非常微弱，群众对此关注不够，认识和了解也不足，学术界也是如此。四是长期以来，司法行政中的一部分工作性质封闭，人员思想相对保守，整体来看，对社会、对学术界开放不够，特别是监狱、强制隔离戒毒（原来的劳动教养）、安置帮教等。这些领域的工作人员对外交流不多，又都安于现状，不求大的变革，只求稳定工作，也不愿主动吸收社会、理论界人员参与司法行政的工作改革和理论研究。以上这些都是导致司法行政理论研究不足、滞后的主要因素。

二、监狱理论研究

在司法行政的所有业务研究中，关于监狱、罪犯、刑罚、狱政管理、监狱经济、监狱生产等涉及监狱职能和监狱行政管理的理论研究成果，相对其他司法行政业务为数不少。这是因为：一者，监狱系统人员多，理论水平较高的人员也很多；二者，监狱所涉及的刑事执行理论是刑法理论的重要组成部分，相关学者、专家对此不得不重视；三者，监狱工作从新中国成立至今没有停止过，一直存在并发挥作用，因此积攒的理论成果相对较多；四者，监狱自身包含的业务、理论较多，需要研究的问题迫切并且重要，特别是行政管理单位开展的调查研究，很多都是领导直接批示，或者紧急事态突发急需研究和解决的，这样形成的理论成果也是不少的；五者，由于监狱工作的极端重要性，司法行政各级领导对其高度重视，相关业务研究成果随之增多。

三、监狱企业理论研究

客观上讲，学术界关于监狱的功能与管理的研究，还是可以偶见于学术期刊和法制报章的，但关于监狱企业的研究，确实是少之又少。这是因为：一是监狱企业是个新兴名词，是近几年由于监狱体制改革主要涉及的是关于监狱和监狱生产劳动场所的分离运行与分工负责而出现“监狱企业”一词，学术界对此知道的并不多；二是要研究监狱企业制度，除了掌握法学知识外，尤其需要具有经济学的基础知识，特别是关于企业管理的必备知识，应该说具备这两种知识素质的专业人员是从事理论经济学和经济法学研究的人员，但这些专家却认为监狱企业是“关于监狱”的事，应该是从事刑法学研究的人员关注的领域，导致学术界很少涉足此类研究；三是监狱和监狱企业多年的封闭式管理，以及政治上要求的保密意识，造成内部对外的开放性不够，不会或不懂得主动与社会和学术界进行合作，吸引他们参与内部问题的分析与解决，这是受制于监狱系统内部人员思想和知识视野的局限性。

当前，通过公开查询，能够搜集到的关于监狱企业的研究成果相对较少，并且很多还是硕士毕业论文。这些论文多数是基层监狱干警在职攻读学位所写，数据扎实，但理论深度不够。要研究监狱体制改革和监狱企业制度，需要先了解已出版的相关著作和一些文章。首先需要阅读和参考的是原司法部部长张福森于 2009 年出版的《中国监狱体制改革的酝酿与启动》一书。张福森是本次监狱体制改革的启动者、推动者，也是改革的实际决策决定者和具体落实负责人。书中翔实地记录了本次监狱体制改革的过程、思考、问题和改革措施，虽然时间截止到 2005 年 6 月他退任，但本次改革的最为关键时期集中在前期的策划与启动。本书属于历史性回顾，既有历史事件叙述，还有一些理性思考和实际问题分析，研究当前的监狱、监狱制度以及监狱企业制度都需要参考该书。另外，理论界对于监狱生产经营、监狱经济和监狱企业进行专题研究的成果，最为系统的是高寒 2005 年出版的《监狱经济体制改革研究》和刘津 2009 年出版的《监狱企业法人制度问题研究》。这两部著作是专门研究监狱企业、监狱经济的，都是运用经济学的基本理论进行阐述和概括分析的，应当说从研究的范围、研究的深度、研究的逻辑性来讲都是值得肯定和赞许的。这两位同志也都是司法行政高校的专职教学科研人员，具备扎实的理论功底和丰富的监狱实际数据，因此成果的质量应当说相对较高。两本著作的研究又不尽相同，《监狱经济体制改革研究》成书时间正好是监狱体制改革启动初期，那时的专业术语多使用“监狱经济”“监狱生产”等，书中虽然也使用了“监狱企业”一词，但笔者还是认为“监狱企业”属于“监狱经济”的微观范围，在此基础上对其运行目标、运行机制和产业选择进行了研究。可见，监狱企业是该书全部研究范围中的一部分，属于相对比较传统的研究，有的观点还处于改革前的认识，如对监狱企业性质的认识，就没有跟上改革后提出的思路和想法。《监狱企业法人制度问题研究》成书于监狱体制改革已经进行了 6 年的情况下，取得不少成功经验，形成了一些理论，基本形成了主流的认识和观点。基于此，本书围绕监狱企业进行了专题系统研究，通过经济学视角，对监狱企业的性质、功能、法人治理、产权制度、财会制度等分别研究，并且研究的立论和观点也基本符合监狱体制改革的基本要求和范围。美中不足的是，本书对于监狱企业改革的后续效果，或者说最终效果，

由于时间原因没能总结分析。由此可见，后者的时效与前者的时效不同，两者研究的观点也不尽相同。高寒撰写出版的相关著作还有《监狱生产的定位与运行研究》等，理论性也比较强。总的来看，这些著作基本上是运用经济学、企业管理学知识对监狱企业进行的研究和分析，缺少制度方面和法律方面的系统研究。

除以上三本书之外，还有一位博士、数十位硕士毕业论文的成果，其中，蒋贤孝的博士论文《监狱企业集团公司研究》值得肯定和借鉴，是一篇很好的研究成果，但其中大部分章节论证的是监企改革的原因及制度理论，而对策建议的内容相对少些，稍显不足。其他散见于各个高校的为数不少的硕士毕业论文，对监狱企业的研究，多是集中于2003年监狱体制改革开始至今的监狱企业实证研究，经查证，多数作者是全国监狱系统的干警或相关人员。当然，这可以理解，由于历史原因和监狱自身的复杂性，监狱系统长期对外封闭，不被社会了解，因此关于监狱和监狱企业的研究资料也仅限于内部掌握，外部人员很少能够接触到，更不要说深入研究了，就连笔者作为最高司法行政部门直属研究单位的专业研究人员，要想查询监狱的有关资料和数据，也是一件非常难办的事情。而笔者在研究香港特别行政区司法制度时，撰写的香港特区惩教署的相关内容，很多都是通过官方网站公开查询到的。

硕士也基本上是兼职攻读学位人员，这些撰写者，一方面掌握监狱企业的实际数据、事例，了解监狱的真实状况，能够将理论联系实践；另一方面通过几年理论学习，专业知识有所提高，并且一部分人还是跨专业学习，撰写的涉及监狱企业的论文包括工商管理、人力资源、法学、经济管理、企业管理、财会等不同学科的研究，对于研究和阐述监狱企业及其制度会更加全面、深入和系统。这些从不同角度和视野撰写的关于监狱企业的理论成果，多姿多彩，让我们能够从多个视角、多个方位、多个学科来认真、细致地了解和研究我国的监狱企业及其制度，使我们对监狱企业及其制度有了全新的认识和了解。但这些成果相对于上述专业人员的理论著作以及博士的研究论文来讲，又限于论文篇幅和自身知识水平，可能在理论深度、研究视阈和论证体系等方面还是明显不足，但其诸多实际数据和案例值得研究、参考。

除以上成果之外，其他能够查询到的关于监狱企业及其制度的资料，如果从报纸期刊来说不是太多，主要集中于《中国司法》《中国监狱学刊》

《法制日报》以及全国监狱系统所属的内部研究刊物。其中，司法部原副部长范方平在任时负责监狱管理工作，也是本次监狱改革的积极倡导者和具体实施的负责人之一，为推行监狱改革工作，撰写和发表了一些相关文章，如2004年的《关于监狱体制改革试点的几点思考》，对于推动落实监狱体制改革工作指明了方向。司法部监狱管理局喻丹圣的工作论文《论监狱生产的改革与发展》，为我们详细论证了监狱企业与监狱生产的关系与发展。还有，新疆维吾尔自治区华新瑞安集团总公司（新疆维吾尔自治区监狱企业集团）总经济师刘向红在自治区监狱管理局和集团公司先后担任基建处、计划处、科技处、生产处、企业管理处等部门负责人，对监狱管理和监狱企业工作相当熟悉，又是会计师出身，具备扎实的经济学知识，撰写出版了多部关于监狱和监狱企业的理论著作，如《管理视角下的监狱文化建设》《罪犯改造工作中的循证方法》等，可以说是全国监狱系统比较有代表性的理性思考者。他于2011年撰写了《论监狱体制改革的十一个问题与对策》，当时正是新疆维吾尔自治区实施监狱体制改革的最后阶段。文中他就监狱体制改革中出现的和改革后将会出现的重要问题一一罗列，详细分析了这些问题存在的原因和症结，并分别提出了对策建议。应当说，这篇文章对于我们了解监狱体制改革的成效能够“一叶知秋”“一斑窥全豹”。另外，还有些关于监狱的理论研究涉及监狱企业、监狱经济、监狱生产经营等问题，但都是独立成章研究，系统性不强。

开展监狱企业及其制度研究，还需要进行中外比较分析，也就是要了解国外监狱企业和监狱生产的情况。客观上讲，近十几年来，我国推进监狱体制改革工作，其中最为重要的工作还是监狱企业和监狱的分离与管理，并没有多少相关的理论成果和系统的实践经验总结作为理论支撑。这是个全新的体制改革，需要了解国外的具体情况，借鉴其成功经验，这样就大量出现了关于美、英、德、日、意、俄、西、加、澳等国家的监狱管理和监狱场所生产的考察与研究。有一些是公开发表的成果，既有专题介绍国外监狱企业情况的，也有在介绍国外监狱罪犯改造管理工作中将监狱企业作为重要组成部分进行详细分析的，这些通过相关报纸期刊可以公开查询到，但总的成果数量也不是太多。其中值得一提的是，司法部为筹备和落实监狱体制改革任务，通过多次派人外访形式，撰写和积累了一些国外考察报告，这些考察报告可以说相对比较客观、翔实，只是对外公开的不多，但对于促进本次监狱改革发挥了重要作用，这在张福森的上述著作中有所介绍。

第四节 对监狱改革的理性思辨

一、改革未竟

我国的监狱管理工作从新中国成立至今，随着经济社会的发展，已经历多次改革。本次监狱改革，从筹划、启动到结束，历经十年，应当说成绩显著，解决了很多监狱历史遗留问题和现实发展问题，对于保障罪犯人权、促进罪犯改造法制化、履行监狱法定职责等发挥了重要作用。本次监狱改革，主要包括两大措施：一是落实监狱布局调整，对监狱进行整合、新建、改建、搬迁，科学合理布局，优化产业结构，提高功能效率；二是推进监狱体制改革，以“监企分开”为重点，按照“全额保障、监企分开、收支分开、规范运行”的改革目标，先行两批试点再全面铺开，科学有序，基本实现经费全额保障、监企分开、监社分开、收支分开的目的，并且各省建立了监狱国有独资公司及分公司、子公司，已运营多年，经济效益完全服务于社会效益。这些都是21世纪初监狱改革肯定较多、宣传较多的正面改革成果。但作为科学研究，除总结取得的良好成绩和丰富经验外，还需要对改革的负面效应和原因进行分析和研究。为此，笔者根据对监狱的实际调研和多个相关理论成果的观察与思考，特别是重点参考各级监狱警察和相关人士撰写的多篇硕士论文，认为本次监狱改革后监狱面临着一些新的问题，值得继续研究和解决。这些问题主要包括：其一，监狱和监狱企业分开后，两者在日常工作的配合与协作并不顺利。由于各自独立运营、独立管理，并且监狱警察的主要职责全部转移到罪犯看管与改造，与企业效益没有任何关联，因此出现对企业经营不够重视甚至不够配合的现象。而按照改革规定，需要通过合同约定或者联席会议的方式，解决两者的协作与配合问题，但目前多数仍然使用行政干预的方式。由于两者的利益着眼点不同，出现矛盾也是必然的。其二，监狱企业缺少立法上的保障。监狱企业属于特殊的国有独资公司，不同于一般意义上的社会企业和其他国有企业，目前的《公司法》《企业国有资产法》等法律法规不能完全适用于监狱企业，要想从根本上解决监狱企业的深层次问题，必须通过立法来规范其行为，这是目前监狱干警普遍反映的问题之一。其三，监狱警察对罪犯行刑的理念并没有彻底改变，仍然停留在以杜绝犯人逃跑为首要任务。为避免犯人出逃，管理方式更加严格、狭隘，尽量减少犯人的劳动出勤量，必定影响监狱企业的生产与经营。目前来看，21 世纪初监狱改革，通过花钱解决了监狱系统历史遗留问题，但犯人改造质量并没有显著提高。这也是张福森担心在监狱体制改革过程中会出现的问题。其四，“监企分开”后，监狱警察的工作绩效考核和奖励激励机制没有完全建立，监狱分类分级改革也没有正式启动，其工作的主动性和积极性相比原来紧盯监狱企业经营效益来看有所降低，也就是说，监狱改革的多项后续措施和配套政策严重滞后，导致监狱警察和监狱企业工作人员对本次改革的评价至今仍有所争议。

二、理性思考

本书对于监狱企业的认识也有一些与众不同的想法和认识。例如，对于“监狱企业”名称的异议。监狱企业在我国政府文件中出现的时间应该是本次监狱体制改革初始之时，也就是 21 世纪初期。在这之前，对于监狱中为罪犯改造提供劳动岗位和劳动场所及相关设施、设备，统称的名称是“监狱生产”“监狱经济”“监狱生产经营”等词语，21 世纪初改革时使用“监狱企业”一词，笔者认为不够严谨、准确，原因是：①监狱中的生产场所附属于监狱，是监狱用于罪犯改造必要的组成部分，如果让监狱与企业分开，就很难各自充分发挥作用，即使分开，也是“神分貌合”，仍然是一家，不可能彻底分开，因为分开后各自的利益附属点不同，此外还会出现“重视分离轻视合作”的现象。这都很难保障监狱的罪犯改造功能的实现。②“监狱企业”一词，容易使人产生监狱中还有企业的印象，而企业重视的是利益，追求的是经济效益，这不应当是监狱追求的目标。虽然改革中将监狱企业定性为特殊企业，但要求其必须“也要讲效益”，这个要求就给监狱和监狱企业领导留了后门，为他们利用监狱管理中的现实问题，寻求继续在监狱企业中谋求岗位、绩效、利益等设定了有利条件。③如果监狱执行刑罚过程中要执意使用“监狱企业”一词，就需要立法保障和规范，但这样的全国性立法也是很难的，如同原来了解的“军工企业”也有很

大特殊性，但如果想单独立法还是一件不容易的事。总的来说，对于使用“监狱企业”这个称谓，笔者保留一定的看法。但这不影响本课题的研究与撰写，本书还是参照当前的政策文件称呼和理论界普遍观点使用该词语。

三、总体评价

如果要对本次监狱体制改革做个独立判断和评价的话，笔者认为，应该说本次改革确实解决了很多监狱历史遗留问题，取得了十分显著的成效。但改革得还不够彻底，还只是在由计划经济向市场经济转型过程中，缘于监狱的特殊属性，成为过渡阶段的改革措施，并且这次改革的成效也没有像宣传的那样完全到位，而且在其后很长一段时间后续的配套和完善措施出台得不够紧凑、快速，需要今后继续努力改进和完善。在改革过程中，还是有一部分人对改革怀有疑问，对是否应该如此改革也有不同看法，甚至出现过抵制现象，并且从改革实际成效来看，改革也没有全部实现原来既定的改革设想，有的反倒呈现“往回走”的趋势，如监狱企业的法人治理结构优化中，监狱的领导班子成员兼任监狱企业的领导，导致监狱企业中出现“内部人控制”问题。监企没能按照要求彻底分开，甚至有的分开后现在又重新兼任。

总的来看，改革是正确的方向，是解决监狱原来积累的历史问题和现在出现的新问题的根本途径和根本方法，必须坚持改革不动摇，必须通过改革来不断规范和完善监狱履行罪犯改造教育的职责。这条路线不能变，今后还要坚持。随着我国经济社会的快速变化以及人们法治意识的日益提高，再加上法治国家、法治政府、法治社会的一体化建设，监狱会面临越来越多、越来越复杂、越来越紧迫的新任务和新问题，如罪犯人权的保护、犯人减刑奖励考核制度的完善、监狱和罪犯的分级分类管理、监狱产品的财政保障、监狱罪犯看管的法治化、监狱看管改造与监狱生产劳动的协调与监督，等等，这些都需要通过不断改革予以改进和加强。

第五节　本书研究的意义、范围、方法和内容

一、研究意义

本书写作始于2010年底，那时已是监狱体制改革全面实施阶段。此前，虽然通过两批试点，监狱体制改革取得了成功，积累了经验，但要在全国推开，就会因地域不同、经济发展不同、监狱历史遗留问题不同，而出现面对要求改革的态度不同，采取的改革方式方法也会有所差异。这就需要对监狱、监狱企业及其制度进行认真研究，寻找其内在的客观规律，探讨改革的措施、方法和路径决策。监狱体制改革的重点是“监企分开”，为此笔者以2003年开始的监狱体制改革为研究范畴，运用法经济学知识对我国监狱企业进行探讨和研究，力求对我国监狱管理的法治化、规范化提供可资借鉴的理论参考。本书的现实意义和理论价值主要包括：一是对我国的监狱企业及其制度进行系统的理论研究，为监狱企业的改革发展提供理论依据；二是研究当前监狱企业运营中存在的现实矛盾，分析导致矛盾产生的深层次原因，寻求解决这些矛盾的对策措施，为中央最高决策机关的科学决策提供智力支持；三是对监狱改革进行认真总结和客观评价，理性权衡得失利弊，为监狱的未来发展提供评价标准。

此外，按照司法部负责人2012年4月25日在十一届全国人大常委会第二十六次会议上报告说“监狱体制改革任务已基本完成，中国特色社会主义监狱体制基本形成”。应该说，本次监狱体制改革已基本结束，但通过实地调研发现，监狱体制改革还没有完全实现原来拟定的改革目标，还有很多改革配套政策需要继续制定和出台，因此不能说“改革已经结束”，而是改革“永远在路上”。这也是本书付梓之时，与司法部监狱管理局几位同事交流中获得的共同感受。由此看来，本书对于继续推动我国监狱企业制度的改革和完善仍然具有积极意义。

二、研究范围

本书的研究范围重点选择监狱的基本功能、监狱企业的性质、监狱企业制度的变迁、域外监狱企业相关制度、监狱企业的产权制度重构、监狱企业的法人治理结构优化、监狱企业的社会责任、监狱企业的产业升级、监狱企业的立法规范等方面进行认真研究和分析，每个方面都是本书的一个专题，系统而紧密相连。这些研究范围，既涉及经济学方面的知识，还涉及法学和行政管理方面的知识，但总的来看，是基于法经济学知识对监狱企业相关问题开展的研究。

三、研究方法

本书运用实证研究方法，将监狱企业的实践和经济学、法学的理论相联系，保证理论的可靠性和实践的可行性。同时，还借助比较分析的研究方法，以此作为研究论证的支撑。这包括两个方面：一是中外比较研究，简要介绍和总结了美、英、德、日、俄等国的监狱和监狱企业制度，并对其比较分析，提出可以镜鉴的科学规律和改革措施；二是把监狱企业与我国一般的社会企业、其他国有企业进行横向比较研究，可以说此种方法贯穿全书始终，以此突出监狱企业的特殊性和监狱企业制度构建的繁杂性。

四、研究内容

本书八个专题（第二章至第九章）研究各有不同，第 1 ~ 3 专题是综合理论阐述，为具体改革提供理论基础；第 4 ~ 7 专题，既有单方面、单项制度的理论分析，又有制度构建的具体分析和对策建议；第 8 专题是本书的核心内容，旨在通过立法来改革和完善我国的监狱企业制度，从法律规范方面彻底解决监狱和监狱企业面临的一系列问题和困难，为此本专题系统而具体地阐述了监狱企业立法的必要性、主要内容和实现路径。这些专题环环相扣，始终围绕报告主旨，意在保证研究成果的高质量和高水平。

总之，我国监狱企业制度具有中国特色，与国外不同，与以往也不同，属于中国特色社会主义司法制度的重要组成部分。目前我国正处于社会转型、全面推进依法治国的重要时期，如何继续改革和完善监狱企业制度，以便更好发挥其法定的职能作用，同时又能够对国有资产保值增值，是摆在理论界和司法行政实务部门面前的一项重要而艰巨的任务。我国的监狱企业目前在实践中和理论上仍然存在很多亟待完善的地方，需要对监狱企业及其制度进行认真研究和分析，通过立法来完善监狱企业制度，通过继续改革来解决监狱企业存在的现实问题，促进构建具有中国特色的社会主义现代化监狱管理制度。

第二章　监狱及监狱企业概述

基于监狱企业依附于监狱而存在，要对监狱企业制度进行研究，就必须先对监狱制度作一般了解。也只有明确了监狱的定义，并对我国监狱制度的历史演进和管理体制沿革有所认识，才能为监狱企业制度的研究提供前提。同时，也只有在深刻认识监狱罪犯从事生产劳动性质的基础上，才能对监狱企业的性质作出本质揭示，并结合我国监狱企业的实证考察，深刻认识到监狱体制改革与监狱企业制度重构的必然，从而廓清本书的研究范围。

第一节　监狱概述

一、监狱的定义

有学者试从政治属性对监狱的本质进行揭示，指出“监狱是构成国家实质的专政工具，是强制他人意志服从统治阶级意志的特殊强制机构”。① 这种揭示是根据马克思主义的国家学说，认为国家是阶级矛盾不可调和的产物，是统治阶级对被统治阶级实行阶级统治的暴力工具，监狱和军队、警察、法庭等一起作为国家机器的重要组成部分。这虽揭示了监狱的本质属性，但并未揭示出监狱与国家机器其他组成部分的区别和特征，也并未能进一步清晰界定监狱概念的内涵与外延，不能构成科学意义上对监狱概

① 杨世云、窦希琨：《比较监狱学》，中国人民公安大学出版社 1991 年版，第 1－4 页。

念的定义。

也有学者从广义与狭义角度对监狱概念进行概括，试图廓清监狱概念的外延，认为：广义的监狱是指以国家强制力为后盾，关押人犯或强制人犯劳动的机构和场所；狭义的监狱是指国家基于刑罚目的而设置的关押判处徒刑、拘役等自由刑犯人的处所，通常称为自由刑的执行机构和场所。[①]这里的广狭之分实际上是就监禁场所是否具备刑事法律意义上执行刑罚目的所做的一种分类。

根据我国《监狱法》第二条规定，监狱是国家的刑罚执行机关，依照刑法和刑事诉讼法的规定，被判处死刑缓期二年执行、无期徒刑、有期徒刑的罪犯，在监狱内执行刑罚。显然，我国法律上的监狱仅属于前段所述执行自由刑的“狭义监狱”之一，是对被判处死刑缓期二年执行、无期徒刑、有期徒刑的罪犯执行刑罚的国家刑罚执行机关，而不包括执行拘役的场所。我国的监狱由司法行政机关管理，承担着惩罚与改造罪犯、预防和减少犯罪，维护国家安全和社会政治稳定的重要职责。

综上，本书所述监狱企业之“监狱”，系指由司法行政机关管理，依照刑法和刑事诉讼法的规定，对判处死刑缓期二年执行、无期徒刑、有期徒刑的罪犯执行刑罚，并对其进行教育改造的国家刑罚执行机关。

二、我国监狱制度的历史演进

我国古代监狱制度起源于夏朝，称为“圜土”，指圆形的土坑或土墙，为夏商周三代沿用的监狱通称。西周时，除了“圜土”，还有囹圄、嘉石、司空等拘役场所，已经形成了较为完备的监狱体系。至秦统一中国，国家的常设监狱从中央到地方逐级设置，并经历代王朝逐步形成完整的监狱体系。隋唐时期的监狱制度和管理更加完善、系统化，形成了包括大理寺狱、刑部狱、御史台狱在内的与三法司相匹配的监狱体制。

及至近代，清政府迫于西方列强和国内的压力，始仿效西方进行法律制度改革及监狱改良。民国时期，北洋政府、南京政府继续借鉴西方国家对监狱制度进行了一定程度的变革，形成了明显具有西方资本主义色彩的监狱制度，并建立了一批新式监狱，标志着中国监狱制度逐步摆脱原始野

① 杨殿升主编：《监狱法学》（第二版），北京大学出版社 2001 年版，第 37 页。

蛮状态，把监狱行刑与文明、人道概念联系起来，进入了近代化进程。

新中国的监狱制度可追溯至新民主主义革命时期人民民主政权监狱制度的实践，包括工农民主政权、抗日民主根据地和解放区的监所制度，逐步建立起通过生产劳动教育改造罪犯的制度，从而与古代皇权和近代旧政权的监狱制度在本质上相区别，是中国监狱史上一次深刻革命。①

新中国成立后，在接管国民党政府旧监狱的基础上，以教育改造罪犯为指导理念，坚持劳动改造和教育改造罪犯相结合的原则，逐步创立了新中国的监狱制度。1951 年 5 月，第三次全国公安会议将组织全国犯人劳动改造问题作为会议的一项重要内容进行了讨论，并通过了《关于组织全国犯人劳动改造问题的决议》，明确提出："大批被判处徒刑的犯人，是一个很大的劳动力，为了改造他们，为了解决监狱的困难，为了不让判处徒刑的反革命分子坐吃闲饭，必须立即着手组织劳动改造工作。"② 1952 年 6 月，新中国召开了第一次全国劳改工作会议，确定了监狱设置和监狱组织罪犯的生产劳动项目逐步走向集中的发展方向，决定罪犯生产劳动项目主要是从事兴修水利、筑路、开荒、开矿等国家基本建设。1954 年，《中华人民共和国劳动改造条例》颁布，标志着新中国监狱制度的初步建立。

随着"左"倾错误的蔓延，少数劳改单位片面追求经济效益，重生产、轻改造，对罪犯搞超体力劳动，犯人的基本生活条件得不到保障。至"文化大革命"爆发，新中国的监狱工作和监狱制度与社会主义法制一起遭到了严重破坏：新中国成立以后 17 年的监狱工作遭到否定，大批劳改干警遭到迫害，大批劳改单位被撤销，全国有 50% 的劳改单位被占用或交出，劳改工作的方针、政策被严重践踏，一些地区甚至把大批罪犯放掉。③

党的十一届三中全会后，随着国家政治生活回到正轨，社会主义法制逐步恢复，我国监狱机关在党和政府的领导下，拨乱反正，恢复和加强罪犯改造工作。在改革开放的新时期，我国监狱制度逐步完善，于 20 世纪 80 年代初，建立了对罪犯的"改造、生产"双百分考核制度，增强了管理的科学性；1982 年开展了把监狱创办为特殊学校活动，使罪犯能够得到系统的法制道德教育和文化技术教育；1986 年提出监狱要坚持依法、严格、科

---

① 有关我国古代、近代和新民主主义时期监狱制度的历史参见任永安、卢显洋：《中国特色司法行政制度新论》，中国政法大学出版社 2014 年版，第 49 – 50 页。

② 王戌生主编：《罪犯劳动概论》，法律出版社 2001 年版，第 171 页。

③ 董开军主编：《司法行政学》，中国民主法制出版社 2007 年版，第 117 – 118 页。

学、文明管理和规范化管理，提高管理的规范化程度；1989 年提出了按罪犯性质和改造表现的“分押、分管和分教”，尽量避免罪犯之间的交叉感染，提高改造质量；1990 年 11 月，《监狱改造环境规范》和《罪犯改造规范》进一步规范了监狱管理工作的具体行为；1994 年开展创建现代化监狱活动，改善了监狱的基础设施和监狱工作的软硬件建设，进一步提高了管理水平；1994 年 12 月，八届全国人大常委会第十一次会议审议通过《中华人民共和国监狱法》，是我国监狱制度和监狱工作法制化进程的里程碑。

总体而言，在整个计划经济时期，我国监狱系统开始形成以劳动改造罪犯为主要内容的管理方法和模式，监狱经费供给主要采取“以收抵支”和“大包干”模式，监狱生产收入提供了监狱运转所需的大部分经费。同时，根据封闭式隔离管理的需要，除接管的旧政权监狱外，绝大多数新建的劳改单位都建在远离大中城市和交通沿线的边远地区和山区，使得这些劳改单位在监管改造犯人、创造经济效益为国家分忧解难的同时，还必须承担社区管理和社区服务的功能。这就使得我国监狱系统实际上形成了监狱、监狱企业、监狱社区“三位一体”的管理模式。

在这种管理模式下，监狱系统成功关押改造了 1300 多万名罪犯，其中包括清朝皇帝、日本战犯、国民党战犯、反革命犯和其他刑事犯，这些人中绝大多数已经改过自新、重新做人。在组织罪犯进行劳动改造的过程中，白手起家为新中国监狱创下了雄厚的物质基础，开垦荒地 2000 多万亩，建成了 700 多家工矿企业，累计上缴国家利税 300 多亿元，积累国有资产 628.8 亿元，其中监狱资产 168.3 亿元，生产性资产 460.5 亿元，弥补了监狱经费不足，支持了国家经济建设。同时，建立了一支既懂监管改造又懂生产管理的警察队伍，积累了较为丰富的劳动改造罪犯的经验。

进入 21 世纪，司法部于 2002 年推出的监狱工作法制化、科学化、社会化建设，使监狱工作水平再上一个新台阶。特别是 2003 年开始的监狱体制改革，使我国监狱系统在监管安全、刑罚执行、罪犯改造、体制改革、狱政建设等方面取得了很大成绩。在监狱制度建设方面，司法部按照《刑法》《刑事诉讼法》《监狱法》的有关规定，对监狱管理执法的各项规章制度进行了全面清理、修订，制定了《监狱提请减刑、假释工作程序规定》等执法、管理、教育及设施、经费、队伍管理等方面的部门规章和规范性文件 70 多件，各省（区、市）制定监狱工作规章和规范性文件 250 多件。各地依照有关法律法规和司法部门规章的规定，大力加强规章制度建设，从监狱管理机关到各监狱都建立起集管理、教育、执法、劳动、罪犯权益保障、监督于一体的执法标准和程序。同时，我国监狱系统按照《联合国禁止酷刑公约》要求，加强罪犯合法权益保障工作，尊重保护罪犯人权，禁止一切酷刑及变相酷刑。

三、我国监狱管理体制沿革

新中国成立之初，我国监狱系统由司法部领导。1953 年 11 月 3 日，政务院决定由公安部管理监狱，公安部专设劳改工作管理局管理全国罪犯的劳动改造工作。1983 年 8 月，国务院又决定由司法部管理监狱。1994 年颁布的《监狱法》第十条明确规定："国务院司法行政部门主管全国的监狱工作。"第十一条规定："监狱的设置、撤销、迁移，由国务院司法行政部门批准。"

据此，我国现行监狱管理体制由中央和省级两个层级来管理监狱工作。其中，司法部作为全国监狱工作的主管机关内设监狱管理局管理全国监狱系统，其具体职责有：①监督检查有关罪犯改造工作的法律、法规和政策的执行情况；②规范全国监狱的设置和布局，指导监狱刑罚执行、狱政管理和教育改造，收集、分析罪犯关押改造情况和动态，组织协调省际之间的囚犯移管工作；③负责全国监狱的建设、装备和财务管理，管理直属监狱。

各省、自治区、直辖市司法厅（局）和新疆生产建设兵团监狱管理局负责本区域内监狱工作。其中，省、自治区、直辖市司法厅（局）下设省级监狱管理局承担监狱管理工作。

第二节　监狱企业概述

一、监狱企业的定义

按照经济学理论，企业一般是指以营利为目的，运用各种生产要素

（土地、劳动力、资本、技术和企业家才能等），向市场提供商品或服务，实行自主经营、自负盈亏、独立核算的法人或其他社会经济组织。监狱企业是为罪犯改造服务的一种特殊企业，具有狭义和广义之分。狭义的监狱企业，仅指纯粹以罪犯为生产劳动力的、为监狱改造罪犯提供劳动岗位和劳动场所、为改造罪犯服务的企业；广义的监狱企业还包括为解决监狱干警家属子女就业而设立的纯工人企业，包括既有罪犯参加劳动，又有留场就业人员①，或有面向社会招聘的技术工人参加劳动的企业。②

本书所研究的“监狱企业”，是指国家为监狱执行刑罚，改造和教育罪犯，提供罪犯劳动场所和劳动岗位，不以营利为目的的公共企业。

二、监狱罪犯从事生产劳动的性质

1. 监狱罪犯从事生产劳动是刑罚执行的重要方式

罪犯因为触犯刑法规定，经刑事判决对其科以刑罚被送进监狱监禁关押起来，其人身自由被剥夺，这是监狱对罪犯执行刑罚的第一层内容。同时，组织监狱罪犯从事生产劳动，也是基于惩罚和威慑的目的。

从历史角度考察，强制罪犯从事劳役本身就是一种刑罚方式。甚至可以说，组织监狱罪犯从事生产劳动是同监狱的产生一并出现的事物。据《竹书纪年》记载：“夏帝芬三十六年作圜土。”其中，圜土就是监狱的形象称呼。据史记和甲骨文记载，商朝囚禁犯人的监狱也称圜土，又称囹圄，被囚禁之人，身系枷锁，被罚作劳役。到了西周，在刑名上有了“徒刑”，仍然沿袭夏商旧制，用土构筑圆形狱城，用以关押刑事罪犯。圜土作为徒刑的行刑机关，显然是以强制劳役囚犯为目的。秦代徒刑被称为作刑，是对犯罪者强制劳作的刑罚。徒刑的执行方式多样：其一，“城旦”，“城旦者，旦起行治城”③，“舂”，“女为舂，舂者，治米也”。④“舂舂，妇人不预

① 所谓的留场就业人员，是指新中国成立以后，曾经在一个时期，我国监狱中部分罪犯刑满后留在监狱农场或工厂就业，他们的身份已经不再是罪犯，而称作留场就业人员。他们在监狱企业中劳动，其待遇参照工人待遇执行。

② 蒋贤孝：《监狱企业集团公司研究》，西南财经大学博士学位论文，2010 年，第 31 页。

③《汉旧仪》。

④《汉书·惠帝纪》。

外徭，但舂作米。"[①] 即强制男犯白天修筑城，强制女犯从事舂米的劳役。其二，"鬼薪"，"鬼薪者，男当为祭祀鬼神，伐山之薪也，女为白粲者，以为祠祀择米也。"即强制男犯上山林砍柴，女犯择米使正白以供宗庙祭祀之用。其三，"司寇"，"司寇，男守备，女为作如司寇，皆作二岁"。[②] 即强制男犯到边远地区服劳役，防御外寇入侵，女犯服相当于此的刑罚。其四，"罚作、复作"，罚作是强制男犯到边远地区戍守，复作是强制女犯到官府服劳役。此后，历代监狱都沿袭了这些罪犯劳动的管教方式，组织罪犯从事生产劳动作为执行刑罚的重要方式。

新中国成立延续了历史上组织罪犯从事生产劳动的做法并赋予了改造罪犯的新内涵，将劳动改造、监管改造和教育改造并列为三大改造手段。随着社会主义法制的完善，《刑法》第四十六条规定："被判处有期徒刑、无期徒刑的犯罪分子，在监狱或者其他执行场所执行；凡有劳动能力的，都应当参加劳动，接受教育和改造。"《监狱法》第六十九条也规定："有劳动能力的罪犯，必须参加劳动。"这就将从事劳动作为一种法律义务和责任来要求监狱罪犯，使罪犯从事劳动具有执行刑罚的意义。

从国外经验看，以从事劳动作为惩罚罪犯的方式也有一定的思想渊源。1885 年，英国第一位监狱管理委员会主席 Edmund Du Cane 爵士认为，基于惩罚的目的，单一的、繁重的，即使没有经济价值的劳动对于罪犯来说都是必要的。第一，让罪犯参加劳动可以对罪犯本人及欲犯罪者产生威慑效果；第二，让罪犯参加劳动可以改造他们；第三，让罪犯参加劳动可以在一定程度上解决监管付出的经济问题。由此可见，罪犯劳动至少应有以上惩罚之本意。[③]

2. 监狱罪犯从事生产劳动是教育改造罪犯的重要手段

监狱罪犯从事生产劳动除了具有惩罚之义外，还具有改造罪犯使其重新回归社会的意义。

在中国古代，《周礼·秋官·司圜》曾记载："司圜掌收教罢民，凡害人者，弗使之冠饰而加明刑焉，任之以事而之。"这就表明在监狱里强迫犯人从事生产劳动，从而达到"收教"的目的，即通过劳动改造教化罪犯。

①② 《汉旧仪》。

③ 张晓菲、刘建会、任莉桃：《罪犯劳动与报酬新论》，《河北公安警察职业学院学报》2012 年第 2 期，第 69 页。

新中国监狱理论以马克思主义劳动学说为基础和指导，将教育改造罪犯作为监狱的最高价值追求，并将劳动作为改造罪犯的重要手段。马克思主义认为，“劳动是人类生活的第一个基本条件，而且达到了这样的程度，以致我们在某种意义上不得不说：劳动创造了人本身”,[①] 劳动创造了世界，也创造了人本身，是人区别于动物的重要标志。基于此，马克思进一步断言：“体力劳动是防止一切社会病毒的伟大的消毒剂。”[②] 他甚至直接指出劳动是罪犯“改过自新的唯一手段”。根据这些理论，我国《监狱法》第七十条规定：“监狱根据罪犯的个人情况，合理组织劳动，使其矫正恶习，养成劳动习惯，学会生产技能，并为释放后就业创造条件。”

在国际上，把劳动作为改造罪犯的一种手段也是通行的做法。有学者认为：“实现对犯人的教育改造，思想和道德教育是重要的方法之一，但思想和道德教育必须与劳动相结合。”[③] 16 世纪建造的阿姆斯特丹监狱被认为是“以劳动疗法使犯人回归社会”的第一批现代监狱。印度阿萨姆邦监狱管理细则规定：“监狱劳动的主要目的是使服刑人员改过自新。因此，要避免无目的和非生产性的劳动。应尽一切努力使服刑人员在先进的劳动领域，尤其是在监狱开办的生产行业方面，获得最有效的训练，以使在获释之后能自谋生路。”[④]《西班牙监狱组织法》规定：“劳动是犯人的权利和责任，是改造犯人的根本手段。”“所有犯人根据其身体和精神状况，必须参加劳动。”[⑤] 1955 年第一届联合国防止犯罪和罪犯待遇大会通过的《囚犯待遇最低限度标准规则》第 71 条规定：“服刑囚犯都必须工作，但以医官断定其身心俱宜为限；在正常工作日，应交给足够的有用工作，使囚犯积极去做。”当今世界各国监狱都有改造罪犯的劳动场所，所不同的是，有的国家将监狱生产作为改造罪犯的手段，有的既作为改造罪犯的手段又当作安置罪犯就业的途径。美国法经济学研究也表明，“矫治和改造”是监禁惩罚所具有的四个社会收益之一，“这意味着监禁将让罪犯洗心革面，刑满释放后他们未来将不再实施犯罪。例如，监狱可能教会罪犯某个有市场需求的工

---

①《马克思恩格斯选集》第 3 卷，北京：人民出版社 1972 年版，第 50 页。

②《马克思恩格斯选集》第 31 卷，北京：人民出版社 1972 年版，第 538 页。

③［意］加罗法洛：《犯罪学》，耿伟、王新译，中国大百科全书出版社 1996 年版，第 228 页。

④ 邹绍、王文斌：《对监狱生产管理体制改革的经济学思考》，转引自蒋贤孝：《监狱企业集团公司研究》，西南财经大学博士学位论文，2010 年，第 23 页。

⑤ 司法部编：《外国监狱法规条文分解》（下册），社会科学文献出版社 1990 年版，第 378 页。

作技能，或者施以宗教规劝使他们远离犯罪”。①

3. 监狱罪犯从事生产劳动是对监管罪犯所支付社会成本的合理补偿

对监狱罪犯监禁关押以剥夺其人身自由需要支付一定社会成本，包括监狱的建造、维护和监管人力成本等。从经济学角度审视监禁关押罪犯的行为可以发现，在付出这些社会成本的同时，若对监禁关押中的罪犯进行有效组织，充分发挥其人力资源效应，以弥补上述社会成本，是比较理性的决策。

此外，监狱罪犯在从事犯罪行为时已经对被害人和社会公众造成了损害，“从恢复性司法角度看，罪犯劳动既是在改造自己又是在补偿过错。恢复性司法理念在刑罚执行阶段的体现，就是通过罪犯最大积极性的发挥，产出最大的劳动成果，获得最大的劳动收益，主要用以给具体被害人和对社会公众造成的危害以最大的经济补偿，从而最大限度化解社会矛盾，促进社会关系和谐”。②

总之，有效组织罪犯从事生产劳动是一种理性和经济的方式，可以最大限度解决罪犯犯罪行为及对其监管行为的负外部性③问题。

三、监狱企业的性质

为了有效组织监狱罪犯从事生产劳动，就必须有一定的机构以某种组

① 监禁惩罚至少有四个社会收益：其一，威慑效应；其二，财富再分配效应；其三，矫治和改造；其四，能力剥夺效应。参见［美］罗伯特·考特、托马斯·尤伦：《法和经济学》（第五版），史晋川、董雪兵等译，史晋川审校，格致出版社、上海三联书店、上海人民出版社 2010 年版，第 503 页。

② 张晓菲、刘建会、任莉桃：《罪犯劳动与报酬新论》，《河北公安警察职业学院学报》2012 年第 2 期，第 69 页。

③ 外部性（Externality），又称为溢出效应、外部影响或外差效应，指一个人或一群人的行动和决策使另一个人或一群人受损或受益的情况。外部性又分为正外部性（Positive Externality）和负外部性（Negative Externality）。正外部性则是某个经济行为个体的活动使他人或社会受益，而受益者无须花费代价；负外部性则是某个经济行为个体的活动使他人或社会受损，而造成负外部性的人却没有为此承担成本。罪犯的犯罪行为使受害人和法律所保护的社会秩序受损，同时对罪犯的监管需要支付一定的成本，这都使罪犯和监狱以外的人群受损，是一种负外部性。负外部性可以通过内部化（Internalization Theory）有效解决，即通过制度安排经济主体经济活动所产生的社会成本转为私人成本，使技术上的外部性转为金钱上的外部性，在某种程度上强制实现原来并不存在的货币转让。因此，有效组织罪犯从事生产劳动，是解决其犯罪行为及对其监管行为负外部性问题的最佳方式。

织形式开展。众所周知，社会上从事一般生产活动的最普遍和最有效的经济组织形式就是企业。同样地，监狱罪犯从事生产劳动固然有不同于社会上一般生产活动的本质特征，诸如惩罚与改造等，但仍然要遵循生产活动的一般组织管理规律。因此，企业这种形式被逐步用于组织监狱罪犯从事生产劳动，这就产生了监狱企业这种特殊的生产组织形式。

监狱企业具有什么样的特性使其区别于一般社会企业，这不仅具有理论探讨意义，更具有重大的现实意义。监狱企业性质的界定，直接关系监狱企业在整个监狱管理体制中的地位以及监狱企业参与市场的方式、利润分配、税收政策等一系列问题。

基于形式逻辑的推理，监狱企业是一种特殊企业，其与企业概念的关系应是种属关系，既应具有企业的共有属性，又应具有自身特殊性。这从有关的政策性文件规定中可以得到印证。1952 年 7 月，《第一次全国劳动改造罪犯工作会议决定》指出："劳改生产，从政治上看，是属于改造罪犯成为新人的一项重要政策。但从经济上看，则是属于国营经济性质的特殊企业。"这是在计划经济体制下对监狱企业性质的界定，即在"监企合一"的体制下监狱企业是承担改造罪犯的特殊职责的特殊国营企业。在市场经济体制下，监狱体制改革实行"监企分开"，《国务院批转司法部关于全面实行监狱体制改革指导意见的通知》（国函〔2007〕111 号）指出，"监狱企业集团及其分公司、子公司是改造罪犯工作的组成部分，主要任务是为监狱改造罪犯提供劳动岗位，为改造罪犯服务，不同于以营利为目的的社会企业，但也要讲效益"。这就明确界定了市场经济条件下，监狱企业是一种特殊的提供公共产品的公共企业。

1. 监狱企业具有企业的一般共性——经营性

企业，一般是指以营利为目的，运用各种生产要素（土地、劳动力、资本、技术和企业家才能等），向市场提供商品或服务，实行自主经营、自负盈亏、独立核算的经济组织。

新制度经济学认为，企业是替代市场交易的生产组织方式，这种生产组织方式通过有效配置投入企业的各种生产要素减少了交易成本，并进而在企业外部与其他市场主体通过市场交易实现资源优化配置，从而获取利润和收益。如果我们抽象地把企业看成一种"装置"，那么利用这种"装置"来有效组织监狱罪犯从事生产劳动，也一定要遵循这种"装置"的共性——计算投入和产出、成本和收益，即"也要讲效益"，这就是企业这种

“装置”的一般共性——经营性。

同时，从法律的视角审视企业，其组织形式可以有多种，至少在我国法律体系中，《合伙企业法》《个人独资企业法》和《公司法》分别规定了企业的三大类组织形式，其在法律上的性质、地位和所承担的法律责任也不尽相同。显然，当前我国监狱企业作为一种特殊的国有企业，不可能采取合伙或个人独资等无限责任的企业组织形式，而只能是作为特殊的有限责任公司——国有独资公司而存在，具有独立的法人地位。此外，“企业”一词，在我国还有特定的含义，它作为计划经济的遗留物，是与党政机关、事业单位、社会团体相对应的一个概念，因而在民事法律规范上有企业法人和机关法人、事业法人、社会团体法人的区分，企业法人与后三类法人相区分的基本特性仍然是企业的经营性。

因此，无论从经济学视角还是法学视角，监狱企业都首先要把经营性作为其基础属性，这种属性是企业所具有的共性。在此仍有必要强调“经营性”不同于“营利性”，“营利性”是普通社会企业将实现投资者投入资本以获取利润最大化作为其存在首要目标的属性，而“经营性”作为企业这种生产组织机构所“与生俱来”的经济属性，更多强调即使是监狱企业这种特殊企业，其仍然要遵循市场规则，以企业的形式作为市场主体参与市场交易，其所生产的产品和提供的服务都具有商品属性，虽不能将利润最大化作为唯一和首要的目标，但也要追求企业合理的利润。有学者对此作了比较精准的论述，指出监狱企业的经济属性，决定了监狱企业仍然要成为一个商业组织，有一般社会企业的共性，应同时具备五个条件：生产经营上的独立性；占有一定的生产资料和劳动力，并具有自主支配、使用、收益、处分的权利；独立核算、自负盈亏；有某种形式的组织机构；具有法人地位。[①] 同时，“监狱企业的经济性还决定只要它进入市场，其生产经营必须遵循市场优胜劣汰的市场竞争法则”。[②] 此外，还有其他学者也对监狱企业作为企业的经营性进行了比较通俗、具体的描述：“监狱企业既然具有企业的一般属性和功能，那么，监狱企业就必须服从市场法则，从生产项目选择，生产资料购买，生产过程组织管理，成本核算，产品销售等各个方面都要按经济规律办事，接受市场的规制。监狱企业生产的物质产品，

① 胡平主编：《中国市场经济全书》，华夏出版社 1993 年版，第 223 - 224 页。

② 蒋贤孝：《监狱企业集团公司研究》，西南财经大学博士学位论文，2010 年，第 40 页。

绝大多数都属于供个人消费的私人产品，所以，监狱企业必须追求利润目标。”①

2. 监狱企业的特殊属性——提供公共产品

通过考察监狱企业的生产要素与一般企业的生产要素差别，可以揭示其作为特殊企业的属性。

其一，土地。监狱企业所使用的土地是监狱建设用地的组成部分，属于国家公共事业的特殊用地，以行政划拨方式供地。而普通企业要获取生产经营用地，大多只能以交纳土地出让金的方式取得国有土地使用权。

其二，劳动力。监狱企业的劳动力主要是被判处刑罚的罪犯（监狱企业中除了接受劳动改造的罪犯外，还有部分普通技术人员和普通工人，作为监狱企业的职工，其与监狱企业的关系是劳动关系），其从事生产劳动是基于违反刑法而承担刑事责任被科以刑罚，以及《刑事诉讼法》和《监狱法》等规定的法律义务。而普通企业员工与企业之间是基于订立劳动合同产生劳动合同法律关系，受《劳动法》等相关法律规范调整。同时，监狱罪犯从事劳动所获取的报酬与普通企业员工从事劳动所获取的工资无论从性质还是数量上都有本质的差别。

其三，资金（资本）。无论是“监企合一”体制还是“监企分开”体制，监狱企业开办资金最终都是由国家投入，这种资金投入与普通企业设立时投资者的资本投入行为在性质上有着本质区别：后者即便作为普通国有独资企业，其出资人的投资行为是以获取利润使资本增值为首要目标；而监狱企业作为特殊国有企业，国家对其投入开办资金的行为是以提供监狱罪犯劳动改造场所为首要目标，并非以投入资金获取利润最大化为目标。当然，投入监狱企业的开办资金作为国有资产的特殊部分，并不排斥其保值增值，但这与其投入开办资金的初衷并不矛盾。

其四，企业家才能等。对于普通社会企业而言，企业家才能是基于资本的逻辑所塑造的“企业家权威”将诸种生产要素有效组织起来，以节省交易成本，提高效率的“黏合剂”；而监狱企业的经营管理者是基于《刑事诉讼法》和《监狱法》等国家法律的强制性所赋予的法律职责，组织监狱罪犯从事生产劳动，开展监狱企业经营活动，而不是受资本追逐利润最大

---

① 高寒：《监企分开后的监狱企业定位研究》，《集团经济研究》2006 年 9 月中旬刊（总第 206 期），第 184 页。

化目标的驱使。

综上所述，构成监狱企业的诸生产要素在本质上均不具有资本和商业逐利最大化的属性，尽管在形式上似乎可以寻找到监狱企业与普通社会企业的某些相似点，诸如其组织形式在法律上为经过工商登记的具有独立法律地位的企业法人，拥有完全的民事权利能力和行为能力，能独立行使法律权利并能独立承担法律责任，能够独立自主、自负盈亏，以独立的市场主体身份参与市场交易等，但这都不能掩盖监狱企业的本质是在生产和提供具有普通商品属性的产品和服务的同时，生产和提供了一种特殊的公共产品——惩罚并改造罪犯为重新回归社会的良好守法公民，这是监狱企业产生、存在及其目标宗旨之本质所在，是其首要职责与生存基础，其他任何企业均不具备这种特殊属性。

监狱企业的特殊性决定了其必须在价值层面同时兼顾两个价值：一方面，监狱企业必须服务监狱本职职能，为罪犯改造提供场所和手段，追求以社会效益为基本要件的社会价值。监狱企业的特殊属性决定了监狱企业的性质是为监狱改造工作服务，任务是为罪犯改造提供场所和手段。改造罪犯、服务社会是监狱企业区别于其他企业的基本特征。另一方面，监狱企业必须兼顾企业经济效益。监狱企业的一般属性决定了监狱企业必须追求一定的经济效益，对投资主体负责，保证国有资产保值增值。

四、监狱企业的劳动力构成与生产经营状况

基于上述对监狱罪犯劳动性质的论述，以及从经济学和法学的视角对监狱企业性质的规范分析，我们对监狱企业的本质及其内涵有了理性的认识。那么，在我国监狱罪犯劳动改造的实践中，从实证角度对监狱企业的现实存在进行考察和梳理是对其研究的不可或缺的面向。

1. 监狱企业的劳动者来源与构成

监狱企业，依其组织罪犯在企业中从事生产劳动的性质，既是一种刑罚惩治方式，也是罪犯接受教育改造的重要方式。基于此种本质属性，监狱企业劳动力的来源自然应是按照刑法经过刑事审判被科以刑罚的罪犯。但是，在我国监狱罪犯劳动改造的实践中，监狱企业的劳动者不仅包括刑事罪犯，还包括一些罪犯身份以外的其他人员。

产生这种情况的原因主要是基于我国监狱布局的历史与现实：新中国

的监狱除了接收旧政权设置在城市里的监狱外，绝大多数是在当时特殊的历史环境下，为了巩固新生政权、恢复国民经济的客观需要，白手起家建立起来的，诸如劳改农场和劳改队等。这些劳改机关多设置在远离城市、交通不便、信息闭塞、经济落后的“边、远、穷、山”地区，组织罪犯从事大规模的兴修水利、筑路、垦荒、开矿和工程建筑等生产建设事业，适应了当时以农业为主的经济建设要求。这种监狱布局导致地处边远地区的监狱的干警子女接受教育条件较差，在升学和就业方面面临较大的困难，干警家属就业问题在此环境下凸显。为了解决这一问题，监狱不得不在执行刑罚和教育改造罪犯的同时，承担起“办社会”的职能：在监狱生产环节设置一些岗位招录干警家属和子女作为工人，还招录了一些技术型人才解决监狱生产的技术问题。① 甚至有的监狱不得不设置专门企业，完全招录干警家属和子女解决就业问题，同时为监狱提供一定的后勤保障服务。

这样，因为劳动力来源和构成的差异，在监狱系统就形成了三种类型的企业：第一类是完全由监狱罪犯作为劳动力从事生产劳动的监狱企业；第二类是以监狱罪犯为主，其他工人为辅的监狱企业；第三类是前述为了安置监狱干警的家属和子女就业，为监狱提供一定后勤保障服务的“纯工人企业”。严格来讲，前两类企业是为监狱罪犯从事劳动改造提供生产岗位和场所而设立的，属于本研究课题所论述“监狱企业”问题范畴；而第三类“纯工人企业”，虽然也是监狱系统设立的企业，但不具有为监狱罪犯从事劳动改造提供生产岗位和场所的职能，其性质属于普通的社会企业，不属于本书所论述“监狱企业”问题的范畴。

2. 监狱企业从事的行业

监狱企业所生产的产品和提供的服务，主要集中在第一产业和第二产业，第三产业涉及较少。其中，涉及第一产业的农业类监狱企业，主要是农场、果场和茶场等；涉及第二产业的工业类和建筑类监狱企业，主要从事机械、建材、煤炭、冶金、化工、纺织等产品生产及“来料来样”性质的劳务加工业生产，生产近8000种产品，有自主产品的企业约占企业总数

① 监狱系统工人队伍的形成有一个比较复杂的历史过程，是随着监狱事业的发展逐步形成的，主要有五个来源：一是由于国家政策因素形成的刑满留场（厂）人员；二是干警职工的家属；三是监狱为适应劳动改造罪犯工作需要而逐步招收的一部分技术工人；四是历史遗留的“以工代干”“以工代警”人员；五是因兴办劳动服务企业和“三产”吸纳的工人。参见张福森：《中国监狱体制改革的酝酿与启动》，法律出版社2009年版，第179－180页。

的一半，还从事建筑、装饰、工程维修等；涉及第三产业的服务类企业较少。

3. 监狱企业的生产经营状况

有关资料显示，监狱体制改革前，也就是2002年底时，全国共有监狱600余所，1280户监狱企业，而全国拥有的监狱企业资产仅497亿元，平均每户企业只有3900万元，且资产负债率多在70%以上。① 总体上看，全国监狱企业虽然有一些在生产所涉及行业内发展前景较好或产品具有一定优势，但面临一些较为突出的问题和困难，不容乐观，主要包括：一些监狱企业产能过剩，产品供大于求，生产技术落后，产品亟待升级以适应市场需求；资金紧张、贷款融资较困难，一些监狱企业甚至长期亏损、资不抵债、扭亏无望；一些技术和资金密集型的整机产品生产面临"高投入、高风险"的问题；涉及煤矿、非煤矿山生产等资源型监狱企业面临资源枯竭，无发展前途；涉及高风险、高污染、高耗能的生产项目不符合国家产业政策，面临淘汰或关闭；涉及煤矿、非煤矿山、机械生产车间、劳务加工，存在锅炉、压力容器、起重机械、厂（场）内机动车辆等特种设备和变电所等重要电力设施，存在易燃易爆、有毒有害及危险化学等物品的储存、运输和使用，露天从事生产的易发生泥石流、塌方、山体滑坡等危险监狱企业安全生产隐患较大，不利于也不适宜监狱罪犯从事劳动改造。

综上所述，在罪犯劳动改造的实践中，监狱企业发挥了较好的职责使命，在为社会提供教育改造罪犯回归社会为良好守法公民这一公共产品的同时，也为社会提供了较为丰富的产品和服务，为弥补罪犯监禁的社会成本和繁荣市场、促进经济发展做出了应有的贡献。但是，随着我国经济社会快速发展，监狱企业逐步与日益更新的经济社会体制有所脱节，监狱企

---

① 统计数据来源参见喻丹圣：《论监狱生产的改革与发展》，司法部监狱管理局内部资料，2005年时全国共有监狱681所，在职监狱人民警察30万名，押犯164万人。司法部监狱管理局王林透露："我国监狱系统目前形成了门类齐全、构成复杂，小而全的产品结构，共有监狱企业1200多家（其中直接为改造罪犯服务的有900多家），涉及工业、农业、加工业、服务业四大门类及机械、建材、矿山等27个行业，资产总额达到500多亿元。"参见刘好千、王林：《中外监狱比较研究》，法律出版社2012年版，第37页。经多方考证，此数据还是监狱体制改革前的，改革之后的准确数据没有查到。通过查询一些硕士学位论文能够发现部分省市改革前后监狱企业的资料，如庞娜娜的《山东省监狱企业管理问题研究》、熊李志的《监狱体制改革中湖南监狱企业的问题及对策》、许增宁的《体制改革背景下监企规范运行模式初探》等论文，披露了山东、湖南、山西等省监狱企业生产与经营情况。

业在现实运作中的一些弊端和问题也随之暴露出来，甚至扭曲了监狱企业功能的发挥，影响监狱企业设立的宗旨和目标。为此，在我国监狱体制进行改革的大目标下，需要对我国监狱企业制度进行改革，以适应新形势的需要。

第三节　我国监狱体制改革与监狱企业制度重构

一、我国监狱体制改革概述

1. 监狱体制改革的背景

新中国成立以来，我国监狱改造了大批罪犯，在预防和减少重新犯罪、确保国家政治稳定、维护社会安定方面发挥了重要作用。但是，在计划经济体制下，我国监狱系统形成了“监企合一”的体制，监狱经费支出主要依靠监狱生产创收解决。

改革开放后，特别是国家确定建立社会主义市场经济体制以来，“监企合一”的体制已经越来越难以适应新形势下监狱工作发展的要求，并逐步暴露出许多体制性的弊端和问题，影响和制约监狱职能作用的充分发挥。

第一，“监企合一”体制下监狱职能存在错位现象。由于监狱企业依附于监狱，监狱长既是监狱的领导者，同时也身兼监狱企业的领导者，监狱警察既是刑罚执行者，又是监狱企业的经营管理人员。这种身份竞合产生的冲突，使其既要履行刑罚执行的国家机器职责，又要追求企业的经济效益目标，异化了改造罪犯服务的目的，极大影响了监狱刑罚执行功能。

第二，“监企合一”体制使监狱执法公正性受到损害。由于监狱经费的财政保障严重不足，监狱只能依靠扩大生产规模、提高经济效益来维持监狱的正常运转。更有甚者，一些监狱为了最大限度地获取经济利益，罔顾监狱刑罚执行的职责与使命，竟然利用罪犯的社会关系去销售产品、承揽加工业务、获取优惠贷款、减免税费、以优惠价格购买原辅材料等。而监狱一旦作为市场经营主体进入市场，就只能遵循市场交换的规律，为获取上述经营上的优惠条件，就必须付出对价。监狱所掌握的刑罚执行权力对

于提供上述优惠条件者而言是市场稀缺资源，两者交易，监狱只能以提高罪犯处遇等级、增加减刑幅度、降低假释条件作为对价进行交换。显然，权力“寻租”的结果必然破坏刑罚执行和监狱执法的公正性，产生了一些特殊罪犯，出现了“妥协执法”现象。此外，监狱刑罚执行和执法权力的“寻租”还滋生了少数干警的腐化堕落以致违法犯罪，他们在减刑、假释、保外就医、转监等环节上直接与罪犯进行权钱交易。

第三，“监企合一”体制下罪犯的合法权益难以得到有效保障。为了弥补监狱经费的严重不足，组织罪犯生产劳动追求经济效益最大化，使罪犯把主要精力都投入生产劳动，影响了教育改造活动的效果，更严重的是，由于监狱内生产设备陈旧，劳动场所条件有限，不具备安全生产条件，罪犯所从事的生产项目危险性较大，或者从事一些污染严重的生产项目，加之劳动时间超时、劳动强度过大，甚至酿成一些安全生产事故，罪犯基本权利得不到有效保障。

第四，在“监企合一”体制下监狱还承担“办社会”职能，使得监狱职能多元化，背上了沉重的社会包袱。在计划经济体制下，监狱不仅要执行刑罚，还要举办医院、学校、幼儿园，有的监狱甚至还自设公安派出所、法庭等。这些“办社会”的职能分散了监狱有限的警力和财力，严重削弱了监狱刑罚执行职能，削弱了监狱安全保障能力，影响罪犯改造质量的提高。

这些问题引起了党中央、国务院的高度重视，经深入调研，认为改革旧的计划经济体制下“监企合一”的体制势在必行。2003 年 1 月 31 日，国务院印发了《国务院批转司法部关于监狱体制改革试点工作指导意见的通知》，决定从 2003 年起，在黑龙江、重庆、上海、江西、湖北、陕西六省（市）进行监狱体制改革试点。在首批试点取得较好成效基础上，2004 年 9 月，经中央领导同意，在辽宁、吉林、青海、宁夏、甘肃、湖南、广西、海南八省（区）进行扩大试点。2004 年 12 月，中央印发了《中共中央转发〈中央司法体制改革领导小组关于司法体制和工作机制改革的初步意见〉的通知》，明确将监狱体制改革作为司法体制改革的主要举措之一。

经过 5 年的努力，监狱体制改革试点的主要任务已基本完成，试点工作目标已基本实现，监狱经费由财政按标准全额保障的体制已基本建立，监狱的刑罚执行职能得到更好的发挥，监狱的安全稳定得到更好保障，对罪犯的教育改造工作得到提升，监狱人民警察队伍建设得到加强。为深入推进监狱体制改革工作，《国务院批转司法部关于全面实行监狱体制改革指导意见的通知》（国函〔2007〕111 号）决定，从 2008 年起，在全国全面实行监狱体制改革。

2. 监狱体制改革的目标和主要内容

根据《国务院批转司法部关于全面实行监狱体制改革指导意见的通知》（国函〔2007〕111 号），监狱体制改革的目标是：坚持以邓小平理论和“三个代表”重要思想为指导，深入贯彻落实科学发展观，按照公正司法、严格执法、权责明确、运行高效、制约有效的要求，从监狱工作实际出发，采取监狱刑罚执行管理和生产经营管理、执法经费支出和监狱生产收入分开的运行机制，逐步实现“全额保障、监企分开、收支分开、规范运行”的监狱体制改革目标，完善刑罚执行制度，建立公正、廉洁、文明、高效的新型监狱体制。

监狱体制改革包括以下四方面内容：①实行全额保障，完善监狱经费保障制度。按照《监狱法》的规定，将监狱行政运行经费、罪犯改造经费、罪犯生活费、狱政设施经费等列入政府财政预算。②实行“监企分开”，规范监狱和监狱企业运行机制。根据监狱与监狱企业的不同特点，划分职能、机构、人员、资产、财务，建立监管改造、生产经营两套管理体系，分开运行，独立运作，形成相对独立、有机联系、密切配合、规范运行的监狱工作体制。③建立监狱执法经费支出和监狱企业生产收入分开运行机制，规范监狱和监狱企业财务管理。④实行“监社分开”，分离监狱办社会职能。

3. 监狱体制改革实践及成效

截至 2011 年底，我国监狱体制改革的各项任务基本完成，公正、廉洁、文明、高效的新型监狱体制基本建立。

（1）建立了以省级财政为主、中央转移支付为辅的经费保障体制。研究制定监狱经费基本支出标准，并将监狱经费支出有关科目列入政府财政预算，并根据监狱职能调整、政策性增支等情况变化，建立动态增长机制，实现监狱经费由财政按标准全额保障。截至 2011 年，全国监狱系统财政拨款总额比改革前的 2002 年增长 240% 左右，财政拨款占监狱经费支出比重达到 87.9%，改变了长期以来主要依靠监狱生产收入提供监狱经费的局面。

（2）根据《司法部关于深化监狱体制改革试点工作若干问题的意见》（司发〔2007〕4 号）和国发〔2003〕7 号、国函〔2003〕15 号文件要求，对现有为安置监狱警察家属、子女就业和为监狱提供后勤服务的企业，通过给予扶持和多种形式改革，使之与监狱脱钩，实行市场化、社会化管理；

对长期亏损、资不抵债、扭亏无望的监狱企业，资源枯竭、无发展前途的监狱企业，不符合国家产业政策、需要淘汰或关闭的企业，因监狱布局调整无法随迁而需要关闭的企业，按国家有关规定实施政策性关闭破产；对为改造罪犯提供劳动场所和劳动岗位的监狱企业，在实行资产重组、结构调整、债务化解的基础上，改组为监狱企业集团公司的分公司或子公司。在对现有监狱企业进行分类改革的基础上，规范监狱和监狱企业运行机制，并建立了监狱党委统一领导下的监管改造和生产经营两套管理体系。2011年，全国已成立省级监狱企业集团公司29家，监狱企业子（分）公司800余家。

（3）2010年5月24日，财政部、司法部联合印发《监狱体制改革单位财务管理办法》（财行〔2010〕99号），明确了监狱和监狱企业的财务活动分开管理的原则，即监狱的财务活动在监狱负责人的领导下，由监狱财务部门统一管理；监狱企业的财务活动在企业负责人的领导下，由企业财务部门统一管理。严格规范监狱和监狱企业之间的资金往来程序、项目和标准，规范罪犯劳动补偿费管理，实现了监狱和监狱企业财务分账核算与管理。

（4）将监狱所办的派出所、法庭移交地方并作为地方有关部门的派驻机构进行管理，将监狱所办的普通中小学、符合区域卫生规划的普通医院和公用道路、水、电等服务设施移交地方政府管理，并逐步将监狱后勤服务机构从监狱中分离出来，实行社会化管理。2011年，全国监狱系统已按规定移交或撤销法庭8个，移交派出所46个，移交或撤销普通中小学校159所，移交普通医院2所、公用服务设施5处。

二、我国监狱企业制度重构目标和内容

1. 我国监狱企业制度重构目标与任务

《国务院批转司法部关于全面实行监狱体制改革指导意见的通知》（国函〔2007〕111号）规定，“实行监企分开，规范监狱和监狱企业运行机制”，明确指出要“组建新的监狱生产经营管理机构”，同时，又对“监企分开”后新组建的监狱集团公司及其分公司、子公司进行了定性，指出“监狱企业集团及其分公司、子公司是改造罪犯工作的组成部分，主要任务是为监狱改造罪犯提供劳动岗位，为改造罪犯服务，不同于以营利为目的

的社会企业，但也要讲效益”。

据此，作为我国监狱体制改革的重要内容，“监企分开”所要实现的不仅仅是以监狱的刑罚执行职能与生产经营职能相分离为目标，将监狱企业从监狱中分离出去，而是要在机构分离的基础上打破旧的计划经济体制下监狱企业的生产管理运行机制，既要按照符合社会主义市场经济体制要求建立现代企业制度，同时又要符合监狱通过生产劳动改造罪犯的需要，这实际上是对我国监狱企业制度的一次革新，是我国监狱企业制度的重构。

我国监狱企业制度重构的目标与任务就是要在“监企分离”的基础上，以监狱企业法人产权制度为核心，建立起符合社会主义市场经济体制要求的现代监狱企业法人治理结构，承担起提供公共产品——为监狱改造罪犯提供劳动岗位和为改造罪犯服务的职能，同时也要不断提升监狱企业自身的生产经营效率。

2. 我国监狱企业制度重构的内容

监狱体制改革背景下的监狱企业制度重构主要包括以下内容：

（1）监狱企业产权制度。主要是研析监狱企业产权制度安排：在监狱企业外部，明晰了监狱企业与其国有资产出资人之间的产权边界，明确了监狱企业与监狱监管部门（监狱、监狱管理局等）的关系，确立监狱企业法人财产权，使其可以独立参与市场经济的生产与交换；在监狱企业内部，产权制度安排奠定了其有效率的法人治理结构，还包括监狱关联企业之间的产权安排等。

（2）监狱企业法人治理结构。主要在监狱企业产权制度安排的基础上，围绕提高罪犯改造效率和生产经营效率，研析建立起新的监狱企业决策机构、执行机构和监督机构。

（3）监狱企业的社会责任。主要在企业社会责任理论的指导下，研析监狱企业的社会责任的特殊性：监狱企业既具有服务监狱监管改造工作，为改造罪犯提供必要的劳动场所和手段，实现劳动改造罪犯功能的社会性责任；又具有在开放的社会主义市场经济条件下积极参与市场竞争兼顾效益的经济性，追求经济效益是企业生存发展的前提条件。因此，监狱企业也有作为市场经济主体的社会责任。

（4）监狱企业的产业布局调整与产业升级。主要研析在监狱体制改革背景下，监狱布局调整对监狱企业生产布局的影响和对监狱企业产业升级的促进作用，并针对全国监狱企业总体产业布局的特点，提出监狱企业产

业选择的依据与原则、监狱企业适宜产业的现实选择和监狱企业产业升级的途径与步骤。

第四节 监狱企业改革的实证考察
——以新疆维吾尔自治区监狱体制改革为例

新疆维吾尔自治区地处西北边陲，辖区监狱数量多，罪犯构成复杂，其中少数民族罪犯占67%，约半数少数民族罪犯不通汉语，危害国家安全罪犯占较大比例，文盲半文盲罪犯占较大比例，[①] 监狱企业的生产经营盈亏不均。新疆维吾尔自治区监狱体制改革具有代表性，改革总体顺利，积累了不少成功经验，但改革之后也相继出现了一些新的问题，急需研究解决。2015 年 5 月，笔者就新疆监狱企业改革问题进行调研，并进行研究和分析。

一、自治区监狱企业基本情况

按照司法部关于监狱体制改革的部署要求，新疆维吾尔自治区 2009 年开始监狱布局调整和监狱体制改革，将生产经营从监狱中剥离出来。目前，自治区共有 23 所监狱，每所监狱都办有企业。自治区监狱管理局成立了国有独资的监狱企业集团总公司，公司名称为华新瑞安集团总公司，所有自治区监狱企业都隶属于该公司。

自治区的监狱企业经营范围包括工业和农牧业，工业以机械制造、煤炭、服装加工以及简单来料加工为主；农牧业以种植、畜牧养殖业为主。监狱集团的服装加工业，规模在我国西北地区是比较大的；简单来料加工业，每年的生产效益突破 1 亿元；监狱集团还管理 30 万亩土地（其中 3 万亩耕地）、30 万头牲畜、5 座水库、200 多万亩草场。

在监狱企业中的干警，46% 是兼职，有的具有公务员身份，但没有相应的警衔职务；工人的类型包括机关工勤人员、事业编制工人、生产岗位工人和合同制工人等多种。

---

① 朱志杰：《新疆监狱跨越式发展和长治久安战略研究》，《犯罪与改造研究》2010 年第 12 期。

二、自治区监企改革工作中存在的主要问题

经过监狱体制改革，监狱基本实现了监企、收支和监社“三分开”，监狱和企业进入了相对独立的双轨运行。但从实际运行的情况看，监狱体制改革工作的实际进展与其所要达到的最终目标还有相当大的距离。随着新的监狱体制工作进一步运转，一些分开运行后的矛盾和技术性问题逐渐浮现出来，这些看似平常的矛盾和问题，如果处理不好，将会成为监狱改造工作深入发展的制约。

1. 管理权限模糊，没能真正做到监企彻底分开

司法部《关于全面实行监狱体制改革的指导意见》对监狱管理局、监狱、监狱企业集团公司、监狱企业子公司的关系的界定是：监狱企业集团公司在监狱管理局的领导下，管理公司事务，对监狱管理局负责；监狱企业集团公司的分公司、子公司受监狱企业集团公司领导并对其负责，监狱企业集团公司主要管理分公司的资产、财务、生产经营和职工。但这些规定在实际工作中并没有全部落实到位，主要体现在：

第一，监狱主要领导（党委书记、副书记）由于多年形成的传统思维，不愿把生产经营权放给企业，改革的主动性、积极性不够。

第二，监狱企业集团公司是一个特殊企业，理论上不具备管控子公司的条件。从理论上来讲，企业集团是以多个具有独立法人资格的企业构成的经济实体，其中由一家核心企业通过各种联系纽带对其成员企业实施控制和影响，其生产原动力主要是经济利益的驱使。这可以归结为两点：一是通过集团公司，将企业间的市场交易变为集团公司内部可以控制的交易行为，从而降低了交易成本。二是通过专业分工、横向联合，降低运营成本，实现规模经济效益；通过优化资源配置和市场信息不对称性，发挥行业垄断的优势。总的来看，监狱企业集团公司并不具备这两个要素，也就无法从经济上对其子公司进行有效制约。另外，从集团公司母公司与子公司的权责关系上看，集团公司对子公司的领导体制没有决定权，这就从人事管理方面进一步削弱了集团公司对子公司的管控力。也就是说，集团公司既管不了人，也管不了“钱”，实际上成为监狱管理局设在企业的一个办事处，只能打理日常业务，如果让其行使对下属子公司的绝对领导权是不现实的。

第三，对监狱党委关于公司的作用没有明确界定，有时监狱党委在生产经营活动中大包大揽。司法部《关于全面实行监狱体制改革的指导意见》（以下简称《指导意见》）对监狱管理局、监狱、监狱企业这三者的关系本身就没有表述清楚，主要体现在：一是《指导意见》明确界定：监狱企业集团公司的分公司、子公司受监狱企业集团公司领导并对其负责。但在界定的基础上又加了一个后缀：监狱企业集团公司主要管理分公司、子公司的资产、财务、生产经营和职工。这个后缀向人们传递了一个信息：集团公司对其子公司的领导只是局部的。正是这样一个看似不起眼的后缀，给具体操作留下了一个很大的想象空间。二是《指导意见》对监狱党委对公司的作用没有界定。实际上，这是一个不可回避的问题。监狱企业的首要任务是为罪犯改造服务，经济效益只是罪犯劳动改造的衍生品，因此，监狱企业子公司的生产经营活动不可能参照地方企业那样完全由集团公司领导，什么样的生产项目、什么样的经营活动适合本监狱罪犯劳动改造的特点，监狱党委最有发言权，不明确监狱党委在企业经营活动中的权限显然是不合适的，也是不可能的。正是因为没有明确监狱党委在生产经营中的权限，才导致监狱党委在生产经营活动中的大包大揽，有些监狱连企业的正常开支都要由监狱分管财务的领导签字，与《指导意见》中监狱与企业相对独立运行的要求显然是相悖的。

2. 监狱企业发展的动力不足

通常，企业发展的动力来自两个方面：第一个是企业自身生存的需要；第二个是企业成员个人利益的驱使。企业是赚取利润的组织，追逐利润是企业存在的基本价值，如果没有利润，企业就谈不上发展。监狱企业是特殊的企业，有其特殊的运行目标，但是任何特殊性中都包含着普遍性。作为企业，无论其生产活动的主体有多么特殊，只要其产品是用来满足人们的生产或生活需要，进入市场完成交换，企业都必须获取一定的经济收益，以弥补生产中消耗的生产要素，否则企业自身就没有存在的可能。企业是由众多单一的成员所组成，而这些成员投身于企业的最大目的就是通过企业活动获取自身利益，企业成员对自身利益的追逐，形成企业发展最根本的动力。

监狱体制改革完成后，监狱民警收入由财政全额保障，其利益与企业经济效益脱钩，监狱企业失去发展的内在动力，企业经营好坏与民警个人没有直接关系，而罪犯若在生产活动中发生问题，监狱民警却脱不了干系。

如此一来，能不出工就不出工，宁可把罪犯关在监舍里学习，也不能带到车间里劳动，劳动改造的功能日渐削弱，企业经营活动内在动力会有所减退。

3. 监狱罪犯看管与监狱企业运营机制不够协调，解决机制不健全

自治区监狱的特点之一是有一些监狱农场，监狱企业属于农业生产性质，由于季节变化和农作物生长规律，农业生产和监狱犯人看管之间的矛盾时有发生。“监企分开”后，有时出现罪犯出工不正常，导致农作物收成降低。南疆一个农业监狱在春耕春播最繁忙的5月，全月罪犯仅出工11天，除去收工出工、排队点名、午餐休息，每天真正干活时间不足6小时。稍有风雨，立即收监，值班民警把劳动完全看成是企业的事，丝毫没有协商余地。究其原因，主要是“监企分开”在监狱民警意识当中划出了一道“你”“我”的分界线。生产劳动与教育改造相比毕竟是一件“苦差事”，体制改革前，你我不分，民警是为自己劳动，即使再苦也可以承受。体制改革后，你我分家，能少干一点自然就会少干一点。另外，通过调研，我们发现工业监狱罪犯出勤率要比农业监狱高得多，其中除了工业监狱生产作业环境较好外，关键是工业监狱生产经营收入是按月结算，民警津补贴也是按月发放。而农业监狱，农产品收益是按年结算，民警津补贴主要在年终兑现，其系统的延迟时间远远大于工业监狱，导致监狱民警不重视企业生产，罪犯出勤率低和出勤时间少的不良后果。目前来看，全国都存在监狱与监狱企业之间的协调与配合机制还没有彻底解决的问题，需要抓紧研究。

4. 监狱与监狱企业财务收支划分不合理

司法部《指导意见》对监狱和监狱企业财务管理提出了明确要求：监狱和监狱企业要按照各自的特点和运行机制分别组织财务管理和会计核算，监狱财务管理执行有关行政单位的财务会计制度，监狱企业财务管理执行相关企业的财务会计制度。严格规范监狱与监狱企业之间的资金往来程序、项目和标准，防止违法违纪现象发生。对照此要求，自治区的监狱和监狱企业财务管理方面主要存在两个问题：一是财务支出项目不合理，一些本应由监狱承担的支出列入企业的营业外支出科目。如某监狱，2009年经营情况明显好于上年度，决算报表却显示亏损严重，考核倒数第三。后通过对比财务报表发现，2008年企业营业外支出约200万元，2009年为530多万元。一个总产值1000多万元的企业，营业外支出500多万元，显然是不可能的。造成这种现象的根本原因在于监狱主要领导对此认识与把握问题：

体制改革前，监狱长花的是自己的钱，自然会精打细算；体制改革后，花的是企业的钱，企业亏损是公司经理的事，经费超支也就是再自然不过的事了。二是在预算中虚列收入。自治区监狱局过去曾出台过一个罪犯劳动补偿费收取规定，要求监狱按在押罪犯总数的70%收取劳动补偿费，每人每月400元。改革前这个规定基本上没有哪个监狱执行，改革后几乎所有监狱都执行了这个几乎被遗忘了的规定。某监狱押犯近3000人，按规定监狱预算收入中仅罪犯劳动补偿费一项就达1200多万元，而该监狱2009年总收入仅1100万元。上述这些问题导致了监狱经费超支、企业运行困难、企业绩效考核不真实打击企业积极性等不良后果。

5. 监区的“监企分开”不彻底

从基层监狱企业实际情况看，监狱体制改革更多地体现在监狱与企业公司层面。一方面，监狱的基层单位——监区，仍处于“监企合一”的状态，改造生产统抓共管的现象并没有从根本上得到改善，一线民警仍肩负改造罪犯和组织生产劳动的双重任务，监狱体制改革纯化监狱刑罚执行职能的根本目标并没有达到；另一方面，企业虽在公司层面设立了相关部门，实现了独立运行，但在车间既无专门的管理人员又无实质性的管理权，对生产任务的安排、工艺程序的设计、产品质量的管理、劳动工效的提高等，都带来了十分不利的影响。据了解，此问题也存在于其他省市，这与监狱体制改革的最终目标不相适应。如何在基层监狱里的监区实行“监企分开”，是监狱体制改革后规范运行深入发展的瓶颈和难点。

6. 企业经济活动监控力弱化

“监企分开”运行后，监狱企业经济的监控力度都有不同程度的弱化，如过去的经营性合同，一般都由生产、财务、纪检、狱政等多个部门参与确定，再由分管监狱领导审核，主要领导签发，相互制约，层层把关。而现在往往是生产经营部门洽谈起草，公司经理签发，有的甚至连经理办公会都不上。另外，作为监狱长，改革前还是企业的法人代表，对企业资产的处置承担直接领导责任，即使有些个人利益还是要考虑责任问题；改革后企业负责人对此负责，监狱长不承担任何责任，如此一来，很容易出现工作失误，甚至发生违法违纪现象，给企业带来重大损失。

7. 政府关于监狱企业的政策优惠不足

近年来，地方各级政府对于不同经营类型的国营企业和民营企业都出台了多种贷款、税收等优惠政策但由于监狱的特殊性，地方政府的诸多优惠政策监狱企业很难享受到，如农业型监狱中的道路交通整修、水利设施的维护保养等扶持政策，以及政府采购中对工业型监狱企业产品的招投标扶持政策等。

三、自治区监狱企业改革和完善的对策建议

通过对新疆维吾尔自治区监狱企业进行的实际调研，发现问题，分析原因，并提出如下对策建议：

1. 进一步细化管理权限和相应责任

（1）监狱主要领导要改变传统的思维方式，给企业相对独立的运营权限。

（2）集团公司发挥应有的作用，对子公司生产经营活动予以有效的管控。

（3）监狱管理局对监狱企业集团公司和监狱党委对监狱企业的领导权限予以明确的界定，明确规定哪些事项由子公司自行确定、哪些事项应由监狱党委会研究、哪些事项需报集团公司。

2. 优化人员结构，提高工作效率，建立激励机制

（1）逐渐减少兼职民警的数量，扩大聘用人员的比例，使企业管理人员工资收入与企业的经营效益挂钩。

（2）使重要岗位兼职民警的工资待遇与公司经营效益挂钩。重要岗位兼职民警的职位与其本身级别脱离，但任职期间享受所任职务的待遇，比如子公司经理不一定是正处级干部，任职期间享受正处级待遇，考核不及格，返回监狱另行安排，依旧享受原有待遇。

（3）从企业收入中按一定比例提取从优待警基金，用于改善监狱民警生活、工作环境，以及民警学习深造提高自身素质，还可兴建职工企业，解决监狱民警职工的后顾之忧，使企业效益与所有民警职工的自身利益挂钩。

（4）给从事劳动的罪犯合理发放劳动报酬，使罪犯的劳动表现和劳动报酬与企业经营效益挂钩。

（5）强调监狱党委对监狱企业的领导职能，避免企业边缘化和监企“两张皮”的现象。

3. 加强制度建设，明确分工与合作的辩证统一

（1）通过全面制定规章制度，健全监狱与监狱企业既相互分工又密切配合的关系，避免各自为政，单独作为。

（2）强调有劳动能力的罪犯必须进行劳动，通过劳动，净化心灵，提高技能，同时为国家做出力所能及的经济贡献，减轻国家财政负担。

（3）加强罪犯参加劳动的人权保障观念。罪犯参加劳动，既是义务又是权利，所以要保证罪犯劳动的时间和工作考核的硬性要求。罪犯通过积极参加劳动，可以获得减刑考核奖励。

（4）在实际工作中，对于罪犯的“5 +1 +1”教育改造模式的执行不可过于死板，尤其是农业监狱必要时可以把休息和学习时间放在刮风下雨等不宜出工的时间进行，没有必要非放在周六、周日不可。

4. 合理划分监狱与监狱企业财务收支

（1）合理确定劳动补偿费，各企业所处的行业以及所拥有的资源不同，其收益能力有所不同，罪犯劳动补偿费不能“一刀切”。

（2）企业弥补监狱经费不足应量力而行，以近三年的平均数为基准。

（3）建立严格的预算管理制度，规范支出行为。细化预算编制，使各种支出项目严格按支出用途合理归位，强化预算约束，充分体现预算的权威性和严肃性，杜绝支出行为的灵活性。

（4）监狱企业参与监狱的年度预算编制工作，集团总公司参与各监狱年度预算的审核工作。

5. 科学构建监狱企业生产经营人员管理制度

公司应以监区为单位设车间，监区长兼任车间主任，但不承担生产经营的实质性责任。负责生产经营的副监区长任专职车间副主任，专门管理生产经营工作，不负责管教工作。每个车间配备 2 ~3 名技术工人，协助专职副主任制订生产计划和生产车间的现场管理。监区相对应的车间由车间主任、专职副主任、技术工人等组成，其他民警只负责罪犯的现场管理，不再承担生产经营管理工作。

6. 加强对监狱企业活动的监督与管理

（1）规范工作流程，制定工作标准，严禁公司领导个人说了算。

（2）建立执行监事制度。执行监事作为集团公司出资人代表，监督子公司财务制度执行情况和生产经营活动，评价子公司的经营业绩。

（3）加强审计监督。监狱审计部门定期或不定期地对公司进行内部审

计，监狱管理局和集团公司审计部门对各子公司进行年终审计。

（4）加强纪检监督。监狱纪检部门确定专门人员对公司经营活动进行监督，参加公司经理办公会，参与经营性合同的洽谈和审签工作。

（5）加强公司内部监督。充分发挥职工代表大会的职能，对公司重大决策和事项进行监督和审议。

（6）监狱党委加强对企业领导，发挥企业党支部的基层战斗堡垒作用。

7. 积极争取相关部门的政策扶持

自治区监狱管理部门和企业部门与相关厅局单位积极协调，争取最大的政策扶持，同时建议司法部继续协调发改委、财政部、农业部、科技部、交通部、水利部、商务部、人力资源和社会保障部等相关部门，争取相关政策，使监狱企业能够享受到与社会企业同等的资金、税收、销售以及社会保障等方面的各项优惠，尽可能地为做好监狱犯人改造工作提供良好的场地和环境。

第三章　监狱企业制度的变迁与变革

新中国成立至今，我国监狱企业历经了从“监企合一”到“监企分离”的变迁。监狱体制及监狱企业改革取得了一定成绩，但也存在不足。本章通过梳理我国监狱企业制度的变迁与变革的历程并分析“监企合一”和“监企分离”的利弊得失，指出“监企分离”是监狱体制和监狱企业改革的方向和目标。

第一节　监狱企业的雏形
——罪犯集中劳动方式执行自由刑

清末修律大臣沈家本在《奏请实行改良监狱宜注意四事折》中提到“觇其监狱之实况，可测其国程度之文野”。[①] 亦有学者说，“一个国家监狱的文明程度，不仅反映了这个国家物质文明发达程度，更反映了这个国家精神文明和法制建设发达的程度”。[②] 我国的刑罚执行机构主要是监狱，是司法体制的重要环节之一，它承担着监禁罪犯，使其与社会隔离以确保社会秩序稳定的任务。同时，监狱还综合运用心理矫治、劳动改造、文化教育等手段对罪犯进行矫治，改造罪犯成为守法公民，实现和谐社会。罪犯被监禁执行自由刑，自由刑是以剥夺人的基本权利之一的自由为主要内容的刑罚，受刑者在一定的居所内被拘禁。罪犯刑罚的轻重决定被剥夺自由时间的长短，刑罚重则时间长、刑罚轻则时间短。我国《监狱法》第六十九条规定：“有劳动能力的罪犯，必须参加劳动。”由此可见，在我国执行

① 郭明：《中国监狱学史纲》，中国方正出版社 2005 年版，第 83 页。

② 王平：《中国监狱改革及其现代化》，中国方正出版社 1999 年版，第 1 页。

自由刑的一项重要内容也是法定内容就是强制性让罪犯进行劳动。监狱是国家刑罚执行的机关，是惩罚与改造罪犯的场所。在监狱，如果罪犯具备劳动能力但不被要求从事任何劳动，是于法不容的。所以，劳动改造是罪犯矫治的重要环节，并且组织服刑人员劳动也是世界大多数国家通行的做法。

从劳动改造罪犯的目的出发，监狱组织服刑人员劳动，就是要把劳动作为改造罪犯的手段。要充分发挥劳动改造功能，必然要求劳动须依托某种介质或是一定的组织形式。适格的组织形式会对罪犯劳动改造功能及其劳动效率产生重要影响。在实践中，何种组织形式最适宜组织罪犯劳动呢?众所周知，罪犯因为触犯刑法而入狱，入狱后劳动改造不可能是分散的个别形式，这种分散形式的劳动不利于监管而且还存在潜在的不安全因素。由于罪犯都是负罪在身，因此组织罪犯劳动的形式必须集中进行。集中劳动就必然需要配套的劳动场所、机器设备、工具、原材料等各种生产资料，还要选择生产项目、组织生产、负责产品销售、研发、参与市场竞争等。显然，这些职能与监狱的刑罚职能是完全不同的，这种行刑制度依托特定的组织形式，借助一定的介质来完成，监狱企业的雏形便应运而生。

此外，罪犯如果积极参与劳动，主动提高劳动生产效率，就会获得减刑等利益，还会获得劳动报酬等经济利益。因此，只有采用监狱企业这一组织形式并依照企业的机理和规制来运行，才能既符合罪犯集中劳动的组织形式的要求，又同时满足了罪犯的利益期望。监狱企业改造罪犯的手段是强制罪犯劳动，为保证该手段能正常运行和存在，充分发挥劳动改造罪犯的积极功能，其前提条件必然要求依照劳动的基本性质进行管理和组织劳动，唯有如此，劳动才能正常运行和存在。对罪犯集中劳动采取企业这种组织形式才能有效地参与市场、参与经济生产活动。监狱通过企业管理形成现实的生产力，提供具有社会价值的商品和劳务，创造的企业利润弥补国家财政保障的不足，同时还满足了监狱劳动改造这一刑罚执行方式的需要，符合国家组织罪犯生产劳动的初衷，同时也是监狱企业作为社会经济组织的本质所在。

一、罪犯集中劳动可以有效节约监管改造的成本

监狱是人类社会发展到一定历史阶段的产物，是国家的暴力机器之一，

是阶级社会特有的现象，是随着阶级、国家的产生而产生，也会随着阶级、国家的消亡而消亡。监狱的一般属性主要有阶级性和惩罚性。它具有鲜明的阶级性，反映着统治阶级的意志，是统治阶级维护自身利益和统治秩序的专政工具之一。监狱还具有严厉的惩罚性。任何国家的监狱都具有镇压敌对阶级和敌对势力反抗和破坏、打击犯罪、惩罚犯罪的作用。在监狱产生之前，统治集团为维护自己的利益，使用肉体刑来消灭敌人。随着生产力和社会的进步，个人的生产成果除了维持自己的生存外，还能有剩余。于是统治集团就考虑不杀死敌人，留之为奴隶，然后强迫他们劳动，夺取他们维持生存之后剩余的劳动成果，受强迫的劳动制度于是作为一种传统被继承下来。随着人类社会的发展和进步，人道、人权、公平和平等成为人们所追求的价值目标，实施惩罚和获取剩余劳动成果不再是强迫罪犯劳动的主要目的，劳动的主要作用是分散罪犯精力，改造罪犯的思想，实现罪犯生存资源自给，减少监狱监管改造的成本。

在美国，关于罪犯自由刑的行刑方式也在不断变革，早在 18 世纪 80 年代基督教教友派（Quakers）就开始启动一种被称为“惩治监”的监狱改良运动。随后“惩治监”发展成两个派系，分别是“宾夕法尼亚制”和“奥本制”。反省自我和执行隔离制度是前者推崇的，它要求受刑的人日夜不停地被禁闭在独立的房屋中，除了可以阅读圣书外任何其他的东西都不得接触；后者则允许受刑的人进行集中劳动，但是劳动的时候要保持缄默。因为后者比较重视对受刑人的纪律训练，而且又产生了经济效益从而让监狱的负担有所减轻，之后在全美被迅速地进行了推广和普及。① 但是到 19 世纪 50 年代，“惩治监”行刑因效果不明显，逐渐被以“医疗模式”为内容的“复归社会”的行刑方式取代。但是由于该种行刑方式罪犯整日无所事事，监狱秩序极为混乱，这种行刑完全变为“处遇关系”，花费大量财力、人力和物力，行刑成本高昂，行刑效果不佳，再犯罪率极高。因此 20 世纪 70 年代中期以后的美国行刑实际上呈现出“效率性”和“效果性”的特征。一方面将大批的人员关禁在监狱内助益了社会的安定；另一方面大量的人员被关禁必然意味着高昂的管制成本，财力、物力和人力都需要国家

① See David J. Rothman, *The Invention of the Penitentiary*, in Criminal Law Bulletin, Vol. 8, 1971, p. 555; David J. Rothman, *For the Good of All The Progressive Tradition in Prison Reform*, in James A. Inciardi and Charles E. Faupel (eds.), History and Crime, SAGE Publication, 1980, p. 272.

加大投入，国家的财政负担显著增加。因此，监狱私营化是“效率性”行刑的必然结果，行刑被委托给私营企业。组织受刑人员劳动，企业给受刑人员薪资，其中受刑人员本人在监狱里的生活费用和住宿费用要被扣除，这样的方式有机结合了劳动、市场和经济，大大减少了监狱行刑成本。20世纪80年代以后，美国各州的监狱企业主要采用以下的劳动方式：第一，“雇佣者模式”，该种模式是美国最普遍的一种方式。雇主是民间企业，而受雇人当然是罪犯，经营过程由罪犯参与而且还需承担企业的经济风险，经济利益则由雇佣者和经营者享受。监狱秩序和安保仍由监狱承担。第二，“投资家模式”，监狱不仅要监管监狱的安保和纪律，还要负责经营监狱企业，但是监狱企业是由民间企业提供资金、厂房，之后民间企业作为投资者可以从监狱企业的盈利中获得回报。第三，“顾客模式”，该种模式中监狱企业负责所有企业的经营活动，只是监狱企业生产的产品由民间企业定期购买。第四，“管理型模式”，由于监狱企业的产品是由民间企业来购买，因此民间企业作为订购者有权干涉监狱企业的一些经营活动，民间企业的干涉会直接对监狱管理监狱企业产生重大的影响。第五，“经营模式”，在监狱企业不具备专门的技术和专业知识时，来自民间企业的专业人员参与到监狱企业的经营和管理中并提供各种帮助，无论监狱企业盈亏都从中获取经营报酬。第六，“共同投资模式”，监狱企业是由民间企业和监狱共同出资、共同经营、共同管理的，双方按出资比例分享监狱企业的利润和损失。美国联邦则是由联邦矫正局成立了联邦监狱产业机构的经营组织，监狱的纪律和安保由各监狱局负责，联邦监狱产业机构负责监狱企业的经营活动，部分受刑人受雇于联邦监狱企业。①

在我国，新中国成立之初的“三反”“五反”等运动使监狱在押犯剧增，大批罪犯受刑是处于枯坐铁窗、无所事事、坐吃闲饭的状态。而当时国家财政极其困难，生产力很低，工业极端羸弱，国家要供养这样一大批坐吃闲饭的劳动力人口不仅困难而且成本高昂。因此，在我国社会主义制度下，1951年10月10～15日召开的全国第三次公安会议讨论了把全国罪犯组织起来参加生产劳动的问题，通过了《关于组织全国犯人参加劳动改造的决议》，规定了其生产项目为“从事大规模的水利、筑路、垦荒、开矿和造屋等生产建设事业”，罪犯劳动改造的帷幕就此拉开。新中国是以马克

---

① 郭明：《中国监狱学史纲》，中国方正出版社2005年版，第83页。

思主义为指导的社会主义制度，因此，罪犯不参加劳动也不符合马克思主义关于“劳动创造了人本身”的论断，必须让罪犯参加能创造价值的劳动。理论和实际需要催生了大规模的监狱生产活动，监狱的生产劳动对当时恢复国民经济起到了重要作用。监狱生产的收入被1954年制定的《中华人民共和国劳动改造条例》规定为监狱经费来源之一，监狱生产成为监狱工作的基本组成部分。罪犯参加劳动生产后，监狱基本达到自给自足，监管改造的成本降低，减轻了国家负担。1994年12月29日第八届全国人民代表大会常务委员会第十一次会议通过的《中华人民共和国监狱法》第四条规定：“监狱对罪犯应当依法监管，根据改造罪犯的需要，组织罪犯从事生产劳动，对罪犯进行思想教育、文化教育、技术教育。”

因此，不管是美国的“效率性”行刑还是我国的监狱组织罪犯集中劳动改造，都有一些相似的特质。对于被执行自由刑的罪犯来说，组织罪犯劳动对国家来讲绝对是一举多得的行为。国家行刑机关组织罪犯劳动不仅给社会、国家带来收益，还实现罪犯的自给自足和有效节约监管行刑的成本。

如果从经济分析视角来看，监狱企业也是普通的经济主体，和其他行为一样，监狱的行刑行为也是一种经济行为。监狱行刑从资源投入（即投入）到经过资源耗费（即成本）等系列经济活动后得到对应的产出（收益）被视为一个完整的周期，循环不息、周而复始。既然监狱的行刑也是一种经济行为，它理应是理性选择的结果。什么是理性选择？经济学家通常假设每一个经济主体将促使某些东西最大化。厂商希望利润最大化，消费者追求效用（如快乐、满意度）最大化，政客在参选的时候期望获得的选票最多，政府机构期望其财政收益最大化。经济学家称这种现象为最大化行为假设。因为大多数的人被认为是理性的，出于理性，当然期望最大化。理性的行为人能够按照某种标准排序自己所期望获得的东西就是“理性”的意义。[①] 也就是说要解决一个具体的问题，可能会有多种路径供选择，不同的路径会产生成本与收益的差异，而理性的选择就意味着选择收益与成本配比的方案是最佳的路径，最优的方式。罪犯在被监禁执行自由刑的过程中，根据《监狱法》第三条，可对罪犯实行惩罚和改造相结合、教育和

① ［美］罗伯特·考特、托马斯·尤伦：《法和经济学》，史晋川、董雪兵等译，格致出版社、上海三联书店、上海人民出版社2012年版，第14页。

劳动相结合的原则，将罪犯改造成为守法公民。也就是说有惩罚、教育、劳动改造等综合行刑模式。毋庸置疑，上述三种模式，从经济效益的角度来说，劳动改造是在现有的投入组合下，产出是最优的。惩罚和教育短期内不会产生经济收益，而组织罪犯集中劳动又比单个劳动更能提高经济效益。罪犯戴罪服刑决定了不可能单个劳动，否则不仅成本高，而且监狱的监管改造设施、环境无法提供单个劳动。集中劳动，罪犯之间有分工协作，互相配合。罪犯的集中劳动，会给罪犯心理上带来暗示效应，能使罪犯主动积极参加劳动。而罪犯劳动的积极性和效果又是悔罪的表现，会转化为刑事利益，罪犯的劳动热情也会增强。通过集中劳动，罪犯从劳动中发现劳动的价值，提高对劳动意义的认识，正如马克思所言："劳动创造了人类。"卢梭也曾说："劳动是社会中每个人不可避免的义务。"罪犯的集中劳动启迪了罪犯劳动的自觉性和主动性，惩罚改造、教育改造融入集中劳动中后，理论和实践达到最佳结合，最终达到监管改造的最大理性，罪犯能把强制劳动转化为自觉意义上的劳动，有效完成监管改造的目标。因此，罪犯集中劳动能够有效地节约监管改造的成本。

二、罪犯集中劳动方式可以为国家和监管改造部门产生收益

劳动是改造罪犯的基本手段，组织罪犯参加劳动，使罪犯回归社会后有一技之长，掌握基本的谋生能力。劳动改造必然会带来罪犯的集中劳动，罪犯劳动在历史上有两种方式：一种是单纯惩罚的无效劳动，该种劳动不创造物质产品，不产生社会效益，已经被淘汰；另一种是罪犯的集中劳动，表现为劳动生产，它能为国家、社会、监管部门产生收益。

1. 罪犯集中劳动在经济上的意义有据可循

早在 1951 年 5 月，公安部召开了第三次全国公安工作会议，会议决议提出的"三个为了"拉开了大规模的组织罪犯集中劳动改造的帷幕。截至 1952 年 10 月，根据西北、西南、华东、华北、中南、东北、内蒙古和中央直属单位的统计，全国在押犯有 60% 投入劳动改造，大批矿山、工厂在全国各地相继建立，甚至在某些地区罪犯在经济上基本实现了自给自足。到了 1953 年全国在押罪犯已经有 83% 投入劳动生产，组建规模不一的劳动生产单位大致有 4671 个。如此一来，不仅缓解了罪犯坐吃闲饭的问题，还治

理了之前监押场地紧张的态势，并为之后发展监狱生产奠定了厚实的物质基础。集中组织罪犯劳动，一方面促使监狱解决了面临的一些困难；另一方面罪犯在改造的同时也带来丰厚的物质效益，是当时国民经济中的重要组成部分，受到国家的高度重视。1954 年 9 月 7 日，政务院公布和实施了《中华人民共和国劳动改造条例》，进一步规定：劳动改造生产，应当为国家经济建设服务，受有关各级人民政府财政经济委员会的统一领导，并且分别接受农林、工业、财政、交通、水利、商业等有关部门的具体指导，中央和省市应当成立劳动改造生产管理委员会，领导和监督劳动改造生产的计划实施。组织罪犯集中劳动生产的发展方向是：由省、市集中经营，大力推行农业生产；进行有发展前途的工、矿、窑业生产；组织水利、筑路等建设工程的生产。在上述政策和法规的指导下，劳改生产获得了迅速发展，生产场所不断扩大，物质和技术条件不断改善，经济效益也明显提高，到 1965 年，全国劳改工业总值达到 17.6 亿元，粮食总产量达 18.4 亿斤，[①] 劳动改造给国家和监管部门上缴了巨额收益。

2. 罪犯集中进行劳动能够在一定程度上补偿国家和社会受到的损害

从经济学层面看，国家、社会和受害人都会因为罪犯早前的犯罪行为而遭到损害，如果还要国家和社会再次损耗公共资源和经济资源对罪犯执行刑罚惩罚，岂不是让国家和社会又一次遭受经济的损害？如果通过强迫罪犯集中劳动不仅保证罪犯自给，还可以弥补社会、国家和受害人的损失，国家和社会的损失减少实际上就是潜在获益。

3. 监狱生产是社会生产的重要组成部分

社会生产建设理应包括监狱生产，罪犯被统一关押在一定的设施内集体劳动改造，通过集中和组织众多的罪犯劳动力，根据市场的需求在特定的生产条件下提供产品，形成规模效益。罪犯的集中劳动，能发挥特殊的功能，这种集中劳动既有分工又有协作，并且经受严格的监督管理和纪律约束，有利于改造罪犯。罪犯集中劳动，其产出远远大于单个个体的劳动产出。这样既满足了监狱系统内部的部分需要，其他多余的产品还可以通过正常渠道流入市场，参与到市场的竞争中，客观上为国家和监管部门带来了一些收益。

---

① 高寒主编：《监狱生产的定位与运行研究》，中国物价出版社 2002 年版，第 22 页。

4. 罪犯通过集中劳动实现自给自足

虽然国家可以保障监狱改造罪犯所需的经费，但是如果组织罪犯积极参与到生产劳动中去，则有利于把改造罪犯中产生的各种消极因素转换为积极因素。很多罪犯之所以犯罪，就是好逸恶劳，想不劳而获。罪犯通过集中劳动，明白劳动不仅可以让其谋生，还能为社会创造物质财富，体会到自己的社会价值，减轻国家和社会负担，思想和心理都会逐渐向良性方向发展，有利于其顺利回归社会。

5. 罪犯通过集中劳动能够发掘劳动的价值

罪犯集中劳动的方式使得罪犯劳动的积极性得到充分发挥，罪犯之间形成你追我赶的积极竞争模式。劳动积极、劳动效率高的罪犯会获得减刑等刑事利益，从众的心理让罪犯在集中劳动中体会到劳动的乐趣，明白劳动的价值。同时，罪犯集中居住，接受严格的狱政管理，免予受到外界不良因素的传染，专心生产，能够迅速提高监狱企业经济效益。罪犯能够从自己的劳动所得中获益，监狱也增加了改造罪犯的物质基础，改善了教育改造罪犯的物质条件，监管部门和国家也减轻了负担。罪犯集中劳动，带来大量的经济收益，监狱经济状况得到改善并获得快速发展，并以奖金、薪资等形式发放给罪犯，罪犯在改造的同时也增加了个人的经济收入，在某种程度上减轻家庭负担并支持家庭经济，还为其将来回归社会积攒了资金。

三、监狱企业是实现监管改造资源最佳配置的制度安排

经济学认为经济活动及经济研究是以社会资源配置无限需要和有限资源的有效结合为己任的。经济是指根源于社会资源稀缺性的一切活动及其决定机制的总称。社会资源总是紧缺的，需要人们审慎地安排各种经济活动，才能使有限的社会资源最大限度地满足人们无限的要求。因此，如何在种种能够代替的方式中遴选最优的方式来利用资源，这不得不被纳入人们必须优先考量的要素。人们不但要在资源稀缺的状况下配置好各种资源，更要解决怎样提升生产力以减缓资源的稀缺，这就需要人们在开展的各种经济活动中持续优化社会生产的制度结构。①

① 王国顺：《技术、制度与企业效率：企业效率基础的理论研究》，中国经济出版社 2005 年版，第 2 页。

企业活动可以划分为交易活动和生产活动，企业行为是否优劣很大程度上是由交易成本和生产成本决定的。分析企业组织结构模型时，企业的制度和技术结构体现为它的生产活动以及交易活动，而且生产活动和交易活动的运行方式都是围绕着实现企业的目标和追求效率来进行的。由于企业的制度和技术结构是企业交易活动和生产活动的基础，通过对其施加影响，不仅恪守了企业目标，还决定了企业目标（企业效率）的实现程度。鉴于企业内在效率的价值体现是企业的外在效率，而作为企业资源转换能力的技术和制度决定了企业的内在效率。企业在生产中发生的人和人之间的关系是企业制度的反映，发生的人和物的关系则在某种程度上反映了技术。企业交易行为的基础之一是制度体系，不同的制度产生不同的交易成本。决定企业的交易成本和生产成本及其效率的根本性因素无疑是企业的制度结构，企业经营的基础是企业的制度，企业效率的基础也是企业的制度。[①] 因此，不同的制度就会产生不同的交易成本，好的制度能减少成本。

再者，制度对企业效率的作用可从静态和动态两个方面来发挥。从静态角度来看，制度、企业和人三者结合时，制度才能使企业的效率增加（或“非效率”增加）。由此可知，企业的效率是否增长，制度起了关键作用。制度和人越适应或者“制度化”的人和企业越适应，企业的效率就越高。不考量其他条件和因素，制度、人和企业是企业效率和制度关系的三个重要的变量。不难发现在这组三维变量中，行为的主体是人，由人发动行为；人存在的条件依赖于企业，企业是人生存的依赖；人如何适应企业，“软件”就是制度，制度会提供一种理性预期的“激励”，指引人们哪些要做，如何做，做之后会产生何种程度的收益。制度还会产生“限制”（“负激励”）规谏人们勿要做什么以及违反制度后要付出的代价和成本。[②]

惩罚矫治罪犯和经济功能矛盾协调的产物是监狱企业，监狱企业的属性通过罪犯和资产的交易实现。劳动生产的过程实现罪犯的刑罚效率，也产生经济效益，实现监狱企业资产保值增值。监狱兴办监狱企业，监狱是国家的刑罚执行机关，通过监狱企业的媒介完成国家资产与罪犯的交易，

① 王国顺：《技术、制度与企业效率：企业效率基础的理论研究》，中国经济出版社 2005 年版，第 43 页。

② 王国顺：《技术、制度与企业效率：企业效率基础的理论研究》，中国经济出版社 2005 年版，第 107 页。

从而达到改造罪犯的目的。国家实现给社会提供安全的环境，社会的安全稳定是一种“资源”。罪犯和监狱企业资产的交易行为也是一种契约关系。双方的交易行为是对安全稳定这一稀缺资源的合理利用。交易产生诸多交易成本，如改造罪犯付出的改造成本、监督执行成本、惩罚教育的成本、罪犯劳动改造中耗费资源资产的成本、培训罪犯的成本等，只有减少交易成本，才能使稀缺资源效率增大。要降低交易成本，国家应当建立一种制度，通过监狱企业作为罪犯劳动改造手段的媒介而提高罪犯刑罚执行的效率。

监狱企业制度的变迁是一个不断降低制度交易成本、提高刑罚执行效率的过程。刑罚效率的提高是监狱整体效能提高的具体表现，也是国家办监狱的宗旨，因为它会产生国家社会安全稳定的稀缺资源，国家从中获益。但是，监狱企业经济效率的提高有时可能会忽视刑罚执行的效率，这种刑罚执行效率的损失也是一种交易成本，企业天生的逐利本性，会使监狱企业有时候舍本逐末。要减少这种损害，让监狱企业回归改造罪犯的主道，实现刑罚效率的最大化，防止交易过程中监狱企业赚取利润最大化和刑罚执行效率提高的矛盾冲突，国家就要为监狱企业的交易成本提供补偿。当监狱企业经济属性权重超过改造属性权重时，表明交易出现复杂性，监狱企业利用资产向市场攫取高额利润的机会主义行为倾向将带来高昂的交易成本，国家要么继续承担高昂的交易成本，以确保企业回归本位，实现改造罪犯的目的，要么重新寻找另一替代物。重新寻找新的替代物要经历一个重新签订契约的过程，也将付出交易成本，而交易成本的高低充满不确定性。[①]因此，现存的监狱企业制度安排是实现监管改造资源的最佳配置。

罪犯劳动改造用监狱企业这种制度来安排，应该是最优的安排。首先，监狱企业的劳动力（也就是人的要素）不是按照生产要素的原则和市场法则择优录取，监狱企业只能无条件接受具有劳动能力的罪犯劳动者，无论罪犯的劳动技能是否低下或熟练，而且劳动者是在有特殊监管纪律的约束下被监管劳动。监狱企业制度是罪犯用来适应企业的软件，监狱企业制度给罪犯提供了一种激励，告诉罪犯如果积极劳动生产，就会产生减刑等预期收益；反之，如果消极怠惰劳动，就会一直监禁到刑期届满。其次，监狱企业制度能保证国家投入的大量生产资本保值增值，企业固有的经济属性能实现资产再生的最优。再次，劳动改造罪犯效果取决于罪犯劳动有效

① 覃海波：《监狱企业性质及制度变迁》，贵州大学硕士学位论文，2007年，第37－38页。

性。罪犯在企业劳动会产生效益，罪犯能切身体会自己劳动的有效性和社会价值，那么改造就不再是枯燥、空洞的说教。改造和实践有机结合，有利于罪犯的社会化。最后，监狱在发展的过程中，自身也会产生费用，狱警、狱所、罪犯都需要大量的经费，国家虽然会承担监狱的主要经费，但是监狱在自身发展的过程中，若通过组建监狱企业这种制度，改造融于生产，生产即改造，就能够达到监管改造资源的最佳配置。

第二节　监狱企业制度变迁
——从社会企业到国家企业

人与社会的活动可分为生产活动和交易活动，生产活动配置资源产生生产成本，交易活动配置资源产生交易成本。而交易成本正是新制度经济学的核心研究范畴，制度是决定组织交易效率的基础，不同的制度下交易成本必然不同。“如果政府不与既得利益集团合谋，而是推行削弱旧制度的政策，那么，缓慢的转型过程就会发生。”① 当一种制度妨碍既定条件的组织发挥效率时，改变这种制度来适应所有者更大的满足，以释放既定条件下的组织潜能从而提高组织效率是可行的。② 随着社会和历史环境的变化，制度也要紧跟其后。在人、社会、制度各种紧密相连的关系中，稀缺资源的占有是制度产生和变迁的最大动力。资源相对于人的需求永远都是稀缺的，人们总是在追逐效率最大化的动机下去配置各种资源，要寻求最优的制度来高效使用资源和降低成本。

一、监狱社会企业组织罪犯劳动的利与弊

1. 监狱社会企业组织罪犯劳动的利

（1）监狱社会企业组织罪犯劳动能产生经济效益。组织罪犯生产劳动，是实现监狱政治职能而衍生的经济内容。监狱生产是一种包含一定政治目

① ［日］青木昌彦：《比较制度分析》，周黎安译，上海远东出版社 2004 年版，第 274 页。

② 覃海波：《监狱企业性质及制度变迁》，贵州大学硕士学位论文，2007 年，第 38 页。

的的特殊的商品生产活动。罪犯劳动始终伴随监狱管理的历史发展，成为监狱管理中带有经济作用的重要组成部分。罪犯参加劳动，作为执行刑罚的重要手段之一，不仅是我国也是国际上的通行做法。劳动改造以劳动作为行刑的基本内容，具有合理性。劳动改造优越于把犯人整日置身于百无聊赖、无所作为的枯坐铁窗状态，也优越于让犯人只接受空洞无物的说教行刑方式。监狱组织罪犯劳动的益处体现在以下两点：一是能惩罚和改造罪犯。没有改造就不会有生产，没有生产对罪犯的改造就无法开展。当罪犯被改造得良好时，就会促进生产，良好的生产又能助益改造罪犯，从而能为社会提供安全的社会秩序。二是能创造一定的物质财富，获取一定的经济效益。需要注意的是，劳动改造虽然是监狱经济与社会经济的结合，但是两者还是有所区别的。监狱企业既具有社会企业的基本特征，能充分利用社会企业的长处，又在某种程度上具有非市场主体和非竞争性，能避免社会企业的不足。国家为了保证受刑人员正常从事劳动改造和监狱经济良性循环，在政策和税收方面都有所倾斜扶持。

（2）监狱社会企业组织罪犯劳动能够践行和强化罪犯改造。因监狱企业具有社会企业的基本特征，监狱企业亦是平等的市场主体，在日常的经济生产中，也要受到价值规律的支配，在保证产品质量的同时要兼顾到少投入多产出。这个目标和组织罪犯开展劳动改造是统一的。罪犯在劳动改造过程中，是否勇于探索，敢于钻研，努力提高劳动生产的效率，是考核奖励罪犯劳动改造表现的依据。我国《监狱法》第五十七条规定罪犯有下列情形之一的，监狱可以给予表扬、物质奖励或者记功：①遵守监规纪律，努力学习，积极劳动，有认罪服法表现的；②阻止违法犯罪活动的；③超额完成生产任务的；④节约原材料或者爱护公物，有成绩的；⑤进行技术革新或者传授生产技术，有一定成效的；⑥在防止或者消除灾害事故中作出一定贡献的；⑦对国家和社会有其他贡献的。也就是说监狱企业把罪犯的劳动改造过程融入生产劳动过程，劳动改造成果很大程度上体现在生产劳动的效益上。罪犯如果心悦诚服地接受改造，那么就会努力克服之前的各种消极、懈怠情绪，在日常的劳动生产改造中积极参加劳动，增强劳动的自觉性和主动性，最终达到深层意义即思想上的改造。罪犯从劳动中体会到劳动的价值和劳动的乐趣后，最终能把这种强制的劳动改造转化为自觉的劳动，养成劳动习惯，塑造健全的人格。

（3）监狱社会企业组织罪犯劳动有利于监管工作的开展。监狱企业和

普通的商事主体是有区别的，普通的商事主体公司、合伙企业等都要以营利为首要目的，而监狱由于承担了改造罪犯的首要任务，与前者就有所不同，因此对罪犯的监管改造需要依托监狱企业。在监狱企业里，罪犯是被强制参加劳动的，对罪犯劳动的组织和管理就有别于普通的企业。强制罪犯劳动实际上是在执行刑罚，预防罪犯的再次发生。罪犯在执行刑罚的过程中，如果只是枯坐牢房，整日无所事事，精神和肉体虽备受摧残也达不到改造罪犯、重塑罪犯的目的。罪犯在刑罚执行完毕回归社会后，无一技之长，没有生存能力，必然会再次跌入犯罪的深渊。通过监狱企业的劳动改造生产模式，监狱监管工作的开展就能顺利进行。从经济意义来说，还能为监狱企业创收，改善监狱企业条件，提高罪犯和职工的福利待遇。通过把监管改造贯穿到监狱生产的各个环节，避免监管中简单、重复、枯燥的说教工作，利用监狱企业这一平台，从罪犯劳动的出勤率、劳动的绩效、劳动的革新等方面，就能评判罪犯是否真正接受监督管理，接受改造。因此，监狱的监管改造工作和监狱企业的生产经济工作是相辅相成的，是共生的，两者是相互促进的关系。监狱企业运作得好，可以反映监狱监管改造的成效。当然，监狱企业的运作还依赖于技术、人力资本、投资等多种因素。

2. 监狱社会企业组织罪犯劳动的弊

监狱作为国家机器的重要组成部分，是国家刑罚执行机关，担负着重要的政治职能，具有很强的政治性。监狱从其产生开始，就以关押监禁罪犯为主要职能，在监管罪犯的同时，通过组织罪犯劳动生产达到执行刑罚、惩罚和教育改造罪犯的目的，这是监狱的政治职能。众所周知，我国的罪犯劳动改造是特定政治条件下的产物，特别是在计划经济时期，建立在政治理论之上，以政治结果为目标，监狱内组织罪犯劳动被看作政治活动的重要组成部分，从而使监狱改造和罪犯劳动变成某种政治关系。在这种政治关系下，罪犯也许能基于人道主义或改造机关的上级监管而被赋予一些基本的权益，但这种权益并没有法律的保障，也没有法定成法律上的权利，在监狱法及相关的法律中，对于罪犯的权利关注都空洞并简单粗放。由于缺乏对监管的有效监督和制约，监管者的权力膨胀进而发生滥用权力，罪犯的基本人权得不到足够保护，受到侵害后也很难从法律角度诉诸保护。监狱企业极有可能在利益的驱动下，侵害到罪犯的基本权利，比如适当休息、获取相应报酬等权利。监狱企业会自觉不自觉地向社会企业靠拢，想方设法以少投入获得多产出，结局必然是牺牲罪犯、榨取罪犯的超额劳动来达到目的。因此，监狱内组织罪犯劳动如果不依法组织、不以法治为导向而以政治为导向的话，受害最大、受伤最深的必然是罪犯。这是监狱体制改革的重要考量。

二、监狱内国家企业组织罪犯劳动符合教育矫正罪犯的目的

罪犯的教育改造包括三个方面，即文化教育、思想教育、职业技术教育。《监狱法》第六十四条规定："监狱应当根据监狱生产和罪犯释放后就业的需要，对罪犯进行职业技术教育，经考核合格的，由劳动部门发给相应的技术等级证书。"第七十条规定："监狱根据罪犯的个人情况，合理组织劳动，使其矫正恶习，养成劳动习惯，学会生产技能，并为释放后就业创造条件。"因此，监狱内国家企业通过组织罪犯劳动并参加监狱生产，使其在劳动的过程中边干边学，通过劳动实践才能获得生产技能。

1. 组织罪犯劳动改造的价值

监狱组织罪犯劳动的实质是对罪犯实施改造。劳动改造是通过劳动的方式改造罪犯，是通过罪犯个体实践影响罪犯的思想和行为，进而实现改造罪犯目的的活动。[①] 劳动改造是连接罪犯客观世界和主观世界的桥梁，劳动改造能矫正罪犯的恶习，促使其养成良好的习惯。好逸恶劳、奢侈浪费是许多罪犯走上犯罪道路的重要原因。监狱内国家企业组织罪犯劳动是在集中、有序、文明的物质生产过程中进行，从管理学角度看，对物质资料生产过程的管理和控制可以起到通过生产实践对罪犯行为管理和控制的作用。在劳动过程中实行定岗负责、操作规程化、质量标准化等横向的管理控制，与生产流程中实行的连续性、均衡性的纵向管理控制构成纵横交错的管理网络。这些纵横交错的管理因素可以形成矫正罪犯恶习的持续、稳定的力量，从知觉、作风、思维定式等不同的方面矫正罪犯。[②] 通常，经过劳动改造后的罪犯，原来的种种恶习会有意无意地弱化。在这种有目的、有计划的训练中使罪犯形成良好的劳动习惯，符合教育矫正罪犯的目的。

---

① 张全仁、翟中东：《监狱行刑学》，中国物价出版社 2003 年版，第 238 页。

② 张全仁、翟中东：《监狱行刑学》，中国物价出版社 2003 年版，第 239 页。

2. 组织罪犯劳动的教育意义

我国监狱的一切活动，都具有教育人、改造人的意义，都从不同方面发挥着教育改造罪犯的作用：刑罚执行是教育改造的前提，狱政管理是教育改造的保证，劳动生产是进行教育改造的基础。在监狱中服刑的罪犯，绝大多数是毫无劳动技能、好吃懒做、贪图享受才走上犯罪道路的，组织罪犯参加劳动可以培养知识技能、操作技能和智力技能。通过培训罪犯，让其拥有一技之长，掌握谋生技能，对于将来刑满释放回归社会自食其力打下坚实基础和创造条件，对于摒弃原有犯罪恶习和改过自新进一步强化思想认识，从而获得生产技能教育。事实证明，监狱企业通过组织罪犯劳动，使得罪犯可以在服刑期间接受生产技术教育，理论和实践真正结合起来，罪犯从劳动改造中形成健康的、正确的世界观和人生观，体会劳动带来的价值和乐趣，培养罪犯养成自觉劳动、热爱劳动的美德，将罪犯再社会化为一个不想犯罪也没必要犯罪的合格社会人，实现刑罚责难的预期功能。

3. 监狱内国家企业组织罪犯劳动能促进罪犯的身心健康

劳动是发生在人与自然界之间的活动，其实质是通过人有意识的、有一定目的的自身活动来调整和控制自然界，使之发生物质变换，即改变自然物的形态或性质，为人类的生活和自己的需要服务。在我国，由于监狱经费紧张，很多罪犯服刑的场所条件极其有限，罪犯接受刑罚的惩罚后便失去了自由，狭小的空间让罪犯的心理极易失去平衡，如果罪犯只是整日关押于监管场所，不劳动而过着饭来张口的日子则百害而无一利，百无聊赖的日子会增加罪犯在监狱打架斗殴、挑衅滋事的频率。相反，罪犯在劳动改造的过程中身体各个器官均得到了锻炼，动脑又动手，而且参加生产劳动还有利于罪犯协调和其他罪犯的关系，学会和他人相处；接受劳动改造后罪犯的劳作有规律性，使得罪犯的主要精力都付诸于劳动生产，有利于转移罪犯注意力，培养罪犯的意志，促进罪犯的身心健康。

4. 监狱企业制度是惩罚矫治罪犯与经济功能之间的矛盾与协调统一体

（1）监狱企业制度的性质。监狱企业的本质属性如何定位？如果我们把监狱企业定性为市场经济中的普通独立法人实体还是有失偏颇的。虽然监狱企业也和普通企业一样，是独立的市场主体，自负盈亏、独立经营，诚如《公司法》第三条规定："公司是企业法人，有独立的法人财产，享有法人财产权。公司以其全部财产对公司的债务承担责任。有限责任公司的股东以其认缴的出资额为限对公司承担责任；股份有限公司的股东以其认购的股份为限对公司承担责任。”我国监狱企业主要是以国有独资公司的形式存在，和普通企业一样有盈有亏，也面临破产解散的风险。但不能把监狱企业视作市场上的普通企业，因为监狱企业的根本目标、劳动力的来源、生产环境都不能和普通企业相提并论。无论什么情形都无法割裂监狱和监狱企业的内在联系以及监狱企业的特殊目标和职能。

（2）罪犯劳动改造的成效是监狱企业存在的重要价值。2003 年 1 月 31 日，国务院印发了《批转司法部关于监狱体制改革试点工作指导意见的通知》，并于 2007 年印发了《批转司法部关于全面实行监狱体制改革指导意见的通知》。文件对监狱企业的职能给予了明确定位：“监狱企业集团公司及其分公司、子公司是改造罪犯工作的组成部分，主要任务是为监狱改造罪犯提供劳动岗位，为改造罪犯服务。”因此，同市场上的普通企业不同，监狱企业是罪犯劳动改造的场地和介质，“监企分开”后监狱企业设立的首要目标仍是改造罪犯。劳动改造罪犯是监狱企业生产运行的目标。监狱企业根据罪犯的生产技能和罪犯的特质提供适合的劳动岗位，监狱企业的存在和发展是为了改造罪犯。

综上所述，监狱企业是以劳动改造罪犯为根本目的的特殊性质的国有企业，是带有政治属性的经济实体。监狱企业的特殊性主要表现在如下几个方面：

首先，监狱企业制度的本质决定了监狱企业不是以利为先，改造罪犯才是它存在的根本意义和价值。追求社会效益是蕴含在改造罪犯的生产过程中，无论何时，无论在何种经济制度下，如果舍本逐末都会给监狱企业的发展带来困惑。

其次，监狱企业的劳动力来源的特殊性。监狱企业的劳动力来源是被判处有期徒刑和无期徒刑的罪犯。罪犯之所以犯罪，大部分是因为好吃懒做、梦想不劳而获、无生存技能、科学文化低、素质差。诸多原因决定了罪犯在进行劳动生产时不是自觉意义的，劳动的积极性不高，是被迫参加劳动改造的，难免会有抵触心理，罪犯无论是从身体还是心理上都不是合格的生产者。监狱企业并不能因为罪犯劳动技能低下而解聘罪犯劳动者，对劳动积极性和效率高的罪犯的奖励通常也只能是减刑等刑事利益。因此，监狱企业和普通社会企业就无法建立平等竞争关系，监狱企业的劳动效率无法与普通社会企业相提并论。

再次，罪犯的流动性大。监狱企业常常培训好一个技能娴熟的罪犯后，罪犯就面临刑满释放。因此，监狱企业总是不断地在接纳新的技能低下的罪犯，监狱企业也只能从事科技含量低的生产活动。同时，由于监狱企业里充斥大量的重刑犯，监狱企业的生产活动也要考虑安全因素，监狱生产要先考虑给罪犯和监狱能带来安全的生产环境，同时监狱企业的生产还要兼顾到罪犯掌握的劳动生产技能和社会需要相衔接，能让罪犯顺利回归社会。

最后，监狱企业生产环境的特殊性。罪犯被关押被监管的属性，决定了监狱企业的生产环境区别于其他社会企业，不可能开辟或外建场所组织生产。因此，我们可以看到监狱企业的运行多数时候都是在“戴着镣铐跳舞”，无法像普通企业那样在市场经济的浪潮中施展拳脚。所以，虽然有收入、经营利润等经济目标，但罪犯劳动改造的质量和效果仍是衡量监狱企业自身价值的重要标杆。

（3）监狱企业惩罚矫治罪犯与经济功能的对立统一。监狱与监狱企业在总体目标一致的框架下，其具体目标的差异将导致工作中存在矛盾。虽然“监企分开”后，监狱企业与监狱各自建立了生产经营和监管改造两套独立的管理体系，但由于职能各异、隶属不同、目标不尽一致，监狱企业与监狱的局部利益冲突在一定程度上仍然客观存在。从矛盾论的观点看，监狱企业在发展的过程中，各种矛盾的地位和作用是不均等的，有主要矛盾和次要矛盾之分。主要矛盾是指在事物发展过程中处于支配地位、对事物发展起决定作用的矛盾。在复杂事物发展过程中，许多矛盾的地位和作用不平衡，其中必有一种矛盾是主要的。其他处于服从地位的矛盾是次要矛盾。矛盾的两方面中，还有主要方面和次要方面之分，“事物的性质，主要是由取得支配地位的矛盾的主要方面所决定的”。[①] 监狱企业在发展的过程中始终贯穿着惩罚矫治罪犯与经济功能的矛盾，它是监狱企业的主要矛盾。但是惩罚矫治罪犯和经济功能的位阶是不同的，惩罚矫治罪犯是处于主要的、支配的地位，是矛盾的主要方面。由此可见，改造罪犯必然是监狱企业的主要目的和功能。监狱企业不仅是特殊的企业，更是劳动改造罪犯的特殊企业，其经济性是劳动改造罪犯的基础和手段，监狱企业作为一

---

① 殷书建：《对“事物性质的决定因素”两种提法的认识》，《思想政治课教学》2004 年第 12 期。

种特殊企业同普通的社会企业存在本质区别。①

在唯物辩证法中，认识事物的根本方法是矛盾分析的方法。回溯到监狱企业在惩罚矫治和经济效益两个功能上，毫无疑问，如果只重视主要矛盾即惩罚矫治方面，那么监狱企业将无法正常地生产运行，监狱企业必将被社会淘汰；反之，如果只重视经济效益而忽略惩罚矫治，忽视罪犯劳动改造的成效是监狱企业存在的首要价值，那么监狱企业就会回归到和普通企业一样的起跑线，以利开道，监狱企业就会本末倒置，也就没有设立之必要。因此，表面上看惩罚监管和经济效益好像是对立的，有你无我，有我无你，实际上两者是对立统一的关系。惩罚矫治和经济效益既有对立，但是同时它们又共处于监狱企业这个统一体中，罪犯接受惩罚矫治的过程实际上就是在为监狱企业创收的过程。如果监狱矫治的效果好，那就意味着罪犯更心甘情愿接受劳动改造，主动参与改造，结果必定是带来更大的经济效益。因此，监狱企业是惩罚矫治和经济功能的统一体，惩罚矫治和经济功能二者在统一斗争中，实现着自身的功能和目的。

第三节 我国监狱企业制度变革
——从“监企合一”到“监企分离”

我国的监狱企业前身是新中国成立前的监所生产及其后来的劳改生产、监狱生产，其组织形式主要经历了从计划经济时期的劳改生产企业到改革过渡时期和市场经济时期的监狱企业的发展和变革。我国监狱企业制度变革分成新中国成立至1978年的计划经济时期和1978年至今的转型及市场经济时期。“监企合一”体制是计划经济的产物，“监企合一”适应了高度集中的计划经济体制，整个计划经济期间，“监企合一”长足发展并取得骄人的成绩，为国家和监狱发展作出了巨大的贡献。但随着改革开放和社会主义市场经济体制的逐步建立，这种“监企合一”体制不再适应新的政治、经济形势，因此，1992年司法部提出“统一领导，双轨运行，强化改造，搞活经济”的思路，指出要按照“刑罚执行依法办事，生产经营放权搞活”

① 刘津：《监狱企业法人制度问题研究》，河北人民出版社2009年版，第47页。

的原则，从体制上促使监管改造与企业经营各自按自身的规律运作，达到强化改造、搞活经济的目的，并逐步将监狱体制改革提上日程。之后，司法部又提出了“监企分开”的改革思路，即“监企适度分离，实行四个分开”的设想。“四个分开”是指财务分开、资产分开、决策分开、人员分开。但是，此次“监企分离”的改革体制配套不完善，以及监狱经费财政保障体制不健全，致使监企没有完全分开，监狱企业仍然是监狱和企业发展的瓶颈，监企改革仍处于迷茫摸索状态。直至2002年，新一轮的监狱体制及监狱企业改革才又拉开帷幕。

一、计划经济时期“监企合一”管理体制下改造与生产的矛盾

“监企合一”在计划经济时期是利弊并存。计划经济时期经济普遍不发达，国家积贫积弱，很多基础设施一片空白，需要广建水利、铁路、公路、采矿等。这些基础设施建设需要大量的劳动力，而且工作技能含量不高，不需要劳动者具备娴熟的生产技能和高深的科学文化，而监狱企业一方面能提供大量的劳动力，另一方面在“监企合一”体制下能高效集中地组织罪犯进行劳动生产，形成规模效益。监狱企业创造了大量的经济收入，这些生产收入被列入监狱的经费来源，在当时的经济环境下对减轻国家和社会的负担作出了贡献。此外，在计划经济时期，市场供需矛盾突出，产品供应远远不能满足人民群众的日常生活需求，监狱企业不管生产什么产品、提供什么服务都是市场极度稀缺的，监狱企业在规模化生产下更能产生大量的经济收入。但是有利必有弊，“监企合一”在计划经济体制下也带来种种弊端。

1. “监企合一”体制导致监狱改造职能弱化

监狱的任务是改造罪犯，而企业的目标是生产产品营利，但是在“监企合一”制度下，监狱和企业融合在一起，目标不同的两个实体之间必然会产生冲突和矛盾。监狱作为刑罚执行机关，担负着惩罚罪犯、改造罪犯的首要任务，其目的是把有人格和心理缺陷的罪犯改造成守法公民，使他们重返社会后不再具有社会危害性。而企业，其主要目的就是要营利，利为商本。只要是企业，其存在的主要目的就是赚取利润。当监狱试图组织生产劳动来改造罪犯时，罪犯的劳动就具有了双重属性，一方面劳动改造

了罪犯，另一方面劳动创造了经济价值。作为国家机器，监狱以政治职能为重，强调改造罪犯；作为监狱企业，要以经济职能为首，以营利为首要目的。矛盾冲突的焦点在于监狱生产中如何平衡监狱和监狱企业的政治职能和经济职能，两者在何种情形下达到最优。在“监企合一”的监狱管理体制下，监狱既要承担执行刑罚的监狱职能，又要承担生产经营的企业职能。为了弥补监狱运行经费的不足，监狱要突出发展经济，以追求经济效益最大化作为实际工作中的目标，把主要精力投放到监狱企业的生产经营上，使得生产经营活动过多地挤占了有限的刑罚资源，耗费了大量的人员与精力，造成监狱警察角色的矛盾和错位。更有甚者，为了获取最大的经济收益，监狱常常强制罪犯去劳动，甚至超强度劳动、超工时劳动，大大缩减了罪犯教育改造的时间。罪犯的思想没有得到改造，身体却不自觉地变成劳动的机器。罪犯只是劳动，导致监狱改造职能弱化。监狱职能的错位损害了监狱刑罚的效率。

2. “监企合一”体制导致监狱企业运行成本增高

监狱企业运行成本主要表现为维持监狱正常运行所需要的经费、维持罪犯的基本生活费用、监狱企业工作人员的费用、监狱企业的日常经费等，在计划经济时期，国家都承担了这些经费。此时，监狱经营企业没有生产经营自主权，生产什么产品、产品销往何处、原材料来源都由国家统一调配。监狱企业对生产的后果可以不负责任，不用承担亏损和破产的恶果。监狱企业一旦破产或者倒闭，那么生产职能会波及监狱改造职能的执行。为维护监狱的稳定、社会的稳定，监狱企业演变成只管盈利不管亏损，亏损由监狱企业主管机关和国家埋单，国家事实上成为监狱企业的风险承担者。政企不分、监企不分带来的恶果就是监狱企业和国家所承担的风险是不对称的，监狱企业要么没有生产的积极性，吃“大锅饭”，坐等国家统一调配；要么没有市场危机感，从而增加监狱企业运行风险。在风险不对称的情况下，国家不断增加经费投入，“监企合一”体制下国家对监企和监狱的财政支出将会是个“无底洞”。

3. “监企合一”导致国有资产的流失

计划经济时期的“监企合一”体制，相关监狱局作为国有资产的代表，委托各监狱企业经营国有资产。这种多层委托—代理关系，造成所有者虚置的状态。表象上看监狱企业属于国有资产，国有资产代表全民所有。全民所有意味着没有具体的所有者，只有相应层次的代理者，所有者和经营

者一旦信息不完全，监督管理监狱企业经营者就会失去掌控，监狱企业就会沦为某些控制人牟利的工具，经营企业的经营者缺乏有效的产权约束激励和自我约束机制。监狱企业的经营者不会像真正的财产所有者那样去关心企业的盈利情况。无竞争激励、无直接获益、只赚不亏，导致经营者的怠惰进而带来国有资产的流失。此外，某些经营者还会通过做假账、挪用公款、贪污等违法犯罪活动方式侵吞监狱企业财产，造成国有资产大量流失，损害了监狱企业资产的保值增值。

4. “监企合一”体制导致监狱运行效率低下

计划经济时期，监狱实际上是一个小社会，监狱关押的都是被判处有期徒刑和无期徒刑的罪犯。监狱通常都设在比较偏远的地区，为维持监狱正常运转和监狱工作人员、罪犯的日常生活，监狱也要兴建配套设施，比如幼儿园、医院、学校等。这样“监企合一”体制下的监狱是一个具有多目标、多资源、多要素、多功能的混合系统，把监狱和企业两个目标功能相异、运行方式相异的系统组合在一起，违背了系统的时序性和等级层次性原理，必然会产生矛盾，影响效率。

系统管理理论认为：系统是一个有机整体，该整体由若干要素以某种结构形式组成并具有一定功能。系统包含了功能、结构、要素等概念，释明了系统与要素、环境与系统、要素与要素三方面的关系。在一个相同的组织中如果其子系统不同，就不能只注意个别子系统而忽略了组织的总目标，也不能忽略本组织在更大系统中的地位和作用。① 在监狱这个系统中，组成监狱系统的各要素之间是相互联系的，它们之间又具有等级结构性、时序性、动态的平衡性以及整体性等。如何平衡监狱和监狱企业各要素是摆在监狱决策者面前的重要课题。监狱的罪犯改造和经济效益两大支柱目标往往会使监狱系统左支右绌，导致监狱决策者的决策顾此失彼，无法尽善尽美，决策效率低下。监狱相对闭塞、系统结构稳定，企业系统则是开放变化的。企业是一体化的系统并由机器、人、物品和其他的资源在共同的目标下组成，这些要素对企业的扩展会产生种种影响，各种要素相互勾连，其中主体是人，而其他要素则是被动的。企业的经营管理人员为达到企业的预期目标必须确保各要素相互间的稳定、动态平衡、特定的连续性以应对各种不断变化的情况。同时，在社会这个大系统中，企业仅仅是一

① 张创新：《现代管理学理论》，清华大学出版社 2005 年版，第 67 页。

个子系统，除了企业的内部条件对企业的目标实现有影响外，企业的外部条件，如法律制度、市场、社会技术水平、资源等也会产生重大的影响，因此企业的动态平衡是在与外部条件的相互影响中达到的。而“监企合一”弱化了企业的开放性、适应性，使得监狱企业这个子系统无法快速获取社会信息资源，造成信息量匮乏且反馈滞后，影响其发展。从协作的角度看，一个系统要想高效运转，各个子系统、各个层次等组成部分都必须目标一致，协同运作，不能只关注监狱企业的特殊职能而忽视了监狱的大目标，也不能忽视监狱在组织中的地位与作用。而从监狱和企业的特性看，它们是很难持续协同运转的，即使有也是一种人为的妥协行为，这就大大降低了监狱系统组织的整体效率。

5. “监企合一”体制不利于监狱企业正确决策

计划经济时期，“监企合一”，监狱和企业实际上是一套人马、两块牌子。监狱的负责人同时也是监狱企业的负责人，监狱党委人员组成监狱企业的管理人员。监狱生产是特殊专业的经营活动，需要具备经营才能和管理技能的专业人士来担当，可是监狱主管人员常常身兼多职，有时瞎指挥、乱安排，完全不符合生产管理的要求。具体表现在：首先，监狱领导团体设置繁杂庞大，除了从事一线生产经营管理的人员可以对监狱企业决策外，还有从事罪犯惩罚教育改造和政治思想工作的领导，以及其他监狱行政领导人员，造成非专业化或者唯首要领导指令是从的局面；其次，决策成员之间信息不对称、责任不对等，也会造成决策的质量不高和“难产”，甚至因为监管安全与生产经营之间的矛盾，分管监管改造、政治思想工作的监狱领导考虑局部利益，可能会否决一项好的决策而使企业受损；再次，由于一些决策人员决策责任的缺失，个人利益和分管工作都会干扰到决策过程，没有大局意识、随意表态、不会通盘考虑，从而造成决策失误；最后，决策团体规模的大小直接影响决策质量和决策执行效率的高低。监狱企业决策时，出现人多嘴杂、难以形成统一意见的问题，而监狱企业在生产过程中又必须抓住机遇及时决断。由此可见，“监企合一”不利于监狱企业作出正确的决策。

6. “监企合一”体制不利于组织成员合作

计划经济时期，监狱和监狱企业的目标是冲突的，部分成员的机会主义行为常常会破坏组织成员间的合作，因为有限理性的组织成员是自私自利、规避风险的，组织内部常常处于信息不对称和目标不一致的状态，为促成成员和协调管理者之间目标的一致需要采取激励措施。在监狱企业中，

尤为突出的是组织与成员的目标不同，组织与组织的目标也不同。监狱执法是一个子系统，不断提升改造质量、保证监管安全是其组织目标。由于激励不足，组织成员的创新性和进取心不强，而且成员的薪资激励主要是按国家公务人员的方式进行分配，因此监狱执法成员只追求监狱执法过程中不发生重大事故、罪犯不逃跑即可。而监狱企业是另一个子系统，这个系统最大的目标就是经济效益最大化，分配是以效益为导向，按市场化需求设置。然而，在同一组织中同时运行的两套激励机制，必然会使组织成员之间产生不合作的情绪和相互比较的心理，进而导致各成员之间矛盾增加、协作下降和效率低下。①

二、社会主义市场经济条件下“监企分离”实现监狱企业的社会目标与经济目标的统一

在社会主义市场经济新时期，本轮监企改革则是从2002年拉开帷幕的，随后在2003年国务院下发了《司法部关于监狱体制改革试点工作的指导意见的通知》，其中提出：“采取监狱刑罚执行管理和生产经营管理、执法经费支出和监狱生产收入分开的运行机制；实行监企分开，建立监管改造、生产经营两套管理体系；逐步实现‘全额保障、监企分开、收支分开、规范运行’的监狱体制改革目标，建立公正、廉洁、文明、高效的新型监狱体制。”同年，司法部先选择六省市进行第一批“监企分开”工作试点，我国以“监企分开”为重点的监狱体制改革试点工作正式开始。2008年，司法部全面推进监狱体制改革，此次监狱体制改革的重点是“监企分开”，核心是建立与劳动改造罪犯相适应的监狱企业管理体制，主要侧重于监狱经费的财政保障体制。从第二批试点单位改革情况来看，“监企分开”基本到位。监狱局把负责生产经营管理工作的内设机构分出来，成立了监狱局领导下的监狱企业集团公司，设立了董事会，组建了经理班子。各监狱根据实际情况设立子公司，子公司人员一般由原所在监狱单位委派。集团公司和子公司一般设有劳动人事、办公室、生产、营销、财务等内设职能部门，初步形成了监管改造、生产经营两套相对独立、紧密联系、密切配合的管理体系。“监企分开”后，为确保监狱企业和监狱规范、有序运作，各地陆

① 周道挺：《中国监狱监企分开问题研究》，苏州大学硕士学位论文，2010年，第24－25页。

续出台了一系列规章制度用来规制监狱企业的运行，厘清监企关系，划分各自的权责。明确规定了集团公司和省监狱局、子公司和集团公司、子公司与监狱的关系。其中，制度规范、联席协调会议、合同约束是大多数基层监狱采取的方式，并同时启用了三级协调机制。所谓的三级协调机制，就是企业经理与监狱长、监区长与狱政科及车间主任之间的协调，具体协调解决日常出现的普通问题，而涉及监狱企业和监狱管理的重大冲突和矛盾时，监狱党委则出面解决协调，该种方式有利于促进监狱企业和监狱的规范化发展与运行。至 2011 年全国监狱系统基本建立了监管改造和企业经营两套管理体系，29 个省份组建了省级监狱企业集团公司及其子公司，建立了监狱党委统一领导下的监企协调机制，实现了监狱和监狱企业财务分开核算与管理，制定了《关于监狱企业规范运行的指导意见》等制度规定，促进监狱体制改革规范运行，“监企分开”的模式基本建立。①

总的来说，新一轮监狱体制和监狱企业改革取得的成效是显著的，但仍然有一些问题没有解决，例如，第一，监狱企业产品的出售是监狱企业发展好坏的关键环节，然而，截至该轮监企改革结束都没有得到有效解决。直到 2014 年 6 月，财政部和司法部联合发布了关于政府采购支持监狱企业发展有关问题的通知，才明确了政府采购要支持监狱企业。实际上其他很多国家如加拿大、英国等都明文规定政府要购买监狱企业产品。第二，虽然《关于监狱企业规范运行的指导意见》等制度能较好地规范监狱企业的运行，但是由监狱党委来承担解决监企发展中的一些重大矛盾，会使监狱党委在操作中难以掌握怎样平衡监狱改造和监狱企业的利益，这是一个难以量化的标准。“监企分开”的目的就是要厘清政府与市场的关系，是政府职能的转变。监狱党委作为政府职能部门，不应以市场主体的身份参与到市场中，监狱和监狱企业在微观上要相互独立，独立的监狱企业的目标和监狱目标要有所区别。

1. 监狱企业目标的多重性、层次性、阶段性

监狱体制改革必然要求监狱企业逐渐脱离监狱。监狱企业作为独立的生产企业也和其他商事主体一样以利润为主要目标，但又是在生产过程中对罪犯进行改造的特殊企业。由于监狱企业的主要活动是组织监狱生产，而监狱生产本身具有改造罪犯、赚取利润、提供监狱运行必要经费等多重

① 郭金健：《监企分开：我国监狱体制改革研究》，内蒙古大学硕士学位论文，2012 年，第 35 页。

功能，因此监狱企业的目标必然是多元化的。在社会主义市场经济条件下，必须先对监狱企业的目标做出新的调整和明确。通常认为监狱企业的目标存在多重性、层次性。首先，监狱企业是以改造罪犯为目的的有组织有纪律的集中生产，特殊的生产一方面具有明显的政治属性，另一方面又是整个社会大生产中不可忽略的重要组成部分，其生产成果也要融入社会，有其社会目标属性。其次，监狱企业里有三方主体：一是作为宏观管理和调控的国家，二是具体负责经营和管理的监狱企业，三是具体参加劳动的罪犯。毋庸置疑，国家、企业、罪犯分别有自己的特殊目标。国家追求的是社会效益，以提供公共安全为导向，强调罪犯的改造成效。国家的目标其实是监狱企业的总体目标，监狱企业自身又有自己的具体目标，比如营利。罪犯在改造中其个体以获得刑事利益、掌握劳动技能、顺利回归社会为最大追求。最后，如果从监狱企业发展的历史进程来看，不同的历史条件、政治、经济环境，监狱企业的目标有所差异。计划经济时期的监狱企业的目标和社会主义市场经济时期监狱企业的目标肯定有所区别。总之，社会目标、经济目标、长远发展、员工效益、罪犯技能培训等都是监狱企业发展的目标。由于目标的差异，各目标之间没有形成互相促进的良好关系，导致了众多目标之间的相互矛盾和摩擦，目标与目标互相制约，最终难以充分实现各目标，尤其是社会目标和经济目标更是难以协调的两大支柱目标。

在监狱的生产实践活动中，有的监狱企业认为改造罪犯就是监狱企业运行的主要目标，认为监狱企业的生产具有服务性、手段性、依附性。与之相反，有的监狱企业把利润最大化作为其追求的主要目标，并未充分认识到监狱生产的特殊性，而只注重物质产品的生产，强调罪犯掌握与之相应的经验和技能，以单纯的经济利益为导向，弱化了罪犯的特殊身份意识，降低了刑罚执行的政治效益。监狱企业在实践运行中需要解决的重要问题是：有机结合监狱企业的政治效益目标和经济效益目标，正确认识并协调两个目标之间的关系。

2. 监狱企业的社会目标

同普通生产企业相比，监狱企业的目标和职能应不同，监狱企业的社会目标是监狱企业在生产运行过程中要实现的目标，同时也是监狱企业开展和进行各项工作的标杆。根据公共部门经济学原理，社会组织一般可分为公共部门和私人部门两大类。公共部门追求的是公共利益的最大化，具有公益性、非营利性，交易机制为非市场化，普遍享受减免税待遇；而私人部门是产权明晰、可以分散决策的个人、家庭和企业等组织，追求的是经济效益和私人利益的最大化，交易机制完全市场化。监狱是典型的社会公共部门，为社会提供公共服务或者公共产品，即执行刑罚，维护社会稳定，将罪犯改造成守法公民和有用之才。[①] 因此，追求公共利益和社会效益的最大化是监狱企业的社会目标。国家设立监狱企业的主要目的是通过劳动改造罪犯，让社会的公共安全得到保障。所以，劳动改造罪犯必然是监狱企业运行的社会目标，而且监狱企业这一社会目标还需要满足公众和社会的要求。监狱企业的目标带有非市场性质，要为改造罪犯服务，通过劳动教育改造向社会输送悔过自新的守法公民，追求的是社会效益。监狱企业的社会目标具有多重功能：首先，监狱企业追求公共利益和社会效益的最大化，为社会提供了合格的产品即具备健全人格能顺利回归社会的守法公民。其次，社会目标强调劳动改造的意义，罪犯在劳动改造中获得了劳动技能，体会到劳动的价值，感受到生活的实际意义，为顺利回归社会打下坚实基础。最后，监狱企业的社会目标是监狱职能的重要体现。监狱职能主要是惩罚、教育和改造罪犯，监狱企业组织罪犯劳动实际上是把惩罚、教育和改造罪犯进行最优化结合。

3. 监狱企业的经济利益目标

监狱企业虽然是特殊企业，但也具有一般性企业的特质，同样要追求经济营利这一生产活动的共同目标。监狱企业生产活动的主体是监狱人民警察和罪犯，而非普通的劳动者；但是监狱企业所生产出来的产品也要用来满足人们的生产和生活的需要，产品也要进入市场交易，赚取利润。监狱企业的经济目标涵盖以下内容：首先，监狱把罪犯组织起来投入到监狱企业的生产活动中，合理组织罪犯集中劳动，科学分工，促使罪犯劳动效率有效提高，扩大劳动的产出。其次，监狱企业的产品只有符合社会需求，才能产生价值，监狱企业也才能盈利，因此监狱企业要根据市场供需组织罪犯劳动生产和供给市场所需的劳动产品或劳动服务。最后，通过安全、高效、迅捷、优质的生产方式和合理的市场途径实现合理的利润，而不是最大利润。因为监狱企业的利润最大化目标是监狱企业作为企业的内在本质要求，但是如上所述监狱企业具有多重目标，特别是兼有社会目标和经

① 周道挺：《中国监狱监企分开问题研究》，苏州大学硕士学位论文，2010 年，第 11 页。

济目标二重属性，因此既要罪犯自愿参加劳动，又要使罪犯劳动改造有效，在各种要素最佳契合之下逐利，并且逐取的“利”也要有限度，必须是一个合理的利润。关于合理利润的标准可参考美国社会问题经济学家安塞尔·M. 夏普的观点：“对成本和收益进行仔细的分析表明，通过增加犯罪防范活动，社会福利将会提高，条件是：社会从犯罪防范活动增加中获得的利益至少与增加犯罪防范活动的成本相等。”[①] 由此可以认为，监狱企业组织罪犯劳动所产生的边际社会收益至少不能低于劳动改造罪犯的边际社会成本。[②] 对改造目标的追求要最大化，对经济目标的追求只能是合理利润，以降低罪犯劳动改造成本为目标，而不以营利为目标。改造目标和经济目标彼此依赖，虽然有时会产生矛盾，但是可以达到有条件的统一。

在“监企合一”体制下，狱警把主要的时间和精力花费到监狱企业的经营管理上，就没有足够的精力对罪犯进行教育改造，本末倒置，致使狱警对罪犯的思想动态不能及时了解，对狱情也不能准确把握，给监管工作的稳定带来隐患。“监企分开”后，监狱和监狱企业各司其职，狱警就可以把工作的重心放到对罪犯的监管改造，进一步提高监狱的安全防范系数，更好地维护监狱职能实施，保证监狱安全稳定。“监企分开”后，监狱企业创建和运作的目的都是服务改造罪犯和参加市场竞争以其营利弥补监狱经费短缺。监狱企业是监狱劳动改造职能派生出来的，监狱企业要积极适应市场经济的各种要求，加入市场竞争，更重要的则是要组织罪犯生产，以罪犯为劳动力的同时要充分促进罪犯的积极改造。这就使监狱企业陷入两难之地：一方面，监狱企业的目标带有非市场性质，要为改造罪犯服务，教育改造后给社会输送悔过自新的守法公民，追求的是社会效益；另一方面，监狱企业也是国家经济实体的一部分，生产经营活动要参与到市场竞争这个体系中，适应市场经济，追求利润最大化，形成了两个难以融合的目标。而监狱企业不可能舍弃改造目标，完全参与市场竞争。既要服务改造罪犯，又要适应市场经济，二者属于不同的经济和法律范畴，需要考量的因素各有侧重，当它们同时作用于监狱企业时，必然会产生改造与生产的矛盾，也就是监狱企业社会目标与经济目标的矛盾。

---

① ［美］安塞尔·M. 夏普：《社会问题经济学》，郭庆旺译，中国人民大学出版社 2003 年版，第 110 页。

② 刘津：《论监狱企业的目标》，《河南司法警官职业学院学报》2006 年第 9 期。

“监企分离”后，监狱企业社会目标是首要目标，经济目标是次要目标，经济目标以社会目标为目的，社会目标以经济目标为手段。监狱企业也是普通的市场主体，也要接受价值规律的支配，按照市场规则运行，否则监狱企业就要被市场淘汰，无法存续。监狱企业和罪犯的生产劳动不同于企业和普通的劳动者，监狱企业和罪犯之间不是劳动合同关系，是改造与被改造的关系，但是罪犯的劳动生产又是社会生产的组成部分。监狱企业通过强迫罪犯正常生产来实现改造的目的。监狱企业相对于社会生产来说是众多的参与者之一，只有监狱企业遵守和服从社会生产运行的各项基本法则，改造罪犯的目的才能实现，而生产本身的主要目的和功能并非改造罪犯，改造罪犯只是监狱生产的一般目的和功能而已。如果生产的一般目的和功能与生产的主要目的和功能的位阶被颠倒，违背了市场规律，市场就会对该种行为给予严厉惩罚。因此，从生产的宏观层面即社会目标而言，满足社会需要是监狱企业的根本目标，从生产的微观层面即经济目标而言，营利亦是监狱企业的根本目标。只要监狱企业运行是依照市场经济价值规律进行，积极发挥各种经济功能和生产功能，实现微观经济目标，那么就能自动地实现和发挥改造罪犯的社会目标和功能。[①] 因此，“监企分开”真正实现了监狱工作的科学化、专业化。

---

① 高寒主编：《监狱生产的定位与运行研究》，中国物价出版社 2002 年版，第 130 页。

第四章　域外监狱企业制度的考察与借鉴

从近代监狱诞生至今的几百年时间里，不论是在报应刑时期，还是教育刑时期,[1] 组织在押犯人进行劳动是世界各国监狱的通行做法。发展到现在，要求犯人参加劳动已经成为监狱矫正罪犯的一种特定手段，罪犯劳动的性质、内容、形式、目的、劳动报酬等问题被联合国和许多国家规范化为法律文件。可以说，罪犯劳动不论是在刑罚理论上还是具体管理实施上，已经成为世界各国公认的行刑活动。相伴而来的监狱生产也经历了几个世纪的发展和变革，各个国家根据自己的国情和时代的要求不断调整监狱生产的体制、形式、管理及经营核算等方面，使得世界范围内的监狱生产制度不断发展丰富，其中蕴含着大量值得我们借鉴和学习的经验。尤其是对比经济政治制度差异较大的国家，相互比较中更能发现适合我国监狱企业制度改革的路径和经验。

第一节　英国的监狱企业制度

虽然监狱起源可以追溯到几千年以前的奴隶制社会，但在欧洲资产阶级革命之前，监狱的主要功能在于关押等待执行刑罚的罪犯和未决的罪犯。即便有些监狱也履行刑罚职能，比如英国专门打击政治犯的皇家法院就有

① 持有“报应刑”观点的学者认为，“刑罚本质上是对犯罪人基于犯罪行为侵害了他人的自由或者社会利益的一种报应”，以康德和黑格尔为代表；持有“教育刑”观点的学者认为，“行刑的目的在于教育改造犯罪者，通过教育改造犯罪者而达到防卫社会安定的目标”，以李斯特和牧野英一为代表。

自己的监狱，对犯人刑讯逼供、无限期监禁本身也是一种刑罚，但其对犯人适用的并非是自由刑，此时的监狱也不是执行自由刑的场所。[①] 在自由刑尚未兴起的时代，监狱只能作为肉刑和死刑的附属品，没有自身独立存在的意义和发展空间，因为相伴自由刑而生的罪犯劳动制度并未出现。

16 世纪以来，在欧洲资产阶级革命和启蒙运动的孕育中，古典刑事法学派应运而生，罪刑法定、罪刑相适应、限制死刑、实行监禁刑等思想在贝卡利亚、边沁等启蒙思想家倡导下，逐渐被欧洲各国政府接纳。1559 年，最早发生资产阶级革命的荷兰设立了第一个劳役场关押男性罪犯，标志着近代监狱的诞生。随后，作为资产阶级革命主战场的英国也成为近代监狱制度发展和改革的先锋，为后代监狱制度的发展奠定了理论和实践基石。

一、近代英国监狱劳动制度的发展概况

监狱产生伊始，刑罚思想仍奉行报应主义，康德和黑格尔的报应刑罚观对监狱的行刑制度影响巨大。在 18 世纪的报复—威慑学说的影响下，监狱被认为是对犯人实施惩治和监管的场所，不仅生活条件极其简陋恶劣，还必须强制参加惩罚性的体力劳动。例如 1791 年英国议会颁布的《教养法》规定，劳动是惩罚犯人的一种手段；在教养所中不论是男性或者女性、年老体弱和身强体壮的青年犯人都必须以自己力所能及的体力最大限度地从事最艰苦、最具有奴役性的非生产劳动。由于这一时期被判处惩役刑的囚犯在狱中的大部分时间是从事基本不创造经济价值的劳动，也使得劳动成为对这类犯人刑罚的核心内容。尽管也有监狱学家提出这种劳动应该考虑为社会创造经济财富，考虑给予犯人某种职业训练，但从根本上说，报应刑时期罪犯劳动的目的是惩罚。[②]

但是，当时也有一些监狱改革家提出了“劳动的主要目的是改造罪犯”的口号，比如英国 18 世纪著名的监狱改革家约翰·霍华德。霍华德认为，“单纯的刑罚难以控制罪犯，严格的纪律才能训导他们”，而有组织的劳动是实现狱内纪律的一种必要方式；“劳动必须正确理解，而不应该成为监禁的主要出发点”；他“不相信监狱可以通过犯人的劳动自给自足，但犯人能

① 潘华仿等编：《外国监狱史》，社会科学文献出版社 1995 年版，第 3 页。
② 储槐植主编：《外国监狱制度概要》，法律出版社 2001 年版，第 119 – 120 页。

够，也应该部分地供养自己”。[①] 可见，此时英国已经开始对惩罚式劳动进行反思，学者们看到了这种劳动模式的低效率和毫无意义，开始思考如何提高监狱的监管效率，降低国家的监管成本。

边沁的功利主义思想对监狱的改造影响重大。他认为，对罪犯惩罚的目的在于使其感受到痛苦、受到教育和改造以预防犯罪的再发生，同时还要保证监狱管理的每一个方面都要考虑经济上的节约和不浪费。由于当时减少了大量死刑，扩大了监禁刑的适用范围，监狱人满为患，财政负担急速加重。有些市政当局为了节省经费开支，竟把监狱设在市政厅楼内的一个房间里，囚犯不仅拥挤不堪，连放风的地方都没有。[②] 因此，如何通过监狱改造获取更多的利润以减轻政府负担成为边沁圆形监狱建造理念之一。虽然边沁希望通过圆形监狱达到道德教化、振兴监狱工业、罪犯分流、减轻财政负担、稳固国家经济等多重效果，但经济效益显然是边沁最为重视的，因为经济贯穿了监狱管理的每一个部分，“即便是为了惩罚，政府也不应该牵涉到投入经费或者获利当中”。[③] 边沁设计的监狱实际上是自由资本主义的一个缩影，经济规律在其中发挥着支配作用：效益的经济（工人无须流动），控制的经济（只需少数职员）和契约性的经济（由可信任的私人承包人管理圆形监狱），“圆形监狱的管理就像一个资本家的企业”。[④] 实际上，边沁就是想建造一个成本低收益高的私人私营监狱，通过承包商，圆形监狱可以发挥它的教育改造功能，成为一个“安全的劳动羁押场所”，同时实现惩罚、改造和经济利益等多个目的。[⑤]在边沁这里，我们看到了监狱私营化的雏形，边沁甚至还给出了控制承包人、避免其腐败的建议，比如他提出在管理承包商方面设立受托人委员会（Board of Trustees）和管理委员会（Board of Management）以减少贪污（Corruption）、诈骗（Fraud）和疏忽（Negligence），因为这些违法行为是私人监狱“最大的敌人”（Grand Enemies）。为最大限度发挥监狱犯人的劳动价值，边沁还建议按照犯人的技

---

① ［美］理查德·霍金斯、杰弗里·阿尔珀特：《美国监狱制度——刑罚与正义》，孙晓雳、林遐译，郭建安校，中国人民公安大学出版社 1991 年版，第 36 页。

② 潘华仿等编：《外国监狱史》，社会科学文献出版社 1995 年版，第 57 页。

③⑤ See Brian A. Roper, Market Forces, Privatization and Prisons: “A Polar Case for Government Policy”. *International Journal of Social Economics*, 1986, Vol. 13, Iss: 1/2, p. 86.

④ ［美］理查德·霍金斯、杰弗里·阿尔珀特：《美国监狱制度——刑罚与正义》，孙晓雳、林遐译，郭建安校，中国人民公安大学出版社 1991 年版，第 40 页。

术、态度和经验进行分类，把劳动能力强的犯人和懒汉区别开。[①] 虽然边沁的圆形监狱在国王和议会的反对下从未建成过，但在这种思想影响下，1816年建成的英国第一所国家监狱——米尔班克教养所与他的一些建造理念相吻合。该教养所非常强调劳动的作用，一方面认为劳动是改造罪犯的重要手段，另一方面也是为了利用犯人劳动所获得利润弥补监禁犯人的财政开支。[②] 罪犯也可以通过劳动获得一定的报酬，具体的分配方案是将劳动所得的利润6/8给教养所，1/8给囚犯，其余的给工厂主、看守和监工。[③]

即便很多学者提出了监狱改造的方案，甚至部分已经被落实实施，但在19世纪上半叶，英国监狱的劳动还是以惩罚性为主。部分是因为英国监狱内生产性劳动获利不高，部分是为了维持依靠看守的力量支撑着的狱内秩序，到19世纪20年代，英国监狱的劳动基本上成了“恐吓性劳动”。[④] 例如在米尔班克，由于监狱秩序受到日益严重的威胁，只能放弃最初的劳动理念而采用肉刑和惩罚性的劳动来维持狱内秩序。

19世纪中叶之后，随着经济结构由自由竞争到垄断的过渡，大批产业工人失业，犯罪率随之激升。刑事古典学派的报应刑理论无法解决日益增多的累犯和惯犯数量，更关注国家和社会利益的刑事社会学派和实证主义学派开始出现。学者们开始强调刑罚的社会效果，强调刑罚的目的应该是保护社会，避免再犯。犯罪不仅仅是行为人自由选择的结果，也与社会因素有着不可分割的联系，因此一方面要研究犯罪的社会原因，另一方面也要通过教育和改造罪犯以实现刑罚的特殊预防。教育刑理论和特殊预防理论的出现代替了消极的报应惩罚主义，更加强调刑罚的目的是使受刑人受到教育以重返社会，而不仅仅是使其遭受痛苦。在这种思想影响下，越来越多的监狱改革家提出，监狱劳动的作用应当在于给犯人以职业训练，避免再次犯罪，以及为监狱和政府创造财富。大多数监狱督察官也都主张犯人的劳动不应该仅仅是折磨犯人身心的、无效的，而应该是创造价值的生

---

① See Brian A. Roper, Market Forces, Privatization and Prisons: “A Polar Case for Government Policy”. *International Journal of Social Economics*, 1986, Vol. 13, Iss: 1/2, p. 86.

② 潘华仿等编：《外国监狱史》，社会科学文献出版社1995年版，第42页。

③ 潘华仿等编：《外国监狱史》，社会科学文献出版社1995年版，第43页。

④［美］理查德·霍金斯、杰弗里·阿尔珀特：《美国监狱制度——刑罚与正义》，孙晓雳、林遐译，郭建安校，中国人民公安大学出版社1991年版，第51页。

产劳动，因此应该考虑使这种劳动更加有效率，创造更多的价值。[①] 到19世纪末，在工业国有化的初期，监狱犯人的生产劳动得到更为广泛的发展，监狱自办工厂，甚至往国外派出代理人推销监狱的产品，生产劳动成为监狱管理的中心工作。[②] 至此，监狱劳动已经不单单是一种行刑手段，而是开始分立于传统监狱之外，形成独立的监狱工业并参与市场竞争的经营活动。

二、20世纪以来的英国监狱工业

监狱劳动制度的改革与刑罚思想的流变密切相关。20世纪以来，在实证主义法学派刑法社会学派倡导下，刑罚已经由报应刑逐渐转变为教育刑和预防刑，关注焦点不仅在于如何通过刑罚实现其应承担的罪责，而且也在思考需要通过怎样的行刑手段才能将罪犯改造成为一个正常的社会人，从而使其重返社会而不再犯罪。还有，人道主义思想的影响范围日益扩大，社会对于罪犯生存状况的关注也使得政府不得不考虑提高在押犯人的生活条件，因此具有明显惩罚性质的劳动被废除，狱内生产劳动的条件和保障也不断完善，劳动制度趋于人性化。此外，在财政负担的压力下，政府也开始考虑将监狱劳动市场化、营利化，以企业或半企业的方式将监狱工业推入市场竞争，以谋求盈利。在诸多因素的共同作用下，20世纪以来英国的监狱劳动制度逐渐完善。

1. 监狱工业的主要类型

英国监狱工业的主要类型囊括了工业、农业、杂务、建筑维修等多种项目。工业劳动主要以轻工业为主，包括制衣、纺织、编织、缝纫机修理、洗衣、工程、木工、鞋类和皮革制品、印刷和桌面出版、塑料制品、水泥制品等。其中，纺织制衣类工业所占比重最高，有半数左右的监狱提供此类劳动，约有10.6%的犯人从事与此相关的劳动。[③] 农业劳动主要是农产品和牲畜的生产经营以及园艺种植，由于农场一般不配备高度安全强制性措施，管理相对宽松，因此农业劳动也是监狱里的热门劳动之一。1979年英国有1589名犯人从事农业劳动，到了1996年这一数字提高到2030人，占

---

① 潘华仿等编：《外国监狱史》，社会科学文献出版社1995年版，第97页。

② 潘华仿等编：《外国监狱史》，社会科学文献出版社1995年版，第98页。

③ 吴宗宪：《当代西方监狱学》，法律出版社2005年版，第753页。

监狱总人数的8.5%。实际上，在英国监狱中，从事杂务劳动的犯人所占比重最高，达到48.9%，而杂务劳动主要包括洗衣服、做饭、在医院和监护室做日常杂务工作等，也就是说，有将近一半的犯人从事的是几乎没有技术含量的工作。从罪犯改造角度来看，杂务工作并没有提高这些犯人的谋生技能，却有如此高比例的犯人选择或被迫从事这类工作，可能的解释是监狱通过“雇用”犯人从事狱内日常杂务工作能够减少监狱的日常开支，同时由于为犯人制订了职业培训计划，也不影响犯人的改造和职业训练。

在英国，目前监狱企业的生产水平保持了较高的水准，很多车间已经通过了英国工程标准和ISO9002标准的认定。犯人的技术水平也相当高，大部分的犯人获得了职业资格和生产技能，再加之其低廉的服务和价格，监狱企业生产的产品在市场上获得了较高的认可。[①] 在市场销售方面，英国监狱同从事生意招揽和生产销售活动的中介机构紧密结合，中介机构作为一个独立的、依靠合同提成或购销差价而生存的主体，游走于监狱生产和社会企业之间，提高了监狱企业的业务来源和产品销量。[②]

2. 罪犯劳动的制度保障

（1）劳动的性质。英国1999年的《监狱规则》第31条规定，应当要求成年已决犯在服刑期间从事有用的劳动，每天的劳动时间不超过10个小时；应当尽量安排犯人在监舍之外与其他犯人一起劳动。未决犯在同意的情况下，应当允许他们像已决犯那样从事劳动。由此可见，英国的罪犯劳动也是强制性的。但是，英国的未成年罪犯可以不参加劳动。1988年的《青少年犯罪人矫正所规则》第35条规定，当青少年罪犯不满17岁时，每星期应当至少参加15个小时的教育或培训课程。

（2）劳动的报酬。英国犯人的劳动报酬水平一直不高。1979年英国受雇犯人的报酬只占全部收入的4%，在英格兰和威尔士受雇犯人平均每周获得大约1.31英镑的报酬，最高也只有2英镑。1980年在苏格兰有的犯人每周可获得2.2英镑的报酬，但是大多数犯人要低于这个水平，常常每周只能得到71便士的劳动报酬。[③] 即便进入21世纪，英国罪犯的劳动报酬也被普遍认为较低，连“零用钱”也够不上，无法调动犯人的劳动积极性。[④] 英国

---

① 王戌生主编：《欧洲监狱制度与进展》，中国工商出版社2004年版，第287页。

② 高寒主编：《监狱生产的定位和运行研究》，中国物价出版社2002年版，第263页。

③ 潘华仿等编：《外国监狱史》，社会科学文献出版社1995年版，第140页。

④ 吴宗宪：《当代西方监狱学》，法律出版社2005年版，第772页。

1999 年《监狱规则》第 31 条第 6 款规定，要向参加劳动的成年犯人支付劳动报酬；1988 年的《青少年犯罪人矫正所规则》第 34 条第 5 款规定，要向参加劳动和其他相关活动的青少年犯人支付报酬。

（3）其他方面的保障。第一，医疗保障。1974 年英国颁布《劳动保健与安全法案》，该法案中所指的“劳动”意为作为雇员或个体经营者的劳动，“雇员”意为根据雇佣合同而劳动的人，而犯人的劳动不是雇员为雇主的劳动，劳动的目的也不是为了获得报酬。因此，该法案中有关劳动及雇主对雇员的义务的规定不适用于犯人在监内的劳动，但是该法案的其他规定适用于监内劳动的犯人。如果监狱管理者要求犯人从事狱医认为不适于他的劳动，犯人可以以“监狱当局违反法律规定而使囚犯在不安全的有损健康的场所劳动而造成人身损害”为由提起诉讼。[①]

第二，免除劳动的条件。英国的犯人在服刑期间的劳动是强制性的，但在例外的情况下可以获得免除劳动的待遇。比如，英国的监狱法规很重视犯人的教育和学习，要求每个监狱都要制订囚犯晚上的学习计划。对于囚犯中的文盲，则必须予以特别关注，必要时就可以免除其劳动，利用劳动时间教他们学习。[②] 此外，在罪犯接受治疗期间，监狱不得强制其参加任何劳动。

第三，劳动范围的保障。英国 1999 年《监狱规则》第 31 条第 3 款规定：“不得安排任何犯人从事未经国务大臣批准的劳动。”第 4 款规定：“未经国务大臣批准，任何犯人都不得为其他犯人服务，也不得为任何人的私人利益服务。”可见，英国罪犯从事的劳动不论是工种还是服务对象都必须是经过法定程序确定的，劳动的内容具有法律保障。

三、英国监狱私营化的实践

监狱私营化（Prison Privatization，Privatization of Prison）又称为“矫正私营化”（Privatization of Corrections）、“私营机构”（Private Sector），是指私营公司参与监狱的建设、管理和为监狱提供服务的现象和趋势。如果监狱主要或完全是由私营公司建造和经营的话，就称这样的监狱为“私营监

---

① 潘华仿等编：《外国监狱史》，社会科学文献出版社 1995 年版，第 123 页。

② 潘华仿等编：《外国监狱史》，社会科学文献出版社 1995 年版，第 126 页。

狱”（Private Prison；Privately Operated Prison）；如果私营机构仅仅根据合同向监狱提供某些服务，或给监狱的建设投入一定的资金，则不能称之为“私营监狱”，但是这些都可以称为“监狱私营化”。[①] 美国是监狱私营化的先行者，英国紧随其后，在思想观念和实践上完全不落后于美国，美英是目前世界上监狱私营化比例最高的两个国家。

英国是市场经济的发源地，其对市场的信赖和需求可以一直追溯到中世纪，当政府在公共服务或管教领域出现问题时，求救于私人部门经常是政府的首选。[②] 在监管领域，英国从中世纪时就一直存在私人经营的监狱，只不过管理对象都是轻微犯罪人。英格兰的监狱改革家约翰·霍华德 1854 年创立的少年犯教养院（Reformatory School），1857 年创立的少儿习艺学校（Industrial School）都是由私营机构发起、创办和管理的。[③] 边沁设计的圆形监狱也是希望由私营者承包建设、经营，虽然最终的建设没有完全实现他的初衷，但至少可以看出在 19 世纪初期，英国就产生了监狱私营化的理念。

尽管同美国一样，英国在 20 世纪 70 年代就将关押偷渡嫌疑犯的拘留所私人化了，但直到 1984 ~ 1985 年才第一次有人提出了监狱再私有化的建议。[④] 在参观了美国私人监狱之后，下议院的内政事务委员会在 1987 年 3 月提出了一项议案，建议由私人机构建造并运行托管机构。紧随这项报告之后的是内政部的绿皮书和一份政府咨询研究报告，这些报告都建议将遣返监狱的设计、建造和运行承包给私人公司，1990 年的另一份绿皮书接受了专家的大部分意见。1991 年 Group 4 遣返服务有限公司（Group 4 Remand Services Limited）——现在是 Group 4 监狱服务有限公司（Group 4 Prison Services Limited）赢得了新沃尔兹（Wolds）遣返监狱的承包合同，标志着监狱再私有化运动在英国正式开始，该监狱 1992 年正式运行。1991 年《刑

① 吴宗宪：《当代西方监狱学》，法律出版社 2005 年版，第 777 页。

② 王廷慧：《美国监狱私有化研究——私人部门参与提供公共服务分析》，中山大学出版社 2011 年版，第 22 页。

③ See Adrian L. James，London：Sage Publications，1997，p. 33. 转引自吴宗宪：《当代西方监狱学》，法律出版社 2005 年版，第 781 页。

④ 1984 年，亚当·斯密研究所建议政府将监狱私有化，其提出的主要理由是：一方面有助于控制大幅飙升的监狱成本，另一方面通过市场运行有助于解决床位不足的问题并降低犯人的劳动力成本。参见王廷慧：《美国监狱私有化研究——私人部门参与提供公共服务分析》，中山大学出版社 2011 年版，第 23 页。

事司法法》（*Criminal Justice Act*）规定了监狱私有化的授权立法，赋予内政部将新建关押未决（遣返）犯人的监狱经营权外包的权力。1992 年这项条款扩充到也包含服刑囚犯，1993 年又允许已建监狱向外承包。到 1994 年英国已经有了 3 个关押犯人的私人监狱，分别是沃尔兹、布莱肯赫斯特和唐克斯特（Wolds，Blakenhurst and Doncaster）。在这三所“只能经营”（Management Only）的私人监狱之后，监狱服务迈向了一个新阶段，即所谓的 DCMF（设计、建造、经营和筹资）（Design，Construct，Manage and Finance）阶段，1998 年起英国和威尔士所有的新监狱只能由私人公司融资建造并负责运营管理。①

目前，英国是继美国之后的第二大全球私营监狱市场，监管犯人数量从 2001 年的 6000 多人（约占总服刑人数的 9.4%）提升至 2009 年的 9100 余人（约占总服刑人数的 11%）。英国共有 132 所监狱，11 家私人经营的监狱中有 9 家是完全由私人融资建造并经营的，私人监狱关押的约 9100 名犯人占英格兰和威尔士服刑总人数的 11%。英国政府也承诺，到 2014 年将再新建 5 所私人监狱，以适应日益增加的服刑人员数量。② 但是，监狱绩效评估工具（Prison Performace Evaluation Tool）的评估结果显示，在 2008 年的第二季度，包括逃跑（Escapes）、袭击（Assaults）和矫正（Correction）等多方面数据的对比中，私人监狱的得分（2.7）要低于公共监狱（2.83），而到了第四季度，这组得分已经拉开到将近 10% 的差距（2.6 对 2.85）。这说明私人监狱并没有表现得比公共监狱更好，没有实现其预期的目标。面对质疑，监狱改革基金会（Prison Reform Trust）的主任朱丽叶·莱恩（Juliet Lyon）对此表示，这只是个别的私人监狱表现较差而已，而我们更关心的是，私人监狱能收押增长的服刑人员数量并且还带来了商业利润。③ 可见，对于监狱私营化，英国政府更关注的是他能够缓解服刑人员持续增长以及由此产生的财政压力，相比而言，监管和矫正效果就可以暂时置于之

---

① See David E. Pozen, “Managing a Correctional Marketplace: Prison Privatization in the United States and the United Kingdom”, *Journal of Law & Politics*, 2003, Vol. 19, pp. 259 – 260.

② See “Private prisons performing worse than state – run jails” (Visited April 5, 2014), http://www.independent.co.uk/news/uk/home – news/private – prisons – performing – worse – than – staterun – jails – 1722936.html.

③ See “Private prisons performing worse than state – run jails” (Visited April 5, 2014), http://www.independent.co.uk/news/uk/home – news/private – prisons – performing – worse – than – staterun – jails – 1722936.html.

后再考虑了。

第二节　美国的监狱企业制度

一、近代以来美国监狱工业制度的发展概况

1. 早期的美国监狱工业

在殖民地时期，美国的监狱制度主要继承于英国，其主要功能也是为了监禁等待审判或等待惩罚的犯人，属于临时性关押场所，并非为了执行自由刑。直到独立战争胜利之后，随着美国社会经济的发展和变化，美国的监狱制度才获得了独立发展的空间和基础。1790 年宾州费城胡桃街监狱和 1817 年纽约州奥本监狱的建立，标志着美国监狱制度开始创立和形成，[①] 尤其是后者，对美国和其他国家的监狱制度影响达一个半世纪之久，盛而不衰。

宾州制监狱的特点是通过隔离和独居避免犯人之间相互传染恶习，因此在费城的西部州监狱和东部州监狱都实行独居制，犯人只能在自己的监室里单独劳动，从事做鞋、纺织、编织和整理纱线等手工活。[②] 但这种关押方式和劳动体制使犯人的身心都受到严重的损害，犯人整天在苦闷无聊中压抑度日，既不利于罪犯的改造，也大大降低了劳动效率。

宾州制在美国很快被奥本制取代。奥本制又称为“沉默制”或“集体制”，其特点是犯人在监狱里，白天在监狱工厂里集体劳动，晚上单独监禁，而且劳动过程中也不允许有任何交流，甚至姿势、手势和眼神的交流也在禁止之列。较之于宾州制，奥本制克服了犯人间无法交流所带来的精神痛苦，同时集体劳动既扩展了劳动种类的范围，又提高了劳动合作的效率，在经济效益方面也更适合当时监狱制度的发展趋势。至少，奥本监狱

---

① 潘华仿等编：《外国监狱史》，社会科学文献出版社 1995 年版，第 153 页。

② 潘华仿等编：《外国监狱史》，社会科学文献出版社 1995 年版，第 154 页。

依靠自己的工厂在一定程度上维持了自给[①]，因此，在奥本监狱之后，不仅美国的许多监狱加以效仿，欧洲及世界其他国家也纷纷吸收和借鉴这种监狱体制。

内战结束之后，美国监狱工业获得快速发展。以最大限度发挥服刑人员劳动价值为目的，美国监狱创建了各种组织犯人劳动的工业形式。这些不同的监狱工业种类可大致分为两大类和六种具体形式：一类是私营受益制（Private Benefit System），包括出租制、合同制和计件制；另一类是非私营受益制（No Private Benefit System），包括公共使用制、政府使用制和公益劳动制。[②]

（1）出租制（Lease System）。出租制产生于南北战争之后。由于战争几乎毁灭了西部所有的监狱，战后西部各州也未重建监狱，而是将犯人雇用给私人商号劳动，由商人向犯人提供食物、衣服和原材料。这种出租劳动力的制度使政府完全放弃了对犯人的监管，在西部一直被延续到1923年。

（2）合同制（Contract System）。合同制最早出现于奥本监狱，主要形式是由私营企业在监狱里建造工厂，提供劳动机械、原材料和技术指导，由政府负责对犯人的监管，并和企业签订犯人劳动日报酬契约，最终的商品销售由企业负责。这种制度在20世纪20年代之后还有一定的地位。

（3）计件制（Piece - work System）。计件制是合同制的变种，与合同制相比，这种制度的特点在于由监狱当局掌握犯人生产产品的过程，企业改为按商品件数而非按犯人人数向监狱支付费用。这种制度的优点在于，监狱掌握了产品的生产进度之后，就可以为犯人制定日产量的最低标准，犯人超额完成任务后可以获得额外奖励，以此激励罪犯，调动罪犯的劳动积极性。

（4）公共使用制（Public Use System）。公共使用制和计件制之间只有一点不同，即商品的制造方和销售方是政府还是私人企业。在公共使用制下，政府成为制造商，监狱成为了具体生产单位，按照自由社会中的企业形式组织生产。作为具体生产单位，监狱负责购买原材料，监督犯人进行生产，确定产品售价，在公开的市场上销售。[③] 此时，监狱成为一个相对独立的企业，与私人企业在市场上竞争，最终收益归政府所有。

① 吴宗宪：《当代西方监狱学》，法律出版社2005年版，第741页。

②③ 吴宗宪：《当代西方监狱学》，法律出版社2005年版，第747页。

（5）政府使用制（State Use System）。政府使用制和公共使用制相比，唯一区别就是监狱生产的产品不能流入自由市场，只能由政府机构使用。由于这点区别，政府使用制满足了私人企业的要求，监狱商品不进入市场可以大大减少对私营企业的竞争威胁，维护了自由市场的原则。同时，这种制度也能满足政府在监狱经济利益方面的需求和犯人的利益，因此直到目前依然是最流行的监狱劳动形式。

（6）公益劳动制（Public Works - ways System）。公益劳动制也由西部州监狱创建，其同政府使用制的区别在于，此种劳动形式并不生产具体的商品，而是组织犯人从事修建和维护监狱设施或者公共设施。

2. “二战”前后的美国监狱工业

上述制度主要产生并存在于19世纪70年代到20世纪20年代，有些制度在经济大萧条时期就被废止了，如合同制和计件制；有些制度依然延续使用至今，如政府使用制。这些制度在解决当时监狱的过度拥挤、经费不足和自身监管等问题上发挥了重要作用，但是监狱工业发展到20世纪20年代遇到了重大阻碍。一方面，19世纪后半期建立起来的劳工组织为了维护社会上普通雇工的利益，极力劝说州政府颁布法令限制监狱工业；另一方面，由于监狱劳动降低了部分企业的生产成本，监狱又依靠税收的支持，普通的私人企业难以抵抗监狱产品低廉价格的竞争，因此也反对监狱产品进入自由市场参与竞争。在工人和工厂两方的压力下，纽约州率先通过立法限制监狱生产，随后多数的工业州都对监狱生产出台了严格的立法。

1929年，经济大萧条使美国经济受到严重影响，为了应对大量企业倒闭和失业率激增，联邦政府出台了一系列法令进一步限制监狱工业的发展。1929年通过的《哈威斯—库珀法案》（*The Hawes - Cooper Act*）规定，监狱生产的产品要受所在州法律的管辖；1935年通过的《阿舍斯特—萨姆纳斯法案》（*The Ashurst - Sumners Act*）规定，所有运往其他州的监狱产品都必须注明监狱的名称，并且禁止将监狱产品运往已经禁止监狱产品流通的州，这项立法实际上禁止了监狱产品的州际流通。1940年，此项法令作了修改，完全禁止监狱产品在州际间流通。①

① ［美］理查德·霍金斯、杰弗里·阿尔珀特：《美国监狱制度——刑罚与正义》，孙晓雳、林遐译，郭建安校，中国人民公安大学出版社1991年版，第58－59页。

但是，到了1941年，监狱企业的发展迎来了转机。在日本偷袭珍珠港之后，美国政府宣布对日宣战，随之而来的是军队对军事物资的大量需求。战争期间的大量军工生产，不仅动员了美国工业部门的现有工人、失业大军以及妇女加入到生产行列，监狱也变成了军工生产的重要车间。不论是联邦监狱还是州监狱，在“二战”期间犯人的主要任务就是生产军用物资，有些监狱甚至还实行轮班制，夜以继日地为前线生产军需。

3. 20世纪70年代以来的美国监狱工业

虽然在“二战”和朝鲜战争期间美国的监狱企业获得了巨额利润，但这并没有在法律和制度上为监狱企业的发展铺平道路，限制监狱生产的各项法律依然有效，再加上监狱行刑领域开始主张对罪犯进行矫正和治疗的“医学模式”（Medical Model）被引入监狱行刑领域及其矫治计划中，如罪犯教育、行为矫治、心理咨询等代替罪犯劳动成为罪犯矫正措施中的核心。因此，在长达半个世纪的时间里，监狱工业一直处于被抑制的状态，数据显示，1923～1940年，州监狱罪犯生产的产值下降了33%。[①] 直到20世纪70年代，从“怜悯十年”后期的1973年开始，由于监禁率降低导致犯罪率猛增，公众对犯罪的态度日益强硬，要求立法和司法严惩罪犯，减少假释名额，监狱犯人数量开始增多，到1977年达到顶峰，4年内增长了44%。[②] 监狱犯人数量猛增的同时，监禁犯人的人均花费和建造监狱的成本也逐年升高，而服刑犯人却整天无所事事，又引发了多起监狱暴乱。例如，关押一名罪犯的成本从1977年的5662美元上升到1980年的11000多美元；而在建造新监狱的情况下，每一个床位的最终成本将多达20万美元。[③] 监狱人满为患、暴乱和急速增长的财政负担再一次促使人们将解决问题的法宝投向监狱生产。在这一背景下，70年代后期美国监狱工业重新得到发展。

1979年，联邦政府废除了1935年制定、1940年修订的《阿舍斯特—萨姆纳斯法案》，以引导7个州的监狱工业计划。同年，通过《司法改革法》（*The Justice Improvement Act*），又称《珀西修正案》（*The Percy Amendment*），计划开辟监狱工业市场，并且为调节商业利益设立了一些条件，例如，免除监狱工业的税收，规定必须向参加劳动的罪犯支付相当于私营企业普通

---

① 吴宗宪：《美国监狱劳动的历史和现状》，《中央政法管理干部学院学报》1997年第6期，第56页。

② 司法部编：《外国监狱资料选编》（上册），群众出版社1988年版，第24－25页。

③ 潘华仿等编：《外国监狱史》，社会科学文献出版社1995年版，第197页。

工人工资的报酬，以减少他们在生产监狱商品时成本较低的竞争优势。①

最初在7个州实施的监狱工业试验计划，称为“自由投资模式”（Free Venture Model），目标是在监狱重建私营工厂，这种工厂既可以由政府管理，也可以由私营公司管理。这种模式的核心是：①全日劳动；②根据生产率支付工资，其生产率比传统的监狱工业高很多；③采用和私营企业同样的生产率标准；④工厂管理人员享有最后的雇用和解雇的权利；⑤在工厂开工后一个合理的期限内，它应自给自足或能盈利；⑥积极协调在监狱内的劳动和释放后的工作安置；⑦罪犯使用一部分报酬支付食宿费用和赔偿被害人（这一项是选择性的）。②

在自由投资模式实验的基础上，发展监狱工业的第二个联邦计划——《监狱工业加强法案》（*Prison Industry Enhancement Program*）也出台了，它要求私营企业以或是在狱内建立工业，或是在监狱旁设立工业的方式实际参与矫正工业。这两项计划为监狱工业的发展扫除了障碍，自1980年以来，有一半以上的州采用立法规定允许私人企业投资监狱工业，1984年的司法援助令解除了对监狱商品在州际市场上流通的限制，进一步促进了监狱工业的发展。在这一阶段，由于没有统一的标准和模式，各个司法辖区的监狱工业有不同的实践，总共创建了6种私营机构参与监狱工业的模式：③

（1）雇主模式（Employer Model）。这种模式的主要特点是，由私营公司完全控制商品生产和犯人劳动主动权，是目前最常见的私营机构参与企业工业的模式。在这种模式下，私营机构全权负责人事安排、产品、工资、市场销售以及承担金融风险，并且有权解雇表现不好的犯人。监狱部门则主要负责提供犯人劳动力和生产过程的安全。

（2）投资者模式（Investor Model）。这种模式下，私营公司投资政府矫正机构开办的商业项目，但并不参与项目运作，只是通过投资获得一部分利润，所生产的产品销售给州政府，并在该州的公共市场上出售。这种模式和一个世纪前的计件制非常相似，也是根据个人的生产效率支付工资的。

---

① ［美］理查德·霍金斯、杰弗里·阿尔珀特：《美国监狱制度——刑罚与正义》，孙晓雳、林遐译，郭建安校，中国人民公安大学出版社1991年版，第264页。

② 吴宗宪：《美国监狱劳动的历史和现状》，《中央政法管理干部学院学报》1997年第6期，第57页。

③ See John A. Conley & Jill D'Angelo, "Current programs in prison industry", in Marilyn Mcshane & Frank P. Williams Ⅲ, eds., *Encyclopedia of American Prisons*, New York: Garland Publishing, Inc., 1996, pp. 256 - 258. 转引自吴宗宪：《当代西方监狱学》，法律出版社2005年版，第750 - 751页。

这种商业模式从短期来看很有效，但是长远来说由于会和其他私营企业的产品和服务产生竞争，最终会导致监狱工业的死亡（Demise）。

（3）消费者模式（Customer Model）。这种模式下的私营企业仅仅购买大部分监狱产品但不参与监狱企业的运作或其他活动。在这种模式下，国家扮演着监狱工业所有人和经营者的双重角色，担负着监狱工业的所有风险，享受监狱工业的所有收益。监狱生产的产品一部分在公共市场上销售，一部分由私营企业购买。

（4）控制消费者模式（Controlling Customer Model）。这种模式和消费者模式的区别在于，某一家私营企业是监狱产品的主要或者唯一消费者，因此虽然不拥有该监狱企业的所有权或经营权，但对该监狱企业的管理和生产有决定性影响。通常情况下，私营企业会为该监狱企业提供设备、技术培训或管理支持，并购买企业生产的产品，对该企业的运行起主导和关键性作用，而最终的收益完全由监狱获得。

（5）管理模式（Management Model）。该种模式是指私营公司仅为监狱拥有的工厂提供管理服务，而不参与企业的其他活动，此时私营公司只是监狱企业的管理服务提供者和专职雇员，以便确保监狱工业随时能够得到他们的技术帮助和管理。

（6）合资模式（Joint Venture Model）。与管理模式相比，合资模式的私营企业不仅要参与监狱企业的管理，还享有该企业的部分所有权，和监狱方一起从事投资和管理活动，共同分担该监狱企业运行的责任、风险和收益。

虽然在20世纪70年代后半期美国监狱工业迎来了发展的“第二春”，但依然没有恢复到一个世纪前的“辉煌”，1885～1983年的近百年时间里，州监狱服刑人员从事劳动生产的比例从90%下降到不足10%。早期的监狱生产由于没有法律的限制，监狱为了实现自身的生存都尽可能充分地利用廉价的罪犯劳动力，监狱已经几乎放弃了对犯人的改造，而更像是一个充满活力的工厂，犯人也像工人一样全力投入与私人企业竞争的战斗。[①] 到了20世纪80年代，即便政府建立了以利润为主导的监狱工业，但依然没有成功解决监狱管理遇到的各种问题，即便在利润很高的联邦监狱工业（UNI-

---

① ［美］罗伯特·麦尔、刘强：《美国监狱生产的历史、现状及问题的讨论》，《法治论丛》1999年第5期，第54页。

COR）也只为不到一半的犯人提供了劳动机会，主要原因包括：第一，许多州依然为监狱工业设置了法律上的障碍，而且很多州政府机构也存在官僚主义惰性；第二，利用监狱劳动力的私人工厂最终所获得的利润很有限，只有少数关心社会福利的公司会将未来利益放在眼前利益之上；第三，由于监狱劳动力的流动率很高，且大部分监狱劳动力缺乏固有的劳动经验和技能，需要这些企业在培训监狱犯人方面投入较高的成本，这些监狱商业运营所付出的额外代价也阻碍了监狱工业的发展。①在这种情况下，人们发现仅仅将监狱工业承包给私人企业并不能解决问题，于是开始探索和实验在整个行刑制度范围内与私人公司进行合作的模式，监狱私营化开始提上议程。

二、美国的监狱私营化

1. 美国监狱私营化的历史进程

美国监狱私营化也有悠久的历史，只不过在20世纪80年代之前，其私营化的主要表现形式是私营公司和监狱之间达成合作，由私人经营者向监狱提供一定的服务或资金以获取利润，纯粹由私人完全建设、经营一所监狱的情形较少。最早的私营监狱可以追溯到殖民地时期的1666年，一家名叫雷蒙德·斯特普福德（Raymond Stapleford）的私营公司，同意在马里兰州修建一座监狱，以此换取1万磅烟草和被任命为该监狱终身管理者（Keeper of the Facility for Life）的优惠待遇。②到19世纪，随着监禁成本不断攀升，人们开始期盼通过监狱私有化的方式解决监狱发展遇到的困境。路易斯安那第一州立监狱（Louisiana's First State Prison）、纽约奥本及新新监狱（New York Auburn and Sing Sing penitentiaries）都承包给私人企业经营和管理，以期降低监狱成本。1825年，肯塔基州成为第一个将全部矫正设施系统承包给私人的州，到内战结束时，南方主要的州都遵循了这一模式。③到1885年，美国已经有13个州将监狱服刑人员出租给私人公司，3/4

---

① ［美］理查德·霍金斯、杰弗里·阿尔珀特：《美国监狱制度——刑罚与正义》，孙晓雳、林遐译，郭建安校，中国人民公安大学出版社1991年版，第267－270页。

② 吴宗宪：《当代西方监狱学》，法律出版社2005年版，第780页。

③ See David E. Pozen, Managing a Correctional Marketplace: "Prison Privatization in The United States and The United Kingdom", *Journal of Law & Politics*, 2003, Vol. 19, p. 257.

的美国监狱在押犯人从事生产性劳动，大多数监狱与私人公司签有合同。[①] 到1905年，西奥多·罗斯福（Theodore Roosevelt）总统禁止在联邦项目中使用犯人劳动力。1929年，美国国会通过《哈威斯—库珀法案》，允许各州禁止其他州的大量监狱产品进入本州。[②] 因此，到20世纪20年代后期，监狱私营化的发展势头受到遏制。此时，由于监狱私营化也暴露出了诸多问题，人们开始反思私营监狱也许并非是公共监狱的合适替代者，并逐渐认同政府应当对司法行政管理负责，尤其是执行监禁刑已经被认为是政府“固有”（Intrinsic）、“核心”（Core）的功能。[③]

从20世纪60年代开始，美国矫正设施的私有化再度出现。在19世纪末期私人监狱消亡之后，美国联邦和州政府又开始继续雇用私人公司给监狱提供各种特定服务，比如食品加工、教育计划、职业训练和咨询服务。从70年代开始，美国联邦监狱管理局已经将青少年管教所（Juvenile Detention）、社区矫正中心（Community Treatment Centers）和过渡关押所（Transitional Detention Centre，在此关押的是联邦监狱优先假释的犯人）承包给私人公司运营。1979年美国移民归化局（Immigration and Naturalization Service，INS）也将关押偷渡嫌疑犯的临时拘留所承包给私人运营。这些私营化事件在美国并没有引起争论或关注，然而当政府开始把县拘留所（County Detention Centre）和州监狱（State Prisons）承包给私人公司运营管理时，立刻引发了社会热议。1985年和1986年，美国矫正公司CCA（Corrections Corporation of America）先后和佛罗里达州的海湾县（Bay County）、新墨西哥州的圣达菲县（Santa Fe County）签订合同，全面接管运营两县的看守所，[④] 拉开了私营公司全面运营监禁服务的序幕。1986年1月，美国矫正公司在肯塔基州圣玛丽市修建的关押该州已决犯的监狱开始运营，[⑤] 这是美国第一个完全由私人管理的州级监狱。随后，科罗拉多州、佛罗里达州、缅因州、马萨诸塞州、蒙大拿州、新墨西哥州、田纳西州、得克萨斯州和犹

① 王廷慧：《美国监狱私有化研究——私人部门参与提供公共服务分析》，中山大学出版社2011年版，第6页。

② 吴宗宪：《当代西方监狱学》，法律出版社2005年版，第781页。

③④ See Esmaeel Haditabar, “Overview of Prison Privatization (Comparative Study)”, *International Journal of Law in the New Century*, 2013, Vol. 1, No. 2, p. 34.

⑤ See Esmaeel Haditabar, “Overview of Prison Privatization (Comparative Study)”, *International Journal of Law in the New Century*, 2013, Vol. 1, No. 2, p. 34.

他州都通过了监狱私有化立法。[①] 1985 年、1986 年国会就监狱私营化召开听证会，尽管很多人抗议，但美国的监狱私有化自此之后飞速发展。借助于私人公司，美国的成人矫正设施在 1991 ~ 1998 年增长了 856%。截至 1999 年，14 个公司运营着全美 150 个成人矫正设施，全年的全部收入超过了 10 亿美元。[②] 进入 21 世纪，虽然 2008 年、2009 年和 2010 年这三年中，美国的监狱关押总人数连续三年下降，下降幅度评价达到 2% 左右，即便如此，私人监狱关押的服刑人员人数依然呈上升趋势，占全国服刑人员的比例从 2000 年的 6.5% 一路上升到 2012 年的 8.7%。[③]

2. 美国监狱私营化的原因

（1）美国监狱私营化的时代背景。20 世纪 70 年代末到 80 年代初，美国经济经历了停滞性通货膨胀和高失业率，极大地动摇了民众对政府的信心。民众对政府的信心下降，加之经济下滑，促使里根政府出台一系列措施减少政府管制（Reduce Government Regulation），放开市场竞争，促成了 80 年代新自由主义的盛行。里根宣称，经济困境的直接原因来自政府膨胀、福利支出和税收政策，因此改革的重点应放在减少政府管制和缩减福利上；为了提高人民的生活水平，政府应当帮助解决私营市场的缺陷。经过管制改革，不断膨胀的社会监管状态（Social Regulatory State）受到总统任命机构（Presidential Appointments）和缩减财政支出的限制，失去了政治优势。[④]

监狱私营化就在此次改革的基础上应运而生。由于“里根经济政策”（Reaganomics）的模式是全面减少税收和社会福利支出以复苏经济，减免行政税收就产生了对社会其他方面的“滴漏效应”（Trickle - down Effect），进而影响了刑事司法实践的选择，例如罪犯矫正方案。尽管里根提出要减少政府管制和支出，但还是抨击了公共援助计划和宽缓的犯罪政策，认为这导致犯罪率的攀升。[⑤] 因此，里根时期开始实施强硬的社会控制政策，整个 20 世纪 80 年代，国家政治主题都主要集中在严厉打击犯罪运动上（“Get

---

① 王廷慧：《美国监狱私有化研究——私人部门参与提供公共服务分析》，中山大学出版社 2011 年版，第 9 页。

② See David E. Pozen, “Managing a Correctional Marketplace: Prison Privatization in the United States and the United Kingdom”, *Journal of Law & Politics*, 2003, Vol. 19, pp. 258 - 259.

③ See U. S. Department of Justice, Office of Justice Programs, Bureau of Justice Statistics, *Prisoners in* 2013 - *Statistical Tables*, p. 1.

④ See Nicole Kuruszko, *What Led to the Boom in Private Prisons*, The Drew Review, 2013, Vol. 6, p. 25.

⑤ See Nicole Kuruszko, *What Led to the Boom in Private Prisons*, The Drew Review, 2013, Vol. 6, p. 26.

Tough" on Crime Campaign)。事实上，在面对社会问题时，政府受到保守思想的影响，在“严厉打击犯罪运动”所制定的一系列政策中，刑罚成为针对打击犯罪的唯一回应。这一时期的典型政策如“向毒品宣战”（War on Drugs)，就强调利用严厉的刑罚措施和刑事程序控制毒品滥用，20 世纪 80 年代一系列的立法都加重了非暴力的毒品犯罪的监禁刑惩罚。[①]

这种强调“严刑峻法”的社会政策，一方面导致判决监禁刑的罪名范围更宽、监禁时间更长，另一方面又严格控制了假释的适用，导致美国在押犯人人数持续增加。但实际上，这一时期美国的重罪犯罪率不升反降，1975~1985 年，重型犯罪比例下降了 1.42%，而联邦和州监狱的服刑人员数量却增长了 1 倍。[②] 由此可知，这一时期美国监狱犯人数量激增的原因主要是政治倾向和社会政策。令人堪忧的社会治安和公众的恐慌情绪使各阶层的政治主张均指向严打犯罪，美国政府也不得不响应民众的诉求加大打击和处罚犯罪的力度，却导致监狱人满为患。当时又恰逢美国经济下滑，高居不下的通货膨胀率和失业率迫使里根政府减少税收和财政开支，面对呈几何倍数增长的监狱监管费用，政府已心有余而力不足，迫切需要摆脱泥潭的“灵丹妙药”。

（2）美国监狱私营化面对的现实困境。“向毒品宣战”和严厉打击犯罪的政策导致监狱过度拥挤，加上不断上升的监禁成本使监狱管理成为地方、州和联邦政府的大问题。1984~1991 年，全国的监狱服刑人员人数增加了 79%，直接导致监狱超负荷运转，1989 年联邦监狱的收押服刑人员占收押能力的百分比已达到了 163%，除了地方看守所之外，各个州监狱也都普遍存在超负荷羁押的情况。监狱的过度拥挤，又导致服刑罪犯提起大量的救济请求诉讼，令联邦和州法院头疼不已。最终，美国司法部认定，为了保证监狱的定期维护（Periodic Maintenance）以及保护性拘留和纪律案件的特定用房（Special Housing for Protective Custody and Disciplinary Cases)，一所监狱应当留有备用床位。1985 年，全美有 2/3 的监狱由于违反了第八修正案中不得使用残酷和非常规刑罚（Cruel and Unusual Punishment）的规定，

---

① See Nicole Kuruszko, *What Led to the Boom in Private Prisons*, The Drew Review, 2013, Vol. 6, pp. 27-28.

② 王廷慧：《美国监狱私有化研究——私人部门参与提供公共服务分析》，中山大学出版社 2011 年版，第 29 页。

而被联邦法院勒令要求改善监狱条件。①

为了应对服刑人员井喷式的增长，州政府不得不扩建或新建监狱以提高本地监狱容量，仅仅为了安置1985～1986年增长的监狱犯人，每个月都需要新建造7所中等监狱（500床位）。与之同时不断增长的单位监禁成本（20世纪80年代中期美国囚禁一名罪犯的平均成本达到2万美元）伴随着服刑人员的大量增长，更是令地方和州政府的财政状况雪上加霜。据统计，州和地方政府每年将花费180亿美元用于监狱建设和管教，成为州政府除教育和福利开支以外的第三大支出项目。② 更糟糕的是，联邦政府对地方和州政府资助从80年代开始就不断减少，到1986年，联邦政府中止了一般收入共享计划（the General Revenue Sharing Program），使地方和州政府又彻底失去了联邦政府的资金援助。③

为了解决当时的困境，政府甚至采用提前释放犯人的方式暂时缓解监狱拥挤，但也只是杯水车薪。由于监狱容量不足，难以满足关押和矫正罪犯的需要，分级关押制无法落实，严重影响了罪犯的矫正效果。美国司法部司法统计局（U. S. Department of Justice's Bureau of Justice Statistics）通过审查1983～1994年的刑满释放者发现，服刑人员的再犯率非常高。1983年11个州的108580名被释放的犯人中，有将近63%的人在3年内被再次逮捕，47%的人被重新定罪，41%的人再次回到监狱。与此类似的大量调查都表明，犯人释放后3年内有非常高的再被捕率，重新入狱的比率也达到了43.3%～45.4%，这使得美国的监狱矫正制度陷入了恶性循环。④ 如果有私人公司的介入，融资、建设和运营一所监狱就极大地简单化了，政府所要做的仅仅是控制好财政预算。因此，此时要摆脱监狱困境，借助于私人公司提供监狱服务是一条可行之路。

（3）私人公司管理监狱的优势。第一，快速提供监狱床位。私人公司建造监狱不需要复杂的政治批准程序，资金预算也无须政府严格控制，建

---

①③ See Nicole Kuruszko, *What Led to the Boom in Private Prisons*, The Drew Review, 2013, Vol. 6, p. 29.

② 王廷慧：《美国监狱私有化研究——私人部门参与提供公共服务分析》，中山大学出版社2011年版，第34页。

④ See Jeffrey D. "Hopper, Benefits of Inmate Employment Programs: Evidence from the Prison Industry Enhancement Certification Program", *Journal of Business & Economics Research*, 2013, No. 3, Vol. 11, pp. 213－214.

造一所监狱的程序更为简单。而且私人公司在市场上所具有的敏锐觉察力使其行动效率更高，因此私人公司建造一所监狱的速度更快，相比于政府5~6年的建造周期，一所私人监狱可以在2~3年内建成投入使用。例如，在5个半月内，CCA为INS在得克萨斯州的休斯敦以每个床位14000美元的造价完成了350个感化中心床位的建造，而INS原计划需要用半年时间，单个床位计划建造成本高达26000美元。①

在监狱私营化初期，各个州政府推进监狱私营化的主要动因就在于私人公司可以更快速地提供监狱床位。面对当时严重的监狱拥挤，仍在逐年快速增长的狱内服刑人数，联邦法院下达的整改令，以及不断缩水的财政收入和缓慢的建造周期，要解决监狱管理的这一系列难题，州政府显然已经心有余而力不足。私人公司开发建造监狱，及时快速地为政府提供监狱床位，至少能够缓解政府的燃眉之急，这无疑成为私人公司的最大卖点。

第二，节省财政开支。监狱私营化的支持者们一般都认为由私人管理监狱可以降低15%~20%的监管成本。这主要是因为：首先，由于服刑人员不隶属于任何工会，私营监狱可以更高效地利用监狱劳动力，通过减低薪资和削减福利，私人公司可以降低劳动力成本，从而帮助政府削减财政开支；② 其次，也有学者认为，由于私营企业无须受制于烦琐的官僚体制，可以在采购和经营制度、程序上更加灵活，通过更积极的谈判争取利益最大化；③ 最后，相对于公共垄断而言，供给者之间的竞争也能够产生节约成本的激励。由于私人公司的部门经理承担着更大的财务风险，因此更倾向于通过节约使用资金的方式控制成本。④

在监狱私营化实施几年后，就有学者对其实际运行状况做了调查和分析，在降低运行成本方面，有学者通过对比3所私人监狱和3所公共监狱，认为3所私人监狱管理犯人的日均成本（46.17美元）远低于3所公共监狱

① See Yarden D.,"Prisons, Profits, and the Private Sector Solution", *American Journal of Criminal Law*, 1994, Vol. 21, pp. 325-334. 转引自王廷慧：《美国监狱私有化研究——私人部门参与提供公共服务分析》，中山大学出版社2011年版，第40页。

② See Bureau of Justice Assistance, *Emerging Issues on Privatized Prisons*, February 2001, p. 16.

③ See Ammon D., Campbell R., and Somoza, *The Option of Prison Privatization: A Guide for Community Deliberation*, Athens, GA: University of Georgia. 转引自王廷慧：《美国监狱私有化研究——私人部门参与提供公共服务分析》，中山大学出版社2011年版，第49页。

④ 王廷慧：《美国监狱私有化原因研究》，《财贸经济》2004年第9期，第78页。

管理犯人的日均成本（73.76 美元）。该学者分析其原因，认为私人监狱能节省成本的原因是官僚习气更少，而且可以更好地控制资源，更灵活地使用劳动力，以及更快地建造监狱。①

第三，提高监管效率。监狱私有化的支持者认为，除了能够降低成本，较之于公共监狱，私人监狱还可以高质、高效地完成监管任务。在公共监狱的管理下，服刑人员的健康、医疗、心理辅导、技能培训等各个方面均表现欠佳，加上频繁发生的监狱暴乱事件，公众对公共监狱的管理能力已经失去了信心。私人公司开始监管监狱后，有学者研究了 1988 年美国田纳西州东南部城市查塔努加拘留中心的情况，通过采访监狱工作人员和服刑人员以及实地考察，获取了反映监狱生活的材料。通过调查问卷可以看出，服刑人员对该拘留中心的评价普遍低于 CCA 属下的监禁设施。②

提高监管效率的另一个重要方面是降低了服刑人员的再犯率。在监狱私营化开始之前，由于监狱过度膨胀，在超负荷运转下监狱管理举步维艰，很难实现预期矫正目标，犯人出狱后的再犯率一直保持在 60% 以上。20 世纪 80 年代中期以后，借助于私人公司的力量，迅速新建的监狱设施缓解了监狱拥挤，矫正计划才真正获得了落实的空间。更重要的是，1979 年通过的《珀西修正案》打开了监狱工业私有化的大门，监狱工业增强认证计划（Prison Industry Enhancement Certification Program，PIECP）允许各州的私人公司雇用监狱服刑人员，私人公司所具有的先天优势可以更有效率地组织监狱服刑人员生产劳作。Hopper 在 2013 年利用 Logit 回归模型（Logit regression）所做的一份调查统计分析显示，PIECP 的就业计划可以显著地减少犯人重新犯罪的可能性。他认为，PIECP 有效地实现了它最初设定的两个目标——通过服刑人员的劳动在经济上回报社会，以及帮助犯人出狱后成功回归社会。③ 该计划的成功无疑有赖于私营企业的加盟，私营企业出于提高市场竞争力的考虑，为了占据更大的市场份额更愿意采用新的监管技术，

---

① See Martin P. "Sellers, Private and Public Prisons: A Comparison of Costs, Programs and Facilities", *International Journal of Offender Therapy and Comparative Criminology*, 1989, Vol. 12, pp. 252 – 254.

② 王廷慧：《美国监狱私有化研究——私人部门参与提供公共服务分析》，中山大学出版社 2011 年版，第 49 页。

③ See Jeffrey D. Hopper, "Benefits of Inmate Employment Programs: Evidence from the Prison Industry Enhancement Certification Program", *Journal of Business & Economics Research*, 2013, Vol. 11.

以改进管理制度、提高运行效率。[①] 在市场竞争的激励下，私人监狱的矫正效果优于公共监狱也在情理之中。

（4）私人监狱产业带来的经济诱惑和利益集团的推动。私人监狱不仅可以为政府开源节流，也可以为监狱周边地区带来产业收入，监狱工业缴纳的税收也为当地政府拓展了财政来源。建造一所监狱首先会创造数百个建筑工作机会，开始运营后又能够带来200～500个稳定的就业岗位，这对于经济欠发达地区无疑是个很大的诱惑。1998年，议会批准在密西西比州塔特怀勒镇（Town of Tutwiler）建造一座1000床位规模的监狱，这所监狱最终为当地创造了200～250个就业机会，每年发放300万美元的工资。[②] 20世纪90年代以来，美国新建监狱主要集中在农村地区，由于私人监狱既能创造就业机会，又能为当地带来税收，逐渐成为这些地区的支柱产业。

美国拥有世界上最多的在押犯人数量，即便经过连续四年的下滑，到2013年底时，全美成人矫正设施中依然关押着1574700名罪犯。[③] 数量庞大的罪犯需要大量的矫正设施和床位，每新建一所监狱还需要雇用更多的警察和管理人员，同时也带动了其他相关行业的发展，监狱产业已经逐渐成为一条庞大的产业链。作为一个复杂的利益共生体，私人监狱产业的兴衰成败影响了其他领域的经济发展及整体利益的均衡，甚至也影响到了政府的切身利益。因此，以私人监狱产业为核心形成的监狱产业综合体（Prison Industry Complex）通过左右政府立法的方式寻求自身发展空间的最大化，这在一定程度上对监狱私有化的进程起到了推波助澜的作用。

（5）曾经阻碍监狱工业发展的因素消失。在20世纪20年代和30年代，由于监狱工业被认定存在不正当竞争，社会的公司企业和个人都对监狱工业抱以敌对的态度，然而这些因素到了70年代已经完全不存在了。因为在20世纪初，美国的许多个体生产经营者以夫妻经营为主，生产规模非常小，而到了70年代，这些小企业已经被众多跨国公司和大型生产联合企业所替代，它们有全国范围和全世界范围的市场经营策略，有广阔的交通运输体

① 王廷慧：《美国监狱私有化研究——私人部门参与提供公共服务分析》，中山大学出版社2011年版，第53页。

② See Nicole Kuruszko, "What Led to the Boom in Private Prisons", *The Drew Review*, 2013, Vol. 6, p. 32.

③ See U. S., Department of Justice, Office of Justice Programs, Bureau of Justice Statistics, "*Prisoners in* 2013", p. 1, http://bjs.ojp.usdoj.gov/content/pub/pdf/p13.pdf.

系和销售潜能，已经不再担心监狱生产与它们竞争。[①] 另外，此时美国的许多劳动密集型企业开始转向国外，这种转移给监狱企业提供了机会，利用监狱的廉价劳动力可以将这些生产项目重新拉回到国内，而且不会面临普通劳动者的指责。在监狱工业重新复苏的背景下，以监狱工业为主要盈利手段的私人监狱公司才有了发展的空间。

3. 美国监狱私营化存在的主要问题

1985 年，当私人矫正公司开始涉足看守所和监狱的承包项目之后，监狱私营化就引发了巨大的争议，国会甚至为此召开了两次听证会。直到现在，很多人站在反对监狱私营化的立场上不改初衷，基于经验和规范两个层面利用统计数据充实自己的论证。相比于监狱私营化的种种益处，其发展过程中出现的问题更应该引起我们的关注。

（1）公司的利润最大化目标与公共责任之间的矛盾。对监狱私有化最大的质疑来自：面对私人公司的逐利性与监狱矫正罪犯的公共责任之间的冲突，应该如何调和？根据当代刑罚目的理论，监狱作为国家的行刑机构，其存在的目的在于矫正罪犯的犯罪心理，消除作为犯罪原因存在的陋习和其他因素，以使其顺利回归社会而不再犯。而私人公司必然是以利润作为公司生存和经营的第一要位，为了追求利润难免会出现忽视服刑人员的人权和生产状况，降低福利待遇和健康、医疗及基本的生活条件等服务质量，违背监狱矫正的初衷。出现这些问题的关键在于，私人公司没有义务承担监狱的公共责任，无须对社会公众负责。因此，出于利益最大化的考虑，私人监狱可能会游说政府加重刑罚力度以避免床位资源闲置，可能会压榨服刑人员以获取劳动力的最大价值，以及其他种种降低成本提高利润的经营手段，都有可能忽视监狱的公共责任属性，违背社会公众的利益。

社会对政府的批评主要在于：政府出于经济利益的考虑将监狱外包虽无可厚非，但却因此逃避了公共责任。一旦监狱监管出现责任缺失，就很有可能使监狱面临瘫痪。在私人公司和政府共同管理监狱的情况下，由于责任的扩散，两者间的责任不明就有可能导致监管混乱。因此，在私人公司经营一所监狱时，如何界定其责任范围，并通过有效的客观绩效制度进行评估和监管，成为政府间接实现其公共责任的主要方式。对此，也有支持者认为，因为与监督和控制自己相比，政府更容易监督和控制承包商，

① 潘国和、罗伯特·麦尔主编：《美国矫正制度概述》，华东师范大学出版社 1997 年版，第 134 页。

所以政府只要能够做好私人公司的监督者，就能够平衡私人公司逐利性和监狱矫正目的之间的关系。

（2）私人监狱并没有显著降低成本、提高效率。私人公司主要通过控制服刑人员的工资和福利水平来降低成本，表面上看为政府节省了财政开支，但是如果将各种隐性成本也计算在内，这一结论就值得怀疑了。例如，仅签约一项而言，就包括了启动成本、谈判成本、管理合同和监督绩效等成本，而这些主要还是由政府支出。另外，如果再考虑到虐待罪犯产生的诉讼成本和抗议看守的成本，私人监狱公司的成本优势又将缩水。①

有关公共监狱和私人监狱成本对比的研究显示，监狱私营化几乎没有明显降低公共监管成本。1996 年总审计署（General Accounting Office，GAO）进行了几个私人监狱和公共监狱的对比研究，发现由于现有的数据存在差距较小，并不能得出私人监狱比公共监狱更节省成本的结论；无独有偶，司法援助局（Bureau of Justice Assistance，BJA）在 2001 年公布的一个调查结果也显示，监狱私营化节省的成本开支不是 20%，而是 1%，这种降低成本的作用几乎可以忽略不计。②

在监管效率方面，有些调查研究的结果也指明私人矫正公司所宣称的“提高运营效率”的目标并没有实现。1998 年 Abt Associates 所做的一份研究表明，在对 100 多家私人监狱进行调查后发现，没有足够的证据证明私人监狱在经营和监管监狱方面比公共监狱更有优势，③ 而且发生监狱事故的比例也要高于公共监狱。James Austin 发现，在私营的低等警戒和中等警戒监狱发生的虐囚事件比例达到了 49%，囚犯间攻击事件的比例也达到了 65%，都高于同等规模的公共监狱。

总之，到目前为止没有足够的证据证明监狱能够在降低成本和提高效率方面做得比公共监狱更好。当然，由于存在调查范围和参考变量的限制，这一结论也并非完全准确，毕竟也有很多学者的调查得出了相反的结论。但是，对私营监狱优劣的论证并不能仅仅局限于经济利益方面，监狱作为罪犯矫正的重要机构，监禁服务和矫正质量也应当是考察监狱运营是否良好的重要指标。

---

① 王廷慧：《美国监狱私有化研究——私人部门参与提供公共服务分析》，中山大学出版社 2011 年版，第 142 页。

②③ See Cheung，Amy，“Prison Privatization and the Use of Incarceration”，*The Sentencing Project. Retrieved December*，2009，p. 2.

（3）私人监狱权力来源的宪法正当性及与法律的冲突。私人监狱面临的最大指责也许并非来自成本和效率的问题，因为任何应用和技术上的问题都可以通过寻求更合理的手段解决，比如更好的合同监督和司法审查，但是如果私人监狱在宪法和法律框架内缺乏正当性与合理性，那么这将动摇整个私人监狱产生的根基。在这一层面上，针对监狱私有化的质疑主要来自三个方面：一是私人企业代替政府行使公共职能的法律适当性问题；二是服刑人员权利和程序正当性问题；三是政府行动的责任问题。

政府部门的公共责任之一是关押和改造罪犯，也是宪法唯一授权的拥有剥夺个人自由的权力机构，从宪法角度而言，刑事执行权应当仅仅由政府享有并施行。因此，政府将监狱承包给私人经营就面临着违宪的质疑，政府是否拥有公共职能的签约授权权力？尤其是宪法赋予的剥夺他人自由的权力，能否转移给私人？也许，从理论上讲，政府可以辩称并没有将全部的监狱职能转移给私人公司，私人公司获得的仅仅是部分的管理职能，而涉及影响服刑人员自由的规则制定权和裁量权依然由政府掌控。若如此，监狱私有化就可以具有宪法的正当性。但在实际运行中，两种权力之间的模糊界限使得这种区分变得非常困难，私人监狱在行使日常管理权的同时很容易越过宪法设定的红线而跨入雷区。

另一个不可忽视的问题是，私人监狱是否有权对违反制度的服刑人员施加惩罚，以及是否有权使用武力以防止犯人逃跑？如果私人公司未获得这些授权，那么很难想象其监狱可以顺利运行；如果法律赋予了其使用武力的权力，又意味着法律允许私人公司在未获得监督的情况下惩罚服刑人员，这无异于未经适当程序的违法行为。[①] 频频发生的虐待囚犯事件又证明了在缺乏监督的情况下，私人监狱滥用惩罚权伤害服刑人员的情况十分严重，如果该问题无法解决，将会成为私人监狱发展的最大瓶颈。

由此而引申出来的第三个问题，就是政府在监狱私有化过程中应承担什么责任？显而易见的是，对私人公司的监督监管是政府的头号要务，不论是合同履行、绩效监管还是上述的管理监督，都是对政府履行责任的最低要求。更广泛的是，政府是否需要对承包者的所有违法行为负责？如果私人公司承包的监狱设施条件没有达到宪法要求，由谁承担责任并赔偿？

---

① 王廷慧：《美国监狱私有化研究——私人部门参与提供公共服务分析》，中山大学出版社 2011 年版，第 147 页。

如果出现了犯人逃跑或财务管理不当，政府是否可以对承包者的行为免责？私人公司和政府间责任划分不明晰，导致监狱管理混乱事件频发，也许是监狱私有化发展至今面临的最大问题。

4. 美国监狱私营化的现状及发展前景

21 世纪初，虽然私人监狱面临着越来越多的质疑，美国监狱私有化在个别地区也遇到了一些挫折，[①] 但整体上依然处于快速上升阶段。1996 年，美国通过了更严格的移民改革法，增加了驱逐非法移民出境的情况，扩展了加重罪的范围，使得即便微不足道的错误，也可能面临法律的制裁。严厉的法律制裁再次加重了监狱的负担，2001 年仅在联邦监狱收押的非法移民数量就比 1994 年增长了 1 倍，增长率也比同期全国犯人数量增长率高出一倍左右。日益增多的服刑人员引发了政府对监狱床位的大量需求，私人监狱再次因此获益，联邦监狱局（Federal Bureau of Prison，FBOP）、美国移民归化局、美国司法部纷纷与私人矫正公司签订合同，联邦监狱系统也开始依赖私人监狱带来的种种益处。进入 2000 年以来，美国关押在私人监狱的罪犯数量持续上升，到 2012 年年中（Midyear）时，31 个州和联邦监狱系统中有 137220 名服刑人员关押在私人监狱，占全国服刑人员总数的 8.7%，其中关押在联邦监狱的共有 40446 人，关押在州监狱的共有 96774 人，分别比 2011 年增长了 4.9% 和 4.7%。[②]

在过去的 30 年时间里，美国政府过分依赖监禁解决社会问题，即使是较为轻微的违法行为，也很容易被判处监禁刑。虽然从 2009 年开始，美国的在押犯人数量呈现出小幅下降的趋势，但美国依然拥有远超于其他国家的监禁率，其监狱膨胀的问题很难在短期内有所改善。因此，面对监狱膨胀和财政支出持续增大的压力，监狱私有化依然是美国政府解决监狱问题的第一选择。即使没有选择由私人公司完全经营监狱的私有化策略，很多公共监狱也都相继将监狱服务承包给私人，例如医疗卫生、食品、交通运输、监狱维修保养等。选择这种私有化方式，不仅可以提高监狱运行效率降低成本，也可以最大限度地避免私人监狱附带的种种弊端。因此，监狱

---

① 2001 年路易斯安那州推迟了监狱私有化的决议，2000 年伊利诺伊州和纽约州分别颁布法律禁止监狱私有化，2001 年威斯康星州预算委员会建议禁止建造新的投机性监狱。参见王廷慧：《美国监狱私有化研究——私人部门参与提供公共服务分析》，中山大学出版社 2011 年版，第 149 页。

② See U. S. , Department of Justice, Office of Justice Programs, Bureau of Justice Statistics, "*Prisoners in 2012: Trends in Admissions and Releases*, 1991 –2012", 2013, p. 9.

服务私有化已经成为美国监狱发展的趋势。

针对私人监狱发展中出现的问题，最好的解决办法还是加强政府的监管。在法律层面上，联邦和州法律都可以授权私人公司参与监狱管教，这并非难事，但应当注意的是，一方面私人公司的权力范围应仅限于经营和管理监狱，政府应该保留权威和最终监管责任；另一方面政府应做好私人监狱的监督者，选择更有效的监督手段将监狱监督落实细化并切实发挥作用。在与私人公司签约前，政府应当审查分析在什么条件下将监狱服务外包更为可行；在选择签约时，要严格合同把关，仔细斟酌合同条款，确定科学的绩效评估办法；政府还应该制订长期计划，确定私有化如何实现预期目标，以及相应的奖惩条款；在签约后如何进行合同监督也十分关键，除了常规监督合同是否有效实施或有无违规、违法情况，政府还应当引入动态的、注重效果的绩效评估办法，通过持续不断地评估、修改、实施、再评估的过程，即便无法使私人监狱达到最终目标，但也始终处于不断改进的状态。①

虽然私人监狱从诞生之日起，对其批评就从未中断，私人监狱的运行和管理效果是否真的优于公共监狱也很难有定论，但私人监狱的出现本身也具有重要的现实意义。在私人监狱加入监狱管教市场竞争的情况下，公共监狱也必须要寻求变化和管理方法的革新，以提高管理水平和服务绩效。此外，私人监狱的灵活性也可以帮助政府实验测试新的管理方法、人员培训和设施设计等新的监狱管理体制，有利于提高监狱体系的整体运行效率。监狱私有化虽然已经有30多年的历史，但依然处于试验阶段，对于这种趋势我们应保持开放的心态，关注其最新的进展，探索如何将其有益的部分融入到我国的监狱管理体制改革完善中，以求在市场经济环境下，最大限度地发挥私营企业在监狱运行中的作用。

---

① 王廷慧：《美国监狱私有化研究——私人部门参与提供公共服务分析》，中山大学出版社2011年版，第153－157页。

第三节　德国的监狱企业制度

德国在20世纪80年代中期开始大力推行恢复性司法，除了法律上的赔偿令形式的间接应用外，恢复性司法主要应用于犯罪人和被害人之间的调解（Täter – Opfer – Ausgleich），也即我们通常意义上认识的刑事调解或刑事和解。近年来，德国的刑事调解制度发展迅速，已经出现了犯罪人和被害人调解领域职业化的趋势，在高校和研究院所还设置了相应的本科和硕士课程，有的课程甚至还授予调解学科的硕士学位。[①] 德国恢复性司法的迅速发展，使得大量过去需要被定罪量刑的案件，经过法定程序通过犯罪人向国家或被害人家庭支付一定赔偿、补偿或其他和解的方式，获得被害人的谅解，从而不予起诉或获得较轻的量刑，这类案件在所有刑事案件中的比例达到了22%。此外，大量罚金刑的适用（刑事案件中95%适用罚金刑）也降低了判处自由刑的比例。因此，不同于美国，德国的司法矫正机构中关押的犯人数量很少，工作人员与犯人的比例可以达到1:2左右，很多州甚至低于这个比例。除此之外，由于德国已经建立了一套以教育刑为主的行刑体系，非常重视囚犯的改造和再社会化，因此德国监狱的理念和制度与美国完全不同。

在行刑理念上，德国已经确立了以囚犯再社会化为核心的教育刑理念，认为如果仅仅对罪犯关押、剥夺而不改造，这样的刑罚没有任何意义，因此要实行治疗式的行刑模式。[②] 在教育刑思想的影响下，德国实行了非监禁刑的政策。100年前的德国，80%的刑罚都是监禁刑，但今天，只有5%的刑罚使用的是监禁刑（大多使用罚金刑）。2007年，全德国总共关押的犯人为7.5万人（德国人口为8250万），不到千分之一。[③] 而且，从监狱的制度设计、人事管理到生活设施，都以实现罪犯再社会化为目的。甚至，德国

① ［德］米歇尔·凯尔希林：《德国恢复性司法的发展》，周遵友、刘仁文译，《刑法论丛》2009年第1期，第301–302页。

② 宫照军：《关于德国“监狱”制度的几点思考》，《中国司法》2013年第9期，第81页。

③ 刘仁文：《走进德国的监狱　体验“司法矫正”》，人民网，http://pic.people.com.cn/GB/42590/6544076.html，2007年11月18日。

在1976年颁布《联邦刑罚执行法》之后，将执行自由刑和保安监督的司法行政机关称为司法矫正机构（Justizvollzugsanstalt），而不再称为监狱。这种行刑理念上与美国的迥然不同，使两国在监狱企业和罪犯劳动的制度设计上大相径庭。

由于监狱服刑人员数量很少，德国监狱不存在过度拥挤和财政负担的压力，因此监狱企业和罪犯劳动就无须为政府财政埋单，也没有了私人监狱存在的现实基础，监狱工业和劳动其主要目的就是为了帮助犯人获得劳动技能以实现再社会化。德国《刑罚执行法》第2条第2款规定，要通过罪犯劳动权利的实现和与社会其他力量的合作履行教育罪犯的义务，帮助犯人重返社会；第5条规定，刑事执行期间的教育包括受雇参加社会有益的工作；第6条又规定，劳动法的原则基本适用于犯人的雇用，而且雇用期间犯人还可以参加社会保险，在释放后社会保险的期限连续计算。可见，德国的监狱行刑制度从20世纪70年代后期就开始构造以劳动技能教育为核心的教育刑体系，监狱组织罪犯劳动要以有利于犯人再社会化为目的，不仅没有剥削利用犯人的廉价劳动力，反而用立法的形式将犯人劳动等同于社会一般劳动予以保护，这一点决定了德国与美国的监狱企业制度有本质的不同。

一、监狱劳动的组织形式

德国监狱劳动的组织形式主要有：①生产经营类，主要包括监狱经营的国家企业和狱内社会私有企业；②文化、技术教育类，包括职业培训和进修，劳动疗法和学历教育等内容；③外役劳动，包括签订劳务关系的劳动和无劳务关系的临时性社会劳动；④狱内后勤劳动，包括犯人生活、卫生和其他辅助劳动。①

监狱企业主要包括监狱内部企业和狱内的私有企业。监狱内部企业一般为手工业企业，这类企业在监狱内部领导下进行生产，主要从事监舍和官员宿舍的日常维修、产品加工，满足行政管理的需求，偶尔也为市场生产，同时还负责实施犯人的职业教育。私营企业或社会企业，各监狱原则

① 刘仁文：《走进德国的监狱　体验“司法矫正”》，人民网，http：//pic.people.com.cn/GB/42590/6544076.html，2007年11月18日。

上只是向其提供生产场地和劳动力，而生产领导权都掌握在那些社会企业的工长和领班手里。除了上述两类企业外，德国监狱还有两种类型的企业：一种是劳动矫治型企业，主要接收缺乏劳动生产能力的犯人，在劳动治疗专业人员的带领下从事劳动疗法活动，帮助其掌握劳动能力；另一种是后勤类型的企业，主要从事食堂、洗衣房和屠宰场等不需要知识和技能的辅助性劳动，《刑罚执行法》规定犯人每年至少应当参加 3 个月的辅助性劳动。[①] 由于入监的犯人大多不具备劳动技能或知识技能较为缺乏，因此，一方面，很难从事有一定技术含量的工作，只能是一些简单劳动，这对于其劳动技能的养成没有太大益处；另一方面，犯人技能不足，工作热情不高，而德国监狱过于人性化的管理又给犯人留下偷懒的可乘之机，因此监狱企业的生产效率无法达到社会一般企业的水平，而且犯人长期从事简单的劳动也容易降低劳动积极性。

根据《刑罚执行法》第 3 条规定，犯人服刑期间的生活应尽量做到与自由公民状况相适应；第 39 条规定，如果有助于保持或提高犯人释放后的谋职能力，且不妨碍刑罚执行的，应允许犯人在监外自由雇主关系基础上从事劳动、职业培训、职业进修或转学他业；第 41 条第 3 款规定，在私营企业工作必须征得有关犯人的同意。该条规定符合了《国际劳工组织第 29 号协议》的规定，在犯人与执行机构以外的企业或人员签订劳务合同时，不允许强迫劳动或义务劳动。狱外劳动的优势在于，可以使犯人经常与社会接触，有利于其再社会化，有些能力较强的犯人在刑释后还会被该企业雇用。允许犯人自由外出并在自由雇用关系基础上从事劳动和职业培训的做法已经在德国广泛适用。以汉堡为例，1986 年该市有 408 名犯人被允许自由外出，其中只有 6 人未返回监狱或返回迟缓。自由外出从事雇用劳动或参加职业培训，不仅能够让犯人经受暂时的自由和返监压力的考验，而且对犯人刑释后的谋职能力有很大帮助。[②]

德国监狱中最值得称道的应当是依托于监狱内企业的职业培训教育，有人甚至戏称德国监狱为“一所给犯人进行技能培训的学校或一家可以实

① 徐久生、田越光：《德国监狱制度——实践中的刑罚执行》，中国人民公安大学出版社 1993 年版，第 132 页。

② 徐久生、田越光：《德国监狱制度——实践中的刑罚执行》，中国人民公安大学出版社 1993 年版，第 254 页。

习锻炼的工厂”。[①] 德国监狱的劳动培训门类齐全，可选择的范围很大，以兰德斯伯格监狱为例，该监狱一共设有12个作坊，包括厨房、面包房、洗衣房、钳工房、木工房、裁缝店、鞋匠铺、装订厂、建设房、汽车修理厂、农业企业，以及17个主要从事金属、皮革、纺织、塑料加工的工厂。囚犯可以选择20多种职业技能培训，考试合格后颁发毕业证书。监狱内的培训可以和社会培训相衔接，囚犯在监狱内参加的职业培训，由当地教育机构颁发文凭，在服刑期间未完成的课程，刑满释放后可以在社会上继续完成。[②] 很多犯人在刑释后凭借技术证书在3个月内找到了工作。

二、犯人的劳动报酬

德国《刑罚执行法》第43条第1款规定，犯人从事分配的劳动的，应当给予报酬。年收入相当于《刑罚执行法》第200条规定的所有参加养老金保险的工人和职员（在上一年度参加职业培训的人员除外）平均劳动报酬的5%（基本工资）。《刑罚报酬执行条例》中又详细规定了加班补贴、特殊成绩津贴、难度较大工作的额外补助等。如果犯人参加职业培训、转学他业或者上课的，都可以领取培训补助费。此外，根据《劳动促进法》第168条第3款、《刑罚执行法》第194条的规定，犯人同样享受失业保险，保险金由监狱负责向医疗保险机构以及联邦劳动局缴纳，执行机关从犯人的劳动报酬、培训补助金或损害补偿金中扣留与犯人需要缴纳数额相当的款项。[③]

对于劳动报酬，犯人可以自由支配其中的2/3用于购买个人物品，其余的收入扣除掉保险金和本人家属的赡养费之外，还要按照一定的比例强制存款，以用于犯人在出狱后最初四周的生活费用。该项救济款的数额由州司法行政机关根据犯人的不同需要来确定，但最高不得超过德国的《社会救济法》第22条规定的犯人本人及其赡养权利人的月最低数额的2倍。[④]

---

① 青木:《德国监狱更像技校》,《环球时报》2011年8月4日。

② 宫照军:《关于德国“监狱”制度的几点思考》,《中国司法》2013年第9期，第83-84页。

③ 徐久生、田越光:《德国监狱制度——实践中的刑罚执行》，中国人民公安大学出版社1993年版，第257-259页。

④ 徐久生、田越光:《德国监狱制度——实践中的刑罚执行》，中国人民公安大学出版社1993年版，第258页。

对于在狱外按自由雇用关系从事劳动的服刑人员，其工资并非由私人企业支付，而是监狱支付，私营企业向监狱支付高于犯人实际收入数倍的“租金”，该部分款项除了按上述分配方式处理外，还需要向监狱支付一定数额的监禁费。因此，自由雇用劳动在一定程度上为政府财政减轻了负担。

第四节 从苏联到俄罗斯的监狱企业制度

苏联对各种监禁场所，如劳动改造营、劳动改造村、监狱等都统称为劳动改造机关。苏联的劳动改造制度对后世影响巨大，发展到今天，俄罗斯的监狱劳动制度中也依然存有苏联时期劳动改造的影子。我国的监狱劳动制度根源于苏联，从这一制度的苏联到俄罗斯的历史发展和演进中，应该可以发现值得我们学习借鉴的经验教训。

一、苏联时期的监狱劳动制度

在俄国，监狱犯人的强制劳动最早开始于 17 世纪的现代刑事司法体系改革，建立了被称为“监狱堡垒”（Prison Fortress）的卡托加（Katorga）。改革后的监狱由国家和教堂共同管理，国家负责组织犯人劳动生产以维持监狱的正常运行，教堂负责管理宗教教育、读经班和祈祷（单独进行）。到了 18 世纪，在欧洲刑事司法改革的影响下，凯瑟琳大帝请来贝卡利亚指导俄国的刑事司法改革，并在刑罚立法中吸收了他有关犯罪原因的学说。在贝卡利亚的影响下，俄国的刑罚理论认为个人的人格缺陷是导致犯罪的主要原因，因而更加重视宗教教育在改造犯罪人中的作用，认为卡托加要在沙皇和教会的统治下使犯人获得文明的开化（Civilised Subjects）。[①] 此时，在罪犯改造中，监狱劳动成为宗教教育的附属品。

在 20 世纪初动荡的俄国，为回应俄国社会的文化情感（Cultural Sensibilities）而同时使用劳动和宗教的计划太野心勃勃了。在布尔什维克恐怖行

① See Piacentini, Laura Francesca, *Work to Live*: *The Function of Prison Labour in the Russian Prison System*, University of Wales, Bangor, 2002, pp. 29 – 30.

动（Bolshevik Terrorist Movement）日趋严重的形势下，也为了实现监狱现代化以及部分自给自足，政府逐渐认识到应当更加重视监狱劳动的作用。卡托加被完全用来关押暴乱分子和恐怖分子，其功能逐渐由精神和道德改造转变为监禁和拷打，其首要目的变为关押恐怖分子和镇压叛乱。① 因此，在20世纪初的沙皇俄国，监狱就开始大规模强迫罪犯劳动，而且此时劳动的目的并不在于改造，而是为了镇压布尔什维克党的反叛和暴乱分子。这种监狱劳动模式为后续夺取政权的布尔什维克党提供了参考，1917年十月革命之后，布尔什维克虽然夺取了政权，但面对极度不稳定的政治局势，不得不使用并改造沙皇监狱来维护自己的统治。1917年布尔什维克夺取政权之后，刑事司法，尤其是监狱劳动的结构、功能和目的将俄国的刑罚观扩展到“无法想象的长度”（unimaginable lengths）。②

二、1917～1960年苏联的监狱企业劳动制度

十月革命之后，为了应对内忧外患的社会形势，苏维埃政权的工农临时政府制定了一系列法律规范，尤其在刑事执行领域，基本确定了监狱以劳动改造服刑人员为基本任务。1918年7月颁布的“关于作为刑罚方法的剥夺自由及执行这种刑罚方法的程序的临时指示”第一次将“有益社会的强制工作”作为改造的基本方法加以规定。此时，司法人民委员会还制定了关押地完全自给自足（囚犯劳动的收入应超过其生活费的支出）的监狱政策，这是后期强制劳动营“自给自足”“自负盈亏”模式的政策根源。

1919年4月，全俄中央执行委员会提出要建立强制劳动营，并成立强制劳动营中央管理局。5月批准的《强制劳动营工作细则》规定，所有犯人在其服刑期间都要参加劳动营安排的体力劳动，劳动的种类由营行政当局决定，犯人劳动采取8小时工作制；犯人的食品定额与重体力劳动者的饮食标准相同；犯人的工资按照各地职业联盟的标准发放，但要扣除相应的费用，扣款不能超过工资的3/4。③ 之后，强制劳动营的规模逐渐扩大，到1919年末，全俄国内共有21个强制劳动营，1920年11月为84个，1921年

①② See Piacentini, Laura Francesca, *Work to Live: The Function of Prison Labour in the Russian Prison System*, University of Wales, Bangor, 2002, p. 31.

③ 张雪峰：《苏联劳改营史研究（1918－1960）》，吉林大学博士学位论文，2011年，第18页。

11 月为 122 个，平均每个州有 2 个，但由于分布不均，像莫斯科这种大城市就有 7 个，关押了 3063 名犯人。① 由于当时处于战争时期，国内经济条件十分紧张，而国内的战乱又使得经济建设工作无法开展，强制劳动营的犯人没有机会参加工作，又基本得不到国家财政的补贴，状况非常艰难。

要维持强制劳动营的正常运转，就必须组织在押犯人参加劳动，建立以犯人强制劳动为基础的劳动营经济制度。1920 年，中央召开联合会议，提出强制劳动营“不仅组建内部作坊，更重要的是组建生产区”。为此，最高国民经济委员会将许多相应的企业分给强制劳动营，各地强制劳动营的作坊则编在各省国民经济委员会的经济序列中。到 1921 年中，在内务人民委员部的强制劳动营中共有 352 个生产作坊和 18 个国营农场。除此之外，为了组织犯人劳动，强制劳动营中央管理局还租赁了企业，建立了犯人劳动组合，承包劳动任务。② 即便如此，强制劳动营“自负盈亏”的制度总体不容乐观，仅有某些强制劳动营做到了收支相抵。虽然此阶段并没有为国家经济做出太大贡献，但为未来的劳动营经济奠定了基础。

20 世纪 20 年代末 30 年代初，苏联为了应对国内的经济建设，在全国建立了大量的劳改营，并于 1930 年成立了劳改营管理总局，即古拉格(Gulag)，负责管理所有劳改营。30 年代，劳改营管理总局开始系统地使用在押犯人强制劳动，劳改营的劳动逐渐具有专业性，并最终形成了集改造犯人和生产劳动于一体的劳改营工业综合体。强制使用犯人劳动不仅是对犯人进行改造的手段，更成为克服经济困难的方法。从 30 年代末开始，劳改营经济具有了计划性、大规模性和明显的军事工业特征。犯人的数量急剧增加，刑期明显延长。1936 年，苏联有 13 个大型劳改营工业综合体，建设项目总价值为 12 亿卢布，而到 1938 年春天，已经有 33 个大型劳改营工业综合体，建设项目总价值达 26 亿卢布，劳改营管理总局转变成为集建设、开采、生产、培育、设计于一体的“巨大的联合企业”。在此期间，劳改营接手了大量大型工程，如白海—波罗的海运河工程，阿尔汉格尔斯克造船厂建设工程，以及大量的采矿、伐木、冶炼、建设燃料基地等国家战略项目，这一方面实现了自身的“自给自足、自负盈亏”，另外为苏联工业基础

① 张雪峰:《苏联劳改营史研究（1918 - 1960）》，吉林大学博士学位论文，2011 年，第 19 页。
② 张雪峰:《苏联劳改营史研究（1918 - 1960）》，吉林大学博士学位论文，2011 年，第 29 页。

的建设做出了巨大的贡献和牺牲。到卫国战争年代，劳改营管理总局的犯人开始为前线生产武器弹药和专用包装箱等军用物资，并参与了国家防御线的建设，从战争开始到1944年末，劳改营管理总局向国家财政收入中缴纳了约30亿卢布，制造了大量的军用物资，为卫国战争的胜利做出了巨大的贡献。①

战争结束之后，随着战俘和被敌国扣押人员的回国，苏联开始了新一轮的镇压。从20世纪40年代下半期到50年代初期，苏联劳改营的发展达到了顶峰，一方面是由于犯人数量急剧增多，另一方面是为了应对国家军事工业发展的需要，苏联内务部又新建了生产管理部门和生产领域，如采矿冶金企业管理总局、铁路建设营管理总局、特种石油工业建设管理总局、云母工业管理总局等大量与工农业生产和基础建设相关的劳改营生产管理局。截至1949年1月1日，在苏联内务部体系中共67个独立的劳改营及几万个劳改分部和劳改点，还有1734个劳动教养院，总共关押着2356685名犯人，包括1963679名有劳动能力的人。半数以上的犯人（55.8%）年龄在17~30岁，女性占犯人总数的22.1%。约有3/4有劳动能力的犯人工作在直接隶属于内务部的建设项目中。除了保障自己部门内部的劳动力供应，内务部还按照政府的命令把犯人划分给其他部门工作，1947年在其他部门工作的有50.78万名犯人。② 这一时期，强制劳动营的经济特点主要有以下几点：第一，对人力资源极不合理地使用，经常使犯人从事一些无意义的劳动，过度的剥削也使得犯人身体虚弱，出现了大量伤病和死亡；第二，劳改营管理部门机构臃肿，开支庞大，强制劳动创造的价值只能折抵管理部门一半的开支；第三，在强制或者折抵工作日、提前释放等办法逐渐失效后，这一时期的劳改营主要通过提高工资的方式增加犯人劳动的积极性；第四，劳改营管理总局参与了大量战后莫斯科的重建和国家军事工业项目的建设；第五，战后的劳改营经济中，使用了战俘的劳动，包括利用很多战俘中的高水平科学家参与国家重大科技项目开发。③

50年代中期，由于劳改营依然大量使用手工劳动，机械化水平低使产品的生产成本高、效率低、质量差，犯人逐渐被释放又使劳动力缺口日益

① 张雪峰：《苏联劳改营史研究（1918－1960）》，吉林大学博士学位论文，2011年，第33－70页。

② 张雪峰：《苏联劳改营史研究（1918－1960）》，吉林大学博士学位论文，2011年，第91页。

③ 张雪峰：《苏联劳改营史研究（1918－1960）》，吉林大学博士学位论文，2011年，第100－112页。

增大，劳改营始终无法达到自负盈亏，因此需要国家的巨额补贴，经济状况的日益恶化给劳改营带来了经济危机。1953 年斯大林去世后，劳改营的制度出现松动，劳改营中的经济部门逐渐被分离出去，国家尝试用普通监狱代替劳改营。1956 年，苏联的惩戒机关开始逐渐释放犯人，关闭劳改营。1960 年 1 月 13 日，苏联最高苏维埃主席团下令撤销内务部所属的劳改营管理总局，劳改营赖以生存的组织结构基础消失了，劳改营也退出了历史舞台。

1917 年，苏联劳改营最初建立的目的是为了镇压国内的反革命，维护新兴政权及国内局势，意图通过“红色恐怖”扩大打击范围。在“严打”的政策下放弃了正当司法程序，由行政权完成了对个人的“审判”和“行刑”，以及在“行刑”过程中对犯人的非人道待遇，都是对法治和人权的践踏。但考虑到当时的特殊背景和非常态的国内形势，这种做法并非不可理解，而且最初的立法重视了监狱的教育改造功能。司法人民委员会 1920 年通过的《苏维埃普通监禁场所条例》提出，“监犯所从事的工作须具有教育改造意义，使监犯从事这种工作的目的在于使监犯养成爱好劳动的习惯，以便在出监后有过劳动生活的可能”。[①] 但是，劳改营后期的实际运行偏离了最初的设想，在押犯人逐渐沦为国家国防经济建设和政治迫害的工具。在 20 世纪二三十年代，由于苏联面临的内忧外患的局面，国家急需一条“捷径”快速完成工业计划，建立现代化的国防和工业体系，除了工业和农业的价格剪刀差之外，劳改营的廉价劳动力成为能够被苏维埃政权利用的最大砝码。同时，由于国家无力补贴规模庞大的劳改营，劳改犯人也需要通过劳动“自给自足”改善生活条件，并实现劳改营的“自负盈亏”。到卫国战争时期，由于战争的残酷性和特殊性，从国家角度来看，强迫犯人建设国防工程、生产军用物资也是形势所迫。但是，苏联的劳改营体系毕竟是以强迫犯人劳动为基础的，其目的已经从最初的“依靠劳动对犯人教育改造”彻底转变为一切以经济和政治为核心，为了巨大的经济利益而残酷地剥削犯人劳动力，使劳改营沦为庞大的“血汗工厂”。

---

① 潘华仿等编：《外国监狱史》，社会科学文献出版社 1995 年版，第 517 页。

三、1960年之后的苏联监狱企业劳动制度

1953年斯大林去世之后，苏联进行了一系列政治经济体制变革，纠正斯大林时期犯下的错误，包括为冤狱者平反以及减少、停止进一步的政治迫害。1953~1957年经过三次大赦令，赦免了大批在押犯，仅1956~1957年，就有七八百万人被释放。① 同时，为了从根本上解决劳改营的问题，响应国内加强民主和法治的呼声，在1958年苏共二十大之后，苏联开始对刑事法律进行了大幅度修改，首次用条文的形式规定了刑罚的目的是“改造和再教育被判刑人”，彻底否定了单纯的惩罚。开始完善以劳动改造为核心的监禁刑刑罚体系，扩大不剥夺自由的劳动改造的试用罪名，降低剥夺自由的劳动改造的试用范围和条件，并将关押场所分为劳动改造村、劳动改造营（四个管束等级）、监狱和劳动教养所（主要关押未成年犯，两个管束等级），具体的适用标准取决于行为人所犯罪行的严重程度、个人情况和案件其他情节。

不剥夺自由的劳动改造从最早见于1917年的有关革命法庭的指示，但一直没有大量使用。随着对剥夺自由刑的限制，大量剥夺自由刑劳动改造转化为非剥夺自由刑的劳动改造。根据1960年《苏俄刑法典》的规定，执行劳动改造表现为两种形式：一是在被判刑人的工作地点执行；二是在被判刑人居住的区内其他地点服刑。截至1986年，此种类型劳动改造曾出现在195个刑法规范的法定刑中，占法定刑数量的44%。不剥夺自由的劳动改造的特点是，犯罪人不与正常的自由生活相脱离，在不被隔离的情况下于原工作区域从事有益于社会的劳动，其工资只上缴5%~20%作为国家收入。相比于剥夺自由的劳动改造，不剥夺自由的劳动改造更有利于服刑人员的教育改造和回归社会。②

在剥夺自由的劳动改造中，劳动改造营关押的一般是罪行相对较轻的犯人，内部的劳动条件有了很大改善，一些条件艰苦不适合犯人改造的劳动营被关闭，繁重的体力劳动也大部分被机械操作取代，犯人的劳动时间也减少为一周6天，每天8小时，生活条件和设施也有大幅提高，例如改善

---

① 潘华仿等编：《外国监狱史》，社会科学文献出版社1995年版，第575页。

② 陈明华：《当代苏联东欧刑罚》，中国人民公安大学出版社1989年版，第136页。

伙食，增加了浴室、暖房等。监狱关押的是罪行较严重的犯人，但是入狱犯人需要先进行较重的体力劳动，再根据改造和犯人重返社会的需要，组织他们进行职业技术教育。劳动教养营专门关押 14 ~ 18 周岁的未成年犯，未成年犯除了要参加营里的八年制学校学习和职业训练之外，还要从事有益于社会的劳动和清扫卫生工作。①

实际上，虽然在 1960 年之后苏联通过立法等一系列方式试图改变一直被西方世界谴责的斯大林模式的劳改营，并且也取得了一些成效，但直到 20 世纪 80 年代中期，劳改营的劳动模式依然没有实现“教育和改造服刑人”的立法要求。由于劳改营依然属于计划经济体系中的一环，内部企业都要根据国家要求组织进行生产，因此劳动生产的主要目的还是完成国家分配的任务目标以及给国家返还利润。监狱企业生产的产品也缺乏技术含量，基本接近于原材料或工业原料，而犯人所获得的低廉工资也使他们更像是一个奴隶劳动力（A Slave Labour Force）。监狱犯人的劳动状况也不容乐观，经常在缺乏安全条件和身体状况欠佳时被强迫劳动，一旦达不到既定目标，就会受到惩罚。而在 80 年代中期，通过犯人劳动创造的价值，苏联内务部是全国第四大最能营利的组织。②

四、俄罗斯的监狱企业劳动制度

1996 年俄罗斯颁布了《俄罗斯联邦刑法典》，对苏联遗留下来的刑罚体系进行了改革和修正，现行的俄罗斯劳动改造主要包括以下几种方式。

（1）非剥夺自由的劳动改造。不同于 1960 年《苏俄刑法典》的规定，《俄罗斯联邦刑法典》将劳动改造的场所限定为被判刑人的工作地点，而不再指定被判刑人在居住的区内其他地点服刑。这主要是因为，苏联解体后俄罗斯经济状况恶化，失业率攀升，国家很难为服刑人创造劳动机会，只保留了被判刑人在原单位执行劳动改造的形式，既能发挥劳动改造的作用，又能有效利用劳动力的价值。非剥夺自由的劳动改造是刑罚的主刑，刑期为 2 个月以上 2 年以下，服刑期间工资收入的 5% ~20% 作为国家收入。被

① 潘华仿等编：《外国监狱史》，社会科学文献出版社 1995 年版，第 578 - 587 页。

② See King, Roy D. , *Russian Prisons after Perestroika: End of the Gulag*? Brit. J. Criminology, Vol. 34, 1994: 74.

判刑人在原单位所进行的劳动具有强制性，被服刑人不得解除工作，不计入连续工龄，活动范围也受到很多限制。①

（2）剥夺自由的劳动改造。《俄罗斯联邦刑法典》规定了拘禁、剥夺自由刑和终身剥夺自由刑等三种自由刑，其中后两者需要进行劳动改造。执行自由刑的地点延续了苏联时期的模式，分为监狱、劳动改造营（四个管束等级）、劳动改造村和劳动教养营（主要关押未成年犯，两个管束等级），适用条件也基本相同，根据行为的严重程度和行为人的自身状况决定应在哪一级执行点执行。剥夺自由刑和终身剥夺自由刑的服刑地点并不全部在监狱，一般前半部分的执行地点在监狱，一定期限后或服刑人表现良好，转入劳动改造营继续服刑，其中被判处终身剥夺自由的人需要在特别管束制度的劳动改造营服刑，并且与其他被判刑人分开关押。②

1991 年苏联解体后，苏联的刑罚体系和整个国家的意识形态体系、政治经济体系之间关联轰然倒塌，曾经的集中管理和控制随之支离破碎。计划经济的突然垮台对监狱企业是很大的打击，而且当时很多企业的生产条件十分破旧，监狱的生存成为最大问题，以当时俄罗斯的财政状况已经很难维持如此庞大的监狱系统。③ 为此，1992 年，俄罗斯开始尝试将监狱体系的管理权下放到地方机关，由地方机关负责自己区域内监狱的具体事务。目前，俄罗斯赋予了七个联邦地区政府管理地区监狱的权力，不同地区由于自身实际情况各异，监狱行刑的方式也各不相同。④ 例如，在刑罚理念上，斯摩棱斯克（Smolensk）地区监狱提倡“人格改造”（Character Reform），而鄂木斯克（Omsk）地区监狱提倡“社会改造”（Social Reform）。⑤

苏联解体之后，俄罗斯监狱企业与国家计划经济体系相脱离，进入市场化运营。而俄罗斯的社会经济状况出现了大崩溃和大滑坡，经济低迷，

---

① 薛瑞麟：《俄罗斯刑法研究》，中国政法大学出版社 2000 年版，第 274－275 页。

② ［俄］H. Q. 库兹涅佐娃、H. M. 佳日科娃：《俄罗斯刑法教程》（下卷·刑罚论），黄道秀译，中国法制出版社 2002 年版，第 627 页。

③ See King, Roy D., *Russian Prisons after Perestroika: End of the Gulag*? Brit. J. Criminology, Vol. 34, 1994: 81.

④ See Piacentini, Laura, "Penal identities in Russian prison colonies", *Punishment & Society*, Vol. 6, No. 2, 2004: 132.

⑤ See Piacentini, Laura, "Penal identities in Russian prison colonies", *Punishment & Society*, Vol. 6, No. 2, 2004: 135.

失业率攀升，整个社会的就业机会相当匮乏。在这种大背景下，由于俄罗斯的监狱企业基本都是为社会提供产品（Goods for Civil Society），因此企业订单和工作量也大幅降低，很难为在押犯人提供足够的劳动机会，劳动改造面临被虚化的危险。1991 年，俄罗斯监狱里几乎全部犯人都要参加劳动，而到了 1998 年，参加劳动的犯人比例已经降到了 30% ~50%；在斯摩棱斯克监狱，参加劳动的犯人比例已经从 1994 年的 80% 降到 1999 年的 51%，只有有劳动经验的犯人才有机会参加劳动。[①] 因此，通过什么方式既能使犯人有事可做，又能达到矫正和改造的效果，成为各地区监狱要探索的最大问题。例如，斯摩棱斯克地区监狱更关注服刑人员的人格矫正，意图通过教育和帮助而不仅仅是劳动来达到改造犯人的效果，他们认为培养责任意识和促进心理健康比技能培训更有利于服刑人员出狱后的生活，因此该监狱将宗教教育引入罪犯改造。而鄂木斯克地区监狱认为，在苏联解体之后，集体意识的崩溃和中央集权体系的消亡使俄罗斯进入了一个“利己主义”的社会，人们不再懂得相互关心和帮助，缺乏相互责任。因此，鄂木斯克地区监狱的改革指向三个方面：一是进一步发展监狱企业；二是为大部分犯人提供职业训练；三是通过和社区合作，为犯人创造更多在社区劳动的机会。[②] 前两项的目的在于培养犯人的劳动技能，而社区劳动，既能够使犯人通过劳动达到惩罚和改造的刑罚目的，又能够以实际行动向社会“偿还债务”，而后者更有利于服刑人员回归社会。

在监狱企业方面，犯人虽然依然被要求强制劳动，但已经不存在奴役的现象了。例如，犯人劳动的工资与社会同等工作相差无几，犯人可以将额外的工资寄给家庭、为释放后的生活做储蓄或买一些生活用品；犯人每年还可以享受 15 天的“带薪年假”，在此期间犯人无须劳动，可以在类似于家庭环境的场所休息。[③]

---

① See Piacentini, Laura, “Penal identities in Russian prison colonies”, *Punishment & Society*, Vol. 6, No. 2, 2004: 137.

② See Piacentini, Laura, “Penal identities in Russian prison colonies”, *Punishment & Society*, Vol. 6, No. 2, 2004: 139 – 140.

③ See King, Roy D., *Russian Prisons after Perestroika: End of the Gulag? Brit. J. Criminology*, Vol. 34, 1994: 78.

第五节 日本的监狱企业制度概况

明治四十一年（1908 年）日本颁布施行了第一部监狱法，该监狱法最大的特色在于规定监狱体系以劳动作业为核心，并将监狱作业固定在国家直管工厂化的方向。从此时开始，一直到大正、昭和时期，由于持续不断地发动战争，日本政府对于军用品的需求一直刺激着监狱管理向大监狱、大工厂主义方向发展。尤其在“二战”期间，日本监狱的工厂和犯人除了制造弹药箱、衣服被褥等轻工业产品外，还参与了机场建设和飞机、军舰等重要军工武器的生产。“二战”之后，为了应对国内粮食不足和囚犯过多的局面，进驻日本的美军制定了自给自足的监狱运行原则，进一步加强监狱劳动作业，要求服刑人员参与修建道路和农田等基础性建设工作，建造了多所矫正农场。直到今天，日本监狱依然重视服刑人员的劳动，认为这是犯人改过自新、重返社会的一种处遇措施，其目的在于使犯人养成劳动习惯、学习职业技能和知识、培养耐心和意志力。

2006 年，日本颁布了《关于刑事设施及服刑者处遇等的法律》（以下简称《刑事设施及服刑者处遇法》），施行了近 100 年的监狱法退出历史舞台。新颁布的《刑事设施及服刑者处遇法》依然将劳动作业作为服刑者矫正处遇的核心措施之一，而且新规定更加注重人性化，犯人的劳动条件也有大幅度提高，例如，缩短了年劳动日数，并限定日劳动时间不得超过 8 小时；服刑者的劳动安全及卫生保障有了明显改善，服刑者参与劳动的积极性及参与人数也有了显著提高；劳动工种的调整与增加也为服刑者掌握新技术提供了可能和条件，职业训练（技术培训、资格认证等）的种类和成效也逐年走高；劳动时间的缩短、其他处遇时间的延长在劳动收入上亦有反映，2006 年的劳动收入虽较 4 年前有大幅度缩减，但劳动奖励或预算还是稳中有升。[①]

① 陈海平：《日本监狱法的新发展——〈刑事收容设施及被收容者处遇法〉评介》，《中国监狱学刊》2008 年第 6 期。

一、日本监狱的劳动形式

日本的监狱劳动主要分为三种：生产性劳动、职业技能训练和监狱维护性劳动。生产性劳动和职业训练主要以两种方式开展：一种是全部或部分由国家提供原材料和设施；另一种是由私人承包者向国家支付使用犯人劳动力的租金，同时提供全部原材料和设施的劳动。对于监狱维护性劳动，一种主要是做饭、洗衣或洗碗等后勤服务，另一种主要是建设和修复监狱设施的劳动。根据1990年的统计，日本监狱中共有39630名服刑犯人，其中有30870名犯人（约77.9%）从事生产性劳动，包括木工、印刷、制衣、金属加工、皮革加工等工种；996名犯人（约2.5%）进行职业训练，包括焊接、美化、机械操作、理发、计算机编程等40多个种类；7764名犯人（约19.6%）从事监狱维护性劳动。①

日本监狱的生产性劳动中，还存在一种监外劳动。监外劳动一般得到了民间企业的协助，在必要的限制条件下，犯人到监狱之外的劳动场所进行劳动。这种劳动，犯人既可以在该企业长期住宿，也可以每天往返于监狱和企业之间。在每天都和外界社会接触的情况下，监外劳动更有利于犯人重返社会。

日本监狱的职业培训以掌握必要的职业技能为目的，主要有综合培训、集中培训和内部培训三种形式。在实施培训过程中，尽可能地取得技术鉴定或许可证。所谓综合培训，是从全国选出合格的犯人，在指定的7所职业培训单位进行培训；集中培训及内部培训是各监狱和分监按确定的项目进行培训。②

二、日本监狱与第三方的合作

20世纪80年代，由于日本经济危机，政府在国家财政状况堪忧的情况下缩减了对监狱矫正系统的财政预算。为了应对这一局面，法务省矫正局计划推动由第三方向监狱提供企业运行必需的原材料及资金。1983年，在国家补助金的资助下，日本矫正协会（Japanese Correctional Association，

① See Japan Ministry of Justice, and Correction Bureau, *Prison Industry in Japan*, 1990.

② 潘华仿等编：《外国监狱史》，社会科学文献出版社1995年版，第441页。

JCA）成立了监狱工业合作司（Prison Industry Cooperation Division），帮助监狱承揽加工品。通过与该部门合作，矫正局提高了生产效率，建立了更加高效的生产体系和营销网络；而监狱工业合作司也扩大了自己的事业范围，为购买原材料积累了资金。为了提高知名度和影响力，1984 年矫正局和矫正协会联合注册了“CAPIC”商标，代表矫正协会监狱工业公司（Correction Association Prison Industry Cooperation）。该公司 1988 年的销售额达到了 136 亿日元，雇用了大约 6500 名服刑人员，占日本监狱犯人人数的 15%。①

三、日本监狱产品的销售

为了促进普通民众对监狱产品包括 CAPIC 品牌的理解和合作，1998 年矫正局和矫正协会在各监狱或地区矫正总部举行了 860 余场展销会和现场销售会（Spot Sales），累计销售额达 15 亿日元。从 1959 年开始，每年的 1 月矫正局都会在东京的科技博物馆开展为期两天的全国矫正博览会，该博览会也是以展销和现场销售的方式推销监狱企业的产品。1989 年 1 月，参加博览会的参观者和购买者达到了 46000 人，两天的销售额总计 2800 万日元。②

四、日本监狱的私有化

2007 年 5 月，日本首座主要由私营公司管理的监狱在日本南部的山口县开张，被称为“美祢社会回归促进中心”。这座监狱占地 28 公顷，最多可容纳男女囚犯各 500 人。由日本大型保安公司等成立的“美祢社会回归支持”和日本政府签订了一份为期 20 年、总金额为 517 亿日元（约合 33 亿元人民币）的业务合同。这所私人监狱的管理和设施更加人性化、科技化，例如多数牢房为单人间，窗户上安装的是 10 厘米厚的强化玻璃，而不是铁栏杆；入狱后，犯人衣服上将被贴上电子标签，警卫人员在警卫室内通过监视器就可以监控到服刑者的活动轨迹。这家公司把重点放在对犯人的就业培训上，向犯人提供基本电脑操作技术培训，还着力开展准备医疗事务资格考试等职业培训，让他们获得从业证书。③

---

①② See Japan Ministry of Justice, and Correction Bureau, *Prison Industry in Japan*, 1990.

③ 新华社：《日本首座私营监狱开张》，新华网，2007 年 5 月 15 日。

第六节　域外监狱企业制度变革对我国监狱企业制度重构的借鉴

纵观域外国家监狱制度几百年的发展历程不难发现，他们曾经走过的路很多都是我们正在经历的坎坷，或者谋求变革的方向。他们曾经的历史也许就是我们的现状，因此应当从他们的经验和教训中吸取能量，思考我国的监狱制度改革应该走向何处。

一、域外监狱企业制度演变的规律总结

1. 监狱企业制度深受刑罚理念转变的影响

在监禁刑刚刚兴起的 18 世纪，由于深受报应刑观念的影响，监狱强制犯人劳动的目的在于惩罚，因此犯人每天被要求从事一些繁重且毫无意义的体力劳动，如英国监狱的搬石块、踩踏车、曲柄等。此时的监狱劳动不具有生产属性，监狱企业也处于萌芽阶段。受英国边沁功利主义的影响，19 世纪开始，刑罚思想开始逐渐转变为目的刑论，认为仅面向犯罪危害程度的报应性刑罚总是消极被动的，刑罚应考虑如何才能主动预防犯罪，达到社会防卫和个人防卫的目的。

19 世纪末 20 世纪初，在实证主义法学派和刑法社会学派的倡导下，刑罚已经由报应刑逐渐转变为教育刑和预防刑，关注的焦点不仅在于如何通过刑罚实现其应承担的罪责，而且也在思考需要通过怎样的行刑手段才能将罪犯改造为一个正常的社会人，以使其重返社会而不再犯罪。此后，劳动开始作为一种矫正手段，以新的姿态被纳入监狱处遇措施，监狱企业逐渐成为服刑人员获得谋生技能的平台。一方面，通过监狱劳动矫正服刑人员以往的不良思想和行为，树立正确的劳动观念；另一方面，通过工厂的生产培训，掌握一定的谋生技能，为出狱后回归正常生活创造基本的物质条件。从报应到预防，从惩罚到矫正，刑罚观念的变革影响了监狱劳动的定位。

2. 监狱企业的功能由单一到多重

监狱企业最初诞生的主要背景是监狱内人满为患，目的是获取利润。由于政府缺乏足够的财政能力应对日益增长的建造维护和关押成本，不得不通过利用或出租廉价劳动力的方式获取一定的利润，减轻政府的财政压力。例如，美国内战后的西部州，由于战争毁灭了几乎所有的监狱，而战争后州政府无力建造新的监狱，就采取了将犯人租给个人商号劳动的方式，既解决了犯人的关押问题，又使政府通过租金获取了一定的利润。

发展到今天，监狱企业已经不再仅仅是政府谋利的手段，甚至在有的国家，例如德国，谋利已经被弱化为监狱企业存在的末端理由，帮助服刑人员培养劳动习惯和获得谋生技能成为监狱企业的首要功能。在监外劳动的监狱企业，还可以帮助服刑人员更好地融入社会，为犯人的再社会化创造良好的基础和条件，发挥着再社会化的作用。此外，监狱企业还肩负着惩罚罪犯和补偿社会的责任。虽然现代的行刑理念已经否定了监狱劳动的惩罚功能，但这仅仅是价值观念和行刑导向上的否认，强制服刑人员参加劳动且发放低于其劳动价值的工资，这对犯人是一种事实上的惩罚，能够让其认识到自己的行为应负的罪责。通过劳动创造利润减轻国家财政负担，也是服刑人员补偿社会的一种方式，尤其是直接面向社区的劳动，更能够体现出犯人对社会的贡献和补偿。

3. 监狱企业逐渐依靠市场化运行提高效率

政府主导下的监狱企业往往缺乏活力，管理模式缺乏创新，运作效率低，低水平重复性劳动较多，而且不能充分调动服刑人员的劳动积极性，最典型的例子莫过于苏联时期的劳改营。计划经济体制下监狱企业成为国家政治经济体制的附庸，企业生产经营由政府部门分配管理。在内务部的组织下，虽然拥有数量庞大的在监犯人，但苏联劳改营企业的生产效率比雇用劳动的企业低 50% 左右，产品的成本大大高于社会企业同类产品，而且产品质量还很差。在苏联解体之后，俄罗斯国家监狱管理机关将监狱管理权下放至各个地区，由各个地区的监狱管理机关探索本区监狱企业的发展路径。在市场化的运作下，有的地区（如鄂木斯克地区）监狱工厂运作良好，监狱工业区内的所有厂房都在运转，生产的产品品种丰富，包括轻工产品、农业机械、电气产品、木材加工等多个类别，而且还有专门的部

门负责产品质检，以保证产品质量。[①] 这些都是苏联时期的劳改营企业所无法比拟的。

在市场化开始更早的英美等国家，更是将监狱企业市场化发挥到了极致——监狱私营化的进程就体现了在监狱企业生产方面，完全市场化运作的私人监狱较之政府管理的公共监狱效率更高。即使在公共监狱，也存在大量将监狱企业部分承包给私人经营或和私人公司共同管理的现象。各国监狱企业的市场化改革说明，对于企业而言，市场才是其生存的活力来源。尊重市场经济的运行规律，减少政府行政干预，是各国监狱企业改革成功的规律之一，也是我国监狱企业未来的发展方向。

二、域外监狱企业制度改革的趋势

1. 域外监狱企业制度改革的趋势之一：监狱私营化

监狱私营化的核心是监狱企业的私有化，因为对于经营监狱的私人公司而言，获利的主要方式就是通过监狱企业有效发挥服刑人员廉价劳动力的价值。监狱私营化从诞生至今只有 30 多年的时间，虽然依然存在很多监管上的问题，但在发展较早的美国、英国和澳大利亚已经趋于成熟，并且逐渐蔓延至更多的国家，如加拿大、新西兰和日本也都各有一家私人监狱。对于私人监狱的评判和褒贬依然不绝于耳，学者们基于不同的立场和调查数据往往可以得出截然相反的结论，对于完全由私人经营管理的监狱是否更优越仍然没有定论。从其他国家监狱私营化的实践来看，也大多处于观望和谨慎的态度，或只接受私人公司提供部分服务的私营化（如德国），或只进行小规模的实验（如加拿大、日本等国）。

监狱私营化将成为未来监狱企业发展的趋势之一。私人监狱产生和发展最重要的前提是监狱人满为患，政府财政无力支撑不断攀升的监狱建造和犯人监管费用，因此需要借助于私人的力量。这说明，对于监狱服刑人员数量居高不下或不断增长的国家，私人监狱是解决一系列问题的一个选项，而且对于缓解财政危机具有极大的诱惑力。监狱私营化的另一个主要形式是狱内企业的部分私有化，例如服刑人员外包（Contracting Out Prison

---

① See Piacentini, Laura Francesca, *Work to Live*: *The Function of Prison Labour in the Russian Prison System*, University of Wales, Bangor, 2002, pp. 128 – 129.

Labor)。监狱拥有廉价的劳动力，但缺乏有效率的经营管理，私人公司有更先进的管理模式和营销网络，而且更渴望廉价劳动力，两者优势互补，可以完美结合。这种经营模式在美国自20世纪80年代开始兴起，很快风靡全国，很多大型跨国公司，如微软、星巴克、环球航空等都利用便宜且守纪律的监狱劳动力谋求获利。此外，监狱服务私有化也将成为日益明显的一个趋势，对于监狱和监狱企业而言，充分利用外部公司提供的服务和产品可以明显降低自身的运行成本。还有，不容忽视的是，监狱私营化带来的不仅仅是一个由私人公司参与管理的企业，其存在本身还可以让政府反思既有的管理运作模式，并为变革提供可资参考的方向和思路。

2. 域外监狱企业制度改革的趋势之二：注重监狱企业的再社会化功能

社会学理论认为，行为人犯罪是因为社会化不完全，因此需要监狱在监禁期间帮助其实现再社会化，以重返社会，同时降低再犯率，达到最终维护社会稳定的目的。因此，监狱企业不应当再将营利作为首要目的，而要真正把改造和矫正服刑人员作为监狱劳动的核心和出发点，前者表明其帮助政府节省了财政开支，但从居高不下的再犯率来看，却是得不偿失。从美国模式和德国模式的对比中就可以看出，注重监狱企业的再社会化功能才更有利于社会的长远发展。

从20世纪80年代开始，美国为了打击犯罪加大了对罪犯的惩罚力度，扩大犯罪圈、延长监禁刑期、减少假释等一系列措施使监狱人数暴增，政府财政无力支撑导致了监狱私有化的产生和监狱工业的发展。由私人公司管理的监狱，更关心的是如何通过服刑人员的劳动获利；公共监狱采用的其他私有化方式，也基本出于利益的考量。在“一切向钱看”的动机下，即便监狱企业能够达到帮助犯人获得劳动技能的效果，也仅仅是附属性的，而且矫正和再社会化也要为谋利让路。不重视犯人的再社会化矫正，导致美国的再犯率一度达到60%，由此形成了“监狱人满为患→财政压力大→发挥监狱企业的效益功能→矫正效果差、再犯率高→监狱人数不断上涨”的恶性循环，最终受损的还是社会和人民。

德国却采用了截然相反的模式，同样是在20世纪80年代，德国开始推行恢复性司法和非刑罚化，减少了入狱服刑的人数。同时，在监狱实行再社会化的处遇模式，一方面强调企业应以培训犯人劳动技能为主要目的，无论是监内劳动还是监外劳动，都选择能够帮助服刑人员出狱后找到工作的劳动；另一方面再配合社会治疗机构的治疗，使得这部分犯人的再犯率

只有10%～20%。[①] 可见，德国的刑罚理念和模式使德国的监禁刑走上了良性发展的道路，监狱囚犯减少使再社会化处遇模式的实施成为可能，再社会化又成功降低了再犯率，最终使社会受益。

从社会利益衡量角度来看，德国模式显然更是未来监狱企业的发展趋势。原因在于监狱存在的根本目的还是在于通过矫正和预防减少犯罪、维护社会稳定，作为监狱行刑手段的监狱劳动和监狱企业也应当遵循这一目的导向，以帮助服刑人员再社会化为出发点，将营利作为附属性效果，而不能本末倒置。

3. 域外监狱企业制度改革的趋势之三：监狱企业管理人性化

从惩罚性劳动到生产性劳动再到矫正性劳动，从监狱劳动的发展史中就可以看出，监狱劳动已经基本实现了人道化，而下一步的发展方向将是越来越人性化。人性化就意味着，监狱企业将更多地关注服刑人员的需求，在再社会化的导向下，监狱将尽可能地满足犯人的意愿，而不是从监狱企业的角度出发一味地强迫。

例如，在德国监狱，犯人可以选择接受改造，也可以选择不接受，不接受改造的犯人将会被关押在一个区域里任其熬刑。虽然这不利于这类犯人的矫正和再社会化，但稍加反思，强迫其参加劳动就会达到更好的矫正效果吗？甚至可能还会激发其逆反心理，适得其反。再比如，日本和德国的监狱不仅帮助犯人获得劳动技能，还通过监内或监外的正规培训，给培训合格犯人颁发毕业证书或技能资格证书，帮助其在出狱后可以更顺利地找到工作。再比如，俄罗斯鄂木斯克地区监狱在监狱企业提供劳动机会不足的情况下，积极联系社区合作者，通过犯人在社区劳动的方式，既解决了劳动改造的问题，又有利于其再社会化，同时通过对社区的劳动补偿也有利于社会对出狱犯人的认可，可谓一举三得。此外，提高服刑人员的劳动待遇，降低劳动时间，扩大培训种类等改革措施也都体现了管理人性化，监狱企业已经在试图真正将犯人作为社会人来看待，这也必将是未来监狱企业发展的趋势之一。

① 徐久生、田越光：《德国监狱制度——实践中的刑罚执行》，中国人民公安大学出版社1993年版，第267页。

三、域外监狱企业制度变革对我国监狱企业制度重构的借鉴

1. 英美监狱制度变革的借鉴：充分借助私营企业的力量

监狱私营化大致包括两种类型四种形式：一种类型是私人公司部分参与监狱事务，另一种类型是私人公司完全参与监狱事务；四种形式分别是投资监狱建设、提供合同服务（如保健、饮食、洗涤服务等）、仅仅管理监狱工业和完全管理矫正机构。① 当前，在英美等国争议较大的是完全由私人管理经营的监狱，即私人监狱。目前情况下，私人监狱并不适合我国的国情，而且其本身存在的巨大争议也要求我们保守和谨慎地对待。但是，吸纳私营企业参与监狱企业管理或提供服务的方式不仅不存在私人监狱的种种诟病，而且也是在美国获得成功适用的一种监狱管理办法。

由私营企业管理监狱企业有如下几点优势：第一，提高监狱企业的运行效率，降低成本。行政机关控制下的监狱企业往往运行效率低，这主要是由于政府机构缺乏竞争动力，不愿承担风险；严格的行政规章制度和程序限制了政府官员的管理和激励、约束机制；在我国目前没有真正解决“监企合一”的情况下，监狱官员缺乏专业的管理和营销知识，监狱企业也没有专业的管理团队。私人公司的加盟可以弥补这方面的缺陷，管理和创新正是私人公司在市场竞争中生存的最大法宝。同时，对廉价劳动力的渴望也恰好可以实现双方的“珠联璧合”。第二，竞争打破垄断，监狱工业产业需要充分的行业竞争。我国的监狱企业一直处于政府垄断状态，缺乏行业竞争使这一产业过于懈怠而不知向前，没有技术和管理创新的动力，而私人公司恰好可以扮演激活整个行业的“鲇鱼”角色。将监狱工业产业面向市场敞开，一方面可以通过私人公司之间的充分竞争提高经营公司的实力，进而提高企业产品的市场竞争力；另一方面在政府也作为市场角逐者参加竞争的情况下，可以激发政府的革新动力，对旧有的管理模式和经营策略进行反思和改革。

---

① 吴宗宪：《当代西方监狱学》，法律出版社 2005 年版，第 778 – 779 页。

2. 德国监狱制度变革的借鉴：非刑罚化背景下注重监狱企业的再社会化功能

德国监狱制度变革的两个基本点是非刑罚化和再社会化。20 世纪 80 年代，德国在非刑罚化思想的推动下，一方面大力发展恢复性司法，通过被告人向受害人补偿的方式得到受害人谅解，从而减轻或减免刑期；另一方面用罚金、社区矫正、缓刑等非监禁刑替代监禁刑，减少入狱服刑人员的数量。服刑人数降低，财政压力得以缓解，政府可以将监狱企业的营利性功能置于后位，使提倡监狱的再社会化成为可能。以帮助服刑人员再社会化为核心出发点的监狱企业，就更加关注对服刑人员的培训，德国《刑罚执行法》明确规定，监狱必须保证有足够的劳动岗位和培训岗位，以及相应的企业和设施。此外，考虑到大多数服刑人员社会能力不足，即使获得了必要的劳动技能，也可能很难适应社会劳动。因此，德国监狱的职业帮助必须提供更多的学习内容，向犯人有效地传授交往能力、责任感、信任感和毅力，而不是简单地要求犯人参加劳动。[①] 正是通过这些努力，经过再社会化改造的犯人再犯率一直维持在 10% ~20% 。通过对犯人的监禁矫正降低其再次危害社会的概率，这才是监狱制度改革的最终目的和最高成就，如果一味地追求生产效益而舍本逐末，很容易导致再犯率居高不下的恶性循环，得不偿失。

我国的监狱企业目前还处于生产性劳动和矫正性劳动的混合期，甚至在更多情况下强调生产的重要性，比如将监狱企业的生产收入与监狱经费直接挂钩、狱警福利与生产效益挂钩等。这种把服刑人员的劳动生产作为维持监狱运行的重要手段的做法，导致改造罪犯和实现收入两个目标主次颠倒，本末倒置。我们要认识到，监狱的主要目的是通过矫正和改造帮助服刑人员回归社会，不再危害社会安全秩序。惩罚和报应已经被现代刑罚理论所淘汰，即便监禁确实达到了惩罚和报应的效果，但这已经不是我们追求的目标。利用监狱企业营利也已经逐渐淡出各国监狱的行刑理念，他们已经认识到，因再犯导致的社会损失远不能与监狱生产创造的收入相抵消，舍本逐末的结果必将是得不偿失。因此，我国的监狱行刑理念应当做出转变，逐渐淡化监狱企业生产收入的重要性，强调企业应以犯人矫正和

---

① 徐久生、田越光：《德国监狱制度——实践中的刑罚执行》，中国人民公安大学出版社 1993 年版，第 249 页。

培训为主要目标和考核方式，同时发展多种监外劳动的形式，为在押犯人创造更多与社会接触的机会，也引导社会和民众重新认识、理解和宽容服刑人员。总之，一切应以服刑人员的再社会化为目标。

要实现监狱的再社会化功能，不得不强调非刑罚化在其中发挥的重要作用。德国监狱制度改革的前提，就是在非刑罚化刑事政策作用下，监狱服刑人员大幅降低，为施行再社会化创造了空间。因此，我国若推进监狱的再社会化，必须首先推进非刑罚化。非刑罚化是目的刑罚理论发展下的必然选择，因为看到了传统刑罚面对犯罪时的被动和消极，目的刑罚论提出由刑罚的替代措施弥补这一不足，也即非刑罚化和保安处分理论。非刑罚化的主要途径有罚金、社区矫正、缓予起诉、缓刑监督以及免刑等。对轻罪适用非刑罚化可以减少服刑人员数量，同时又不影响威慑效果。各国对轻微犯罪以及中等严重程度的犯罪广泛适用非刑罚制裁措施的实践效果表明，社会对这些不严重威胁社会秩序和公共福利的犯罪采取较以往更为宽容的态度，并没有导致犯罪率的明显上升。[①] 饱受高犯罪率和高监禁率之苦的美国通过非刑罚化的改革，社区矫正和非监禁刑的适用约占整个刑罚适用的2/3，从2009年开始连续四年出现犯罪率下降的情况，非刑罚化已初见成效。我国已经进入了健全社区矫正工作时期，这一发展方向是正确的，但要继续加强改革的力度和速度，使社区矫正真正发挥非刑罚化的作用。同时，还要提高罚金刑的适用率，对财产类犯罪和经济类犯罪适用更高比例和数额的罚金，可以在不降低威慑效果的同时达到减少监禁刑适用的效果。

3. 俄罗斯监狱制度变革的借鉴：简政放权，调动市场和地方的积极性

俄罗斯监狱制度改革的最大特色在于：完全放弃了苏联时期国家对监狱管理、生产的大包大揽，将监狱管理权完全下放至全国七个联邦地区，允许各个地区自主寻找监狱发展路径和矫正模式。同时，打破计划经济的壁垒，允许监狱企业充分参与市场竞争，发挥企业在市场经济中的活力。

历史上，我国的监狱企业制度与俄罗斯（苏联）的监狱企业制度有较高的相似度，都是在计划经济体制下国家生产网络中的一颗棋子，生产经营和销售都由国家负责。改革开放使我国先苏联一步迈入市场经济的大门，而苏联解体后俄罗斯监狱企业市场化运作的成功也告诫我们，要进一步加

① 梁根林：《非刑罚化——当代刑法改革的主题》，《现代法学》2000年第12期，第50页。

大监狱企业参与市场竞争的力度，只有市场经济才是监狱企业成功的动力和活力源泉。

此外，俄罗斯中央监狱管理部门大胆放权，赋予地区政府对本区监狱的高度自治权，激发了地区监狱的革新动力，发展出自己监狱独特的管理模式和矫正处遇措施，也值得我们学习借鉴。例如，斯摩棱斯克地区监狱提倡“人格改造”，因此将东正教引入到对罪犯的人格矫正教育中，认为劳动虽然可以使犯人获得劳动技能，但不足以改正其心理和精神，因此斯摩棱斯克地区监狱的工厂区基本处于停滞状态，大部分厂房都关闭了，仅有的劳动生产也在制造过季产品，完全跟不上市场的节奏。[①] 而鄂木斯克监狱地区则提倡“社会改造”，认为劳动可以帮助犯人掌握谋生技能，避免因失业而再度犯罪，因此该地区监狱的企业生产一派欣欣向荣。同时，他们还联系社区合作部门，为服刑人员创造在社区劳动的机会，积极帮助服刑人员实行再社会化。通过权力下放，地方监狱获得了更大的管理空间，更便于结合本地区、本监狱的实际情况“量身定做”一套适用于自己的监狱管理和矫正办法。显然，相比于国家统一治理，这种模式更具有针对性，也更具有可比性。不同地区间通过对比运行效果，相互学习和吸收他人的成功经验，改正自身不足，“比学赶帮”之间就能实现监狱管理模式的创新。因此，充分调动地方监狱管理机关改革的积极性，也是我国监狱体制改革的一个可行之路。

4. 废止《监狱法》，制定统一的《刑罚执行法》

我国的刑罚执行制度在法律体系上存在的一个重要缺陷是过于分散，比如，死刑立即执行由法院承担，相关的法律规范分散在《刑法》《刑事诉讼法》中；而死刑缓期执行、无期徒刑、大部分有期徒刑的执行由监狱负责，相关的法律则主要规定在《监狱法》里。这种相对分散的立法模式一方面容易导致不同层级立法间的相互冲突，另一方面也不利于实践中操作执行。此外，考虑到刑事法律体系完善，实体法——刑法、程序法——刑事诉讼法、执行法——刑罚执行法的对等、协调、递进的逻辑顺序完备，应制定《刑罚执行法》。[②] 因此，有必要学习德国的立法模式，尽快制定一

---

① See Piacentini, Laura Francesca, *Work to Live*: *The Function of Prison Labour in the Russian Prison System.* University of Wales, Bangor, 2002, p. 131.

② 王志亮：《关于社区矫正立法的构想》，《河南司法警官职业学院学报》2012年第2期，第33页。

部结构合理、内容详尽的刑罚执行法，将刑罚执行的有关规定集中化、具体化，有效地克服目前我国刑事执行规定过于原则、内容笼统、操作性差等问题。从整体、宏观、长远来看，制定统一的刑罚执行法，并将行刑权集中由司法行政部门行使，应是我国行刑法制发展的方向。

第五章　监狱企业产权制度的重构

“监企分开”作为我国监狱体制改革的重要内容，要求以监狱的刑罚执行职能与生产经营职能相分离为目标，重构符合社会主义市场经济体制的监狱企业制度，其核心是监狱企业产权制度的重构。本章主要从经济学和法学两个角度对监狱企业产权制度改革的特殊性进行揭示，并在此基础之上通过对监狱和监狱企业的产权关系、监狱企业国有资产的出资人、监狱企业法人财产、监狱企业集团的产权关系等方面的研究，较为详细地论述监狱企业产权制度重构的主要内容，并对监狱企业产权结构多元化问题进行展望。

第一节　产权制度的一般理论

美国华盛顿大学经济学教授Y. 巴泽尔（Barzel Y.）说：“‘产权’这一概念常令经济学家感觉高深莫测，甚至时而不知所云，似乎对这一概念的解释非法学家莫属。但‘天下英雄，舍我其谁’的习气又使经济学家们欲罢不能，而提出自己的理解。这两类学者对产权的内涵各取所需，却能各得其所。若当时经济学家能另造一名词，与法学概念划清界限，局面当不致如此混乱；但这是费力不讨好的事情，故时至今日，仍沿用旧词。”① 显然，产权和产权制度是经济学和法学共同关注与研究的重要课题，我们没有理由不从这两个学科各自的角度对其进行追溯与辩研。

---

①［美］Y. 巴泽尔：《产权的经济分析》前言，费方域、段毅才译，上海三联书店、上海人民出版社1997年版。转引自钱弘道：《经济分析法学》，法律出版社2003年版，第331页。

一、产权的经济学含义

1. 产权的经济学定义

《新帕尔格雷夫经济学大辞典》对产权的定义：产权是排他地使用资产并获取收益的权利。[①] 还有的定义为："产权是剩余索取权，谁获取剩余，谁就有资产"，[②] "产权是剩余控制权形式的资产使用权力。"[③]

其他有关产权的定义有：个人对资产的产权由消费这些资产、从这些资产中取得收入和让渡这些资产的权利或权力构成；[④] 产权是一个社会所强制实施的选择一种经济品的使用的权利；[⑤] 产权包括一个或其他受益或受损的权利……产权是界定人们如何受损，因而谁必须向谁提供补偿以使它修正人们所采取的行动。[⑥]

2. 产权的特性

（1）产权的排他性（Excludability）。这是产权的决定性特征。产权的排他性表明：产权的拥有者以外之人不得使用该产权所涉及范围内的特定资产，并不能从中受益；产权的拥有者在享有该特定资产并从中受益的同时，还须承担资产使用过程中的各项成本，包括为防止他人未经其授权擅自使用其资产所付出的排他性成本（Exclusion Cost）。

（2）产权的可分割性。产权的可分割性具有两层含义：其一，在确保

---

① ［英］约翰·伊特韦尔等编：《新帕尔格雷夫经济学大辞典》（第三卷），陈岱孙等译，经济科学出版社 1992 年版，第 1101 页。转引自蒋贤孝：《监狱企业集团公司研究》，西南财经大学博士学位论文，2010 年，第 108 页。

② ［美］A. 阿尔钦、H. 德姆塞茨：《生产、信息费用与经济组织》，R. 科斯、A. 阿尔钦、D. 诺斯：《财产权利与制度变迁》，上海三联书店、上海人民出版社 1994 年版。转引自蒋贤孝：《监狱企业集团公司研究》，西南财经大学博士学位论文，2010 年，第 108 页。

③ See Hart，Oliver，*Firms*，*Contracts*，*and Financial Structure*，Oxford：Clarendon Press，1995. 转引自蒋贤孝：《监狱企业集团公司研究》，西南财经大学博士学位论文，2010 年，第 108 页。

④ ［美］Y. 巴泽尔：《产权的经济分析》前言，费方域、段毅才译，上海三联书店、上海人民出版社 1997 年版，第 2 页。转引自钱弘道：《经济分析法学》，法律出版社 2003 年版，第 332 页。

⑤ ［美］A. 阿尔钦：《产权：一个经典注释》，R. 科斯、A. 阿尔钦、D. 诺斯：《财产权利与制度变迁》，上海三联书店、上海人民出版社 1994 年版，第 167 页。转引自钱弘道：《经济分析法学》，法律出版社 2003 年版，第 332 页。

⑥ ［美］H. 德姆塞茨：《关于财产分配理论》，R. 科斯、A. 阿尔钦、D. 诺斯：《财产权利与制度变迁》，上海三联书店、上海人民出版社 1994 年版，第 97 页。转引自钱弘道：《经济分析法学》，法律出版社 2003 年版，第 332 页。

产权拥有者排他性地享有该特定资产纯所有权的基础上，产权的具体权能项可以分离出去，由他人有偿使用该资产的某些效用，使产权拥有者获取该资产的收益，这是产权的纵向分离（如国有土地所有权与使用权相分离，形成国有土地出让关系；房屋所有者出租房屋给承租人居住使用，形成租赁关系；企业的所有权与经营权相分离，形成现代企业制度等）。其二，产权可以被量化切割为若干份额，使得同一组能够产生收益的资产可以被不同的产权人按份额所拥有，这是产权的横向分割（此种分离，最典型者莫过于股份有限公司的诞生，被马克思称为最伟大的发明，使得单个投资人无法完成的大型工业项目和基础设施项目得以实现）。

（3）产权的可转让性。产权可以通过市场交易的方式在不同主体之间实现转让，原产权人转让产权后，或者获得以货币现金形式的一个合理对价，或者获得一项新的产权作为对价。前者形成买卖关系，后者形成投资关系。产权的可转让性可以通过市场方式，按照供求关系的博弈规则，形成产权合理定价，实现产权所涉特定资产的价值，使得资产得以合理配置，从而发挥最佳的经济效益，形成产权交易市场。因此，产权的可转让性也可称为产权的可交易性。

3. *产权与交易成本*

以科斯为代表的新制度经济学将制度作为其研究对象，以交易成本为核心范畴，分析和论证经济运行背后所隐藏的产权关系，即经济运行的制度基础。新制度经济学的主要观点认为，由于存在交易成本，不同的产权制度安排会对资源配置的效率产生不同的影响。

上述观点集中表现为著名的“科斯定理”：如果交易成本为零，不管有怎样的产权制度安排，对于资源配置都是有效率的；如果存在现实的交易成本，明确清晰的初始产权界定，可以使资源配置最优。

二、产权的法学含义

产权的排他性特征表明产权乃是人与人之间基于物之归属的社会关系。为了维护产权，产权人就要支付排他性成本，但这只是一种自力救济。对于一种社会关系的维护与调整，法律作为社会化契约表现形式自是责无旁贷，且以国家强制力为后盾，其硬性约束也最有效力。

基于此，产权集中表现为法律上的一系列权利集合，即法权。具体而言，产权是产权人在法律上所享有的包括所有权、占有权、使用权、收益权和处分权在内的各项权能的总和。

三、企业产权制度的实质

新制度经济学代表人物科斯运用交易成本理论解释企业存在的原因。科斯认为，“在企业之外，价格变动引导生产，是通过一系列市场交易来协调的。在企业之内，这些市场交易被取消，并且，指挥生产的企业家式协调者代替了复杂的交换各种交易的市场结构。”①由此，科斯认为企业的存在乃是因为减少了交易成本，企业是节约交易成本的生产组织形式。

在此，我们可以发现，在企业内部市场交易被取消，代之以“企业家式协调”，这种“企业家式协调”就是通过建立企业法人治理结构，以对企业内部资源进行高效配置。而建立企业法人治理结构的前提和根据就是企业以其在法律上的人格而获取的产权。因此，企业产权制度在法律上确保了企业在内部得以排他、无偿地支配自己所拥有的资产，而在企业外部与其他市场主体通过市场交易实现资源优化配置，从而获取利润和收益。

第二节　监狱企业产权改革与界定的特殊性

我国监狱企业作为一种特殊的国有企业，其产权制度改革既有与一般国有企业相同的方面，也有其特殊之处。

一、一般国有企业产权改革与界定的经济学根据

在计划经济时期，按照计划经济体制设立的初衷，社会生产似乎可以通过计划当局完美无憾的“计划”成比例有计划地推进，从而在理论上达到消灭交易成本，整个社会生产变成一个节省了交易成本的“企业”。包括

① R. H. Coast, *The Firm*, *the Market*, *and the Law*, pp. 35－36，转引自钱弘道：《经济分析法学》，法律出版社2003年版，第143页。

监狱企业在内的所有国有企业，都只是计划的一个生产单位，企业生产经营所需原材料、物资都由计划进行调配，企业生产出来的产品也由国家统一定价。在此种情形下，市场交易被取消，企业与企业之间的边界仅仅是因为生产的专业分工而加以区分，企业与企业之间的交换关系是基于计划调拨关系而存在，无商品交易行为，也就无所谓交易成本，企业的产权界定也就没有了意义。此时，在“监企合一”体制下，监狱企业与一般国有企业一样，很难被称作真正意义上的“企业”，是无须产权界定的。

但是，没有交易成本的社会生产交换就如同没有摩擦力的物理世界一样不可思议。在无法消除交易成本的现实条件下，根据科斯定理，产权的初始界定是提高资源配置效率的先决条件。因此，在由计划经济向市场经济转变过程中，重新界定包括监狱企业在内的国有企业产权边界就具有非常重要的意义。

监狱企业的产权边界在哪里？要想回答这一问题，我们还需要借助科斯定理所揭示的企业产权在节约交易成本、实现资源优化配置上的决定性作用，对监狱企业存在的经济学根据进行探析。

根据科斯定理，由于企业这种组织形式与市场交易存在着制度选择上的替代关系，决定其做出理性选择的决定性因素在于能否有效节约交易成本，“即在企业的内部组织一笔额外交易的成本等于在公开市场上完成这笔交易的成本或等于由另一个企业来组织这笔交易的成本。”在此，我们可以发现，在由计划经济体制向市场经济体制转型过程中，一般国有企业的产权改革与重新界定的深刻内因即在于此，即完成产权改革后的国有企业内部组织成本要小于或等于通过市场交易的成本。

二、监狱企业产权改革与界定的特殊原因

但是，除了上述与国有企业共同的产权制度改革与重新界定的经济学上深刻内因外，监狱企业作为通过劳动改造罪犯的特殊企业，在界定产权以提高资产生产经营效率的同时，还须提高其完成更为重要的劳动改造任务的效率，即生产“重新回归社会的人”的公共产品的效率。因此，我们在市场经济条件下，进行监狱企业产权改革与重新界定时，必须立足于监狱企业是提供公共产品的公共企业定位，把握好监狱企业产权制度变迁背景下，监狱企业提高生产经营效率和提高劳动改造效率的关系，在以前者

为基础并服从服务于后者的前提下，从外部与内部两个方面探讨监狱企业产权问题的特殊性。

监狱企业的产权界定要从提高劳动改造效率的角度探讨。可以发现，监狱企业与一般国有企业不同，并非因其作为市场交易的替代者而进行产权改革，而是作为劳动改造罪犯的特殊装置实现其企业内部组织，这种特殊装置的内部交易被取消，并非源自“企业家式协调”，而是源自监狱法的强制规定。监狱企业的产权改革并非仅仅为了实现监狱经营性国有资产的最佳配置和提高经营效率，而是在市场经济条件下实现提高劳动改造罪犯的效率。

所以，监狱企业的产权边界应该在监狱企业的劳动改造属性和经营属性基础上进行探析。

在计划经济时期，在“改造第一、生产第二”的劳改工作方针指引下，对劳改队实行“收支两条线”的管理模式，罪犯劳动改造创造的经济增量全额上缴，国家全部负担劳改支队的运行经费，包括生产设施、生产项目和资金的投入，产品供不应求，依附于劳动改造属性的经济属性得以高效发挥。可以说，在计划经济体制下，劳改生产及由此衍生的初级监狱企业形态，在提高生产经营效率的同时实现了提高劳动改造罪犯效率，是劳动改造属性和经营属性二者协调契合得比较好的时期。

在计划经济体制向市场经济体制转型过程中，劳改企业受到国家以经济建设为中心的宏观环境影响，全面参与市场竞争，其作为改造罪犯提供生产设施和岗位的经营属性逐渐膨胀。加之国家财政无法继续支撑日益增长的监狱运行经费，劳改企业只有背离劳动改造属性，积极参与市场获取经济利润以弥补监狱运行经费，从而引发劳动改造属性与企业经营属性的冲突。1994 年 12 月 29 日《中华人民共和国监狱法》正式颁布，第八条规定：“国家保障监狱改造罪犯所需经费。监狱的人民警察经费、罪犯改造经费、罪犯生活费、狱政设施经费及其他专项经费，列入国家预算。国家提供罪犯劳动必需的生产设施和生产经费。”但在实践中，监狱经费的实际需求与国家预算的保障经费仍然存有缺口，所需费用只能由监狱企业通过经营来承担，这就更加剧了监狱企业劳动改造属性与企业经营属性之间的冲突。

从上面的考察可知，“监企合一”的监狱企业管理方式在计划经济条件下是能够将生产经营效率与劳动改造效率平衡好的，但当外部制度环境发生变化，“监企合一”的监狱企业管理方式在市场经济条件下，参与市场获利的动机日益强化，只会导致监狱企业经营属性不断冲击劳动改造属性，背离监狱企业实现劳动改造罪犯的设立初衷。

因此，在市场经济条件下，要想平衡好监狱企业的经营属性和劳动改造属性，并使前者为后者服务，就必须进行监狱企业产权改革，将监狱企业的国有经营性资产从监狱中剥离出来，由国家财政全额保障监狱经费，监狱企业所得利润不再直接用于弥补监狱运行经费。这样就厘清了监狱企业的产权边界。

三、监狱企业产权改革的法理逻辑

从法律的角度看，监狱企业产权改革与普通国有企业产权改革在法律上的共同点是：国有资产监管机构代表国家将经营性国有资产划归国有企业法人名下，成为国有企业的法人财产权，以此充实国有企业法人人格，而政府则通过授权特定机构①代表国家行使国有资产出资人职责也即国有企业股东的权利。此外，监狱企业产权改革与普通国有企业产权改革相比在法理逻辑上多了一个前置程序：将经营性国有资产从行政事业性国有资产剥离出来的法律程序，即在法律上将“监企合一”体制下监狱用于生产经营的国有资产产权的法律属性从行政事业性国有资产变更为经营性国有资产产权。

因此，监狱企业产权改革在法理上应分为两个方面的法律关系进行厘

① 在此需要说明的是，这里所称的“特定机构”对监狱企业和普通国有企业而言还是有所差异的。虽然在法理上，监狱企业和普通国有企业的国有资产同属于国家所有即全民所有，政府代表国家行使国有资产所有权。在经营性国有资产的投资法律关系上，包括监狱企业在内的国家出资企业的出资人职责是由各级政府依照法律、行政法规的规定分别代表国家履行。但在实践中，对普通国有企业而言，各级政府分别设立国有资产监督管理机构，根据本级政府的授权，具体代表本级政府履行出资人职责；而鉴于监狱国有企业服务于监狱监管改造职能的特殊性，为了监督管理体制上的便利，由各级政府通过法律授权监狱管理部门代为行使监狱国有企业的国有资产出资人职责，在后文将详细阐述监狱企业国有资产出资人方面的问题。

清：其一，完成监狱经营性国有资产产权的划转变更登记，使监狱企业①从监狱中分离出来，这是厘清监狱和监狱企业的产权法律关系；其二，按照建立“产权清晰、权责明确、政企分开、管理科学”的现代监狱企业制度的要求，完成监狱企业的公司制改造，在公司登记机关登记为拥有独立法人财产权并具有独立企业法人资格的监狱国有独资公司，这是厘清监狱企业国有资产出资人与监狱企业法人之间的投资法律关系。通过这两个方面的法律关系的界定在法律上厘清了监狱企业产权的外部边界，将监狱企业产权改革与界定的经济学问题转化为监狱国有经营性资产的变更登记、监狱国有经营性资产出资人职责和监狱企业法人财产权等法律问题。

第三节　监狱和监狱企业的产权关系

要厘清监狱和监狱企业的产权关系，首先要对监狱用于监管改造的国有资产和用于生产经营的国有资产进行区分，界定各自资产范围。在此基础上，对在“监企合一”体制下的监狱国有资产进行逐项清点核查，严格按照“监企分开”的要求，将监管改造资产划归监狱，将生产经营资产划归监狱企业，并分别按照行政事业性国有资产性质和经营性国有资产性质办理各自的国有资产产权登记。

一、监狱国有经营性资产的范围

根据财政部、国家国有资产管理局、司法部《关于监狱资产划分有关规定的通知》（财农字〔1997〕15 号）的规定，将监狱资产划分为监管改造用资产和生产经营用资产。两部分资产分别按照行政单位、企业的资产

① 此处称“监狱企业”而不是“监狱企业法人”，是为强调在完成监狱国有独资公司法人登记之前，监狱的生产经营系统虽有别于监狱的监管改造系统，但其在法理上并没有独立于监狱法人而具有独立的企业法人人格，乃是置于监狱法人之下的为监管改造服务（甚至与监管改造系统混同在一起）的场所、机器设备、技术等生产要素的一个相对特殊的“装置”而已，只是在逻辑上将此特殊“装置”界定为“监狱企业”，以区别于完成公司法人登记之后的监狱国有独资公司法人。

管理办法进行管理。其中，监管改造用资产，是指监狱为执行刑罚、教育改造罪犯所需用的资产。监管改造用资产按以下原则界定：①监狱为执行刑罚和组织罪犯劳动所使用的土地；②监狱管理机关办公、生活区，驻监狱武警部队办公、生活区和关押、管理、教育罪犯用的房屋、建筑物及附属物；③监狱管理机关的办公设备、通信设备，用于狱政、警戒的各种设施、设备、器材、交通工具等装备，罪犯生活设施、设备及医疗、卫生设备；④监管改造和生产经营共同使用的资产，按其单项资产的主要用途划分，其主要用途作为监管改造使用的，划作监管改造用资产。生产经营用资产是划出监管改造用资产后余下的资产。

二、监狱国有经营性资产的剥离

《国务院批转司法部关于全面实行监狱体制改革指导意见的通知》（国函〔2007〕111 号）确立的监狱体制改革的指导思想及目标是：坚持以邓小平理论和“三个代表”重要思想为指导，深入贯彻落实科学发展观，按照公正司法、严格执法、权责明确、运行高效、制约有效的要求，从监狱工作实际出发，采取监狱刑罚执行管理和生产经营管理、执法经费支出和监狱生产收入分开的运行机制，逐步实现“全额保障、监企分开、收支分开、规范运行”的监狱体制改革目标，完善刑罚执行制度，建立公正、廉洁、文明、高效的新型监狱体制。

为此，在“全额保障”[①] 的前提下，实行“监企分开”就成为监狱体制改革的重要环节，也是监狱体制改革的难点。“监企分开”要求，根据监狱与监狱企业的不同特点，划分职能、机构、人员、资产、财务，建立监管改造、生产经营两套管理体系，分开运行，独立运作，形成相对独立、有机联系、密切配合、规范运行的监狱工作体制。主要包括：①建立新的监狱管理体制和运行机制；②组建新的监狱生产经营管理机构；③妥善处理监企人员分开问题；④加强国有资产管理；⑤建立监狱与监狱企业有机联系、密切配合、规范运行的工作机制。

---

① “全额保障”是指维持监狱正常执法运行所需的经费，由国家按经费保障的标准和范围纳入财政预算予以全额保障，主要包括监狱行政运行经费、罪犯改造经费、罪犯生活经费、狱政设施经费等。

根据上述文件精神要求，进行监狱体制改革，实行“监企分开”，最重要的环节就是推行监狱企业产权改革，通过清产核资、资产划分和产权登记三个步骤实现资产分离，把监狱企业用于生产经营的国有资产与监狱用于监管改造的国有资产进行分离，这样才能把监狱企业从监狱中剥离出来。

1. 清产核资

根据2010年5月24日财政部、司法部印发的《监狱体制改革单位财务管理办法》（财行〔2010〕99号）第六条规定，清产核资的内容包括监狱和监狱企业的各项资产、负债、收入、支出（或费用）及净资产（或所有者权益）。清产核资时，应对资产、负债进行清理核实，对收入、支出（或费用）进行清算。清理出的资产盘盈、盘亏、毁损和其他不良资产按有关规定报批处理；清理出的属于专项核销的不良贷款，按规定程序报批核销。

需要指出的是，在清产核资过程中需要对在“监企合一”体制下形成的负债进行区别处理。其中，对监狱和监狱企业对外的正常负债，应按照债权债务概括继承的原则，按照其负债原因归由“监企分离”后的监狱和企业分别承担；对于基于历史原因按照当时特殊政策所形成的政策性负债，则需要按照有关规定通过债务重组并核销损失的特殊方式进行处置①，而不能通过债权人对外出售债权等不良贷款商业化处理方式进行。

这里所说的特殊政策性负债，主要是指在1983~2000年，按照中央的有关规定，各国有银行向监狱企业提供过政策性固定资产基建贷款和监狱企业技术改造专项贷款。这两项政策性专项贷款为改善监狱基础设施，解决罪犯劳动岗位问题，弥补监狱经费不足，维护监狱安全，保持社会稳定发挥了重要作用。但由于“监企合一”体制下监狱企业的生产收入大部分用于解决监狱经费不足和补充监狱设施建设资金，部分政策性贷款难以偿还，形成了沉重的负担，严重影响了监狱的稳定和罪犯改造质量的提高。为此，《国务院印发关于解决监狱企业困难实施方案的通知》（国发〔2003〕7号）和国务院《研究监狱布局调整和监狱体制改革试点有关问题的会议纪要》（国阅〔2006〕40号）都要求对监狱企业难以偿还的政策性贷款予以专项核销。

根据上述这两个文件的要求，2007年9月18日《司法部、银监会、财政部关于处置监狱生产政策性专项贷款的实施意见》（司发通〔2007〕59

① 对债务重组后监狱企业仍保留的银行贷款，监狱企业应依法履行还本付息责任。

号）明确了实行特殊处置办法的政策性专项贷款的范围包括两部分：一是1983年至2000年底，由国家计委、中国人民银行、财政部、司法部、中国建设银行下达计划，中国建设银行发放的监狱基本建设投资贷款本息，含划转到各类金融资产管理公司的贷款本息；二是1992年至2000年底，由国家经贸委、财政部、中国人民银行下达计划，中国工商银行、中国建设银行、中国农业银行、中国银行等国有商业银行发放的监狱企业技术改造专项贷款本息，以及划转到各金融资产管理公司的贷款本息。

对属于以上范围符合下列条件之一的尚未偿还的监狱企业政策性专项贷款项目，主要以债务重组等方式予以处置，争取一次性解决，重组损失经国务院批准后核销：①不符合国家产业政策，已经停产或资源枯竭和按照国务院国发〔2003〕7号文件有关规定需要逐步退出的项目贷款。②因监狱布局调整，不能随迁的项目贷款。③因关押罪犯之急需，将部分贷款用于监舍、围墙、电网、供水供电等监狱基础设施建设的项目贷款。④生产经营困难，超过贷款合同规定的还款期限，难以偿还的项目贷款。⑤企业已按中央规定清理移交地方，但因统贷统还原因其债务无法落实的项目贷款。此外，对金融资产管理公司处置监狱生产政策性专项贷款发生的损失，按照国家有关政策规定执行。

具体而言，上述监狱生产政策性专项贷款的特殊处置首先由省（区、市）监狱管理局委托会计师事务所对申请处置的监狱企业资产、债务情况进行审计[①]，并将审计报告提供给债权金融机构。债权金融机构接到审计报告后，应重新确定监狱企业贷款的信用等级，并与主要债务人就监狱企业债务重组进行协商，制订债务重组方案，应以回购债权或减债为主。债权金融机构与主要债务人将达成的债务重组方案[②]分别报送银监会、财政部和司法部，由银监会、财政部、司法部将各地上报的债务重组方案汇总报国务院审核同意后下发执行。

此外，在债务重组过程中，为保证监狱企业的正常发展，监狱企业对拟处置的监狱生产政策性贷款提供的担保，按以下情况分别处理：①计入

---

① 会计师事务所对申请处置的监狱企业资产、债务情况进行审计的时点为2006年12月31日，其向债权金融机构提交审计报告的时限为2007年10月31日。

② 金融机构与主要债务人达成债务重组协议的时限为2007年12月15日，将债务重组方案提交银监会、财政部和司法部的时限为2007年12月31日，债务重组的基准日为2007年1月1日。

担保后，提供贷款担保的监狱企业资产负债率①超过100%（含100%）的，不再追索担保责任。②计入担保后，提供贷款担保的监狱企业资产负债率低于100%的，监狱企业承担的担保责任不超过担保贷款本金25%，且计入所承担的担保责任后，监狱企业资产负债率不超过监狱企业行业平均资产负债率70%的水平，具体偿还比例由金融机构与监狱企业协商确定。以上担保问题的处理，经债权金融机构审查同意，并与提供担保的监狱企业达成协议后，列入监狱企业债务重组方案。

2. 资产划分

监狱和监狱企业资产划分按照财政部、国家国有资产管理局、司法部《关于监狱资产划分有关规定的通知》（财农字〔1997〕15号）有关规定执行。资产划分的范围包括监狱和监狱企业实际拥有或者控制的流动资产、固定资产、无形资产、长期投资等全部资产。监狱资产的划分以1996年12月31日止的实有资产数额为准。

按照《国务院批转司法部关于监狱体制改革试点工作的指导意见》（国函〔2003〕15号）的规定："监狱在清产核资的基础上，将生产设施、资产划归监狱国有独资公司及其子公司或分公司使用，现有办公房屋可划定一部分归公司所有或使用。监狱生产所形成的债权债务在按照《关于研究解决监狱困难有关问题的会议纪要》（国函〔2001〕73号）规定及其他有关政策处理后全部划归公司。"在改革试点开始以后，"试点省市在清产核资的基础上，将生产场所如厂房等划归监狱所有；将生产经营所需的设施、设备划归公司所有；对于监狱和公司共有的资产、设施如水、电、气等根据主要用途和主要服务对象确定归属，共同使用，使用方向所有方支付费用；将现有办公用房、办公设备、车辆等一部分归公司使用。关于监狱的债务……试点单位原则上是将债务全部划给公司，由公司承担"。②

监狱监管改造用资产和生产经营用资产，一经划定，原则上不得变动。若资产服务对象转变，确需变动的，经监狱主管部门报同级财政部门和国有资产管理部门审批。

此外，在"监企分开"过程中，要求各地区、各有关部门要按照有关规定，切实加强国有资产管理工作，实现国有资产的保值增值。省（区、

① 提供贷款担保的监狱企业，其资产负债率的计算日期以2006年12月31日为准。

② 陈志海：《关于监狱体制改革试点问题的调研报告》，《犯罪与改造研究》2006年第3期。

市）监狱管理部门负责所属监狱和监狱企业国有资产的具体监督管理工作并承担保值增值的责任；监狱企业根据监管改造和企业经营的需要，按照财务管理的有关规定使用国有资产。

3. 产权登记

资产划分后，根据规定应当进行国有资产产权登记的，监狱和监狱企业应当按照规定，分别向产权登记机关申办国有资产产权登记。监狱和监狱企业国有资产产权登记后，因资产服务对象改变，确需在监狱和监狱企业间划转的，由监狱和监狱企业申报，经省级监狱管理部门和监狱企业集团公司审核同意后划转；根据规定应当进行国有资产产权登记的，要按照有关规定分别向原产权登记机关申办变动国有资产产权登记。一般而言，需要办理产权变更登记的，主要是划归监狱企业的房屋需要向所在地房屋登记管理部门申请办理房屋所有权变更登记，划归监狱企业的车辆需要向所在地公安机关机动车登记管理部门办理机动车产权变更登记，划归监狱企业的水、电、气、暖的设施需要到所在地的相应市政公用企业办理产权变更登记等。

第四节　监狱企业国有资产的出资人

国有资产的出资人是指资产的代表人，大型特大型企业的国有资产出资人是国资委，地方一些中型以下企业的国有资产出资人是地方的国有资产管理局。基于监狱企业自身的特殊性，按照财政部、司法部印发的《监狱体制改革单位财务管理办法》的规定，各省级监狱管理部门在省级人民政府的授权下履行监狱企业国有资产出资人的职责。出资人在监狱企业的生产经营过程中，享有多项权利，履行相应的义务。

一、监狱企业国有资产出资人的法源

监狱企业国有资产出资人在适用法律方面，不同于其他一般国有企业的制度，这是由监狱企业的特殊性所决定的。

1. 国家出资企业出资人及其履职机构的法律规定

《中华人民共和国企业国有资产法》第四条规定："国务院和地方人民政府依照法律、行政法规的规定，分别代表国家对国家出资企业履行出资人职责，享有出资人权益。国务院确定的关系国民经济命脉和国家安全的大型国家出资企业，重要基础设施和重要自然资源等领域的国家出资企业，由国务院代表国家履行出资人职责。其他的国家出资企业，由地方人民政府代表国家履行出资人职责。"

但是，按照建立现代企业制度的要求，"政企分开"是包括监狱企业在内的国有企业改革的题中应有之义。为此，《企业国有资产法》第六条规定："国务院和地方人民政府应当按照政企分开、社会公共管理职能与国有资产出资人职能分开、不干预企业依法自主经营的原则，依法履行出资人职责。"根据此条法律规定的立法本意，各级政府应把对国家出资企业履行出资人的职能交由一个特定机构来独立行使，实行"政资分开"，从而能够更好地贯彻"政企分开"原则。因此，《企业国有资产法》第十一条第一款对国家出资企业履行出资人职责的机构进行了一般规定："国务院国有资产监督管理机构和地方人民政府按照国务院的规定设立的国有资产监督管理机构，根据本级人民政府的授权，代表本级人民政府对国家出资企业履行出资人职责。"同时，《中华人民共和国公司法》第六十五条第二款也规定："本法所称国有独资公司，是指国家单独出资、由国务院或者地方人民政府授权本级人民政府国有资产监督管理机构履行出资人职责的有限责任公司。"据此，普通国有企业，包括按照《公司法》完成企业改制的国有独资公司的国有资产出资人职责是由各级人民政府授权的国有资产监督管理机构来行使的。

对于《企业国有资产法》的适用范围，该法第五条对"国家出资企业"的外延进行了规定："本法所称国家出资企业，是指国家出资的国有独资企业、国有独资公司，以及国有资本控股公司、国有资本参股公司。"显然，监狱企业作为国家出资企业之一，应当适用《企业国有资产法》有关国家出资企业出资人的有关规定，理当是由各级人民政府代表国家对其履行出资人职责，享有出资人权益。

那么，监狱企业作为特殊的国家出资企业，是否也应由《企业国有资产法》第十一条第一款所规定的"国有资产监督管理机构"来行使其出资人职责？对此，该法并没有直接予以明确规定。但该法第十一条第二款规定："国务院和地方人民政府根据需要，可以授权其他部门、机构代表本级人民政府对国家出资企业履行出资人职责。"从此款规定可见，前述"国有资产监督管理机构"并非是在法律上唯一可代表本级政府对国家出资企业履行出资人职责的机构，这就为履行监狱企业出资人职责的机构授权预留出了法律空间。

2. 监狱企业国有资产出资人履职机构的特殊规定

基于历史和现实的原因，监狱企业国有资产的监督管理具有特殊性。从新中国监狱及其监狱企业的产生、发展和演化历史来看，监狱企业的国有资产形成历史与监狱的国有资产形成是难以分割的，监狱企业的国有资产是在为监狱监管改造职能服务过程中派生出的经营性国有资产，与普通国有企业的经营性国有资产的形成有所区别。

为此，在进行监狱体制改革，实行"监企分开"，完成监狱企业产权改革与界定的过程中，有关政策性文件非常重视监狱和监狱企业国有资产的监督管理工作。2007 年 11 月 1 日《国务院批转司法部关于全面实行监狱体制改革指导意见的通知》（国函〔2007〕111 号）要求"加强国有资产管理。各地区、各有关部门要按照有关规定，切实加强国有资产管理工作，实现国有资产的保值增值。省（区、市）监狱管理部门负责所属监狱和监狱企业国有资产的具体监督管理工作并承担保值增值的责任；监狱企业根据监管改造和企业经营的需要，按照财务管理的有关规定使用国有资产"。

根据这项政策性指导意见的要求，2010 年 5 月 24 日，财政部、司法部印发的《监狱体制改革单位财务管理办法》（财行〔2010〕99 号）第二十条明确规定："省监狱管理局受省人民政府的委托，对监狱企业集团公司履行出资人职责，负责监狱企业国有资产的具体监督管理工作并承担保值增值的责任。监狱企业国有资产监督管理办法由财政部、司法部另行制定。"这实际上是根据《企业国有资产法》第十一条第二款"国务院和地方人民政府根据需要，可以授权其他部门、机构代表本级人民政府对国家出资企业履行出资人职责"的规定，非常明确地赋予了省级监狱管理部门在省级人民政府的授权下履行监狱企业国有资产出资人的职责。

二、监狱企业国有资产出资人履职机构的权利

《企业国有资产法》第十二条第一款规定："履行出资人职责的机构代

表本级人民政府对国家出资企业依法享有资产收益、参与重大决策和选择管理者等出资人权利。”同时，《公司法》第四条规定：“公司股东依法享有资产收益、参与重大决策和选择管理者等权利。”省级监狱管理机关作为省级人民政府授权的履行监狱国有资产出资人职责的机构，自然应当代表省级人民政府享有上述出资人即股东权利。根据《企业国有资产法》并参照《公司法》的规定，结合监狱企业国有资产管理的实际，省级监狱管理部门代表省级人民政府对监狱企业集团公司行使以下几个方面的出资人权利。

1. 资产收益权

对普通工商企业而言，公司作为股东实现利益最大化的工具，其设立的首要目标就是通过经营活动为股东获取利润。对普通国有企业而言，国家将全民所有的资产投入国有企业也是为了实现经营性国有资产的保值增值，国家基于投资关系而获得国有企业股东的法律地位，从国有企业的生产经营利润中获取一部分收益是其股东资产收益权的重要体现。同理，监狱企业国有资产系由国家所有即全民所有，也就是说国家将全民所有的资产投入监狱生产经营系统为监狱监管改造工作服务的同时，作为监狱国有独资公司的唯一出资人，基于投资法律关系而在公司法上具有监狱国有独资公司唯一股东的法律地位。作为股东，国家自然有权根据《企业国有资产法》的规定，要求对监狱国有独资公司的生产经营利润进行分配，将其中一部分作为国有资产的收益进行上缴，这是出资人基于投资行为而享有的资产收益权，在法律上就表现为股东对公司的利润分配权。据此，代表国家行使对国家出资企业行使出资人职责的省级人民政府，授权省级监狱管理部门代表其履行监狱企业的出资人职责，在公司法上也就享有代表国有股东行使监狱国有独资公司经营利润分配的权利，可以要求监狱国有独资公司上缴一部分其生产经营利润，以代表国家落实监狱企业国有资产投资收益。这是省级监狱管理部门作为行使监狱国有独资公司——监狱企业集团公司国有资产出资人权利最重要的表现。具体而言，由监狱企业集团公司从所属子公司所分配部分利润及所属分公司实现利润之和中按一定比例上缴省级监狱管理机关，具体分配办法由省级人民政府的有关规定执行。

2. 章程制定权

《公司法》第六十六条规定：“国有独资公司章程由国有资产监督管理机构制定，或者由董事会制定报国有资产监督管理机构批准。”《企业国有资产法》第十二条第二款规定："履行出资人职责的机构依照法律、行政法规的规定，制定或者参与制定国家出资企业的章程。"据此，省级监狱管理部门作为履行监狱企业国有独资公司——监狱企业集团公司的国有资产出资人职责的特定机构，自然以其唯一股东的法律地位享有其公司章程的制定权。

监狱国有独资公司——监狱企业集团公司作为一种特殊的有限责任公司，其公司章程可参照《公司法》第二十五条有关有限责任公司章程应当载明事项的规定，并结合监狱国有独资公司的实际制定，应当载明下列事项：①监狱国有独资公司的名称和住所；②监狱国有独资公司的生产经营范围；③监狱国有独资公司的注册资本金额；④履行国有资产出资人职责的省级监狱管理部门的名称；⑤监狱国有独资公司国有资产的范围、产权形式、出资方式、出资金额和出资时间；⑥监狱国有独资公司的组织机构如董事会、监事会及其产生办法、职权、议事规则，以及董事、监事、经理等高级管理人员的选任、职权等；⑦监狱国有独资公司法定代表人；⑧省级监狱管理部门认为需要在监狱国有独资公司中规定的其他事项。监狱国有独资公司的章程可以由公司董事会起草制定，但应当报经省级监狱管理部门研究决定后予以批准方具有效力，省级监狱管理机关应在公司章程相关批准文件上由其机关法定代表人签发并加盖机关印章。监狱国有独资公司的章程应当作为监狱企业改制设立公司的法定文件提交给公司登记机关，申办相关设立登记法律手续。

3. 重大决策权

根据《企业国有资产法》第十二条第一款的规定，省级监狱管理机关代表省级人民政府对监狱企业集团公司依法享有重大决策权。同时，参照《公司法》第六十七条第一款规定，国有独资公司不设股东会，由国有资产监督管理机构行使股东会职权。国有资产监督管理机构可以授权公司董事会行使股东会的部分职权，决定公司的重大事项，但公司的合并、分立、解散、增加或者减少注册资本和发行公司债券，必须由国有资产监督管理机构决定。因此，监狱企业集团公司作为特殊的国有独资公司，因其唯一出资人即股东为国家，不需要设立股东会，由省级监狱管理机关作为国有资产出资人代表行使其股东会职权，即行使监狱企业集团公司的权力机构职权，决定公司的重大事项。

具体而言，根据《企业国有资产法》第三十一条中规定的由履行国有资产出资人职责的机构决定的国有独资公司重大事项，并参照《公司法》第三十八条规定的一般的有限责任公司股东会职权，结合监狱企业实际，省级监狱管理机关有行使下列重大事项的决策权：①决定监狱企业集团公司的经营方针和投资计划；②选举和更换非由监狱企业职工代表担任的董事、监事，决定有关董事、监事的报酬事项；③审议、批准监狱企业集团公司董事会的报告；④审议、批准监狱企业集团公司监事会或者监事的报告；⑤审议、批准监狱企业集团公司的年度财务预算方案、决算方案；⑥审议、批准监狱企业集团公司的利润分配方案和弥补亏损方案；⑦对监狱企业集团公司增加或者减少注册资本作出决议；⑧对监狱企业集团公司发行公司债券作出决议；⑨对监狱企业集团公司合并、分立、解散、清算、申请破产或者变更公司形式作出决议；⑩修改监狱企业集团公司章程；⑪监狱企业集团公司章程规定的其他职权。

4. 管理者选任等权利

根据《企业国有资产法》第十二条第一款的规定，省级监狱管理机关代表省级人民政府对监狱企业集团公司依法享有选择管理者权利，这是其履行监狱企业国有资产出资人职责的另一重要方面。同时，基于选择管理者权利还派生出了履行国有资产出资人职责的机构对国家出资企业管理者任职、免职、考核、奖惩和薪酬标准等方面的权利。对此，《企业国有资产法》第四章“国家出资企业管理者的选择与考核”的有关规定是省级监狱管理机关对监狱企业集团公司管理者有关管理权限的法律依据。具体而言，省级监狱管理机关在对监狱企业集团公司管理者的选任等方面应享有以下权利：

（1）任免监狱企业集团公司的董事长、副董事长、董事、监事会主席和监事。这是根据《企业国有资产法》第二十二条第一款第二项的规定，省级监狱管理机关作为对监狱企业集团公司这种特殊的国有独资公司履行出资人职责的机构对其享有的管理者任免权。

具体而言，根据《企业国有资产法》第二十三条第一款的规定，省级监狱管理机关任命的董事（含董事长、副董事长）、监事（含监事会主席），应当具备如下任职条件：①有良好的品行；②有符合职位要求的专业知识和工作能力；③有能够正常履行职责的身体条件；④法律、行政法规规定的其他条件。根据《企业国有资产法》第二十四条的规定，省级监狱管理机关对拟任命的监狱企业集团公司的董事（含董事长、副董事长）、监事

（含监事会主席）的人选，应当按照规定的条件和程序进行考察。考察合格的，按照规定的权限和程序任命。

同时，根据《企业国有资产法》第二十三条第二款的规定，监狱企业集团公司的董事（含董事长、副董事长）、监事（含监事会主席）在任职期间出现不符合该款规定情形或者出现《公司法》第一百四十七条第一款规定的不得担任公司董事、监事的如下情形之一的，省级监狱管理局应当依法予以免职：①无民事行为能力或者限制民事行为能力；②因贪污、贿赂、侵占财产、挪用财产或者破坏社会主义市场经济秩序，被判处刑罚，执行期满未逾5年，或者因犯罪被剥夺政治权利，执行期满未逾5年；③担任破产清算的公司、企业的董事或者厂长、经理，对该公司、企业的破产负有个人责任的，自该公司、企业破产清算完结之日起未逾3年；④担任因违法被吊销营业执照、责令关闭的公司、企业的法定代表人，并负有个人责任的，自该公司、企业被吊销营业执照之日起未逾3年；⑤个人所负数额较大的债务到期未清偿。

此外，根据《企业国有资产法》第二十五条有关国有独资公司董事兼职禁止的规定，未经省级监狱管理机关同意，监狱企业集团公司的董事（含董事长、副董事长）不得在其他企业兼职；未经省级监狱管理机关同意，监狱企业集团公司的董事长不得兼任经理；监狱企业集团公司的董事（含董事长、副董事长）不得兼任监事。

（2）对其任命的上述监狱企业集团公司的管理者进行考核。省级监狱管理机关应根据《企业国有资产法》第二十七条的规定，代表国家建立监狱企业集团公司管理者经营业绩考核制度。省级监狱管理机关应当对其任命的监狱企业集团公司管理者进行年度和任期考核。

（3）依据上述考核结果决定对监狱企业集团公司管理者的奖惩。

（4）按照国家有关规定，确定其任命的监狱企业集团公司管理者的薪酬标准。

5. 审计监督权

根据《企业国有资产法》第六十七条的规定，省级监狱管理机关根据需要，可以对监狱企业集团的年度财务会计报告进行审计。审计工作可以由省级监狱管理机关内设的审计监督管理部门开展，也可以委托会计师事务所开展。参考一般国家出资企业的审计工作，省级监狱管理机关可以从以下几个方面行使审计监督权：

(1) 财务基础审计。在对监狱企业集团的企业风险与内部控制进行了解测试的基础上，对企业资产、负债和经营成果的真实性、财务收支的合规性，以及企业资产质量的变动状况和重大经营决策等情况进行审计，以全面、客观、真实地反映企业的财务状况和经营成果。

(2) 企业绩效评价。在财务基础审计的基础上，采用企业绩效评价指标体系，通过定量和定性相结合的评价方法，从监狱企业集团的盈利能力、资产质量、债务风险、发展能力等财务绩效与管理绩效角度，对监狱企业集团负责人任职期间的经营绩效进行全面分析和客观评价。

(3) 经济责任评价。根据企业财务基础审计结果和绩效评价结论，综合考虑监狱企业集团发展基础、经营环境等方面因素，对监狱企业集团负责人任职期间的主要经营业绩和应当承担的经济责任进行评估，对监狱企业集团负责人任职期间履行工作职责情况得出较为全面、客观和公正的评价结论。

三、监狱企业国有资产出资人履职机构的义务

监狱企业国有资产出资人在企业生产经营过程中，必须履行法定的义务，承担相应的法律责任。

1. 报告履职情况的义务

根据《企业国有资产法》第十五条第一款的规定，省级监狱管理机关对省级人民政府负责，向授权其履行监狱企业国有资产出资人职责的省级人民政府报告其履职情况。

2. 接受监督和考核的义务

根据《企业国有资产法》第十五条第一款的规定，省级监狱管理机关接受省级人民政府的监督和考核。

3. 对国有资产保值增值负责的义务

根据《企业国有资产法》第十五条第二款的规定，省级监狱管理机关应当按照国家有关国有资产管理的法律、法规规定，定期向授权其履行监狱企业国有资产出资人职责的省级人民政府报告，有关监狱企业国有资产总量、结构、变动、收益等汇总分析的情况，对监狱企业国有资产的保值增值负责。

4. 提出国有资本经营预算建议草案的义务

根据《企业国有资产法》第六章国有资本经营预算的有关条文规定，国家建立健全国有资本经营预算制度，对取得的国有资本收入及其支出实行预算管理。具体而言，国家取得的收入有从包括监狱企业在内的国家出资企业分得的利润、包括监狱企业国有资产在内的国有资产转让所得收入、从包括监狱企业在内的国家出资企业取得的清算收入等，以及这些收入的支出，都应当编制国有资本经营预算。国有资本经营预算按年度单独编制，纳入本级人民政府预算，报本级人民代表大会批准。因此，根据该法第六十二条的规定，在授权其履行监狱企业国有资产出资人职责的省级人民政府财政部门负责国有资本经营预算草案的编制工作时，省级监狱管理机关应向财政部门提出监狱企业国有资本经营预算建议草案。

四、监狱企业国有资产出资人履职机构的法律责任

根据《企业国有资产法》第六十八条的规定，结合监狱企业国有资产管理实际，省级监狱管理机关有下列行为之一的，对其直接负责的主管人员和其他直接责任人员依法给予处分，构成犯罪的，依法追究刑事责任：①不按照法定的任职条件，任命监狱企业集团公司董事长、副董事长、董事、监事会主席和监事的；②侵占、截留、挪用监狱企业集团公司的资金或者应当上缴的国有资本收入的；③违反法定的权限、程序，决定监狱企业集团公司重大事项，造成国有资产损失的；④有其他不依法履行出资人职责的行为，造成监狱企业国有资产损失的。

第五节　监狱企业法人财产

监狱企业法人财产与普通国有企业也有所不同，其财产来源、财产形态、财产权的产生和财产权所包含的内容，具有自身独特的制度内涵。

一、监狱企业法人财产的来源和形态

监狱企业的主要任务是为服刑罪犯提供劳动改造场所，该场所及其设施、附属设备等都是监狱企业的法人财产，由国家全额资金投入予以保障。

1. 监狱企业法人财产的特殊来源

就普通企业法人而言，企业具有独立法律人格的经济基础乃是拥有独立的财产，这些财产来自企业投资者的投资及企业在经营过程中所得的财产增值部分，即企业的投资者将自己所拥有的财产投入所设立的企业法人名下，作为对价，投资者获得所设企业法人的股东法律地位和股权，而所设企业法人以这些财产为经济基础在法律上取得有别于股东的独立人格，得以自己的名义独立开展生产经营活动并取得收入，以实现财产的增值。

就普通国有独资公司而言，国家作为其唯一投资人将全民所有的国有资产投入所设国有独资公司，国有独资公司基于这些国有资产而取得独立的国有独资公司法人人格，并得以自己的名义而非国家的名义独立开展生产经营活动并取得经营性国有资产的保值增值。因此，普通国有独资公司的法人财产应包括两个部分：一是国有独资公司设立初期国家投入的国有资产，以归于国有独资公司法人名下；二是国有独资公司通过生产经营活动对这些经营性国有资产实现增值的部分，亦归于国有独资公司法人名下。

而对监狱企业而言，作为一种特殊的国有独资公司，其独立的法律人格也系以国家投入在其名下的经营性国有资产为基础而取得。但与普通国有独资公司法人财产的来源有所不同的是，作为监狱国有独资公司法人名下财产的经营性国有资产并非像普通国有独资公司那样由国家专门投资用于生产经营以实现保值增值，而是在计划经济时代“监企合一”体制下为了弥补监狱经费不能由国家财政全额保障的缺口，多由监狱通过自力更生、白手起家开展生产经营而来，并作为监狱整体国有资产的一部分。为了适应社会主义市场经济体制，推行“监企分开”的监狱体制改革，监狱企业所涉经营性国有资产才与用于监狱监管改造的行政事业性国有资产相分离，从而作为国家投入的、专用于提供监狱罪犯劳动改造场所的特殊经营性国有资产，由监狱管理机关划归监狱国有独资公司，成为充实监狱国有独资公司法律人格基础的企业法人财产。在监狱体制改革后，监狱经费由国家财政全额保障，监狱国有独资公司得以自己名义将所拥有的企业法人财产用于生产经营活动，以专门为监狱罪犯的劳动改造提供生产场所，不再因为需要弥补监狱经费而迫使其单纯追求生产经营利润，偏离服务于监狱罪犯劳动改造工作的宗旨。

2. 监狱企业法人财产的形态

与普通企业法人财产一样，监狱企业法人财产的形态既包括货币财产，也包括非货币财产。其中，非货币财产包括场房、生产设备等实物财产，以及土地使用权和知识产权等权利财产。

需要指出的是，在监狱体制改革过程中，原有“监企合一”体制下的监狱企业改制为监狱国有独资公司时，需要将涉及的这些非货币财产折算为国有资本出资，与货币财产和实物财产一起划归监狱国有独资公司法人名下成为其法人财产权。在折算过程中，就需要对场房、生产设备等实物财产，以及土地使用权和知识产权等权利财产进行折价财产评估，以评估确认价格作为确定监狱国有独资公司国有资本出资额的依据。不得将财产低价折股或者其他损害监狱国有独资公司国有资本出资人权益的行为。

此外，与普通企业法人财产一样，监狱企业法人在生产经营过程中其法人财产的形态也是会发生变化的，如为了生产需要购买机器设备等，实际就是将货币财产转化为非货币的实物财产。

二、监狱企业法人财产权的产生

依照《公司法》和《企业国有资产法》的规定，监狱企业同样享有法人财产权，主要包括所有权和知识产权，但不包括组织罪犯劳动所使用的国有土地使用权。

1. 监狱企业法人财产权的法律赋权规定

《公司法》第三条规定：“公司是企业法人，有独立的法人财产，享有法人财产权。公司以其全部财产对公司的债务承担责任。”根据这条规定，企业法人财产权，是企业以其独立的法律人格对其拥有的财产所享有的占有、使用、收益和处分的集合性权利，其权利来源于法律的规定。

《企业国有资产法》第十六条规定：“国家出资企业对其动产、不动产和其他财产依照法律、行政法规以及企业章程享有占有、使用、收益和处分的权利。国家出资企业依法享有的经营自主权和其他合法权益受法律保护。”根据这条规定，经过监狱体制改革，监狱企业与监狱分离改制为独立的国有独资公司，对所拥有的土地、场房、机器设备等财产行使占有、使用、收益和处分的权利，这些权利的集合就是监狱企业法人财产权，这也源于法律的规定。监狱国有独资公司以其法人财产为经济基础，得以独立的法律人格依法享有经营自主权和其他合法权益。

2. 监狱企业法人财产权产生的法律事实

企业法人财产权虽由法律规定赋权，但从投资的角度看，企业法人的财产最初系由出资人的投资行为而来，即出资人将其所拥有的财产通过投资行为投入要设立的企业法人。这种投资行为从法律的角度来审视就是投资人一系列财产性权利的让渡，在法律上将这些投资财产的权利主体由出资人变更为所设立的企业法人，需要办理一系列的财产权利变更手续。具体而言，出资人以货币出资的，应当将货币出资足额存入所设立的企业法人在银行开设的账户；以非货币财产出资的，应当依法办理其财产权的转移手续，即由出资人名下变更转移至企业法人名下。由此，企业法人在法律上拥有了对这些出资财产的权利，作为对价，出资人在失去这些对出资财产权利的同时获得了所投资设立的企业法人的股东法律地位和法律权利。因此，企业法人财产权的产生和股权的产生是基于出资财产权利主体发生变更的同一法律事实，导致了在企业法人和股东的法律人格相互独立，从而使得企业法人财产与股东财产在法律权属上分属不同的权利主体：股东不得对企业法人财产直接主张相关权利，而只能在法律上通过行使股东权利来实现对企业法人的控制和管理；企业法人得以自己的名义通过行使企业法人财产权来开展生产经营活动。

从投资角度看，监狱国有独资公司的法人财产系由省级监狱管理机关将监狱用于生产经营以提供罪犯劳动改造的经营性国有资产，从监管改造的行政事业性国有资产中划分出来并代表国家投入，让渡出这些财产的产权，并分别办理这些财产相应的权利变更登记手续。作为对价，省级监狱机关代表国家获得了监狱国有独资公司的唯一股东法律地位和权利，并代表国家行使国有资产出资人职责。所以，监狱企业法人财产权的产生和省级监狱管理机关履行国有资产出资人职责的产生，是基于监狱经营性国有资产财产权利主体发生变更的同一法律事实，导致了监狱企业法人和监狱管理机关、监狱的法律人格相互独立，从而使得监狱企业法人财产不仅与监狱法人财产在法律权属上分属不同的权利主体，还与国家所有的其他国有资产相区分：省级监狱管理机关不得对监狱国有独资公司法人财产直接主张相关财产性权利，而只能根据《企业国有资产法》的规定代表国家行使对监狱国有独资公司的出资人职责来实现对监狱企业法人的控制和管理；监狱企业法人得以自己的名义通过行使企业法人财产权来开展生产经营活动。

与普通企业法人财产权的产生一样，监狱企业法人财产权的产生基于财产权利主体在法律上的变更，并由法律规定而赋权。监狱企业法人得以其全部法人财产对外债务承担责任，使得监狱企业法人的债权人行使债权只能以监狱企业法人财产为限，而不得越过监狱企业法人对其股东——国家行使追索权，也不得超过监狱企业法人财产范围对其股东行使追索权，这就是监狱企业法人的股东（出资人）——国家的有限责任。

三、监狱企业法人财产权的内容

监狱企业法人财产权是集合性权利，根据其法人财产形态的不同，其权利属性也有所不同。按照民法的一般理论，笔者结合监狱企业法人财产的实际，试对其法人财产权逐一列举讨论。

1. 所有权

所有权，又称自物权，是所有人依法对自己财产所享有的占有、使用、收益和处分的权利。它是一种财产权，所以又称财产所有权。所有权是物权中最重要也最完全的一种权利，具有绝对性、排他性、永续性三个特征，具体内容包括占有、使用、收益、处分四项权能，是权能最完整的物权，是完全物权。监狱企业法人的所有权，是指监狱国有独资公司依法对自己所拥有的货币财产和场房、生产设备、车辆等实物财产所享有的占有、使用、收益和处分的权利。其中，货币财产以监狱企业法人在银行开立的账户上余额为准，可由银行的开户证明、会计师事务所出具的验资报告等作为其权利凭证；场房作为不动产，其所有权需要房屋产权管理机关进行登记并颁发房屋所有权证书的方式予以确认权利；机器设备作为动产，一般以占有即为所有权的公示方式，但监狱企业法人内部应建立台账进行登记管理并计入有关财务会计账簿；车辆虽然是动产，但由于其价值较一般动产较大，所以准按不动产的所有权公示方式由机动车管理机关进行登记确权。

2. 知识产权

知识产权，指权利人对其所创作的智力劳动成果所享有的专有权利，一般只在有限时间内有效。知识产权包括专利权、商标权和著作权等。对监狱企业法人而言，其可能拥有的知识产权主要包括专利权中的发明、实用新型和外观设计，以及商标等所谓的“工业产权”。

需要指出的是，监狱企业中从事发明创造的有可能是接受改造的罪犯，也可能是专职的专业技术人员。他们如果是执行监狱企业的工作任务或者主要是利用监狱企业的物质技术条件完成的发明创造，其专利申请权属于监狱企业法人，经国家专利管理机关审查授予专利后，监狱企业法人是专利权人。监狱企业可以对从事发明创造的监狱罪犯给予记功等表彰奖励，并可作为减刑、假释的依据，亦可给予适当的物质奖励和精神奖励。对从事发明创造的专业技术人员，可以按照有关法律法规的规定给予物质奖励和精神奖励。需要注意的是，对于监狱罪犯或专职技术人员在监狱企业的生产任务以外或者仅仅是少量利用了本监狱企业的物质技术条件，且这种物质条件的利用，对发明创造的完成无关紧要，则不能因此认定该发明创造的专利申请权属于监狱企业法人，而应当实事求是地按照有关法律法规的规定由作出该发明创造的监狱罪犯或专业技术人员本人向国家专利管理机关申请专利。其中，对于监狱罪犯申请专利的，监狱企业应当报经监狱按照有关法律法规和监狱管理规定，给予一定的帮助，并适当予以鼓励，这非常有利于罪犯的改造工作。

此外，由于“监企合一”体制下监狱企业生产经营所占用的土地包含在监狱建设用地之内，按照监狱建设用地属于国家公共事业的特殊用地，以行政划拨方式供地。按照财政部、国家国有资产管理局、司法部《关于监狱资产划分有关规定的通知》（财农字〔1997〕15 号）第二条第一项的规定，监狱为执行刑罚和组织罪犯劳动所使用的土地属于监管改造用资产，并未划入生产经营用资产。也就是说，监狱体制改革后的监狱企业法人并未能拥有组织罪犯劳动所使用的国有土地使用权，这与普通社会企业法人拥有其生产经营用地的国有土地使用权有很大不同。

第六节　监狱企业集团的产权关系

2007 年 3 月 16 日《司法部关于深化监狱体制改革试点工作若干问题的意见》（司发〔2007〕4 号）中第五点指出："监狱企业集团公司是监狱生产经营管理机构，在省（区、市）监狱管理局的领导下，对监狱管理局负责。监狱企业集团公司可根据监狱产业产品结构和监狱企业地区分布状况等因素，组建多种形式的分公司、子公司。监狱企业集团公司对分公司、子公司的管理主要是资产管理、财务管理、生产经营管理和职工管理。"2007 年 11 月 1 日，《国务院批转司法部关于全面实行监狱体制改革的指导意见》（国函〔2007〕111 号）要求："组建新的监狱生产经营管理机构。各省（区、市）监狱管理局要将负责生产经营管理工作的内设机构分离出来，组建为监狱管理局领导下的监狱企业集团公司。各监狱要把负责监狱生产经营管理工作的机构分离出来，组建为监狱企业集团公司的分公司或子公司。监狱企业集团公司及其分公司、子公司是改造罪犯工作的组成部分，主要任务是为监狱改造罪犯提供劳动岗位，为改造罪犯服务，不同于以营利为目的的社会企业，但也要讲效益。"

这表明，监狱企业在从监狱中分离出来后，将以产权为纽带按照母子公司、总分公司的管理体制组建成独立运营的监狱企业集团，以实现监狱生产经营系统与监狱监管改造系统的分离，以达到监狱体制改革"监企分离"的目标。这样，监狱企业集团的产权关系将是在厘清监狱企业与监狱产权关系的基础上，按照现代企业集团的产权关系对监狱生产经营系统以省域为单位进行的企业集团化改造，这是监狱企业产权制度重构的重要组成部分。

一、监狱企业集团公司

1. 监狱企业集团公司的机构和人员

根据《国务院批转司法部关于全面实行监狱体制改革的指导意见》（国函〔2007〕111 号），监狱企业集团公司系由省级监狱管理机关原来负责生产经营管理工作的内设机构和人员改制而来。同时，考虑到监狱和监狱企业的特殊性，监狱企业集团公司的主要负责人，负责生产和规划、财务等重要岗位的主要管理人员，可以由在编在职的省级监狱管理机关负责人兼任，但不得领取兼职报酬。具体岗位由省级司法行政机关商省级公务员主管部门确定，兼职手续按有关法律法规政策和干部管理权限办理。

以四川省监狱体制改革为例，按照司法部对四川省监狱体制改革实施方案的批复，将四川省监狱管理局负责生产经营管理的职能和机构分离出来，组建为四川和强集团有限责任公司，集团公司依法建立规范的法人治理结构，设立了董事会、监事会和管理层，董事会由省监狱局领导、集团公司领导和职工代表共同组成，省监狱管理局局长兼任集团公司董事长；监事会由省监狱管理局纪委、监察处、审计处和职工代表组成，省监狱管理局纪委书记兼任集团监事会主席；集团公司设总经理 1 名，副总经理 4 名，总工程师 1 名，总会计师 1 名，并按照省机构编制办公室的批复，设立发展规划处、生产管理处、市场营销处、人力资源处、财务处和办公室五处一室。考虑到监狱企业的特殊性，兼顾企业运行客观规律，建立了董事会、监事会和总经理办公议事规则，确保依法决策，科学管理，规范运行。①

2. 监狱企业集团公司的法律地位和组织形式

普通的社会企业法人的法律地位独立性主要表现在与其股东在法律人格上的相互独立，这种独立法律地位的经济基础是其拥有独立的企业法人财产，与其股东所有的财产相互区分。监狱企业集团公司是企业法人，拥有独立的法律地位。监狱企业集团公司法律地位的独立性表现在两个方面：一是独立于其唯一出资人即国有股东，其独立的经济基础是其拥有独立的国有独资公司法人财产权；二是独立于代表省级人民政府对其履行国有资产出资人职责的省级监狱管理机关，其独立的经济基础是其法人财产作为经营性国有资产与监狱用于监管改造的非经营性国有资产相分离。

监狱企业集团公司作为国家出资企业之一，是特殊的国有独资公司，其法律组织形式为有限责任公司，是出资人为国家的特殊有限责任公司。因此，监狱企业集团公司的股权结构非常单一，国家是唯一出资人即股东，省级监狱管理机关根据省级人民政府授权代表其履行对监狱集团公司的出

① 资料来源：《四川省监狱管理局关于实施监狱体制改革工作的自查报告》（川狱〔2012〕300 号）。

资人职责，以其出资额为限对监狱企业集团公司承担有限责任。

二、监狱企业集团公司的子（分）公司

1. 监狱企业集团公司的子（分）公司的机构和人员

各监狱将所属的为改造罪犯提供生产项目和劳动对象的企业，在实行资产重组、结构调整、债务化解的基础上，改组为监狱企业集团公司的子（分）公司，把原来分管监狱企业生产经营的机构和人员分离出来，作为监狱企业集团公司的子（分）公司的机构和人员。子公司的法人治理结构、机构设置基本与集团公司保持一致，要建立规范的董事会、监事会和管理层，职能机构要设立生产管理部门、人力资源管理部门、企业财务管理部门和公司办公室等，并应当办理工商登记获得企业法人营业执照。分公司作为集团公司的分支机构，不需要建立董事会、监事会，要按照集团公司的生产经营决策为完成生产经营任务而根据实际情况设置一定的职能管理机构，分公司应当按照法律法规的规定由集团公司的分公司所在地工商行政管理机关许可设立分支机构，并申请登记领取营业执照。

2. 监狱企业集团公司的子（分）公司的法律地位和组织形式

需要说明的是，监狱企业集团公司的子公司具有独立的法人人格，是监狱企业集团公司的全资子公司，其唯一出资人即股东为监狱企业集团公司。子公司法律组织形式为一人有限责任公司，即有一个法人股东的有限责任公司，是拥有独立的法人财产，并能够以此为经济基础以自己的名义对外独立承担法律责任；而监狱企业集团公司的分公司是监狱企业集团公司的分支机构，不具有独立的法人人格，其生产经营所涉及的财产不属于分公司所有，而是监狱企业集团公司法人财产的一部分，由监狱企业集团公司对这些财产行使企业法人财产权，分公司不能对外独立承担法律责任，而是由集团公司对其债务承担责任。

三、监狱企业集团公司对其子公司的出资人职责

监狱企业集团公司作为一种特殊的国有独资公司，其唯一出资人即股东为国家。前面在论述监狱企业国有资产出资人时已经根据《企业国有资产法》并参考《公司法》的有关规定研析了省级监狱管理机关经省级人民

政府授权，代表国家履行对监狱企业集团公司的国有资产出资人职责。那么，根据《企业国有资产法》第二十一条的规定："国家出资企业对其所出资企业依法享有资产收益、参与重大决策和选择管理者等出资人权利。国家出资企业对其所出资企业，应当依照法律、行政法规的规定，通过制定或者参与制定所出资企业的章程，建立权责明确、有效制衡的企业内部监督管理和风险控制制度，维护其出资人权益。"监狱企业集团公司对其子公司履行出资人职责应包括以下几个方面：

1. 资产收益权

监狱企业集团公司是其全资子公司的唯一股东，其资产收益权应根据2010年5月24日财政部、司法部印发的《监狱体制改革单位财务管理办法》（财行〔2010〕99号）第二十七条的规定，在监狱企业集团公司的全资子公司当年实现的净利润按顺序弥补以前年度亏损、提取10%法定公积金[①]、提取任意公积金[②]后，以子公司投资者身份从中分配利润[③]。

2. 章程制定权

《公司法》第六十一条规定："一人有限责任公司章程由股东制定。"那么，监狱企业集团公司作为其全资子公司的唯一股东，可以参照《公司法》第二十五条有关有限责任公司章程应当载明事项的规定，并结合监狱企业集团子公司的实际制定其公司章程，应当载明下列事项：①子公司的名称和住所；②子公司的生产经营范围；③子公司的注册资本金额；④监狱企业集团公司的名称；⑤监狱企业集团公司向子公司出资的方式、出资金额和出资时间；⑥子公司的组织机构如董事会、监事会及其产生办法、职权、议事规则，以及董事、监事、经理等高级管理人员的选任、职权等；⑦子公司法定代表人；⑧监狱企业集团公司认为需要在子公司章程中规定的其他事项。监狱企业集团公司应在其子公司章程盖章。监狱企业集团公司的子公司章程应当作为监狱企业改制设立公司的法定文件提交给公司登记机关，申办相关设立登记法律手续。

---

① 法定公积金累积额达到注册资本50%以后，可不再提取。

② 任意公积金提取比例由监狱企业集团公司决定。监狱企业集团公司可集中部分任意公积金，用于开发新技术、新产品和补充流动资金等。

③ 监狱企业以前年度未分配的利润，并入本年度利润，在充分考虑现金流量状况和监狱监管改造工作需要后，向投资者分配，具体分配办法按省级人民政府的有关规定执行。

3. 重大决策权

根据《监狱体制改革单位财务管理办法》第二十二条第一款的规定，监狱企业集团公司负责审批所属子公司注册资本增减方案，对子公司投资、融资、资产重组、担保等重大事项进行审核。

4. 选择管理者的权利

监狱企业集团公司对所属全资子公司的管理者有选任权，如子公司的董事长、副董事长、董事、监事会主席、监事等高级管理人员。

5. 管理费收取权

根据《监狱体制改革单位财务管理办法》第二十二条第二款的规定，监狱企业集团公司为履行职能，经财政部门同意后可向子公司收取一定的管理费，用于补充监狱企业集团公司机构运转所需的费用。

第七节　监狱企业产权结构多元化问题探讨

深化监狱企业改革，有必要对其产权结构进行分析和研究，参考国外先进的监狱企业制度，借鉴我国多年积累的国有企业产权结构改革的成功经验，试点和摸索监狱企业产权结构多元化改革路径，从而建立现代化监狱企业制度。

一、我国国有企业产权改革对监狱企业产权改革的启示

1. 我国国有企业产权改革历程回顾[①]

我国国有企业产权改革始于20世纪70年代末，以1978年召开的党的十一届三中全会为标志。全会公报指出："我国经济管理体制的一个严重缺点是权力过于集中，应该有领导地大胆下放，让地方和工农企业在国家统一计划的指导下有更多的经营管理自主权。"当时并未提出比较明确的国有企业产权改革目标，只是发端于国有企业产权系统内部结构的调整，如企

① 这部分有关我国国有企业产权改革历程回顾的综述重点参考了吴易风、关雪凌等：《产权理论与实践》，中国人民大学出版社2010年版，第606－608页。

业所有权、经营权和收益权以何种方式、方法有效结合等。

随着1984年10月党的十二届三中全会和1987年10月党的十三大提出可以而且应该发展多种所有制形式，我国国有企业产权系统外部环境逐渐变迁。进入20世纪90年代，党的十四届三中全会通过《关于建立社会主义市场经济体制若干问题的决定》，指出我国将建立以公有制为主体的现代企业制度作为国有企业产权改革的目标，对国有企业实行公司化改造，将国有独资的国有企业改组成有限责任公司或股份有限公司。

1995年9月，党的十四届五中全会通过《中共中央关于制定国民经济和社会发展“九五”计划和2010年远景目标的建议》，提出国有企业实施战略性改组、“抓大放小”。“抓大”就是对国有大型企业进行现代企业制度改造；“放小”就是放开搞活小企业，可以出售国有小型企业的产权，国有企业产权改革目标逐步清晰。1997年9月，党的十五大提出股份制是现代企业的资本组织形式。1999年9月，党的十五届四中全会提出国有大中型优势企业要通过规范上市，中外合资企业和国有企业互相参股等形式改组成股份制企业，并提出“要坚持有进有退，有所为有所不为”的国企改革原则，标志着我国国有企业产权改革目标的全面升级。

进入21世纪，党的十六大提出除极少数必须由国家独资经营的企业外，都要积极推进股份制，发展混合所有制经济；党的十六届三中全会提出要使股份制成为公有制的主要实现形式。2013年11月12日，党的十八届三中全会通过的《中共中央关于全面深化改革若干重大问题的决定》更进一步指出：“积极发展混合所有制经济。国有资本、集体资本、非公有资本等交叉持股、相互融合的混合所有制经济，是基本经济制度的重要实现形式，有利于国有资本放大功能、保值增值、提高竞争力，有利于各种所有制资本取长补短、相互促进、共同发展。允许更多国有经济和其他所有制经济发展成为混合所有制经济。”这为我国国有企业产权改革深化和进一步完善现代企业制度提供了政策支持。

2. *我国国有企业产权改革过程中的国有资产流失问题及其规制*

值得注意的是，在我国国有企业产权改革过程中，虽然国有企业产权转让是以保证公有制为主体的所有制结构，保证国有资产的保值、增值为政策指向，但在当时政治、法律环境还很不完备的外部条件下，其在局部的实践和目标发生了严重的偏离，甚至导致比较严重的国有资产流失。2004年，国有资产流失问题在社会上引发了有关我国国有企业产权改革方向和

我国经济体制改革目标的争论。[①] 2004 年 9 月 29 日,《人民日报》发表国务院国有资产监督管理委员会研究室撰写的文章《坚持国有企业改革方向,规范推进国企改制》,承认目前尚不具备实行 MBO（Management Buy - Outs,管理层收购）的相应条件和环境。2005 年 4 月,国务院国资委、财政部发布《企业国有产权向管理层转让暂行规定》,宣布停止大型国有企业 MBO,大型国有及国有控股企业及所属从事该大型企业主管业务的重要全资或控股企业的国有产权和上市公司的国有股权不向管理层转让,大型国有企业的国有产权向管理层转让遭到明确禁止。

2005 年 12 月 19 日,国务院办公厅转发了国资委《关于进一步规范国有企业改制工作的实施意见》（国办发〔2005〕60 号）,虽然允许管理层[②]通过增资扩股[③]直接或间接持有本企业的股权,但受到严格控制。[④]

同时,该意见提出:“企业改制中涉及企业国有产权转让的,应严格按照国家有关法律法规以及《企业国有产权转让管理暂行办法》（国资委令〔2003〕3 号）、《关于印发〈企业国有产权向管理层转让暂行规定〉的通知》（国资发产权〔2005〕78 号）及相关配套文件的规定执行。拟通过增资扩股实施改制的企业,应当通过产权交易市场、媒体或网络等公开企业改制有关情况、投资者条件等信息,择优选择投资者;情况特殊的,经国

---

① 2004 年 8 月,香港中文大学教授郎咸平,在上海复旦大学发表了题为《格林柯尔:在国退民进的盛宴中狂欢》的演讲。他打出“国有资产不容流失”的旗帜,对被称为“国退民进”的国有企业产权改革,特别是 MBO（Management Buy - Outs,管理层收购）提出强烈批评。此一批评引发了社会各界的广泛关注,引发了社会各界广泛参与的关于国有企业产权改革的大讨论。2004 年 9 月 17 日,郎咸平又在《国际先驱导报》明确提出:必须暂停产权交易;必须禁止 MBO;必须建立一套激励机制与信托责任并重的职业经理人制度。参见吴易风、关雪凌等:《产权理论与实践》,中国人民大学出版社 2010 年版,第 609 页。

② 该意见所称“管理层”是指国有及国有控股企业的负责人以及领导班子的其他成员。

③ 该意见所称“管理层通过增资扩股持股”,不包括对管理层实施的奖励股权或股票期权。

④ 该意见称,国有及国有控股大型企业实施改制,应严格控制管理层通过增资扩股以各种方式直接或间接持有本企业的股权。为探索实施激励与约束机制,经国有资产监督管理机构批准,凡通过公开招聘、企业内部竞争上岗等方式竞聘上岗或对企业发展作出重大贡献的管理层成员,可通过增资扩股持有本企业股权,但管理层的持股总量不得达到控股或相对控股数量。管理层成员拟通过增资扩股持有企业股权的,不得参与制订改制方案、确定国有产权折股价、选择中介机构,以及清产核资、财务审计、离任审计、资产评估中的重大事项。管理层持股必须提供资金来源合法的相关证明,必须执行《贷款通则》的有关规定,不得向包括本企业在内的国有及国有控股企业借款,不得以国有产权或资产作为标的物通过抵押、质押、贴现等方式筹集资金,也不得采取信托或委托等方式间接持有企业股权。

有资产监督管理机构批准，可通过向多个具备相关资质条件的潜在投资者提供信息等方式，选定投资者。企业改制涉及公开上市发行股票的，按照《中华人民共和国证券法》等有关法律法规执行。”

3. 我国国有企业产权结构多元化改革对监狱企业产权改革的启示

通过上述对我国国有企业产权改革的历程回顾可以发现，发端于产权系统内部结构调整的国有企业产权改革，并非一开始就确立了产权结构多元化的改革目标，而是随着产权系统外部环境的变迁逐步清晰明确的。其中，涉及产权改革过程中的国有企业产权转让引起了国有资产流失问题，并一度引发了广泛的争论，也正说明了公平、公正的配套法律、政策等外部制度环境对于产权改革是否能够沿着正确的路径顺利进行所具有的重要性。

因此，我们也可以依据普通国有企业产权改革的路径对监狱企业产权改革设问：监狱企业在完成“监企分离”的国有独资公司化改革后，是否意味着其产权改革就已经完成？监狱企业在未来是否可以像普通国有企业产权改革一样，有实现产权结构多元化的必要和可能的外部制度空间？在监狱企业产权改革中是否也存在国有资产流失的问题？以及如何防范？

针对上述这些问题进行思考，依据普通国有企业产权改革的路径与经验，结合监狱企业产权改革的实践，可以发现我国国有企业产权结构多元化改革对监狱企业产权改革有如下几点启示：

其一，发端于产权系统内部结构调整的国有企业产权改革，其最初的内部动因是国有企业可以因此获得更多的经营管理自主权，以解决计划经济体制下权力集中导致国有企业因缺乏经营管理自主权而造成的生产经营效率低下问题。但随着我国经济体制由计划经济向市场经济过渡，在外部制度环境发生变迁的条件下，国有企业产权改革就不仅仅局限于产权系统内部的纵向调整，开始通过股份制改造实现产权结构多元化，以达到其融资、引入战略投资者提升生产经营管理效率、改造落后生产装备技术，更好地应对市场竞争，实现国有资产保值增值的战略目的。此一产权改革的逻辑轨迹，对于主要为罪犯提供劳动改造场所的监狱企业而言，在其经营性层面亦同样有启示意义。监狱企业虽与普通国有企业的生产经营在追求目标上有着巨大差异，但在获得经营管理自主权的内部动因上却有着相同的逻辑。目前，通过“监企分离”的产权改革，监狱企业建立起具有独立法人地位的监狱国有独资公司，获得了经营管理自主权，得以适应市场经济体制的外部制度环境。但监狱企业的公司化改造并没有完全解决其生产技术装备落后、产品老化不适应市场需求、发展资金不足等问题，面对市场，其仍有通过产权结构多元化改革实现进一步解决上述问题的动因。

其二，我国国有企业产权改革的历程表明，我们的产权改革如同建立社会主义经济体制一样，是对以公有制为主体地位的社会主义经济制度的完善而非否定，并非是向苏东经济转轨国家的私有化改革，而是通过股份制更好地实现公有制。对于监狱企业产权改革而言，通过监狱体制改革，实现“监企分离”而建立的监狱国有独资公司后，在未来可能进行的产权结构多元化改革中，亦应在坚持此一改革方向的基础上实现监狱经营性国有资产的保值增值，进而更好地为监狱罪犯的改造提供良好的物质条件和保障。而不能以产权改革为名，将监狱企业多年来积累的国有资产通过产权转让等方式私有化，这不仅有违我国国有企业产权改革的初衷，更有悖于我国监狱体制改革和监狱企业产权改革的宗旨。

其三，我国国有企业产权改革过程中出现的国有资产流失问题，对于防止监狱企业产权改革过程中今后可能出现的国有资产流失问题具有警示作用。为此，在今后的监狱企业产权改革或者未来可能的监狱企业产权结构多元化改革过程中，涉及国有资产转让等问题时，应借鉴国有企业产权改革经验，结合监狱企业实际，及早制定公平、公正和完善的政策法规制度，确保监狱经营性国有资产保值增值。

二、西方国家监狱企业私有化对我国监狱企业产权改革的镜鉴

从本书前述对域外监狱企业制度变革的考察可知，以监狱企业私有化为核心的监狱私营化是美英等国监狱企业制度改革的趋势之一。充分借助私人力量参与监狱企业生产和管理，对于缓解政府财政的监狱开支和提高监狱企业生产效率具有一定的积极作用。这对于我国监狱体制改革过程中监狱企业制度的重构具有一定的借鉴和参考价值。但是，我们必须分析西方国家监狱企业私有化产生的制度环境条件，既不能盲目追随，更要着重根据我国国情辩证地看待其利弊得失，并结合我国监狱企业产权改革的实践进行深入研判，总结其监狱企业制度变革中合理、普遍的规律为我所用。

其一，西方国家监狱企业私有化产生的制度环境是其私有制的经济制

度和产权制度。基于缓解政府财政的监狱开支和提高监狱企业生产经营效率，借助政府之外的力量参与监狱企业生产和管理，是西方国家监狱企业私有化的最初动力。由于西方国家的私有制经济制度，其在政府之外借助的企业从产权角度讲只能是私人企业，所以其监狱企业制度变革在产权方面而言只能是私有化方向。这与我国国情有着根本而巨大的区别。我国监狱企业通过“监企分离”的监狱体制改革后，以建立监狱国有独资公司的法律形式获得了经营管理自主权，并实现了与监狱的收支分开，监狱的监管改造经费已经纳入国家财政预算，并不需要监狱企业以追求利润为目标来弥补监狱监管改造经费的不足，所以我国监狱企业在现有国情下并无借助私人力量提高利润弥补政府财政在监狱方面开支不足的需要。即使为了监狱企业在获得独立自主的经营管理权后更好地适应社会主义市场经济的制度环境，可以借助外部力量参与监狱企业的生产经营以提高其效率，但以公有制为主体的社会主义经济制度决定了可以选择的外部力量有很多选项，追求私人利润最大化的私有经济并非其唯一选项。这也就表明了，不能将监狱企业产权私有化是由我国国情和社会主义基本经济制度决定的，既无必要，更无可能。

其二，西方国家监狱企业私有化的实质是提高监狱企业的生产经营效率，是政府重新审视监狱企业运行规律的结果。总结西方国家监狱企业私有化的实践，可以发现“私有化”只是对其监狱企业制度变革在外在形式上的概括，并未从表象深入到实质。监狱企业私有化的实质是对政府或监狱管理当局直接管理监狱企业的一种反动，促使政府更深刻反思和把握监狱企业的生产经营性与惩罚改造公共职能之间的特殊关系，重视监狱企业生产经营属性所要求的尊重市场规律，减少政府行政干预，让监狱企业按照企业所共有和固有的经营性逻辑自主管理运行，以提高其生产经营管理效率。对于我国监狱企业制度重构而言，让监狱企业成为自主经营、自负盈亏的拥有独立法人地位的监狱国有独资公司，就是遵循了上述监狱企业制度变革的规律。这个监狱企业运行的规律具有普遍性，只是在不同社会形态的基本经济制度和产权制度环境下所呈现出不同的作用方式：在西方国家，可谓监狱企业“私有化”；在我国，“监企分离”的监狱体制改革已经使监狱企业获得了参与市场的自主经营权，有助于提高其生产经营效率，从而更有效率地为监狱罪犯劳动改造服务，提高罪犯劳动改造重新回归社会的效率，若进一步引入外部企业参与监狱企业的生产经营管理，则可进一步提高上述效率，但其在产权制度改革层面而言，只能是“多元化”，而“私有化”绝非监狱企业产权改革的方向之一。

三、我国监狱企业产权结构多元化实现的可能途径

从我国国有产权改革历程及国外监狱企业私有化现象的考察，从中深入思考得到的对监狱企业产权改革的启示和镜鉴表明，我国监狱企业在未来可将产权结构多元化作为其产权改革的一个方向，这项改革可以促进我国监狱企业更加适应社会主义市场经济体制，提高生产经营效率，提高其履行服务监狱罪犯通过劳动改造重新回归社会的公共职能效率。结合我国基本经济制度环境和监狱企业改革实践，在理论层面，笔者认为我国监狱企业产权结构多元化可以通过如下三种途径得以实现：

1. 普通国有企业参股监狱企业

我国监狱企业目前普遍存在技术装备落后、生产项目和产品不符合国家产业政策导向或面临市场淘汰、经营管理科学化水平较低等问题，要解决这些问题，可以由与监狱企业所处行业相同或处于其产业上下游关系的普通国有企业参股的方式，引入监狱企业成为战略投资者，帮助其实现技术装备改造、生产项目转换更新、产业升级、提高经营管理科学化水平。这样既可以解决监狱企业的生产经营困难，实现其所占国有资产的保值增值，也可以形成更加高效、合理的监狱企业法人治理结构，进一步提高其生产经营效率，更高效地为监狱罪犯提供劳动改造条件，使监狱罪犯回归社会后所掌握的生产技术、技能与社会普通企业相衔接。同时，参股普通国有企业按照所投入的资本占总股本的比例从监狱企业中分配利润，也符合投资目的，从而实现与所参股监狱企业的互利共赢。但需要注意和值得研究的是，普通国有企业参股监狱企业的股权结构比例以多少为宜？笔者认为，引入普通国有企业参股的监狱企业仍应保持作为监狱罪犯提供劳动改造场所的性质，因此履行监狱企业国有资产出资人职责的机构所占出资比例仍应保持控制地位为宜。

2. 监狱企业之间相互参股

基于我国区域经济发展水平不平衡，我国监狱企业在技术装备、生产项目和产品、经营管理水平和经营规模上也存在着较大的区域差异，呈现出东、中、西部的不平衡形态。为了帮助中西部地区的监狱企业实现技术

装备改造、生产项目转换更新、产业升级、提高经营管理科学化水平，可以引入东部经济发达地区的监狱企业对中西部地区的监狱企业对口帮扶，但这种对口帮扶应符合市场经济规律，按照产业对口和资本投资的原则，以参股的方式进行。此外，在一省域内，同一监狱企业集团公司所属子公司之间亦可基于前述逻辑和原则进行相互参股，以实现某种帮扶目的。这种方式的监狱企业产权结构多元化的政策法律障碍和阻力应该最小，因为其所投入的和原有的国有资产性质相同，都是为劳动改造监狱罪犯所运营，并非追求利润最大化，同时也可以形成更为合理、高效的监狱企业法人治理结构。

3. 引入民营资本参股监狱企业

与前两种实现监狱企业产权结构多元化的方式不同，若引入民营资本参股监狱企业以解决后者诸多生产经营困难，其面临的政策阻力和问题可能较前两者复杂一些。因为，民营资本投资以获利为目标，本身并不负有改造罪犯的义务和责任，投资于监狱企业可能以罪犯作为廉价劳动力从而降低生产经营成本，提高产品的市场竞争力和扩大利润空间为着眼点，这与监狱企业引入其参股的初衷相悖，易引发矛盾和纠纷，而现有政策和法律制度对此一领域尚缺乏调整规范。但同样不可否认的是，若合理利用民营资本参股监狱企业，将其追求合理利润的目标限定在监狱企业改造罪犯的公共职能之下，能够在此一范围内达成投资经营的共识，并有配套完善的政策法规作为制度保障，则实现双方目标并行不悖而形成互利共赢的局面。这种方式值得深入探讨，并应结合有关实践进一步深入研究。

四、有关监狱企业能否上市融资问题的辩研

若监狱企业能够如上面理论上所述的方式实现其产权结构多元化，那么其有无可能像普通社会企业一样，再进一步通过股份制改造并最终实现上市融资？笔者试从以下两个方面来对此一问题进行辩研。

其一，监狱企业上市融资的悖论。监狱企业作为改造监狱罪犯工作的重要组成部分，其主要任务是为监狱罪犯提供劳动改造岗位，为改造罪犯服务，这也是监狱企业的最终投资者——国家对监狱企业投资的初衷，虽然作为一种特殊企业形态具有企业所共有的经营属性，但其并不以追求利润最大化为最终目标。因而，监狱企业虽然也要确保监狱国有资产的保值

增值，也要讲效益，但国家投资设立监狱企业是用于改造罪犯的特殊目的，并没有如以营利为目的的社会企业那样做大做强的原始动力。因此，一般而言，监狱企业没有通过公开发行股票并上市融资的原始动力。通过二级市场持有上市公司股票的公众在法律上都是该上市公司的股东，其投资的目的要么是通过持有该上市公司股票获取分红，要么是在二级市场利用股价波动买卖股票投机获利，无论投资、投机，都是建立在对上市公司生产经营获取利润的业绩预期上的，追求利润最大化是其终极目标。若监狱企业非要通过公开发行股票并上市融资的话，国家投资设立监狱企业用于罪犯改造的特殊目的必然与公众投资的获利目标相悖：监狱企业的主要劳动力是罪犯，其劳动力成本将远远低于普通社会企业，公众投资者将集中“看好”这一不正当竞争优势，促使监狱企业把追求利润最大化的业绩要求转嫁到参加劳动改造的罪犯身上，这就要大大延长罪犯的劳动时间和加大劳动强度，而缩短心理矫治和教育矫治的时间，必将严重影响罪犯的改造效果，甚至因之产生抗拒改造或越狱逃跑的严重后果。

其二，监狱企业上市融资的法律障碍。首先，根据我国《证券法》第五十条规定：“股份有限公司申请股票上市，应当符合下列条件：（一）股票经国务院证券监督管理机构核准已公开发行；（二）公司股本总额不少于人民币三千万元；（三）公开发行的股份达到公司股份总数的百分之二十五以上；公司股本总额超过人民币四亿元的，公开发行股份的比例为百分之十以上；（四）公司最近三年无重大违法行为，财务会计报告无虚假记载。证券交易所可以规定高于前款规定的上市条件，并报国务院证券监督管理机构批准。”根据这一规定的股票上市条件，拟上市公司首先得是股份有限公司，仅这一要求，现有监狱企业皆为国有独资公司，即使在一定程度上允许其他企业参股，恐怕也难以达到改制为股份公司的条件，更遑论公开发行股票并上市了。其次，公开发行股份须达到公司股份总数的25%的强制性要求，现有监狱企业更难以达到，更不要论其余上市条件了。同时，我国证券监督管理机构和证券交易所对上市公司有较为严格的信息披露制度，这对以服务监狱罪犯改造为主要目的的监狱企业来说更是难以满足，因为涉及监狱企业和罪犯的信息按照有关监狱管理法律法规尚属于保密范围。因此，监狱企业无论有无上市融资的需要与必要，仅现行股票上市的法律规定条件都难以满足，面临不少法律障碍。

除了以上两方面，对于监狱企业以其部分资产与其他投资主体共同投资设立新的企业，并进行股份制改造后，是否可以上市融资的问题，笔者认为，按照此种方式新设立的企业若其劳动力排除监狱罪犯而是普通劳动者的话，则新设立的企业已经脱离为监狱罪犯提供改造岗位的性质而不具有监狱企业的属性，而是监狱企业将自己所拥有的部分监狱企业法人财产对外投资行为的结果，只要其符合国有资产投资的有关规定，则新设立企业为普通社会企业，只要符合《证券法》等有关法律法规的规定，是可以通过公开发行股票并上市融资的。这种新设立的企业的经营利润，可以由所投资的监狱企业按照所拥有股份比例行使分配权，所获利润是国有资产投资所得，经监狱管理局允许，除上缴部分外，可以留作监狱企业发展之用，更好地保障和服务监狱罪犯的改造工作。只是有关此种新设立企业的诸种问题的探讨，已经超出本书研究对象的范围，亦不属于所谓监狱企业能否通过上市融资的问题，这一点需要在理论上和实践中加以明确。

第六章　监狱企业的法人治理

自从2003年实行“监企分开”改革以来，我国监狱企业逐渐被改造为国有独资公司，按照公司化的模式运行和经营。作为企业法人，监狱企业必须遵循《公司法》的规定，建立健全法人治理结构，才能真正实现改革的目标。

第一节　公司法人治理结构的一般理论

现代公司法人治理结构的组织形态及其权限分配是公司治理制度的核心。公司治理不仅是一套静态组织机构与制度安排，而且还是一个动态的实际运行及监督制衡的过程，这其中受到众多因素的影响。笔者拟从理论基础、含义、目的和类型等方面探讨公司法人治理结构的一般理论，以便为健全监狱企业的法人治理结构提供基础。

一、公司法人治理的理论基础

1. 所有与控制的分离

在公司发展演化过程中，股东会与董事会的出现标志着公司经营（董事会）与所有（股东会）开始分离。但是由于当时在机关的权限分配上采取股东会中心主义，股东会可以随时介入企业的经营，使所有与经营再度合而为一，加上各国的公司法多要求董事必须有一定额度的持股，以及公司董事多由大股东担任，所以公司的所有权与经营权仅属于低度分离。到了19世纪末20世纪初，公司内部机关在权限分配上由股东会中心主义走向董事会中心主义后，则出现了经营权与所有权进一步的分离，当时各国的公司法纷纷扩大董事会的经营权限，缩小股东会的权限。在企业所有与经营的分离进一步演化后，美国法律学者伯利（Berle）和经济学者米恩斯（Means）于1932年出版的《现代公司与私有财产》（*The Modern Corporation and Private Property*）则对于现代大型公司所有与控制分离的问题加以论述。① 该书首先认为总有一天所有的经济活动都会在公司的形态下进行，接下来对当时美国前200个非银行业的公司进行研究，发现这些大型公司已经支配美国多数重要的产业部门，呈现一种经济力集中的现象，由少数人所支配的社会已经取代生产由盲目的经济力所控制的社会。但是根据其实证调查的结果得知，这些企业的股份所有权随着企业规模的增长，企业的所有权相应分散，造成个人的财富虽构成各大企业的股份，但没有一个人能够持有企业大部分股份，以至于公司股份所持有者失去对企业及其实质财产的支配力。在公司的制度里，财富的所有者能拥有的只是所有权的象征而已，而所有权的力量、责任与实体已移向另一掌握支配力的集团者之手。对于上述现象，伯利和米恩斯认为，公司所有与经营高度分离发展的必然结果将出现毫无财产控制力的股份所有权以及毫无股份所有权的财产控制力。②

伯利和米恩斯将公司的控制形态分为下列五种：第一，全部控制。经营者拥有公司全部或几乎全部的股份，并据此行使控制权，在这样的企业里，所有权与控制权合而为一。第二，多数控制。经营者有公司过半数的股份，并依据其拥有的股份控制公司。第三，法律方式控制。经营者虽未拥有公司过半数的股份，但利用金字塔形的手段，通过委托书、无表决权股票、表决权信托等方式控制公司的经营，此时企业所有与控制已有相当程度的分离。第四，少数控制。经营者虽对于公司的持股已降至20%以下，但通过募集委托书的方式控制公司，此时企业所有与控制可谓相当分离。第五，经营者控制。公司的股份分散，没有任何一个人或是团体拥有足以控制公司事务的股份。即使是公司的经营者，其所拥有的股份比例也不超过5%。此时由于经营者在实际上可以指定自己的继任者，所以在公司所有与控制高度分离的情形下，经营者所拥有的股权虽微不足道，但是仍能使

①② ［美］阿道夫·A. 伯利、加德纳·C. 米恩斯：《现代公司与私有财产》，甘华鸣、罗锐韧、蔡如海译，商务印书馆2005年版，第133页。

自身保持对公司的控制权。

伯利和米恩斯总结当时美国企业所有与经营高度分离现象后认为，这将对大众股东造成威胁，而经营者可能会牺牲多数大众股东的利益，利用对于其所持有重要权益的附属公司进行利益输送等方式，以追求那些与大众股东利益相冲突的高额报酬、优惠的股份选择权等个人利益。所以基本上所有权集团（股东）与控制权集团（经营者）是两个相对立的集团，掌握控制权的经营者实际上已形成经济上的控制权，所有者被迫处于只能提供生产手段的地位，让那些新的控制者行使他们的权力。所有与控制分离发展到最后的结果，将会导致公司企业形式的终结。①

2. 代理问题与代理成本

自《现代公司与私有财产》一书出版后，美国司法学界研究焦点是在所有权与控制权分离前提下，探讨如何确定经营者可以正当行使的经营权限范围以及如何有效控管其经营权限的行使。在此观点下，代理理论（Agency Theory）顺势而生。

1976 年，詹森（Jensen）和麦克林（Meckling）提出，两权分离引起了代理问题（Agency Problem）。② 因为，所有与控制分离的状态使得投资人股东与控制经营者的利益出现冲突，负责经营管理公司的控制者不是或者至少不完全是公司的所有者，他们是在为别人，或者至少不是完全为自己服务。控制者所经营的利益将大部分为投资人（所有者）所获得，而其仅获得事先约定的报酬。根据经济学的理性选择理论，经营者也是自利的理性人，也有最大化自身利益的意图，在其掌握了股东财产控制权的情况下，极有可能利用股东所投入的资产追求自身利益或他人利益。

股东与经营者的利益分歧会导致数种利益冲突的问题：第一，偷懒、逃避责任，也就是所有的代理人在工作步调上的怠慢以及其在涉及适应环境的变迁（例如新科技的诞生）上避免付出努力等方面，存有潜在的利益。第二，代理人会有潜在的利益将本人的资产通过不公平的自利交易挪为己用（此即传统形态的利益冲突）。第三，对公司的高层经营者而言，由于其在法律上及事实上具有高度的经营自由，股东不能介入其经营公司的权限，

① ［美］阿道夫·A. 伯利、加德纳·C. 米恩斯：《现代公司与私有财产》，甘华鸣、罗锐韧、蔡如海译，商务印书馆 2005 年版，第 139 页。

② See Michael Jensen & William Meckling, "The Theory of the Firm: Managerial Behavior, Agency Costs, and Ownership Structure", *The Journal of Financial Economics*, No. 3, 1976, pp. 5 –6.

虽然公司经营者并不太类似传统的代理人，但是由于其与股东利益的分歧，将会产生第三种利益冲突的问题，也就是职位冲突。这种冲突包括：使他人难以客观地监督其表现；使他人很难因其经营绩效欠佳或其他理由而将其解职；试图大幅扩充公司规模而将自己的权力、名望、薪资最大化，即使这一举动并不会增加股东的利益；试图最大化其所掌握的公司现金或其他资源，即使该现金与资源如果分配给股东将更有效率等。以上种种利益冲突的问题中尤以第三种最为严重。

事实上，早在18世纪亚当·斯密（Adam Smith）就曾经指出："在钱财的处理上，股份公司的董事是为他人尽力，而私人合伙公司的成员，则纯是为自己打算。所以，要想股份公司的董事们监视钱财用途，像私人合伙公司成员那样用意周到，那是很难做到的。有如富家管事一样，他们往往拘泥于小节，而殊非主人的荣誉，因此他们非常容易使自己在保有荣誉这一点上置之不顾了。于是，疏忽和浪费，常为股份公司业务经营上多少难免的弊端。"[①] 在两权分离的现代公司，这种现象更为严重。由于投资人股东无法亦步亦趋地跟随经营阶层，他们就难以知悉经营者实际上的行为或决策，双方处于严重的信息不对称（Information Asymmetry）地位。随着专业化分工越来越细，投资人股东通常都不具有监督经营者所需的专业。在这种情况下，经营者可能利用信息优势，在损害公司利益的基础上追求个人利益。

上述企业所有者（股东）与企业经营者（经营董事）的两权分离以及基于代理关系所产生的利益冲突、代理成本等问题，其实就是《公司法》规范的中心问题之一。如前所述，公司内部机关的分化其实就象征着公司经营权与所有权分离的开始，直到伯利和米恩斯对于现代公司提出经营与控制分离所可能产生的问题，到了后来詹森和麦克林认为公司经营者之所以能够取得控制，是因为股权分散后的股东有集体行动困难，包括由于行动得不偿失的合理不作为、期待别人采取行动的免费"搭便车"以及行动者负担所有费用的公平性问题。为了解决代理问题，所有者就必须对经营者进行激励和约束，例如以契约方式载明经营者所需从事的行为、监督经营者或者要求其提供一定的担保。这些机制虽可以降低代理问题发生的概

① ［英］亚当·斯密：《国民财富的性质和原因的研究》（下卷），郭大力、王亚南译，商务印书馆1981年版，第303页。

率，但同时也导致额外的成本，即代理成本（Agency Cost）。依照学者观点，代理成本可以分为三个方面：①监督成本。是指本人欲监督代理人行为所花费的成本。②担保成本。由于本人面对代理人可能侵害其利益的风险，因此本人可能要求代理人提供资源以担保其于代理关系中不会从事有害本人利益的行为。③剩余损失。即使本人从事监督行为且代理人提供一定担保，本人的利益仍可能因其与代理人之间的利害冲突而受有损害。[①]

由于各种缓解两权分离和降低代理成本的机制，在实务上往往缺乏系统性的整合，无法使其效用达到最大化，因此公司治理制度应运而生。公司治理所要克服的不当经营行为：一是滥权行为，二是无能经营行为。前者是指经营者不当规避其所应负的责任，如窃取公司资金、将公司商品低价卖给所控制公司、怠惰经营致侵害股东权益，或给付自己高额报酬的道德危险。后者则是公司未能正确判断经营者是否具有足够的经营能力，致所选任的经营者因能力不足无法达到经营目标，属于逆向选择的范围。针对滥权行为，可以通过内部与外部诱因机制设计，促使经营者追求公司与股东利益；但当涉及无能经营行为时，仅能以更换经营者的方式，避免逆向选择的问题恶化。在美国公司治理发展过程中，首先受到关注的是道德危险问题，但近年来由于强调经营绩效，关注焦点逐渐转移到逆向选择的问题，侧重经营者的经营手腕与能力。因此，现今公司治理制度中所提出的相关监控机制，其理论基础是源自上述两权分离和代理成本机制，并将此机制予以系统化与细致化。

二、公司法人治理结构的含义、目的和类型

如前所述，美国学者伯利和米恩斯根据实证调查，指出所有与控制分离的问题。之后的法律经济分析学派，则进一步从经济学的角度提出了代理成本理论。美国于20世纪70年代在公司实务上发生了一连串所有与控制分离和代理成本相关的公司倒闭、重整的丑闻案后，美国学者为解决其中的诸多问题，开始重视公司治理（Corporate Governance）的概念，并进一步

① See Michael Jensen & William Meckling, "The Theory of the Firm: Managerial Behavior, Agency Costs, and Ownership Structure", *The Journal of Financial Economics*, No. 3, 1976, pp. 5 – 6.

成为世界各国公司法制上研究的焦点。[①] 下面对公司法人治理结构的概念、目的及其种类做进一步的阐述。

1. 公司法人治理结构的含义

公司法人治理结构是现代公司一个最基本的组织特征，其实质是公司权力的制衡问题，即公司治理问题。公司治理从狭义而言可指公司股东直接或间接对公司经营者加以监督或评估其表现的行为，广义上可指公司指挥与控制的系统，或公司结构及决策的过程，可以包括公司各机关的权责与关系，甚至整个公司法；[②] 最广义则可以包括公司（或其机关）与其他利害关系人或公权力的互动关系。[③]

由此可见，所谓的公司治理并非美国公司法制在20世纪70年代之后才出现的全新产物，而是对于公司内部监控、公司各机关权责与关系，甚至包括公司与所有利害关系人、公权力间的互动。这些关系与互动本来就存在于公司法与相关法规的架构下，美国学者只是在1970年后才通过公司治理一词来描述这些原本就已存在的概念。

如上所述，公司治理一词用狭义、广义、最广义来加以定义，而其中狭义的公司治理主要着重公司所有与控制分离后所产生代理成本控制的问题，也就是公司治理的基本内容。至于广义的公司治理则是公司法与证券交易法所要规范的对象，而这会因各国特殊的法律、文化、传统而有所不同。最广义的公司治理则会进一步处理公司社会责任的问题，公司在面对资本、产品、劳力市场竞争下的权衡问题，以及公权力介入程度的问题。有关公司治理的内容可从最广义的定义加以探究，在此以2004年经济合作发展组织（OECD）中公司治理团队所完成的《公司治理原则》（以下简称《原则》）为讨论重点。《原则》指出，改进公司治理可以使公司增加竞争力进而使其可在资本市场中获得资金，而其改进有待各国私营部门与公共政策的共同努力。其做法包括：确定公司在现代经济的任务，除了创造长远

---

① 在20世纪90年代之前，“公司治理”一词很少在实务上使用，该词多数出现在美国法学院的教科书及学术论作中。See Margaret M. Blair, *Ownership and Control – Rethinking Corporate Governance for the 21th Century*, The Brookings Institution, 1995.

② 例如美国学者 Joel Seligman 所著的 *Corporations — Cases and Materials* (Little Brown and Company, 1995) 一书，第四章 Corporate Governance 中，即包括州公司法规，以及联邦证券法规中有关强制公开、实质公开、财务报告、审计及内部控制的部分。

③ 最广义的 Corporate Governance 是在确定股东与非股东间权力平衡应如何配置的过程，而所谓的非股东包括公司的董事、经理人、债权人、供货商与消费者。

经济利益以提升股东权益外，并应充分公开公司所有经济与非经济目标以及其可能的影响；公司治理的安排应有适应不同情况的能力，政府的管理架构应使得不同企业在不同环境能够选择最适合公司治理的安排，例如适应不同的股权结构而有不同的董事会功能、股东监控功能；保护股东权利：为吸引股权投资，法律强调公平性（防止利益输送）、透明性（加强信息公开）与负责性，而其保护重点为取得有关公司的信息、加强投票权的行使，以及提倡董（监）事的活跃及独立成员的加入，以提高公司治理的质量；容许积极股东发挥作用，这主要考虑到由积极股东监控可减少代理成本，并可促使公司进取、承担风险；融合公司股东与其他利害关系人的利益，例如将董事、经理人、雇员与股东的利益一致化会有利于公司的成功（也就是削减代理关系中利益冲突的问题）；承认社会利益，公司的利益应配合社会的目标，如社会融合、个人福利、机会平等。①

综合以上 OECD 对于公司治理的原则建议后可知，公司治理是一种机制、一种制度设计，包括董事会功能、结构、股东权利等方面的制度安排，也就是关于公司控制权与剩余索取权分配的一整套法律、文化与制度安排（甚至包括其他利害关系人的制度安排），而这种制度主要目的就是要控制在企业所有与经营高度分离后可能出现的代理成本问题，而其主要方式为建立激励约束机制，促使代理人与本人利益一致，并使得本人可以有效地监督代理人。在公司治理制度方面，除了建立激励机制（如将董事的报酬与公司的营运表现相关联）以调和董事（代理人）与股东（本人）之间的利益外，更着重于监督制约机制的建构，例如在公司内部加强董事会、股东会的内部监督功能，强调市场监督的重要性等。一套运作良好的公司治理制度尚须获得外部环境配合，例如各国在建立起公司内部机关间追求效率、防止滥权（分权、制衡）的公司法制后，还需要有良好的外在环境（例如发达的金融市场等）的配合，才有可能达到建构完善公司治理制度以控制代理成本的目的。现行各国公司法中关于公司内部机关（董事会制度、股东会制度、监事会制度）间权限分配的架构，也就是针对公司法上公司经营的权力集中在公司经营者所做的设计，与公司治理所强调的重点即代

① 参见《经合组织公司治理原则（2004 年版）》，http：//wenku. baidu. com/link？url = 31czvcpmD1fwc4kACIIlm4Z9Dd9LJAPrScG2g77Jq8fb _ uJqWw16ueXnM9deioIcn45cZ4EsNg5pJXroOar 7xA7e4yL5kcq2MFFBNm8LIee，最后访问日期：2014 年 1 月 2 日。

理成本的控制密切相关。

2. 公司法人治理结构的目的——制衡与效率的统一

英美法系公司法制与大陆法系公司法制的公司法人治理结构的形态，在历史发展的最后结果上虽有所不同，但是关于机关分立的考虑，或多或少都借用了政治上权力分立的理论。例如在18世纪，英国著名的法学家威廉·布莱克斯顿（William Blackstone）即认为公司是小型的共和国。① 此后现代英国的公司法学者也认为其公司法上所规定的主要内部机关——股东会与董事会，可以在宪法上找到类似的概念。也就是在英国的议会民主制度下，立法权是属于国会而其执行权则为政府的权限，国会是通过其改变政府力量的方式加以控制，虽然公司并非一主权主体而仅有有限的能力，不过在理论上公司中最高的规则制定权应归属于股东会。一般而言，股东会是以普通决议的方式做成决定，但公司法会在某些事项上要求股东会必须以特别决议为之，甚至规定某些事项必须于章程中订定且不可修改。董事也就如同政府一样，必须对股东所组成的股东会负责。至于现代公司的董事并不仅仅只是作为公司事务的执行者，而且在不违反公司法、章程或股东会特别决议的情形下，拥有很大的业务执行权限，远远大过宪法上政府之于国会的关系。在政治理论上，不论是否属于政府能力所及的单纯执行事项，国会都可以推翻政府所做的任何决定，这点不同于现代公司的理论。在现代公司的理论中，股东会并不能干涉那些已经授予董事决定权限的事务，而其只能解除董事的职务或另找他人取代，不然就得通过修改章程的方式对于董事的权限加以限制。② 至于在大陆法系上首创股东会、董事会与监事会三种机关的法国商法典，与其后影响日本及我国公司法制的德国商法，在公司内部机关的设计上，是仿照法国政治思想家孟德斯鸠政治上三权分立的体制。如以当今我国的公司法制为例，是将公司内部机关划分为三：以股东会为公司最高的议事机关，其行使的权力相当于国家的立法权；以董事会为公司的业务执行及代表机关，其行使的权力相当于行使国家的行政权；以监事会负责监督公司业务的执行，其行使的权力在某种程度上相当于国家的司法权。公司法人治理结构的目的在于利用该三机关

① See Paul L. Davies, *Gower and Davies' Principles of Modern Company Law*, Sweet & Maxwell, 2008, p. 51.

② See Paul L. Davies, *Gower and Davies' Principles of Modern Company Law*, Sweet & Maxwell, 2008, pp. 15 – 16.

权限划分所产生的制衡作用，达到公司内部自治监督的目的，以防止企业经营者滥权，并确保企业所有者所追求的经济利益。[①]

一般而言，在政治上权力分立原则的目的有二：一是避免专权暴政，也就是通过分散政府权力，减少专权机会，以保障人民自由；二是追求效率，也就是在不同的政府部门间进行分工，以提高政府效率。引进政治上权力分立理论的公司内部机关的设计与权限分配，可以推论其目的也兼有制衡与效率的统一，也就是除了避免经营者滥权之外，并通过在不同机关间进行分工，以提高公司经营的效率。就历史上的演进来看，公司的内部机关形成的最初原因，是广收大众资金以至于股东人数开始增多且分散，合股资本的集中管理是为经营上所必要，而对于大量的日常事务，则必须建构公司内部的核心组织来加以处理。总结而言，就是将所有与经营分离，将公司的决策权集中，以追求决策成本的最小化。如果公司的每一项决策都要由所有股东共同决定，不但会导致高昂的成本，而且股东在面对有待决策的问题时，往往会以不了解情况为借口而推卸责任。所以有效控制公司的方法，就是把公司的决策权交由一个经营者团体（董事会）来行使，其主要职能是与该团体其他资源的投入者进行协商并实施管理，而公司的股东则保留更换经营者团体成员的权利，以及公司改组或解散等重大问题的决策权。[②]

对于这种将决策权集中于经营者团体（即董事会）的制度设计，美国学者阿罗（Arrow）则从个人诱因与个人对信息的控制出发，提出了以下观点：在给予相同的信息和诱因的情形下，组织里的每一个成员将以共识来做出决定。因为每一个为自己私益而投票的成员，都会被驱使去选择他人偏好的结果。但在给予不同的信息与诱因的情形下，每一个成员都积极地参与决策的过程是不可实行的。因为单一的成员缺乏信息与诱因去达到一个理想的团体决定，所以在这种情形下，将信息处理集中化，将会更节省成本且更有效率。[③] 根据历史上公司法制关于公司内部机关的发展，以及其背后政治与经济因素的影响，我们可以看出，公司内部机关的生成与发展，

---

① 何芳枝：《公司法论》，台湾三民书局 2009 年版，第 243 - 244 页。

② [美] H. 德姆塞茨：《所有权、控制与企业——论经济活动的组织》，段毅才译，经济科学出版社 1991 年版，第 162 页。

③ John H. Matheson, "Corporate Governance at the Millennium: The Decline of the Poison Pill Antitakeover Defense", *Hamline L. Rev.* Vol. 22, 1999, p. 716.

并非偶然的产物，而是在混合了各国的商业历史与政治经济背景所衍生出来的。也正因如此，造成了各国在公司内部机关的形态上有所差异。

建构公司内部机关之后，各国公司法下一个问题就是如何在各机关间建立一个适合的制衡系统。也就是在公司的经营权集中到董事会之后，如何建立一套有效的监察制度加以制衡，以避免其滥权。[①] 在公司内部制衡系统的发展上，如同政治上的分权一样，只要某权力部门不能完全由另一权力部门所取代，各种制衡机制在理论上就有存在的空间。同理，公司内部各个机关间权限也不可能做到百分之百的区分，而有所谓的“灰色地带”存在，但只要彼此之间不完全重叠，任何种类的公司内部机关形态都有存在的价值，没有优劣上下的区别。此外在公司内部机关间权限分配的设计上，还须注意政治上权力分立原则的两大目的虽然为追求效率与防止专权，但是两个目的之间并非十分调和，而是有相当程度的冲突。从理论上讲，分权设计越复杂、越成功，权力间摩擦的机会就会随之增加。所以发生专权的危险越低，同时效率也会相对减低，发生僵局的概率会相对增加。公司间内部机关在权限分配上也存在着同样的问题，不能因为防止董事会的滥权，过于加强其他机关的权限，以至于妨害到权限分配的效率目的。

3. 公司法人治理结构的类型

从公司内部机关的权力制衡形态而言，当今各主要国家公司法治理结构大体可以分为一元制（单层制）、二元制（双层制）与并列制三种。

（1）一元制（单层制）。一元制的公司法人治理结构又称单一形态组织结构，是指公司除了股东会以外仅有董事会作为法定的必要机关。[②] 这种类型的公司法人治理结构以美国公司法为代表。美国公司的董事会是企业经营管理的唯一机关，但凡公司的业务策略、执行决定，甚至于企业监督的权限，都属于董事会及其所属的各委员会所执掌的事项。董事会由兼任经理人的内部董事（Inside Director）与不兼任经理人的外部董事（Outside Director）组成，两者都由股东会选出。内部董事与经理人负责公司业务的执行，外部董事则在董事会及各附属委员会中配合公司外部专门职业的会计师，负责公司业务与财务的监控。之所以称之为一元制或单层制，是因为

① See Paul L. Davies, *Gower and Davies' Principles of Modern Company Law*, Sweet & Maxwell, 2008, p. 17.

② 王保树：《是采用经营集中理念还是采用制衡理念——20 世纪留下的公司法人治理课题》，《民商法纵论——江平教授七十华诞祝贺文集》，中国法制出版社 2000 年版，第 581 页。

其公司构造并没有常设监察机关，公司的经营仅由单一的董事会负责。

（2）二元制（双层制）。二元制又称双层形态组织机构，是指公司的监事会和董事会呈现垂直的双层状态。[①] 这种类型的公司法人治理结构以德国公司法制为代表。德国公司内部机关的设计，实行监事会与董事会上下隶属的双层结构，其中董事会为业务执行机关，监事会则为内部监控机关，并且监事会是董事会的上位机关。公司股东会选举产生监事会，监事会任命董事会成员，监督董事会的业务执行，董事会在采取某些行动之前，必须事先得到监事会的同意。但一般而言，董事会在执行业务上并不受股东会或监事会的指挥。[②]

（3）并列制。并列制又称分立或并列形态的组织结构，是指公司的业务执行、经营决策机关（董事会）与公司的监察机关（监事）并列存在。这种类型的公司机关以日本公司法为代表。日本公司中公司经营机关的制度设计，与美国法所采取的一元制相比较，由于日本法是在董事会外另设置监事（监事会），而非在董事会下再设置监察委员会，也即另有一常设的监察机关，所以与一元制的美国有着明显的差异。此外，由于日本公司法在形式上是将董事会与监事（监事会）分立并列，两者都由股东会选出，受股东会的监督，两者之间并无上下隶属的关系，监事（监事会）并无选任及解任董事的权限，所以与德国法所采取的二元制设计模式有所不同。由于日本的董事会与监事（监事会）属于并列机关或分立机关的关系，因此称其为分立制或并列制。[③]

至于我国的公司法人治理结构的组织形态，由于我国公司法规定，公司的内部机关除了股东会外尚有董事会及监事会的设计，即以股东会为公司的最高议事决定机关，董事会为公司的业务执行机关，监事会为公司的监察机关。有学者认为相对于德国法制与美国法制而言，我国采取的是董事会与监事会为公司法上必要常设机关的二元组织系统。但有的学者认为，由于我国公司的监事对于董事并无选任、解任的权限，也非董事会的上位机关，因此我国公司法就公司经营机关的结构设计，与德国的二元制形同

---

①③ 王保树：《是采用经营集中理念还是采用制衡理念——20 世纪留下的公司法人治理课题》，《民商法纵论——江平教授七十华诞祝贺文集》，中国法制出版社 2000 年版，第 580 页。

② 王保树：《是采用经营集中理念还是采用制衡理念——20 世纪留下的公司法人治理课题》，《民商法纵论——江平教授七十华诞祝贺文集》，中国法制出版社 2000 年版，第 580－581 页。

而实异。[①] 此外，我国公司的董事对公司的业务执行机关（董事会）虽然也具有监督权，但是因为我国还有常设的监察机关——监事会的制度，此乃英、美的公司法所无，因此与英、美之一元制也有所不同。所以如果从我国公司的董事会与监事会两者是彼此并列的关系来加以观察，应该认为我国公司法人治理结构的制度设计采取的是日本公司法制的并列制。

三、我国公司法人治理结构的现状

如前所述，现行各国公司法人治理结构是根据经济上的需要，引进政治上的理论，依照公司内部权力分权与制衡的原则形成了各种不同的内部机关，而各国公司内部机关的组织形态，又因各自的历史背景、商业发展及继受法律的影响，可分为一元制、二元制与并列制三种，其中相同之处在于上述各种制度都有股东会与董事会的设置，而不同之处在于有些国家有设置常设的监察机关，如德国的监事会、日本的监事（监事会）、我国的监事会，而英美则没有在董事会外另行设置常设的监察机关，其主要是依靠外部会计师对于公司财务状况的监督，以及在董事会中设置外部（独立）董事，以对董事会进行监控。以上各种机关的设置及其之间权限分配的关系，即为公司法人治理结构的机关分立主义。

在我国公司法中，公司法人治理结构决定了公司内部各机关之间的关系。在意思形成机关与业务执行机关方面，我国公司治理也经历了从股东会中心主义到董事会中心主义的演变。直到20世纪90年代《公司法》出台，我国才有真正意义上的现代公司。股东会被认为是公司中最高的权力机关，[②] 主要体现为：公司的董事由股东会选举所产生；公司减资、增资和章程的修改须经股东会的同意；公司经营的重大事项由股东会决定。由于当时公司的规模尚小，股东人数不多且各自拥有较高的持股比例，易于参与公司的经营，所以公司意思形成机关（股东会）与业务执行机关（董事会）间权力分配的关系，是采取股东会中心主义，原则上不承认董事会拥有独立于股东会的法定权力，董事会执行公司业务的决策必须完全依照公司章程及股东会的决议。

---

① 梅慎实：《现代公司法人治理结构规范运作论》，中国法制出版社2001年版，第162页。

② 徐洁：《健全与完善股份公司机关的策略》，《现代法学》2000年第1期，第106页。

在业务执行机关与监察机关的关系上，我国设置有监事会，用以公司监督的业务执行，但二者都由股东会选举产生，在地位上处于平行并列的关系。如前所述，英美一元制公司法制与德国的二元制、日本与我国的并列制最大的不同是公司中监察机关的设计。英美的公司法制原则上并没有设置常设监察机关，但往往于董事会中设置外部（独立）董事，配合董事会下全部或多数由外部（独立）董事所组成的监督性质委员会，对公司的经营进行监督。而在具有常设监察机关的公司法制中，德国法的监事会所拥有的权限甚至扩及对于董事会成员的选任与解任，且有某些公司重大事项的决定权，因此带有公司意思形成机关与业务执行机关的色彩，这与日本和我国的监事会制度有很大的不同。

在监察机关与意思形成机关的关系方面，我国采取监督功能的互补原则。在公司内部机关形态采取二元制与并列制的国家，《公司法》中规定所必须设置的常设监察机关基本上是由公司的意思决定机关——股东会所选出。二元制与并列制国家设置独立常设监察机关的动机除了是源于政治上权力分立理论外，还基于企业自治的原则，所以公司业务执行的监督原则上实行公司内部自行监督。股东会身为公司最高机关而拥有董事任免权、会计表册承认权、董事责任追究权等。这些权力是监督机制的重要设计，但由于股东会终究不是经常活动的机关，所以有必要另设一常设机关，就公司的业务及财务状况随时加以监督，以补股东会监督的不足。[①] 一元制的英美国家虽然没有独立常设的监察机关，但往往会在董事会中设置外部（独立）董事，以监督从事公司经营业务的内部董事与经理人。不论是否规定公司必须另行设立监察机关，为保护股东的权益，各国公司法都赋予股东监督公司经营者的权限，这大致可以分为集体股东权的行使与个别股东权的行使。前者是指股东会权力的行使，即股东会以多数决的方式选任与解任公司董事，并决定公司的重大事项。后者是鉴于股东会召集不易且可能为公司经营者所掌控，于是在公司法上增设少数股东权、单独股东权，用以保护少数极个别股东的权益。所以就股东会所能发挥的功能来说，公司中的意思决定机关——股东会对于公司经营者也有监督的权限。

在对我国公司法人治理的内部机关权限关系进行探讨后可以发现，公司内部机关的权限分配在事实上与制度设计上不可能做到完全的区分，在

---

① 何芳枝：《公司法论》，台湾三民书局 2009 年版，第 364 页。

各机关间权力功能制度的演变上，经济效率的追求是造成公司内部权力迁移的原因之一，而且也是权力制衡制度在设计时所考虑的重点之一。

第二节　监狱企业法人治理结构问题的特殊性

一、监狱企业法人治理结构特殊性的由来

为了贯彻我国刑法惩罚与教育相结合的原则，监狱一般都安排罪犯进行一定的生产劳动，使其出狱之后能够自我谋生，迅速融入社会。监狱在组织罪犯劳动的过程中，逐渐采用了企业的组织形式，监狱企业由此产生，作为监狱的附属机构而存在，为监狱教育改造罪犯服务。由于历史原因及罪犯劳动改造需要，先前我国绝大多数监狱实行"监企合一"的管理体制，监狱兼具刑罚执行职能和企业职能。这种管理体制在运行中存在很多问题和矛盾，并与我国社会主义市场经济体制产生了严重的不相适应的地方。为了改革这一不符合现实要求的管理体制，2003 年，《国务院批转司法部关于监狱体制改革试点工作的指导意见的通知》（国函〔2003〕15 号）开启了监狱体制改革试点。这次监狱体制改革的思路主要是"全额保障、监企分开、收支分开、规范运行"十六字方针，改革的重点是"监企分开"，要求将监狱企业的管理机构及监狱企业从监狱管理局和监狱中剥离出来。实行"监企分开"以后，全国以省为单位，开始将监狱管理局原来管理监狱企业的机构分离出来，组建监狱企业集团公司，省内各监狱企业组建为集团公司的子（分）公司。[①] 监狱企业公司组建以后，又出现了新的问题：监狱企业集团公司怎样实现良好运行？监狱企业集团公司是否要按照《公司法》的要求建立健全公司法人治理结构？如何完善监狱企业的法人治理结构？这些都是在"监企分开"后，监狱企业运行过程中亟须解决而尚未完全解决的问题。

---

① 司法部监狱管理局网站，http：//www. moj. gov. cn/jyglj/node_ 213. htm，最后访问日期：2016 年 9 月 29 日。

二、建立健全监狱企业法人治理结构的特殊因素

“监企分开”后，监狱企业的性质成为人们热议的焦点问题。因此，要建立健全监狱企业法人治理结构，就必须考虑监狱企业的性质，在此基础上才能建立与其性质相适应的企业法人治理结构。监狱企业的性质决定监狱企业的职能、任务，直接影响监狱与监狱企业的规范运行，影响监狱企业的机构设置、领导体制和委派警察的身份待遇，也影响监狱企业产业产品结构调整以及监狱企业的发展方向。关于监狱企业的性质主要有两种不同的观点：一种观点认为，监狱企业在生产目的、法律依据、职能任务、劳动项目选择、分配制度、政策措施、管理方式等方面不同于社会企业，是改造罪犯工作的组成部分，应将监狱企业视为监狱的一个内设机构，主要采取行政管理；[①] 另一种观点认为，监狱企业既要为改造罪犯服务，又要以市场为导向，采取市场运作的方式来经营管理企业。[②]

从监狱企业的属性来看，完全采取行政管理或完全市场化运作，都不符合监狱企业的发展方向。监狱企业还是要走特殊管理、特殊政策和特殊立法之路。监狱企业的特殊性质体现在以下几方面。

1. 监狱企业与现代典型的商业企业的区别

从公司企业的历史发展过程来看，监狱企业具备企业的基本性质，但与现代典型的商业公司企业存在明显区别。从法律的角度讲，企业是依法成立，以营利为目的，具有一定的组织形式，独立从事商品生产经营、服务活动的经济组织。企业在现代商业活动中占有举足轻重的地位，也是国家经济发展的重要商业组织。现代公司企业的起源，与商业发展及国际贸易的兴盛有着极大的关系。非商业公司出现于罗马帝国的乡镇、公会与殖民地，但并非单纯以营利作为营业目的，如由帝国或地方政府扶植成立以

① 杨春平：《中国监狱企业定性与发展定位思考》，《安徽警官职业学院学报》2005 年第 3 期，第 13 页。

② 张丽：《对构建现代监狱企业制度的探讨》，《河南司法警官职业学院学报》2008 年第 1 期，第 16 页。参见黄勇峰：《新体制下“监狱企业”的多维度解析》，《监狱理论研究》2009 年第 4 期，第 15 页。

实现行政目的，或作为控制殖民地经济的手段。[①] 此后在欧洲的中世纪时期，社会形态逐渐由封建庄园转化为人口聚集的城邦形式，散居民众因此集中，带动了商业发展，且由于商业规模越来越大，促进了商人间彼此的竞争与合作，开始产生了公会、互助会等商业组织，然而其非以法人的形态出现，所负责任也是无限责任，较类似于现代的合伙组织。在现代公司出现前，企业组织大致上分为独资与合伙两种。在地理大发现时代，国际贸易开始兴盛，因此跨海贸易成为最热门的交易形态，以“公司”为名的商业组织也在此刻诞生。[②] 然而这种“公司”仍与现代公司相去甚远：就其组织及责任而言，为中古时代公会的延续，仅提供会员基本物资以便进行跨海交易，各会员仍以独立的身份进行交易，无统一的对外窗口，也无就会员的财产和公司的财产加以分割。

直到 1601 年，东印度公司获颁史上最早的营利事业登记证而成立，才建立了现代公司的雏形。但东印度公司相较于现代的公司仍有许多不同之处：首先，欧洲各国商业竞争白热化，跨国贸易往往涉及外交、战争等国家事务，为确保东印度公司在国际贸易上的优势，荷兰议会乃特许其代表国家，并拥有缔约、宣战、媾和、征税与刑事司法审判权的权力，某种程度上此公司即为国家的代表，具有浓烈的政商合一色彩；其次，在成立之初仍以类似合伙的形态经营事业，成员各自为政，并负无限责任。之后随着公司的发展，才逐渐吸收了合伙以共同账户交易的特性，开始禁止会员以个人名义交易，将公司存在的目的由政府的贸易代理者转化为牟取各会员的利益，而产生特许合股公司，其成立需受政府的审核限制。随后在 17 世纪末，为避免公司财务被个人债务拖累，公司仅负有限责任的制度开始产生，使得股东不必负担公司的债务，促进了公司法人化的开始。

在 18 世纪欧洲各国工业革命后，随着生产技术的进步以及销售手法的创新，规模经济的重要性大为提升，随之兴起的是投入大量资金、采用大量生产设备的大型公司。此外，由于社会财富的分配较以往更分散，中产阶级出现，加上大型公司所需的资金越来越庞大，因此私人投资的情形慢慢开始为社会观念所接受且普及，逐渐取代政府投资。投资人的增加，除

---

① See John Colley, Jacqueline Doyle, George Logan, Wallace Stettinius, *Corporate Governance*, 1st Edition, McGraw Hill Education; New York, 2007, 13.

② 王文宇：《公司法论》（第 4 版），台湾元照出版有限公司 2008 年版，第 4 页。

造成股权结构分散以外，也使公司经营难度越来越大，多数投资人往往不具备足够的知识经营公司，因此产生了将公司经营交给少数的专业人士的现象，同时也建立了投资人仅就其投资额负有限责任的制度。至此，现代公司特征已完全体现，即公司独立法人格、股东为公司所有人、资本股份化、股东责任限制、少数人经营。公司此后逐渐成为大型企业偏好的组织形态，影响力更是与日俱增。如到 1919 年，美国公司虽然仅占企业总数的 31.5%，但是却雇用了 86% 的人力，产值占到了所有企业总值的 87.7%；所涉及的参与者包含股东、员工、劳工、工会及雇主团体、经营管理机关等，彼此利害交错或利害冲突。

从历史上看，公司企业的发展经历多个阶段、多种形态，最终发展成为具有独立财产、独立责任和独立人格等特征的现代公司。所谓独立财产是指公司对股东出资的财产有独立的法人财产权，股东对该出资不再享有所有权，仅仅享有股权，公司的财产与股东个人的财产相互分离、相互独立。独立责任是指公司自主经营、自负盈亏，以其全部法人财产对公司债务独立承担责任。独立人格具有独立法人人格，是与自然人并列的一类民商事主体，能够以自己的名义独立从事民商事活动。公司的人格与其组成人员的人格、与股东的人格是相互独立的。

我国的监狱企业是在特殊的政治经济背景下发展起来的，虽然具有企业的形式，但还无法与典型的现代公司企业画上等号，二者之间还存在很大的差距。[①] 从我国监狱企业的实际情况来看，根据《国务院批转司法部关于监狱体制改革试点工作指导意见的通知》："监狱国有独资公司及其子公司或分公司是改造罪犯工作的组成部分，主要任务是为监狱改造罪犯提供劳动岗位，为改造罪犯服务，不同于以营利为目的的社会企业，但也要讲效益。"由此可知监狱企业具有双重属性：既有以服务监狱监管改造工作，为改造罪犯提供必要的劳动场所和手段，追求劳动改造罪犯功能的社会性；又有积极参与市场竞争，兼顾效益的经济性。监狱企业的性质决定了其发展的功能定位，即监狱企业要按《公司法》《企业法》的规则营运，在市场环境下生存、发展，具有一般企业的共性；同时监狱企业是依据《中华人民共和国监狱法》设立，因此监狱企业也就具有区别于一般企业的特殊属

① 张丽：《对构建现代监狱企业制度的探讨》，《河南司法警官职业学院学报》2008 年第 1 期，第 16 页。

性。与现代企业公司相比，监狱企业的特殊性主要体现在：

首先，在公司独立法人格方面，监狱企业的法人“独立性”体现得不够明显。我国监狱企业采取国有独资公司的形式，产权结构单一。由于监狱企业还担负改造犯罪的任务，在实际运行中，国家不像普通的国有独资公司那样仅仅处于出资人的股东地位，而是要对企业的各方面进行全面管理和监控，以保证刑罚目标的实现。这就使得我国监狱企业不可能像普通的国有独资公司一样进行真正的公司制改革。司法部、国资委、财政部、中国银行业监督管理委员会、劳动和社会保障部等中央部委联合发布了《关于监狱企业实施政策性关闭破产有关问题的通知》（司发通〔2004〕16号），对监狱企业的破产事项做了规定，监狱企业经营困难时也可采取破产手段，清理债务，关闭企业。然而，这一规定似乎是在我国《企业破产法》之外的一个例外制度，显然不能与《企业破产法》规范的一般公司破产等同。这一关于破产的规定似乎更多的是赋予监狱企业破产的权利以便摆脱经营债务，而不是施加必须关闭企业的义务，法人人格的独立性没有得到真正的体现。

其次，在经营人员构成方面，监狱企业并没有专业的职业经理人。现代公司的一个典型特征就是由具有经营才能的专业人员进行经营和管理，而现实中监狱企业的经营管理人员往往是作为执法者的监狱人民警察，以及参与管理和生产的职工。他们的主要任务不是如何使国家这个股东的经济利益最大化，而是对于公司的罪犯劳动者进行劳动改造和教育。他们的使命决定了其没有专业技能和知识去全身心地经营监狱企业。所有这些构成人员的“特殊”身份、地位、待遇的悬殊，使得监狱企业不可能具有少数人（专家）经营的特征，这决定了监狱企业管理和运行远比一般的商业企业复杂得多。

2. 监狱企业的特殊公共企业性质

（1）公共企业概述。公共企业和我们通常按所有制形式划分的国有企业、集体企业、私营企业是完全不同的，同时和企业的规模大小也毫无联系，区分企业是否是公共企业关键看是否具备公共利益。根据企业供给的产品性质的不同可以把企业划分为私人企业和公共企业。向社会供给私人物品的是私人企业；公共企业是指为社会供给具有公共特质的服务和产品，其经营活动持续存在同时具备一定的盈利目标，是政府对其特殊制约和特殊管制的特殊经济实体。简单地说，所谓“公共企业”（Public Enterprises)，指的是受政府直接控制，旨在实现特定公共目标的经济实体。[①]

在第二次世界大战之前，经济学家大都认为市场经济是完美无瑕的，但自庇古（Arthur Cecil Pigou）[②] 主张外部效果和社会成本等公共经济学概念之后，有关学者开始探讨完全竞争是否能达到帕累托最优（Pareto Optimality），[③] 是否表示社会福利已经达到最大？他们所得的结论是，由于市场失灵现象的存在，使得市场机能无法充分发挥，因而无法达到帕累托最优状态。此外，价格也无法顾及公平问题，而衡量社会福利的高低，不仅以效率为指标，公平也是影响因素之一。因此，完全竞争并不能使社会福利极大化，必须通过政府的干预措施，以矫正市场失灵现象。

公共企业的成立与发展，与各国本身的政治、经济、历史、传统及社会环境、政治理念等有着十分密切的关系，政府常利用公共企业作为直接干预经济活动的政策工具，因为当存在着市场失灵的现象时，通过政府的干预措施，可以矫正市场失灵现象，并缩小贫富差距，解决分配不均的问题，所以公共企业或多或少存在于各国。

另外，如果经济起飞阶段物资缺乏，民间资本不足，政府为了保证水、电、气、大众运输等民生必需的商品和服务无匮乏之虞，自然需加以经营。而为了国家政治、军事及应付紧急情势的需要，也是国家经营公共企业的理由。例如为生产、管理军火的军用工业，为了执行国家刑罚政策的监狱企业就属这一类型。同时，由于社会福利国家理念普遍为各国所接受，国家的职能不再以维持秩序、保卫国家安宁为满足，而是朝着“最好的政府、最大的服务”的方向发展，因此财富平均分配与保障国民福利也成为国家的责任，公共企业的规模与范围也因而逐渐扩大。

从一般原因来说，建立公共企业，从事公共生产，是一国政府应对市场失效的可供选择的政策手段之一。各国政府经常通过建立公共企业来引

---

① 肖伟志、郭树理：《WTO与我国公共企业立法》，《北大国际法与比较法评论》2004年第2卷第2辑。

② 庇古（Arthur Cecil Pigou，1877－1959）是英国经济学家，所著《福利经济学》（*The Economics of Welfare*，1919）发展了福利经济学理论，认为可采用市场价格作为不同财货的相对效用指标，并主张私人所得与社会所得之间的分歧，需要采取税收和给予补贴，以达到资金的最适分配，因此提供政府干预以提高资金分配效率的理论。

③ “帕累托最优”是以意大利经济学家维弗雷多·帕累托的名字命名的，也称为帕累托效率，是一种理想的资源分配状态。该种状态下，如果可分配的资源和一群人已经固定了，当分配状态从一种变化到另一种变化，而任何人的境况并没有因此被变坏时，那么至少要有一个人变得更好。公平与效率的“理想王国”就是帕累托最优。

导、干预、控制市场，以弥补自由市场机制的缺陷。在现实中，公共企业存在的原因是多种多样的，不同原因在各国中的重要程度既与经济发展水平有关，也与经济思想、经济体制以及政治历史等因素有关。

值得注意的是，公共企业并不等同于国有企业，二者的联系和区别如下：

首先，就二者的内涵而言，公共企业是指一个企业组织，其所有权或股份部分或全部公有，且按商业原则经营，而实际经营却受政府控制。以该企业组织整体的所有权与控制权作为判定的标准，即凡企业的所有权完全为政府所有，或由政府投资经营而其所有权超过50%，而其生产的商品、服务具有经济价值，可成为市场交易客体的组织。公共企业，简单来说，就是指政府为了解决市场失灵问题，即出于向社会公众提供必不可少的公共产品和服务、解决外部效用问题、增进社会公正、调节和平衡宏观经济发展等目的建立和经营的企业。[①] 公共企业的首要目标是要为社会提供公共产品和服务，而且公共企业要受到政府的管制。国有企业是指资本全部或主要由国家投入，而由国家依法设立从事生产经营活动的组织体，其包含了国有独资企业或国家股占总股本的比例大于50%的国有控股企业。在所有权归属方面，公共企业与国有企业均以国家拥有超过50%的股份为标准；在经营权掌握方面，公共企业与国有企业均以国家经营管理为原则。[②] 严格地说，在非社会主义国家，政府出资办的企业不叫国有企业而叫公共企业。资本主义国家有的只是公共企业，而在社会主义国家则既有由国家即中央政府代表全民共同占有生产资料的公有制企业即国有企业，又有由各级政府出资兴办的公共企业。因此，公共企业是世界各国都有，是各个国家的共性，而国有企业则只有社会主义国家才有，是社会主义的特性。我国一直将本应独立的公共企业包括在国有企业范围内，是产权不清晰的突出表现。

其次，就二者的理论基础而言，公共企业是政府用以直接干预经济活动的政策工具，因为在整个供需自由的市场机能运作下，存在着“市场失灵”的现象。另外，像资金不足、国防安全、社会福利国家理念的普及等因素，都是政府采取这种干预措施的理由。国有企业的理论基础也即国有

---

① 肖伟志、郭树理：《WTO 与我国公共企业立法》，《北大国际法与比较法评论》2004 年第 2 卷第 2 辑。

② 邓志雄：《对国企定义的一些思索》，《中国经营报》2002 年 11 月 11 日。

企业产权的理论基础是社会主义公有制度，其中的关键在于传统计划经济的体制结构及行政干预的影响，是造成国有企业长期亏损的原因之一。

最后，国有企业主要设立在市场竞争性行业，与其他企业平等参与市场竞争。而公共企业出于政府调节经济或公共与公益目的，主要设立在非竞争性行业。国有企业改革的基本要求是政企分开，政府处于出资人地位，行使股东权利；而公共企业则由政府控制，政企不严格区分，以实现对特殊目的事业的调节。因此，公共企业由特殊性调整，执行特殊的政府功能，市场的定位是特殊法人。

还需要注意的是，公共企业与私人企业和政府机构不同，具有两个明显特点：第一，公共性。经营活动受政府影响的程度较高，并且服务于公共目标，而不单纯以营利为目的，与私人企业以营利为目的相区别。第二，企业性。公共企业是从事生产、销售商品或服务等经营性活动的组织，与从事行政管理的政府机构相区别。如果公共企业单纯地与私人企业相比较，两者也有明显的性质差异，如表6－1所示：

表6－1 公共企业与私人企业的属性比较

属性	公共企业	私人企业
公共性	有	无
有偿性	有	有
盈利性	有	有
管制性	有	无

（2）监狱企业应定性于公共企业。监狱企业是社会的商品生产和经营单位，从内容和形式上具备了企业的基本条件，也具有企业的一般性质，这一点是毫无疑义的。然而，监狱企业不是普通的企业，也不是普通的国有企业。由于监狱是国家的刑罚执行机关，是人民民主专政的工具，监狱企业的性质必须与监狱的性质相适应。监狱企业虽然也要讲效益，但毕竟不是以营利为目的，其生产过程也是改造罪犯的执法过程，最终目的是提供特殊公共产品。监狱企业进行生产经营只不过是达到劳动改造罪犯这一目的的手段，因此，可以借鉴历史上的特殊公司企业形态，将监狱企业定性为以提供劳动改造罪犯这种特殊公共产品为目的的特殊公共企业。① 从前

① 刘津：《监狱企业法人制度问题研究》，河北人民出版社2009年版，第6页。

述关于公司企业的演变过程来看，历史上不乏为完成特殊目的的特殊公共企业，例如古罗马的非商业性公司，这些公司曾作为政府扶植成立以实现行政目的或作为控制殖民地经济的手段。后来的东印度公司也具有浓烈的政商合一色彩，某种程度上成为国家的代表，在国际贸易上特许其代表国家，拥有缔约、宣战、媾和、征税与刑事司法审判权的权力。监狱企业的主管部门是中央和省、自治区、直辖市的监狱管理机构，其投资主体是国家，因此监狱企业是由政府投资的，是属于政府所有的企业，而不是全民所有制性质的国有企业。监狱企业符合公共企业的特质，即持续存在、以为社会提供具有公共性质的产品和服务为其主要经营活动、具有一定的盈利目标、受政府特殊管制措施制约。[①] 因此，按国际惯例监狱企业应该定性为公共企业。

第一，监狱企业的出资来源于政府的财政拨款，符合公共企业政府出资的条件。绝大多数公共企业成立时的初始资本金都来自财政的直接投资，或者来自政府提供的贷款。在公共企业运营的过程中，财政还可能为其提供补贴，包括税收和贷款上的优惠。公共企业的所有权是政府权属性质的而非全民性质的。我国《监狱法》第八条第二款规定：国家提供罪犯劳动必须的生产设施和生产经费。由于我国是通过监狱企业改造罪犯，因此，监狱企业的出资和运行经费都来源于国家的出资。另外，2003 年的《国务院批转司法部关于监狱体制改革试点工作的指导意见的通知》（国函〔2003〕15 号）提出了“全额保障、监企分开、收支分开、规范运行”监狱体制改革思路和要求。所谓“全额保障”即指由国家全额出资并保障监狱企业的运行经费。因此，我国的监狱企业的出资是全部来源于国家出资，国家处于出资人地位，这符合公共企业的出资人为国家的特征。另外，在实行监狱企业改制后，各省监狱管理局和监狱将负责生产经营管理的机构分离出去，分别成立了监狱企业集团公司及其分公司或子公司。由于我国监狱实行中央和省两级管理，以省管为主的管理体制，作为出资人的国家具体是指中央人民政府和省级地方人民政府。监狱企业与其他由国家政府出资的企业具有同样的属性，即政府出资人属性，从这一点来看，监狱企业与公共企业相一致。

第二，监狱企业是政府为实现劳动改造罪犯的特殊的政治目标而设立

---

① 叶常林：《公共企业：涵义、特征和功能》，《中国行政管理》2005 年第 10 期。

的，由政府进行直接控制。一般而言，政府建立公共企业，从事公共生产，是一国政府应对市场失效的可供选择的政策手段之一。政府经常通过建立公共企业来引导、干预、控制市场，以弥补自由市场机制的缺陷。这就需要政府直接控制公共企业，才能实现其特殊目标。众所周知，政府设立监狱企业是以改造目的为主，以经济目的为辅。[①] 经济目的服务于劳动改造罪犯的目的，是劳动改造罪犯的手段之一。要实现对罪犯的劳动改造，没有政府的直接控制和干预是不可想象的。美国监狱的私营化就遇到了很多问题，其改造罪犯的效果也受到了怀疑。事实上，在我国的监狱企业中，为了保证劳动改造罪犯的效果，监狱企业的经营管理人员都是具有政府公务员身份的人民警察，而不是一般的职业经理人。监狱企业人民警察的主要职责就是监督和执行对参加监狱企业的罪犯的劳动改造，经营管理只是其附带的职责。监狱企业在具体运行中是由政府直接监控的，监狱企业主要领导人和经营管理人员的任命都必须受监狱管理局的直接控制。此外，在资本的追加、经营结构的调整等重大经营决策上也受到政府实际上的控制。这是由我国监狱企业的管理体制所决定的，既反映了监狱企业的本质要求，又说明了其具有公共企业的本质特征。

（3）监狱企业的主要特征。监狱企业本质是公共企业，其主要特征体现如下：

其一，公共性。企业的“公共性”是指企业生产、经营的出发点建立在公共利益基础上。这一公共性特征将进一步表现在非竞争性的生产供给、非竞争性和非排他性的消费。监狱企业作为一种特殊的政治经济实体，其提供给社会的首先是公共利益，即社会安全和输送改造合格的守法公民。监狱企业无论是在生产供给还是在消费方面都有别于私人企业。比如生产供给中的人力资本的供给就极其特殊，其人力资本来源基本是罪犯，监狱企业提供给社会的公共安全是私人企业无法竞争的。

其二，有偿性。公共企业是特殊的法人机构，其组织形式是法人企业，因此它向普通的公众大量出售公共服务和公共商品是有偿的，以最大的效益和效率来供给产品，遵守收益与成本、需求与供给等经济学规律。监狱企业也是企业，监狱企业在组织罪犯劳动改造生产过程中，虽然要以改造为主，但是监狱生产也是社会化大生产的重要组成部分，监狱企业的产品

① 刘津：《监狱企业法人制度问题研究》，河北人民出版社 2009 年版，第 208 页。

也要流向市场，监狱向社会提供公共产品时要符合价值规律和经济学效率原则，监狱的部分费用可以通过向市场出售产品来获得部分补偿。

其三，营利性。通常，除了政府政策性亏损以外，公共企业不仅有偿供给公共服务和公共产品，还强调要盈利，政府或第三部门与之相比是有很大差异的。如前所述，协调惩罚矫治罪犯与经济功能之间的矛盾是监狱企业制度。监狱企业是独立的法人实体，也有面临破产解散的风险，因此监狱企业必须重视监狱生产，在保证改造罪犯基本职能的同时，也要结合自己的特殊性，选择合适的产业投资、生产。通过努力改造罪犯的思想，提高罪犯劳动的积极性从而提高监狱生产的效率，在为社会提供劳动产品时要充分考虑监狱盈利需求，否则监狱企业就无法存续，也会丧失法人实体的意义。

其四，管制性。政府和公民可以监督公共企业。公民可以参与定价公共服务和公共产品，还可以参与讨论公共企业的存在、规模、规划等，公共企业在发展的过程中强调政府管理过程和实时监控的透明性和公开性等。监狱企业是组织罪犯劳动生产，而不是组织普通的劳动者生产。罪犯本身就具有极大的人身危险性，给社会和国家安全带来不稳定因素。国家兴办监狱企业主要不是为了谋取经济效益，而是要对罪犯进行劳动改造，防止罪犯再次犯罪，把罪犯改造成合格的守法公民。因此监狱企业的存在、企业发展的规模、企业的长远规划不得不受制于国家和政府。监狱企业不可能为了扩大生产规模而强制刑满释放的罪犯在企业继续劳动生产，也不能拒绝劳动技能差的罪犯参与劳动改造。所以，国家必然要运用行政、法律、经济等手段贯彻自己的意志，并对监狱企业进行生产组织和管理。

（4）监狱企业的职能是以提供公共产品为主。从公共管理的视角透视监狱，监狱是关押和改造罪犯的场所；从政治视角透视监狱，监狱是人类社会发展到一定阶段的产物，是随着阶级、国家、私有制的出现而产生的，是阶级矛盾不可调和的产物，是国家暴力机器的重要组成部分。所以，从政治层面上理解的监狱，是国家意志力的集中体现。国家组织和其他社会组织是有明显区别的，国家组织有能力强迫被统治阶级服从国家意志并且也有行使这种权力的官吏（干部）的能力，同时具有实现该种权力的警察、军队、监狱、法院等强制性的机关，还有供养强制机关与干部的国债与捐税。以上构成一种物质力量和组织力量，即特殊的社会权力。监狱就拥有这种特殊的社会权力，承担了国家的刑罚执行功能。执行国家的刑罚权，对罪犯实施刑罚管制，是监狱的主要职能。在国家机器的运行机制中，监狱作为国家的刑罚执行机关，代表国家行使刑罚权，即惩罚和改造罪犯，预防和减少犯罪，维护社会良好的秩序，起着惩恶扬善，为社会提供公共安全保障的重要作用。这也是国家公共管理权的一种体现。可是，国家要惩罚和改造罪犯，必须要有一定的媒介，这个媒介的组织形式就是监狱企业。

监狱企业的存在，是实现罪犯有效改造的介质。监狱企业的主要职能是向社会提供“公共安全”和“合格公民”这两种特殊的公共产品，次要职能是向社会提供消费者用来消费的私人产品。监狱企业监禁罪犯，暂时隔离和终止了罪犯对社会安全的破坏，客观上向社会和国家提供了公共安全，它和公安、检察等机关一样具有相同的职能，都在向社会提供公共安全，监狱提供的公共安全是公安等机关提供的公共安全的继续。监狱企业不仅要向社会提供目前消费的公共产品——公共安全，而且将来向社会和国家提供这种公共产品才是其更为重要的目标。罪犯经过在监狱里的有效改造和教育，掌握了劳动技能，消弭不劳而获的恶习后顺利回归社会成为守法公民，监狱企业为社会和国家提供的守法公民就是一种更为特殊的公共产品。

国家通过监狱企业向社会提供以上公共产品，不但符合法律原则，而且符合经济学的效率原则。依据公共经济学理论，社会产品被划分为私人产品与公共产品。萨缪尔森在《公共支出的纯理论》中认为：如果个体消费一种劳务和物品不会导致其他人对这种劳务和物品消费的减少，那么它就是纯粹的劳务和公共产品。总的来说，私人产品和公共产品有明显区别：第一，非竞争性的消费；第二，非排他性的受益；第三，不可分割性的效用。反之，个体消费者可以对其享用、占有，具有可分性、排他性、敌对性的产品则是私人产品。准公共产品则介于二者之间。[①]

从公共产品的供给主体来说，虽然政府、市场和一些自愿主体均可提供公共产品，但是，从某种意义上说，政府是提供公共产品效率最高的，此处的政府是一种广义的政府。

政府作为公共产品的供给主体，公共产品的本质特征决定了政府提供

---

① http：//baike. baidu. com/link？url = i2j6gnnWL3_ kX_ T2sP_ NUeURw0o*km*4IUFFgrVYFsuJ5Vdkx03 - LGTE_ xhRgpVooTPwaml4NFdFkXoKci1vS1aa.

的高效性。公共产品最基本的特征是非竞争性和非排他性。如果由私人部分通过市场供给就可能会有“免费搭车者”出现，从而导致休谟所指出的“公共的悲剧”，全社会成员的公共利益就难以实现最大化，此种难题市场机制本身是难以解决的，这时公共产品和劳务就需要政府出面提供。按照西方经济理论，因为“市场失灵”的存在，所以市场机制很难在所有领域达到“帕累托最优”，公共产品方面表现得更为突出。此外，由于存在外部效应，私人不能有效供给也会造成提供不足，这种市场缺陷也需要政府出面弥补，由政府供给相关的劳务和公共产品。

因此，政府比以追逐利润最大化的私人企业更适宜供给公共产品，其能以更高的效率提供公共产品。监狱是国家暴力机器的重要组成部分，也就是国家、政府为公民和社会提供公共服务而设立的公共机关的组成部分，所以监狱不仅是国家的刑罚执行机关，而且是国家为公民和社会提供的一种公共产品。监狱是代表国家行使公共管理权（即刑罚执行权），为社会提供安全稳定保障类产品和服务的公共机关，是一种公共产品。

当监狱企业代表监狱成为国家向公民和社会提供公共产品的介质时，由于监狱企业本质上是公共企业，具备公共性、有偿性、营利性、管制性，监狱企业就必须要充分发挥劳动改造罪犯的基本职能，这是其公共性的体现。对罪犯实施监管与改造就是监狱企业提供的产品，“罪犯在服刑期间没有再对社会造成危害”就是成功地对罪犯实施监管；“罪犯刑满释放后在改造的时效内不会再次给社会造成危害”就可以认为是对罪犯成功实施改造。社会的每个成员实际上都在消费监狱提供的这两方面的产品，监狱提供的这两方面的产品既不需要竞争，也没法排斥其他人消费该种服务。因此，监狱企业提供的当然是公共产品。① 我国监狱企业的本质特征决定了监狱企业不仅提供公共产品而且是高效地提供公共产品。当然，监狱企业生产的公共产品是建立在私人产品的生产基础上，没有劳动改造生产的高效持续进行，就无私人产品生产。没有私人产品的生产，公共产品从何而来？皮之不存，毛将焉附？因此监狱企业必须重视私人产品生产的经济效益。这和私人企业追求利润最大化是不同的，监狱企业生产效率越高、效益越好，证明罪犯劳动改造积极性越大，劳动改造成果越显著。如果罪犯是在私人企业接受劳动改造，私人企业逐利的本性不可避免地要榨取罪犯最大的劳

---

① 胡聪：《监狱行刑的经济分析》，群众出版社 2008 年版，第 17 页。

动价值，罪犯成为廉价的劳动力，也许罪犯在经济上能为企业牟利，但是思想上是抵触排斥的，并不甘心伏法守法，回归社会后有再次危害社会之嫌，也就达不到提供公共产品和公共安全之目的。所以，监狱企业作为提供公共产品的公共企业就要顺应国家意志的需要，监狱企业的性质，决定了其很难以自己的竞争力来求得生存。要使监狱企业生产过程持续进行，国家在必要时向监狱企业提供政策、税收等优惠，只有国家才能弥补这种缺陷，为监狱企业高效提供公共产品解除后顾之忧。

第三节　监狱企业法人治理结构

我国实行“监企分开”之后，各省纷纷将监狱企业从监狱剥离，成立了具有独立法人地位的监狱企业集团及其子公司或分公司，监狱企业成为按照《公司法》中国有独资公司模式运行的企业组织。监狱企业实行公司化运作后，虽然其主要功能还是劳动改造罪犯，但不可避免地还面临着使国有资产保值增值的问题。因为国家投资进入的是经营领域，所投资本的保值增值也是出资人的重要利益，虽然不以利润最大化为目的，但是适当的利润和保值增值还是不能忽视的。① 由于监狱企业本质上属于公共企业，公共企业往往受到政府保护，在生产性资源的配置和使用上缺乏效率，忽视消费者的要求，抵制必要的改革和破产，监狱企业的管理者很少有降低成本、提高效率的动力。同时，监狱企业的主要劳动力是罪犯，在监狱企业中参与劳动改造的罪犯，具有流动性、不稳定性、不可选择性的特点。同时，这些劳动力又具有文化素质、劳动技能参差不齐等特点。所有这些构成人员的“特殊”身份、地位、待遇的悬殊都决定了劳动力构成的复杂性，其工作成效与所获报酬之间没有必然的联系，因而缺乏努力工作的内在动力。② 所以，要实现监狱企业的可持续发展，就必须按照《公司法》的要求，建立健全监狱企业的法人治理结构，为监狱实现健康发展提供制度和机构保障。

---

① 刘津：《监狱企业法人制度问题研究》，河北人民出版社 2009 年版，第 208 页。

② 黄涛、赵纯武：《关于监狱企业公司制规范运行的研究》，《学理论》2012 年第 24 期，第 108 页。

如前所述，公司治理是一种制度，是一种包括董事会功能、结构、股东权利等方面的制度，也就是公司控制权与剩余索取权分配的一整套法律、文化与制度安排，所以各国的公司治理制度除了会随着该国公司法规对于公司内部机关及其权限分配的设计有所不同外，由于公司治理制度会受到外部因素的影响，所以各国股权结构、历史传统、企业文化、资本市场发达的程度等因素也会对各国的公司治理制度产生程度不等的影响，进而形成各种不同的公司治理模式。现行世界主要国家的公司治理模式主要可以分为外部人模式与内部人模式两种。

外部人模式主要是以英、美两国为代表，英、美国家的公司内部机关形态采取一元制，并且具有下列显著特征：股权分散，属分散型股权结构；基本上采取股东主权主义，也就是公司是以股东的利益为首要目标；[①] 在证券法规中强调对少数股东的保护；坚持信息揭露的重要性。在这些国家，由于股票市场发达，因此股票在个人金融资产所占比例较高，而公开发行公司股权结构则以个人及机构投资人为主，市场上的控制权市场发达，所以这种模式即为以市场为基础，以投资人为中心的外部人控制模式。在这一模式下，由于证券市场的发达，公司治理制度在控制代理成本的方法上，强调财务激励机制，外部市场监控在约束机制中扮演着十分重要的角色。

内部人模式主要是以德、日两国为代表，这些国家的公司在经营机关外，设置监察机关，公司的监控机关是由一群可辨识、具有凝聚力且与公司有长期稳定关系的内部人所组成。这些内部人彼此相互认识，与公司有财务投资、银行、供货商种种的关系。内部人的组成基本上包括家族利益、产业结盟、银行与控股公司等。这种模式国家的公司股权多集中于企业、银行等内部人的手上，属于集中型股权结构。具体而言，根据德、日国家各自的特色，内部人模式又可分为德国以银行为中心，企业相互持股、工人参与、控制互享的内部人控制模式（又称莱茵模式），以及日本以银行为中心、企业交叉持股组成稳定股东、控制交换的内部人控制模式。

内部人控制除了德国模式与日本模式外，也有国家由于企业创始家族

① 股东主权主义源于新古典经济学，认为公司作为私有财产为出资者股东所拥有，公司为股东而存在，其利益归股东所有，即使在公司经营权与所有权分离的今天，公司经营者仅仅是股东的代理人，其行为是以股东利益最大化为基础并受其制约。所以经营者在理性上与股东同一，其利益与股东一致。此种股东主权主义的观念赋予股东在公司中的主流地位。参见庞德良：《论日本法人相互持股制度与公司治理结构》，《世界经济》1998 年第 12 期，第 56 页。

及其联盟可以控制上市公司与非上市公司所形成的广大网络，创始家族虽只持有少数股份，但因为其他股份由集团内的其他公司或其他友好者所持有，通过彼此交换能发挥稳定的力量。加上这些国家所有的基础建设以及绝大多数的重工业、金融体系都操纵在政府的手中，所以被称为家族/政府的内部人模式。而在内部人控制模式中，现代公司所可能产生严重的代理成本问题反而会因内部人的关系密切，能够在一定程度上克服信息不对称之问题，而其公司治理主要倚重公司治理中的外部行政监控与内部监控。

从我国监狱企业的股权结构来看，监狱企业的股权全部控制在国家手里，是国有独资公司的组织形态。这种类型的公司股份不能上市流通，缺乏外部证券市场监控的基础性条件，因此无法采用法人治理的外部人模式。由于我国《公司法》采用的是并列制的内部人治理模式，通过监狱企业内部机构设置以及其相互之间权力的制衡，应能达到企业法人治理的良好效果。笔者在此参考《公司法》关于国有独资公司的内部机关治理结构，结合公共企业的特性，来建构监狱企业的法人治理结构的基本架构。①

一、监狱企业的决策机构

按照企业法人治理的一般原理，公司作为独立法人，独立享受权利、负担义务。然而，实际上公司无法自己进行各种行为，必须通过公司机关的设置，作为其活动的基础。② 在经济意义上，公司为全体股东所有。理论上关于公司经营机关的设计即应以股东所组成的股东会为中心。公司的决策权应由出资方即公司的股东行使。由于监狱企业的出资方只有国家一方，其投资主体即股东只有一个，所以根据我国2005年修订的《公司法》关于国有独资公司不设股东会的规定，监狱企业也可以不设股东会，由国有资产监督管理机构行使股东会职权，国有资产监督管理机构可以授权公司董事会行使股东会的部分职权，决定公司的重大事项。另外，国有独资公司设董事会、监事会和经理，这种法定组织结构构成了作为国有独资公司的监狱企业的意思决策机构、执行机构和监督机构“三权分立”的法人治理结构。

① 刘津：《监狱企业法人制度问题研究》，河北人民出版社2009年版，第211页。

② 何芳枝：《公司法论》，台湾三民书局2009年版，第216页。

国有独资公司不设立股东会，其决策职能只能由国有独资公司的唯一股东，即国家授权投资的机构或者国家授权的部门履行。考虑到唯一股东有其自身的独立性，而国有独资公司的决策不能完全依附于另一主体，我国《公司法》第六十六条规定："由国家授权投资的机构或者国家授权的部门授权公司董事会行使股东会的部门职权，决定公司的重大事项，但公司的合并、分立、解散、增减资本和发行，必须由国家授权投资的机构或者国家授权的部门决定。"由于监狱企业的直接政府主管部门是监狱管理局，因此，监狱企业可以在省级人民政府和国有资产监督管理机构的授权下，由监狱管理局行使唯一股东的权利。根据国有独资公司的法人治理结构的要求和公共企业的特征，监狱管理局可以行使下列股东权利：

1. 监狱企业重大事务的决策权

对于一般股东会而言，对公司事务的决策权表现为表决权。表决权是其最有力介入公司事务的工具，其功能有二：一是让股东发声，表达对特定事项的看法；二是与公司控制权市场紧密结合，成为监督经营阶层的手段。由于股东参与决策面临成本效益不符比例、信息不足或内部利益分歧的集体行动问题，导致股东扮演较被动的角色。同时，随着公司规模的发展，当分工愈趋精细，各部门间的协调也就愈加重要。由经营阶层收集、评估以及传递信息，董事会负责监督、惩戒未能尽责的员工，发挥监督员工的功能，减轻代理问题。将决策权力集中于股东会，被认为是最有效率的安排。然而，监狱企业作为国有独资公司，本由监狱管理局代表国家行使的股东权利因《公司法》分流给董事会而缩小。具体而言，决策权主要有以下几项：

第一，委派、选任、解任其他机关人员的权限。根据我国《公司法》的规定，股东会有选任董事及监事的权限，同时股东会也有权解任尚在任期中的董事及监事。监狱企业的董事、监事都由省级人民政府和国有资产监督管理机构授权监狱管理局委派和指定，当其被认为不胜任工作时，也由监狱管理局解任。第二，企业重要权益事项同意权。由于《公司法》将国有独资公司的普通重大事项都授权给董事会行使，仅仅对下列有关股东权益的重要事项赋予决策机构有同意与否的权限：公司的合并、分立、解散、增减资本和发行等的重大事项。由于这些事项涉及公司存亡，必须由作为国家授权投资的机构或者国家授权部门的监狱管理局来决定。

2. 查询公司信息权

监狱企业虽然不需向社会及有关主管部门主动公开公司的经营资料，但是作为出资人的政府部门同样关心国有资产的保值增值，因此，当监狱管理局对监狱企业的经营状况产生质疑时，可以要求经营管理层将董事会会议事录、财务报表备置查询，主管机关可以随时请求查阅或抄录。董事会所造具的各项表册与监事的报告书，应按照指定范围和时间，送到指定部门备查。对于监狱企业董事会做出的年度决算方案，董事会应编造每会计年度的营业报告书、财务报表或亏损填补的议案，报送监狱管理局进行查核。

3. 诉讼权

当企业的经营管理人员董事、经理违背其依公司法应尽的忠实义务及注意义务时，如使公司受到损害应对公司负损害赔偿责任。对此我国《公司法》虽设有监事追诉的机制，但如果监事与董事狼狈为奸或有受制于董事情况产生时，难以期待监事发挥其监督功能。此时股东身为公司治理机制之一环，有必要赋予股东主动提起救济的权利，以确保董事责任必获追诉。① 同样，监狱企业的主管机关除了解任违法董事和监事的职务之外，还可以根据《公司法》规定有关股东的诉讼权，请求监事提起诉讼，如监事在法定期间不提起诉讼时，监狱管理局可依法提起股东代表诉讼。

二、监狱企业的执行机构

1. 董事会

按照我国《公司法》，董事会是国有独资公司的常设经营管理机构，而且是必设机关，它行使属于股东会的部分职权和董事会的职权。因此，作为国有独资公司的监狱企业的董事会兼具公司权力机构和执行机构的双重身份，其职权比一般公司董事会的职权要更大。也就是说，监狱企业的董事会除行使一般有限责任公司董事会的职权外，还接受授权行使一般有限责任公司股东会的部分职权。② 监狱企业的董事会在执行企业的经营管理业务时，还具有监狱管理局授权的一部分决策的权力和监督企业经营的权力，

---

① 沈贵明：《股东代表诉讼前置程序的适格主体》，《法学研究》2008 年第 2 期，第 39 页。

② 宁向东：《公司治理理论》，中国发展出版社 2005 年版，第 160 页。

这是监狱企业董事会的特殊之处。

关于监狱企业的董事会的法律地位，有信托说、代理说、信义说、委任说等。尽管英美法系和大陆法系对董事会在公司法律地位的解释不同，但都考察了董事在公司经营活动中的身份，并认为这种身份是董事会在公司地位最为基础的来源。[①] 信托说、代理说、信义说主要是英美法系国家的传统理论。大陆法系国家传统理论多以民法中的“委任说”作为董事会地位的理论基础。信托说是在公司无法取得法人资格的背景下产生的，目的是为了防止获得公司财产所有权的董事滥用其权利，保障相对弱势的受益人股东的利益。在公司能够获得法人资格后，代理说被用于强调公司董事行为对第三人效力的问题。委任说则着眼于解决董事产生的正当性这一问题。

应该说，从各种学说产生的背景和目的来看，信托说、代理说和委任说等学说均可以成立。但是，在现代公司背景下，“仍然试图把这种组织体中公司机关、公司机关中的职位以及这种职位的具体担当人之间的关系还原为严格的传统私法上的信托、代理、委任等关系中的任何一种都会令人觉得不圆满。”[②] 台湾地区著名公司法学者赖英照也曾指出：“法人有关问题的解决，着眼于其解决办法所产生的实际效果，而不必拘泥于法人本质在理论上之演绎。”[③] 因此，界定董事会在公司的地位时，除了考虑其内在概念以外，更应该立足于功能概念的比较。功能概念的比较起点不在于法律自身而在于法律规则所要解决的社会问题。界定董事与公司关系的主要意义在于：一是解决董事与公司之间利益冲突的问题，二是解决对董事会权力的制约问题。前者是信托说所着力想要解决的问题，后者是代理说所针对的重点，因此从功能角度而言，董事会在履行公司财产的管理职能时，可被看作受托人，应对其滥用财产的行为负责；而在策划和实施公司战略时，公司董事被描述为代理人可能更恰当。他可以受到商业判断规则的庇护，即使在涉及商业风险的交易中决策失误也不用像受托人那样必须负法律责任。

---

① 王保树认为，从根本上说，管理者的权利、义务是因它同公司的关系引起的。参见王保树：《股份有限公司的董事和董事会》，《外国法译评》1994 年第 1 期，第 3 页。

② 张开平：《英美公司董事法律制度研究》，法律出版社 1998 年版，第 307 页。

③ 赖英照：《公司法人本质之理论》，中国台湾地区证券市场发展基金会：《公司法论文集》1983 年版，第 59 页。

根据我国监狱企业的实际情况，监狱企业的董事会作为出资人国家股东的代理人可能更为合适。在实践操作中，由监狱管理局授权董事会代理其在公司行使股东权利并经营企业。这里所体现的是委托授权与代理的关系。从这一角度也能较好地解释监狱企业的董事会代行国家股东大部分权力的原因。

至于监狱企业董事会的具体设置，根据我国《公司法》的规定，监狱企业的董事会成员可为3～7人，由监狱管理局委派或者更换。按照国有独资公司的法律规定，监狱企业的董事会成员由两种方式产生：一是由股东委派，即由监狱管理局按照董事会的任期委派；二是由公司职工民主选举产生。但是，由于监狱企业经营管理人员由具有公务员身份的人民警察担任，加上监狱企业的普通职工为各种刑期的服刑罪犯，由职工代表大会选举董事较难操作，因此，监狱企业的董事一般都由监狱管理局根据劳动改造罪犯和国有资产保值增值的考虑直接进行指定和委派。董事会可设董事长1人，根据需要设立副董事长1～2人，是否设立副董事长及副董事长的人数，则根据监狱企业的实际情况决定。董事长和副董事长由国有资产监督管理机构从董事会成员中指定。

在监狱企业中，由于董事会具有国有资产监督管理机构的部分决策权，兼具公司权力机构和执行机构的双重身份，其享有的职权较为广泛。一是部分由国有资产监督管理机构行使的职权转由董事会行使：如制订并决定公司的经营方针和投资计划；制订并决定公司的年度财务预算方案、决算方案；制订并决定公司的利润分配方案和弥补亏损方案；对发行公司债券作出决议；对公司合并、分立、解散、清算或者变更公司形式作出决议以及修改公司章程等。二是一般由董事会行使的职权。如执行监狱管理局的决议并向其报告工作；制订公司增加或者减少注册资本以及发行公司债券的方案；制订公司合并、分立、解散或者变更公司形式的方案；决定公司内部管理机构的设置；决定聘任或者解聘公司经理及其报酬事项，并根据经理的提名决定聘任或者解聘公司副经理、财务负责人及其报酬事项；决定公司内部管理机构的设置和制定公司的基本管理制度，制定公司国有资产营运绩效评价体系，落实国有资产保值增值责任，审查批准监狱企业集团下属的子公司和分公司的公司章程及重大决策方案，考核其经营成果，决定子公司和分公司的资本转增，协调公司与国有资产监督管理机构、主管部门监狱及母子公司的关系以及公司章程规定的其他职权。

监狱企业董事会的职权范围如此广泛，从公司治理的权力制衡的角度而言，必然需要从法律上设计相关的义务以约束董事的行为。在英美国家，法律为了保护公司和股东的利益，防止董事滥用其权力，即要求董事对公司和股东负有信义义务。[①] 这包括注意义务和忠实义务两个孪生义务。我国《公司法》第一百四十七条也规定："董事、监事、高级管理人员应当遵守法律、行政法规和公司章程，对公司负有忠实义务和勤勉义务。"董事忠实义务与注意义务的发展迄今已有百余年历史，为各国公司法上最重要的规范。忠实义务通常是处理董事与公司间发生"利益冲突"(Conflict - of - Interest)的情形，而注意义务是督促董事勤勉尽责管理公司事宜，二者之间有较为明显的区别。注意义务是指董事必须以一个谨慎的人在管理自己财产时所具有的注意程度去管理公司财产，董事的注意义务包括勤勉、注意、技能三个方面的内容。忠实义务是指董事必须首先考虑投资者利益，而不是个人利益的最大化，避免二者之间的利益冲突。另外，法律对注意义务和忠实义务要求的程度上也有宽严差别。在实践中，法院对被声称违反忠实义务的行为审查相当严格，而对被声称违反注意义务的行为审查相对宽松。对于产生这种区分对待的解释是，关涉利益冲突的忠实义务，比不涉及利益冲突的注意义务，更不容易得到司法的宽恕。[②] 一些观点甚至认为，注意义务和忠实义务的区别是如此的明显，以至于应当强化后者而放弃前者。[③]

同样，监狱企业的董事也应受到注意义务与忠实义务的约束。此外，监狱企业的董事拥有比普通公司董事更大的职权，对他们的法律义务约束应该更加严格，以保证国有资产不至于受到损害。在现实中，如果监狱企业的董事涉嫌损害公司利益，不但要从法律义务上问责，还要从行政角度进行处罚。从法律义务角度而言，监狱企业的董事作为国有资产监督管理机构委托的代理人，当与公司之间有利益冲突时，必须做到"受人之托，忠人之事"，对公司忠诚，以公司利益优先于自己利益，不得利用职位之便谋取私

---

① 张开平：《英美公司董事法律制度研究》，法律出版社 1998 年版，第 151 页。

② ［美］弗兰克・伊斯特布鲁克、丹尼尔・费希尔：《公司法的经济结构》，张建伟、罗培新译，北京大学出版社 2005 年版，第 116 页。

③ See Kenneth E. Scott. *Corporation Law and The American Law Institute Corporate Governance Project*. Stan. L. Rev, 1983, Vol. 35, p. 927. 转引自［美］弗兰克・伊斯特布鲁克、丹尼尔・费希尔：《公司法的经济结构》，张建伟、罗培新译，北京大学出版社 2005 年版，第 116 页。

利。同时，监狱企业的董事必须善尽代理人应有的注意义务，在经营管理监狱企业的业务时，应当尽一个理性、谨慎的人在同样情况下能够尽到的注意，积极谋求公司利益的最大化。只有以法律上的义务约束监狱企业的董事会成员，才能实现监狱企业的利益最大化，实现良好的公司法人治理。

2. 经理

按照公司法原理，董事会是受公司所有者即股东所托付，为了公司利益与股东利益而经营公司业务。但随着公司治理的发展，较新的公司治理观念认为公司业务经营不应由董事会主导，而应由董事会指派的高级管理人员来负责经营。因此在股权较为分散的公司，董事多半扮演公司顾问或仅在公司重大时刻作决定的角色。公司日常经营行为则多是授权给专业管理人员负责，由管理人员进行实际规划形成商业决策，再由董事会决定是否予以核准，并提供意见或提出质问。① 换言之，公司董事会仅仅是以董事会决议方式执行公司业务，但在实际运作上，并无法要求公司一切事务均通过董事会决议，而是由董事会行使公司决策权与监督权，公司日常事务则委托给诸如经理等管理人员等，以避免对公司业务的经营造成实际执行上的困难。

由于监狱企业的董事会兼为企业的权力决策机关和执行机关，因此，在监狱企业中，由董事会聘任负责日常经营管理的经理人员就很重要。我国《公司法》第四十九条规定："有限责任公司可以设经理，由董事会决定聘任或者解聘。"由此可知，经理是由董事会聘任，对董事会负责的经营管理人员。根据我国《公司法》，在监狱企业中，经理行使下列职权：主持公司的生产经营管理工作，组织实施董事会决议；组织实施公司年度经营计划和投资方案；拟订公司内部管理机构设置方案；拟订公司的基本管理制度；制定公司的具体规章；提请聘任或者解聘公司副经理、财务负责人；决定聘任或者解聘除应由董事会决定聘任或者解聘以外的负责管理人员；落实罪犯劳动改造的工作任务；协调公司与监狱的关系以及董事会授予的其他职权。

在监狱企业中，经理由负责罪犯劳动改造的人民警察担任，他们与企业的员工即罪犯的关系不但是上下级的关系，还是管理者与被管理者的关系、监督改造与被监督的关系。经理直接面对监狱企业的罪犯劳动者，其权力相对一般公司的经理要更大。此外，经理因被公司董事会授权而享有

---

① See Robert Charles Clark, *Corporate Law*, Aspen Publishers, Inc., 1986, p. 108.

公司部分经营的自由裁量权，基于“有权力必有责任”的法理，经理应与董事会同样处于受委托人地位，要接受股东的监督和质询。[①] 普通法对此义务确立的标准包括“高度诚实、善意和勤勉”，其执行职务须以善意诚实的态度，并尽注意义务，且以合理地相信对公司最有利的方式进行处理。[②] 拉斯金（Raskin）法官在 Canadian Aero Service Ltd. v. O’ Malley 一案中对经理的义务曾作了一番精彩的论述：“他们是高层经营者而不仅仅是雇员，雇员对雇主的义务除非由合同扩充，否则仅仅包括商业秘密和保密客户名单。经理的义务是更广泛的、更严格的义务，这种义务除非由合同或成文法修改，否则与董事对公司所负的义务类似。本案被告与 Canaero 公司处于信义关系当中，在一般意义上这种关系即表明了忠实、善意和避免义务和自我利益的冲突。”[③] 因此，应设计严格的义务规范以便约束掌握公司实际经营管理权的经理的权力，这是公司法人治理结构中的重要一环。

三、监狱企业的监督机构

在监狱企业的法人治理结构中，除了意思决策机构和业务执行机构外，监督机构也是不可缺少的一部分。我国《公司法》仿效德国与日本的业务执行与监督二元制的立法例，[④] 于第五十二条和第一百一十九条规定了监事会制度。监事会是公司的法定、必备、常设机关，与股东会、董事会共同扮演公司主要监控角色。在公司法人自治原则下，公司执行业务的监督，原则上由公司内部自行监督。股东会由全体股东所组成，虽然由其负责监督公司业务执行机关更为符合民主主义，但是股东会毕竟不是经常活动的

---

① See Franklin A. Gevurtz, *Corporation Law*, West Group, 2000, p. 273.

② See MBCA § 8. 42 经理人的行为标准：“（a）具有自由裁量权的经理人履行义务时应该：①诚信；②以一个普通审慎的人在类似情况下应有的注意；③以他合理相信是为了公司最佳利益的方式。”

③ Canadian Aero Service Ltd. v. O’ Malley (1973) 40 DLR (3d) 371, 606.

④ 德国的二元制特点是，公司经营机关的指挥监督完全分离，监事会不仅是董事会的上位机关，可监督董事执行业务的情形，同时具有选任与解任董事会的权限。在德国体系下，监督与经营权责处于分离的状态，且监事会为公司的最高权力机构，其成员分别由职工委员会与股东大会推选的代表所组成，形成员工与资本家共同监理公司的特殊形态。这种体制被称为“垂直二元制”。至于日本公司结构则是采取类似二元制的组织，即由董事组成董事会，监事组成监事会，但二者为平行机关，不像德国公司法制监察机关有任免董事的权力，此为“并列二元制”。我国公司法的治理结构主要参照日本“并列二元制”的立法体例。参见李雨龙：《企业产权改革法律实务》（第2版），法律出版社2005年版，第56页；冯果：《公司法》，武汉大学出版社2007年版，第215页。

机关，因而有必要另设一常设机关，以弥补股东会的监督不足，此即监事会设置的目的，其权力主要为对公司业务执行监督与对会计的审计上。

然而，英美法上公司治理制度是一元制设计，即公司以董事会作为股东的代表，并监督经理人的经营活动，并无如德国监事会或日本监事的设计。但由于董事可能兼任公司经理人或相关内部人士，存在利益冲突的可能，故由独立董事作为公司治理的核心，并在董事会下设置不同功能的委员会，代替董事会行使各种监督职权。审计委员会即负责处理类似我国监事会的工作，其中的独立董事实际上也起着类似我国监事的作用。

对于监狱企业而言，设置监事会的重要意义在于：第一，监事会作为法人治理结构不可缺少的一部分，是监狱企业实现内部机关权力分立、相互制约与平衡的关键。监事会作为法人治理结构中的监督机构而行使的“监督权”，是完善的公司治理“三权分立”的一部分，与董事会的决策权、经理层的执行权相辅相成，缺一不可。第二，它是维护监狱企业国有资产保值增值、保证公司健康发展的专门机构，是监狱企业安全的最后一道闸门。第三，它使得对监狱企业的经营管理进行全方位监控成为可能。①

关于监狱企业监事会的设置，根据《公司法》的规定，在国有独资的监狱企业中，监事会成员由国有资产监督管理机构授权省级监狱管理局委派或指定，其身份仍然是担负劳动改造罪犯任务的人民警察。并且根据监督权的特点，为了使监督者处于超然和独立的地位，监事在任期内仅仅履行监督职责，不得同时担任监狱企业的董事、经理及其他高级职务。法律规定公司董事、高级管理人员不得兼任监事的立法目的在于，确保监事能以超然立场行使监督职权。参照我国《公司法》国有独资公司的规定，监事会行使下列职权：检查公司财务，并可以公司名义委托注册会计师、审计师协助检查；列席董事会会议，对董事、经理执行公司职务的行为进行监督，对违反法律、行政法规、公司章程或者股东会决议的董事、经理提出罢免的建议；当董事、经理的行为损害公司的利益时，要求董事、经理予以纠正；提议召开临时董事会，在董事会不履行本法规定向上级主管部门监狱管理局报告；代表公司和国家股东对违反自身义务造成公司损害的董事、经理提起诉讼；监督检查劳动改造罪犯的落实情况，对偏离劳动改造罪犯目的的行为提出纠正建议；公司章程规定的其他职权。

---

① 刘津：《监狱企业法人制度问题研究》，河北人民出版社 2009 年版，第 211 页。

根据法人治理结构的原理，监事会作为监督机构，其成员监事在行使监督权的同时也应受到一定的义务约束。我国公司法上监事所负的义务基本上与董事相同，对公司负有忠实义务和勤勉义务。[①] 然而，监事对公司所负的忠实、勤勉义务，是针对其是否尽到监督职责而言的，而不针对业务执行中的忠实义务和勤勉义务。学者认为监事与董事、经理的义务在程度和范围上都有所不同。就忠实义务而言，监事的忠实义务侧重与董事不同。[②] 如监事不大可能挪用公司资金，因为从事这些业务的权力属于董事会，而不属于监事会。同时法律也没有限制监事进行自我交易、竞业禁止和利用公司机会。因为，监事只是公司的监督者，并不是公司的直接经营者。法律如此规定的逻辑基础在于监事职权局限于监督公司事务，并无执行公司业务的权限，无设置监事全面忠实义务和勤勉义务的必要。在监狱企业中，监事的义务也可适用这一原则，是一种范围和程度受到限制的义务，这也符合法人治理机构权利义务平衡的原理。

① 参见我国《公司法》第一百四十七条。

② 施天涛：《公司法论》，法律出版社2006年版，第381页；宗延军、李领臣：《公司机会原则的适用主体研究》，《求索》2010年第4期，第140页。

第七章 监狱企业的社会责任

监狱是国家的刑罚执行机关，履行惩罚和改造罪犯，预防和减少犯罪，维护国家安全和社会政治稳定的神圣职责①。监狱企业为监狱履行职责提供罪犯的劳动场所和劳动岗位。监狱企业既有企业的一般性又有其特殊性。监狱企业要承担社会责任，这种责任由于监狱企业的性质决定自身的性质，既承担一般企业应当承担的社会责任，又承担作为罪犯改造平台的特殊的社会责任，监狱企业必须为“利益相关者”负责，保障和维护其合法利益。监狱企业承担的社会责任的内容范围需要认真研究和确认，并逐渐予以强化和完善，这样有利于深刻认识监狱企业的本质，明确监狱企业承担的神圣职责，推动监狱企业的改革发展。

第一节 社会责任和企业社会责任

要研究和确定监狱企业的社会责任，必须先了解和把握社会责任和企业社会责任的科学内涵及其重要特征。

一、社会责任

在现代汉语中，“责任”一词有两层含义：一是指分内应做的事，如尽责任；二是指没有做好分内应做的事，因而应当承担的过失，如责任人、

① 任永安、卢显洋：《中国特色司法行政制度新论》，中国政法大学出版社 2014 年版，第 148 页。

责任状、追究责任等。[①] 社会责任是指组织或个人在社会生活中对国家或社会以及他人所应当承担的一定的使命、职责、义务。单就一个组织来讲，社会责任是指一个组织对社会应负的责任。就企业而言，其社会责任包括企业环境保护、安全生产、社会道德以及公共利益等方面，由经济责任、持续发展责任、法律责任和道德责任等构成。在法律层面，社会责任是社会法和经济法中规定的个体对社会整体承担的责任，是由角色义务责任和法律责任构成的二元结构体系：第一种是指分内应做的事，如职责、尽责任、岗位责任等，这种责任实际上是一种角色义务责任或者说是预期责任；第二种是因没有做好分内之事（没有履行角色义务）或没有履行助长义务而应承担一定形式的不利后果或强制性义务，即过去责任，如违约责任、侵权责任等。

二、企业社会责任理论的产生

据有关学者研究，企业社会责任（Corporate Social Responsibility）理念滥觞于20世纪初美国关于企业对其所有利益相关者（Stakeholders）负责的观念。这种观念最初是由于企业引发的社会问题日趋严重，导致民众对之不满情绪不断高涨，企业实务界开始对企业的所有利益相关者的权益给予全面关注。1929年，通用电气公司的一位经理杨（Owen D. Young）在一次演说中指出，不仅股东，而且雇员、顾客和广大公众（General Public）在公司中都有一种利益（An Interest），而公司的经理们有义务保护这些利益。[②] 该观点进一步认为，公司实为一类社会公共机构（An Institution），经理则是这种社会公共机构的受托人（Trustees of Social Public Institutions）而不是股东的代理人（the Agent of Shareholders）；经理作为股东的代理人与其作为社会公共机构的受托人是判然有别的：作为股东的代理人，其只对股东的最大经济利益负责，而作为社会公共机构的受托人，其义务则广泛得多，除维护股东投入资本之安全，忠实而机敏地运营资本，确保股东获取最大的投资回报外，还应当开明、公正地协调股东、雇员、顾客和广大公

---

① 中国社会科学院语言研究所词典编辑室编：《现代汉语词典》（第6版），商务印书馆2012年版，第1627页。

② 刘俊海：《强化公司的社会责任——建立我国现代企业制度的一项重要内容》，转引自王保树主编：《商事法论集》（第2卷），法律出版社1997年版，第82页。

众的利益，不能为了资本的利得而忽视和压榨劳动者，也不得为了股东和劳动者的利益而牺牲顾客和广大公众的利益。①

以上述典型观点为代表，企业实务界有关企业社会责任的话题引发了理论界的积极关注和思考。美国的谢尔顿在其所著的《管理的哲学》一书中首次从理论上提出了企业社会责任的概念。② 尽管在此后很长一段时间里，各国理论界对企业社会责任概念的内涵和外延表述有很大差异，甚至产生了激烈的学术论争③，但无论在法学界还是在经济学界，有关企业社会责任的理论无疑是对传统企业理论的一个巨大挑战，并对各国现代企业制度及其实践产生了重大而深远的影响。

三、企业社会责任在我国的发展

众所周知，改革开放前，我国高度集中的计划经济时代，单一的产权结构决定了以国有企业为主的公有制企业只是国家计划当局实现经济计划的工具。虽然在理论界并没有“企业社会责任”一说，但国有企业在事实上承担了繁重的社会责任，“企业办社会”等现象就是最好的例证。

进入改革开放的新时期，随着僵化的计划经济体制被逐步打破，特别是随着社会主义市场经济体制的逐步建立和完善，“产权清晰、权责明确、政企分开、管理科学”的现代企业制度得以确立，企业真正成为拥有独立法律地位，能够自主经营、自负盈亏、独立核算的真正市场主体，追求利润最大化的企业经营理念理所当然地复苏，计划经济条件下附着于企业的社会职能被作为“包袱”逐步加以剥离。此时，企业除了追求利润之外不应承担任何与经营无关的社会责任似乎成为“天经地义”，这应是对计划经济条件下“企业办社会”弊端的一种否定，无疑具有解放和发展生产力的进步意义。非如此，中国企业特别是国有企业不能称其为“企业”。

---

① See Address of Qwen D. Young. January 1929. Quoted in E. Merrick Dodd, Jr. “For Whom Are Corporate Managers Trustees?” *Harvard Law Review*, Vol. 45, 7, May, 1932, pp. 1145 – 1163. 转引自卢代富：《企业社会责任的经济学与法学分析》，法律出版社 2002 年版，第 39 页。

② 王玲：《论企业社会责任的含义、性质、特征和内容》，《法学家》2006 年第 1 期，第 136 – 137 页。

③ 20 世纪美国学术界关于企业社会责任的两次争论，基本上可以反映西方各国理论界对企业社会责任问题的不同态度：一次是著名的贝利—多德论战，主要是关于企业管理者的地位和责任的论战；另一次是 20 世纪 50 年代末以来有关企业社会责任的争鸣。有关这两次论争的详细观点综述，参见卢代富：《企业社会责任的经济学与法学分析》，法律出版社 2002 年版，第 44 – 59 页。

然而，随着社会主义市场经济的深入发展，企业片面追求经济利益造成了一系列社会问题，如不正当竞争、假冒伪劣产品横行、无节制消耗不可再生资源、环境污染、对劳动者权益保护不利，等等。同时，随着对外开放的深入，国内企业在参与国际经济贸易的过程中逐步了解了西方有关“企业社会责任”的理念，中国学者也通过国际学术交流把西方有关“企业社会责任”的理论论述逐步介绍给国内学术界，一度成为国内经济学、法学界关于企业理论研究不可或缺的一个前沿和“时髦”课题。

对于企业是否应当承担社会责任，国内经济学界有过学术争论。其中，否认企业社会责任的代表性观点认为，企业及其经营管理者只能为股东服务，因为“利益相关者”是一个含糊的概念，如要求企业承担社会责任，顾及“利益相关者”的利益并为之服务，不具有可操作性，甚至会回到“吃大锅饭”“企业办社会”的老路上去。此外，经济学界提出的“资本雇佣劳动”的命题也隐含着对企业社会责任的否定。① 与之相反，肯定企业社会责任的观点认为，企业的生产经营活动必然会对其赖以存在的社会环境产生各种影响，企业应当承担消除其所产生的负面影响的社会责任。②

在上述争论之外，国内学者还对“企业社会责任”概念的定义作了一些研究。如20世纪90年代初出版的《中国企业管理年鉴（1990）》认为：“企业社会责任，可表述为，企业为所处社会的全面和长远利益而必须关心、全力履行的责任和义务，表现为企业对社会的适应和发展的参与。企业社会责任的内容极为丰富，既有强制的法律责任，也有自觉的道义责任。”③ 中国劳动科学研究所的一个课题组将“企业社会责任”定义为企业

---

① 对企业社会责任持否定观点的以张维迎为代表，除了认为因“利益相关者”概念模糊使得企业承担社会责任难以操作外，“资本雇佣劳动”的命题所推导的结论认为，企业由物质资本所有者（股东）拥有和控制，物质资本也可与其所有者（股东）在自然形态上分离，物质资本投入企业后，便成为一种“抵押品”，其所有者（股东）就难以随意退出企业，成为天生的风险承担者，具有作出最优企业决策的激励，由其享有企业控制权符合公正与效率原则，而人力资本与其所有者（劳动者）在自然形态上不可分离，可以随时退出企业而规避风险，没有作出最优企业决策的激励，这也隐含着对企业社会责任的否定。参见卢代富：《企业社会责任的经济学与法学分析》，法律出版社2002年版，第255－256页。

② 除了承担消除自身对社会产生的负面影响外，企业还须与社会一起，解决就业、环保、通货膨胀、社会保障等方面的社会问题，并主动、积极地赞助社会公益事业。参见徐传谌：《论企业家行为激励与约束机制》，经济科学出版社1997年版，第146－147页。转引自卢代富：《企业社会责任的经济学与法学分析》，法律出版社2002年版，第256页。

③ 张彦宁主编：《中国企业管理年鉴（1990）》，企业管理出版社1990年版，第778页。

在为股东谋取最大利润的同时，应当充分考虑利益关系人的利益。[①] 此外，国内法学者也试图以一贯的法学研究方法从概念的内涵和外延两个方面对企业社会责任进行更准确的定义。代表性的观点如刘俊海认为："所谓公司（企业）社会责任，是指公司（企业）不能仅仅以最大限度地为股东们营利或赚钱作为自己的唯一存在目的，而应当最大限度地增进股东利益之外的其他所有社会利益。这种社会利益包括雇员（职工）利益、消费者利益、环境利益、社会弱者利益及整个社会公共利益等内容，既包括自然人的人权尤其是《经济、社会和文化权利国家公约》中规定的社会、经济、文化权利（可以简称为社会权），也包括自然人之外的法人和非法人组织的权利和利益。"[②] 卢代富认为："所谓企业社会责任，乃指企业在谋求股东利润最大化之外所负有的维护和增进社会利益的义务。"同时，卢代富还把企业社会责任的外延范围归纳为企业对雇员的责任，对消费者的责任，对债权人的责任，对环境资源的保护与合理利用的责任，对所在社区经济社会发展的责任，对社会福利和社会公益事业的责任6个方面。[③]

四、我国法律对企业社会责任的确认和规定

2005年10月27日，经修订的《公司法》第五条第一款规定："公司从事经营活动，必须遵守法律、行政法规，遵守社会公德、商业道德，诚实守信，接受政府和社会公众的监督，承担社会责任。"至此，企业社会责任在我国法律上得到首次正式确认。

实际上，在《公司法》对企业社会责任进行宣示性确认之前，企业社会责任已经出现在我国有关法律法规的规定之中。其中，中国证监会和国家经济贸易委员会于2002年1月7日发布并施行的《上市公司治理准则》首次以部门规章的形式以"利益相关者"作为专门一章，共用6个条文对我国境内的上市公司在公司治理方面履行公司社会责任作出了比较全面的规定。该准则第八十一条规定："上市公司应尊重银行及其他债权人、职工、消费者、供应商、社区等利益相关者的合法权利。"第八十二条规定：

---

① 王玲：《论企业社会责任的含义、性质、特征和内容》，《法学家》2006年第1期，第137页。

② 刘俊海：《公司的社会责任》，法律出版社1999年版，第6－7页。

③ 卢代富：《企业社会责任的经济学与法学分析》，法律出版社2002年版，第96页、第101－104页。

"上市公司应与利益相关者积极合作，共同推动公司持续、健康地发展。"第八十三条规定："上市公司应为维护利益相关者的权益提供必要的条件，当其合法权益受到侵害时，利益相关者应有机会和途径获得赔偿。"第八十四条规定："上市公司应向银行及其他债权人提供必要的信息，以便其对公司的经营状况和财务状况作出判断和进行决策。"第八十五条规定："上市公司应鼓励职工通过与董事会、监事会和经理人员的直接沟通和交流，反映职工对公司经营、财务状况以及涉及职工利益的重大决策的意见。"第八十六条规定："上市公司在保持公司持续发展、实现股东利益最大化的同时，应关注所在社区的福利、环境保护、公益事业等问题，重视公司的社会责任。"

此外，一些可以被归为企业社会责任具体内容范围的规定也散见于我国《公司法》等法律条文。如在职工权益保护方面，《公司法》第十七条规定："公司必须保护职工的合法权益，依法与职工签订劳动合同，参加社会保险，加强劳动保护，实现安全生产。公司应当采用多种形式，加强公司职工的职业教育和岗位培训，提高职工素质。"第十八条第一款还规定："公司职工依照《中华人民共和国工会法》组织工会，开展工会活动，维护职工合法权益。公司应当为本公司工会提供必要的活动条件。公司工会代表职工就职工的劳动报酬、工作时间、福利、保险和劳动安全卫生等事项依法与公司签订集体合同。"在职工民主管理方面，《公司法》第十八条第二款、第三款规定："公司依照宪法和有关法律的规定，通过职工代表大会或者其他形式，实行民主管理。公司研究决定改制以及经营方面的重大问题、制定重要的规章制度时，应当听取公司工会的意见，并通过职工代表大会或者其他形式听取职工的意见和建议。"在债权人保护方面，《公司法》第一条开宗明义，将债权人合法权益与公司、股东的合法权益列为同等保护之列。在《公司法》其他章节的条文中，也有不少内容涉及对债权人利益的保护，例如公司注册资本最低限额、增资、减资等规定，公司合并分立的规定，公司人格否认制度的规定等。

第二节　监狱企业社会责任的特殊性

按照上述企业社会责任的定义和内涵，监狱企业作为国家出资设立的一种特殊企业，对于利益相关者而言，其承担着相应的社会责任，主要包括经济责任、法律责任、道德责任、慈善责任等。但总的来看，监狱企业的社会责任与普通企业的社会责任具有很大区别，这是由监狱企业的特殊性质决定的。

按照 2003 年 3 月 14 日《国务院批转司法部关于监狱体制改革试点工作指导意见的通知》（国函〔2003〕15 号）规定：监狱企业的性质是“监狱国有独资公司及其子公司或分公司是改造罪犯工作的组成部分，主要任务是为监狱改造罪犯提供劳动岗位，为改造罪犯服务，不同于以营利为目的的社会企业，但也要讲效益。”监狱企业的这种双重属性决定了其社会责任也具有特殊性，既不同于专门的监禁场所也不同于一般类型的商业企业社会责任的单一相对性。它既具有以服务监狱监管改造工作为改造罪犯提供必要的劳动场所和手段，追求劳动改造罪犯功能的法定性责任，又是在开放的社会主义市场经济条件下积极参与市场竞争兼顾效益的经济性责任。追求经济效益是监狱企业生存发展的必要条件，也就是其所应承担的经济方面的责任。同时，监狱企业作为市场经济的主体，其社会责任除必要的经济责任外，首要的是为惩罚和改造罪犯提供服务。这就构成了监狱企业社会责任的特殊性。

一、监狱企业首要的社会责任是提供惩罚和改造罪犯的劳动平台

监狱企业是依据《中华人民共和国监狱法》设立的，是根据“监狱对罪犯实行惩罚和改造相结合的原则，将罪犯改造成为守法公民”的要求，以服务监狱改造工作，为罪犯提供必要的场所和手段，为劳动改造罪犯提供服务，密切协同监狱，努力提高罪犯改造的质量，共同维护社会安全稳定，追求最好的社会效益。

从监狱企业设立的法律依据和立法目的可以看出，监狱企业首要的社会责任是惩罚和改造罪犯。这就不同于一般企业的社会责任，一般企业首要的社会责任是经济责任，为相关利益者追求经济利益最大化。如果不能按照《监狱法》规定进行运行，实现其首要的社会责任的社会效益，就不会有区别于一般企业的特殊性。“组织罪犯从事生产劳动是刑罚执行的重要组成部分，监狱企业为劳动改造罪犯服务是法律赋予的义务。没有监狱企业劳动改造罪犯就失去了基础和依托，更为重要的是，我们改造罪犯的管理、教育、劳动这三大手段将失去平衡，难以达到把罪犯改造好这个最终目的。”①

国家建立监狱企业，主要依据的是刑事法律的规定和要求，而不是民商法律和经济法律的要求；国家赋予监狱企业的根本任务是为罪犯提供劳动岗位，在劳动中改造罪犯，而不是发展监狱经济，创造更多的利润。② 国家给监狱提供了特殊的劳动力——罪犯，国家也赋予了监狱企业协同监狱在劳动中惩罚和改造罪犯的职责，监狱企业因此也就具备了惩罚和改造罪犯的性质。监狱企业的这一特殊任务和性质，决定其除了承担一般的社会责任外，还要承担更为重要的社会责任——为罪犯提供劳动岗位并协同监狱在劳动中对罪犯进行惩罚和改造。正因为监狱企业不是典型意义上的一般企业，在其产生的过程中，政治和法律因素起了决定性作用，罪犯的刑事法律身份决定了把罪犯作为劳动力的监狱企业必然要承担在劳动中惩罚和改造罪犯的职责，把罪犯改造成为自食其力的守法公民所体现出的政治法律价值远远大于把罪犯当作劳动力使用所创造的经济价值。我国《刑法》和《监狱法》关于有劳动力的罪犯必须参加劳动的法律规定，证明了国家强制罪犯劳动的目的和价值在于政治和法律方面。只要存在强制罪犯劳动的刑事法律制度，监狱企业就必然存在并承担通过劳动改造罪犯的职责。这是法律赋予监狱及其监狱企业的历史使命和法定责任。

二、罪犯劳动的性质决定了监狱企业不能把追求利润作为主要目标

国家为监狱企业配置一定的经济资源，就是为了让监狱企业实现相对

① 杨春平：《中国监狱企业定性与发展定位思考》，《安徽警官职业学院学报》2005 年第 3 期。

② 高寒：《监狱企业的社会责任研究》，《华东经济管理》2008 年第 3 期。

于经济效益而言更为重要的目标，这一目标就是改造罪犯的社会效益目标。一般企业由于利润最大化是其主要目标，将罪犯作为劳动力资源投入到这些企业，可能会取得更好的经济效益，但罪犯在这些企业无法保证能够得到有效改造，因为这一目标与企业的利润目标存在矛盾。监狱企业不同于一般企业，不以追求利润为主要目标，这与改造罪犯首要的社会责任的履行是不可分的，而且也只能由监狱企业而不能是一般企业来承担此项职责。因此，监狱企业不能把追求利润作为主要目标，这与一般企业追求利润作为主要经营目标，辅之以履行社会责任有本质区别。

三、监狱企业社会责任的履行需要国家的支持

一般企业以其自身为主体，而监狱企业所承担的是为罪犯提供劳动岗位，并在劳动中改造罪犯的特殊责任，是国家赋予的职责。因此，这一社会责任的履行，必须由国家提供一定的物质条件，即国家必须提供罪犯劳动的设施和费用，弥补监狱企业的亏损，以保证监狱企业的正常运行，从而使其所承担的在劳动中改造罪犯的社会责任的履行。需要说明的是，在社会主义市场经济条件下，必须建立相应的国家对监狱企业的保障机制。

四、监狱企业履行社会责任的利益相关方具有特殊性

作为特殊企业，监狱企业承担经济责任的能力是有限的，但是监狱企业在履行这一责任的过程中也必须为它的“利益相关者”负责，保障和维护其利益，这是监狱企业应当承担的一般意义上的社会责任。

监狱企业虽然依据《中华人民共和国监狱法》设立，但其作为经济实体是以《中华人民共和国企业法》和《中华人民共和国公司法》为指导的，要以增强监狱自身经济保障能力和适应市场能力为目标，兼顾经济效益。这是由监狱企业的特殊性和一般企业的共性共同决定的。

由于监狱企业对其所需的劳动力没有选择权，依据我国刑事法律的规定，它只能吸收监狱提供的罪犯作为劳动力。这样，监狱企业就内在地缺乏选择劳动力这一企业最主要的经营自主权。因此，监狱企业不可能做到自主经营，自负盈亏，也不可能按照市场原则把利润最大化作为自己的目标。由于不能以利润最大化为目标，所以，监狱企业就不可能承担与一般

企业同样的经济责任并受到同样的约束。但是，这并不意味着监狱企业本身不存在需要承担的经济责任。罪犯劳动力也是一种资源，国家将其投入到监狱企业，必然有开发和利用这一资源，并创造一定效益的经济目的和要求。如果监狱企业不依据市场原则有效地开发和利用罪犯劳动力资源，那么这部分资源就会被白白浪费，国家建立监狱企业也就失去了经济意义。因此，监狱企业必须在国家为其提供罪犯劳动力资源的前提下，最大限度地对其进行开发和利用。同时，监狱企业也要对国家以不同方式投入到其内部的非人力资源有效地加以利用，以创造必要的经济效益。由于监狱企业的建立和运行需要投入和消耗一定的经济资源，因此监狱企业要对其投资者承担一定的经济责任。这是由它作为企业的一般性质决定的。这也就决定了监狱企业的利益相关者不同于一般企业，二者承担的社会责任不同，监狱企业具有自身特殊的利益相关者和承担相应的社会责任。①

第三节　基于利益相关者的监狱企业社会责任分析

监狱企业的特殊性决定其承担的社会责任的特殊性。监狱企业除承担一般企业方面的社会责任外，还要承担特殊的社会责任。根据上述企业社会责任包括经济责任、法律责任、道德责任、慈善责任在内的多项社会责任的理论，对监狱企业所承担的企业社会责任的研究分析，也将包括经济责任、法律责任、道德责任和慈善责任而进行。但监狱企业不同于一般的社会企业，笔者对监狱企业社会责任的阐述将重点围绕监狱企业对涉及的利益相关者承担的社会责任，以及对环境、社区等承担相应的社会责任。监狱企业涉及的利益相关者主要有罪犯、非警察身份的企业职工、参与经营管理的干警、债权人等，监狱企业对这些直接利益相关者承担必要的社会责任，同时对于环境保护、所在社区事务等承担社会责任。

① 刘世恩：《监狱企业的国家保障机制探析》，《安徽警官职业学院学报》2006 年第 4 期。

一、监狱企业对罪犯的责任

我国《监狱法》第七条规定："罪犯必须严格遵守法律、法规和监规纪律，服从管理，接受教育，参加劳动。"第五十八条规定，"有劳动能力拒不参加劳动或者消极怠工，经教育不改的"，"监狱可以给予警告、记过或者禁闭"的惩罚措施。第五十七条规定，"超额完成生产任务的""节约原材料或者爱护公物，有成绩的"、"进行技术革新或者传授生产技术，有一定成效的"，"监狱可以给予表扬、物质奖励或者记功"。这些条文构成了罪犯在监狱企业中扮演的角色，同时也充分说明了监狱企业和罪犯之间的特殊关系。罪犯参加劳动是法定义务，有劳动能力的罪犯必须参加劳动，否则监狱有惩罚的权力。监狱企业并不是根据经济效益原则，为创造单一经济效益而设立的，而主要是为解决罪犯的劳动岗位以及围绕监狱劳动改造功能而设立的一种特殊企业，是改造罪犯环节中不可或缺的载体。罪犯的劳动带有一定的强制性和惩罚性。监狱企业主要劳动力是罪犯，其主要构成要素具有素质低、流动性大和不可选择性的特点。监狱企业只能吸收由监狱提供的罪犯作为劳动力，使得监狱企业缺乏选择劳动力这一经营自主权。

罪犯是监狱企业的主要劳动力，是监狱企业存在的主要基础，对监狱企业做出了法定义务贡献，相应地，监狱企业对罪犯也要承担必要的社会责任，主要包括：①在劳动中改造罪犯。这是监狱企业的主要功能和目标。监狱企业要始终围绕这一主线安排监狱企业的各项活动。②为罪犯提供劳动岗位。监狱企业不能以利润最大化或者其他理由，拒绝为有劳动能力的罪犯提供劳动岗位。③为罪犯提供"准社会环境"。为了更好地改造罪犯，使罪犯出狱后更快地融入社会，减少再犯罪率，就要重视罪犯劳动能力、学习能力的培养。④保障罪犯劳动力在经济上的合法权益，充分调动罪犯的劳动积极性。⑤完善劳动保护标准，按照现代经营管理理念来保护罪犯在劳动中的合法权益。如按照司法部、财政部制定的罪犯伙食食物量标准，提高罪犯生活费标准；进一步加强监狱医院建设，优化医疗队伍结构，提高罪犯医疗保障水平等。[①] ⑥完善罪犯的改造激励机制。将罪犯的劳动表现

---

① 李陵军：《进一步强化监狱管理的几点思考》，《中国司法》2015 年第 1 期。

和劳动绩效与之结合，不仅有利于新形势下监狱企业的可持续发展，也有利于罪犯的积极改造。

二、监狱企业对职工（非警察公务员身份）的责任

罪犯是监狱企业的主要劳动力，但由于罪犯劳动力的不可选择性和其本身具有的流动性强、劳动素质低下等原因，要维持监狱企业的正常运营，也需要从社会上吸纳普通职工来参与监狱企业的生产、管理和运营。对于这部分参与管理和生产的职工而言，监狱企业应提供给他们和其他社会企业一样的发展平台和薪资福利待遇，承担社会责任，主要包括以下几个方面。

其一，建立和完善职工的社会保障体系。社会保障问题关系到职工的切身利益，这个问题不解决好，不仅直接影响监狱体制改革的进度和深度，更关系到监狱和社会的稳定。为此要建立和完善既具有监狱系统特点又能与社会接轨的社会保障体系。在解决好养老保险工作的基础上，加强与政府有关部门的沟通，反映监狱单位的具体困难和工作性质，争取运用国家政策，逐步落实完善医疗保险、失业保险、生育保险和工伤保险等问题，使监狱企业职工同社会企业职工一样，能够同等享受国家“五大保障”政策。

其二，建立现代企业的用工机制。积极探索，大胆改革，要在劳动用工上体现监狱企业的现代化改革进程。一是要在劳动用工上打破用工终身制，采取灵活的用工机制，实行用工聘任制；二是实行合同用工，依法签订劳动合同手续，进一步规范用工双方的权利、义务，充分发挥劳动合同的调控作用，促进劳动合同的合理流动，实行优胜劣汰；三是引入激励竞争机制，创造能者多得的氛围，把更多人才引入监狱企业队伍，让部分工人通过竞争接替民警管理岗位。只有不断保障普通职工在监狱企业中的发展空间和经济地位，才能进一步推进监狱企业的现代化改革，促进其经济效益的实现。

其三，建立与市场经济相适应的工资分配制度。监狱企业的性质界定各方实践有所差别，从整个监狱系统看，各单位职工工资水平不一，差距较大，做法不一，也无具体的标准，需要改革完善：一是建立以市场工资价位指导监狱工人工资分配。进一步落实工资分配自主权，建立正常的工

资增长机制，由监狱单位根据当地社会平均工资水平和监狱企业效益自主决定工资水平。二是建立以岗位技能工资为主，计件工资、浮动工资、效益工资、奖励工资为辅的分配体系，实现同岗同酬、岗变薪变、一岗一薪、能上能下的动态管理。三是推行监狱企业职工利润分享制，或在条件成熟的情况下实行年薪制度。

其四，大力开展技能培训和职业教育。注重监狱企业普通职工的职业技能培训和职业教育，并且制定相应的激励政策，有利于发挥职工的积极性和人力资源的深层次开发，为保证监狱企业的长远发展和罪犯劳动改造的有效管理打好坚实基础。

其五，塑造企业文化，以人为本。“以改造人为宗旨”是我国监狱工作的方针，是衡量一切监狱工作的总标准，监狱企业的各方面工作也必须以此为指南。[①] 监狱企业要改革传统的企业文化，重塑适应全球经济一体化的企业文化，梳理市场意识、团队精神和品牌价值文化，努力提升企业的内外形象，为监狱企业职工提供良好的就业平台，做到以人为本，在管理中实现对职工的社会责任。

三、监狱企业对参与经营管理的干警的责任

监狱干警是指依法从事监狱管理、执行刑罚、改造罪犯工作的人民警察。所有的监狱基层民警，都具有生产管理职能，为公务员编制。所以，参与经营管理的干警并非一般的监狱企业职工，其在监狱企业中承担着代表国家公权力行使职权的责任和作用。

监狱企业以及监狱干警的性质决定了企业除了对干警负有其对一般职工提供健康安全的工作环境等责任之外，还负有对监狱干警一些特殊的社会责任，主要包括：一是按照法律规定，为监狱干警提供其行使国家赋予的职权的条件，保证其职权的有效便利的实施，促使监狱干警能够依法从事监狱管理、执行刑罚和改造罪犯。二是保障监狱干警相对独立的地位，不被监狱企业为了自身生产经营等经济目的的活动和安排而进行调整、支配和影响，确保监狱干警在宪法和法律授权与规定的范围内独立地行使职权。三是给予监狱干警行使职权合法监督，促使监狱干警秉公执法，严守

---

① 胡惠珍：《监狱企业文化构建研究》，《东方企业文化》2011 年第 24 期。

纪律，清正廉洁。四是提供完善合理的监狱警察工作绩效考核制度，保证和促进设立监狱企业的目的的实现，充分发挥监狱企业改造罪犯和创造社会经济价值的作用。

四、监狱企业对债权人的责任

债权人是与企业密切联系的重要的利益相关者，主要包括银行等金融机构、民间金融公司，以及与企业进行交易的相对人。我国《公司法》第一条将“保护债权人合法权益”作为立法目的之一。债权人需要企业依据合同的约定以及法律的规定对债权人承担相应的义务，保障债权人合法权益。这种义务既是公司的民事义务，也可视为公司所承担的社会责任。监狱企业作为一种特殊的企业，在现实的经济运行中，也必定会面临资金周转不灵，也会向银行或其他部门机构借款，与银行等借款单位形成债权债务的关系。监狱企业对其债权人也应该承担相应的社会责任，以保护债权人的合法利益，维护经济秩序的稳定。

监狱企业对债权人的社会责任，也是一般企业对债权人的社会责任，具体包括：

首先，按照法律、法规和公司章程的规定，真实、准确、完整、及时地披露公司信息。持续、及时、准确的信息披露是公司应尽的责任，同时也是公司对债权人承担社会责任的最高表现。这是因为公司信息特别是财务信息决定了交易相对方是否与其进行交易，以期防范风险，更好地维护自身的相关利益。

其次，诚实信用，不滥用公司人格。例如，我国《公司法》第二十条第二款规定“公司股东不得滥用公司法人独立地位和股东有限责任损害公司债权人的利益”。第二十条第三款引入“公司法人人格否认（刺破法人面纱）制度”，规定“公司股东滥用公司法人独立地位和股东有限责任，逃避债务，严重损害公司债权人利益的，应当对公司债务承担连带责任”。很明显是在股东有限责任与债权人利益保护之间寻求某种平衡，客观上也体现了对公司债权人利益的保护。

再次，积极主动偿还债务，不无故拖欠。例如，我国《公司法》第一百八十五条规定“清算组应当自成立之日起十日内通知债权人，并于六十日内在报纸上公告”。

最后，确保交易安全的责任。监狱企业无论在何种情况下、对何债权人都应当依照法律规定、善意、无过失地实施交易行为，切实履行合法订立的合同。

五、监狱企业的环保责任

在现代市场经济条件下，企业是主要的市场主体，是物质文明和精神文明的创造者，是社会进步的推进力。企业创造了不可计量的社会财富，满足了人们的日常所需，也向大自然索取了大量的资源，排放了大量的污染物。随着污染的日趋严重，人们的生命健康和财产安全屡屡受到威胁。气候变暖、能源危机、水资源枯竭和土壤污染等问题摆在人类面前。人类对自然的污染主要集中于生产环节，作为社会生产的主要承担者，企业在生产过程中减少对环境的影响是其社会责任的应有之义，也是可持续发展的必然要求。

监狱企业必须服从这一市场法则，从生产项目的选择、生产资料的购买、生产过程的组织管理、成本的核算、产品的销售等各个方面，都要按经济规律办事。认真做好环境保护工作，在生产过程中不因生产废水、有害气体排放，以及生产垃圾的排放而给周围环境造成污染，这也是监狱企业应承担的社会责任中非常重要的一个要求。监狱企业的环保责任分为三个层次：第一，监狱企业要遵守环保法规，履行环保义务，这是对监狱企业履行环保责任的最低要求；第二，监狱企业应做到自觉保护环境，注重节约资源；第三，在经济活动中注重发展环保经济，实施清洁生产，预防污染，保护生态，主动履行监狱企业的环保责任。

六、监狱企业对所在区域（社区）的责任

此处社区是指受企业生产经营活动较大影响，并对企业生产经营活动有明显影响力的，作为企业载体而存在的具有一定区域特征的社会群体。[①]社区是企业最重要的利益相关者之一，企业的生存与发展均以社区为基础。为了实现经济社会的协调发展，企业必须积极地承担起相应的社会责任，

① 李庆文：《关于企业社区责任维度的分析》，《企业家天地》（下旬刊）2012 年第 1 期。

社区作为一个个组成社会的“小单元”，企业存在于其中，应当首先承担起对其所在区域（社区）的责任。

监狱企业存在于社区之中，社区是监狱企业生存和发展的首要基础。监狱企业对所在社区承担相应的社会责任。一方面，社区为监狱企业提供各种生产要素或为监狱企业获取各种生产要素提供辅助，比如一些员工就来自监狱企业所在的社区。由此，监狱企业对其所在区域具有促进经济、增加就业岗位的作用。另一方面，监狱企业依照刑事法律的规定，组织和管理罪犯劳动，作为特殊劳动者，罪犯在劳动中仍然是没有人身自由的。这时罪犯就不可能对社会上的公民和组织实施危害行为，就这一点而言，监狱企业事实上承担着政府的职责，而这一职责的履行，就会生产出特殊的公共产品——公共安全。如果罪犯在监狱企业劳动中不受刑罚的约束，可以自由地离开监狱企业，那么罪犯必然会给社会造成安全威胁；如果监狱企业不严格管理罪犯劳动，也会给社会带来不安全感，甚至直接危害公共安全。因此，监狱企业按照刑事法律的规定，组织和管理罪犯劳动，本身就是在向社会和社区提供公共安全。根据监狱企业对社区的上述社会责任，应注意做到以下几点：

其一，健全劳动改造工作机制，提高企业经济效益，提供更多就业岗位。监狱企业要坚持改造人的根本目的与科学运用劳动改造手段相结合，不断强化罪犯劳动改造管理。组织罪犯劳动的根本目的，是培养罪犯的劳动习惯和提高就业技能，局部经济效益必须服从和服务于这个根本目的。健全劳动改造管理目标考核制度，加快完善劳动改造管理体系，真正形成劳动改造的责任机制。监狱企业的经营方式应该围绕更好地为监管改造服务这一根本目标，在产业结构上，从单一的劳动模式向多元化转向。监狱企业提供给罪犯劳动习艺的岗位和技能应该符合社会经济发展的需要，保障罪犯所学习到的劳动技能在社会适用；在劳动岗位设计上，必须从关押罪犯已有劳动技能的实际出发，设计能为大多数罪犯习艺的简单技能岗位；在管理模式上，必须从监管改造的手段需要出发，确立以符合监狱管理特色和罪犯学习技能需要，以及适应社会发展需要的企业管理模式。

其二，规范罪犯劳动改造管理，保证罪犯合法利益。探索完善劳动改造工作体系，不断优化劳动改造手段，努力促进劳动改造从传统走向开放，劳动报酬从纸面走向现实，技术培训从刑期变为学期。[①] 在具体实践中，劳动对象限于有劳动能力的罪犯；劳动项目上避免高危险、高污染的选择；劳动时间、劳动保险、劳动保护上严格遵守国家劳动法规；劳动报酬上根据监狱生产的特点规范发放；劳动组织形式上遵循市场经济运行的规律，不搞无效益的单纯惩罚劳动。

其三，提升罪犯回归社会的能力，解决社区后顾之忧。监狱要推广全面质量管理、质量（安全）体系认证标准、企业管理信息化等现代企业管理方式，使罪犯受到先进管理方式的教育，增强其回归社会就业的适应能力。积极探索罪犯中等职业教育的新路子，争取把罪犯的职业教育和技能培训纳入地方政府再就业培训规划。认真组织开展罪犯职业技能竞赛活动，积极引导罪犯开展技术革新和技术改造活动，不断提高罪犯解决实际问题的能力。扎实推进创业培训工作，积极组织开展刑释人员的职业推介活动，帮助刑释人员顺利回归社会。

第四节　监狱企业社会责任的缺失

如果说，强调普通的社会企业的社会责任，是对其追求利润最大化的传统企业目标的一种辩证反思和企业制度的完善，也是对企业在追求利润最大化过程中影响到方方面面的利益相关者的利益的　种肯认和保护，那么，强调监狱企业的社会责任，则是对计划经济时期“监企合一”体制下监狱企业偏离为改造罪犯服务应然目标的一种纠偏和回归。换言之，监狱企业履行社会责任应是其本质所在，在推进监狱体制改革实行“监企分开”后，强调监狱企业社会责任，就是要在新的产权关系下，从理论和制度层面解决过去监狱企业社会责任缺失问题。具体而言，监狱企业社会责任缺失主要表现在以下几个方面。

---

① 潘玉明：《对新型监狱体制下监狱企业发展加快转型的思考》，《法制与社会》2009 年第 6 期。

一、监狱企业未能把履行社会责任作为其首要目标

如前所述，监狱企业不同于一般社会企业，在履行社会责任方面具有特殊性，即监狱企业应将为惩罚与改造罪犯提供劳动平台作为其首要社会责任，而不能以营利为其目的，但对一般社会企业而言，营利性是其首要目标，履行社会责任只能建立在营利基础之上。基于此，监狱企业理应把履行社会责任作为其首要目标，这也是监狱企业之所以存在的基础。然而，由于历史的原因，在计划经济时期，国家财政无法保障监狱运行之必要经费，只能通过监狱组织罪犯从事劳动，开展生产经营获得收入，以“自己养活自己”的方式保障监狱运行经费，这就形成了“监企合一”的体制。从设立这种体制的初衷来看，监狱企业的生产经营是不得已而为之，是为惩罚与教育改造罪犯创造必要的物质条件，在整个监狱工作中居于次要的地位。

但是，随着改革开放，“监企合一”体制的弊端逐步凸显，监狱企业的生产经营收入除了弥补监狱运行经费不足外，还因为监狱罪犯作为特殊劳动力而在市场获得了较高的利润，这就导致在现实中使监狱及监狱企业产生追求利润的冲动，从而把监狱工作的重心和相当大的精力放在了生产经营上，反而将通过劳动惩罚与改造罪犯的本职工作放在次要地位，使得监狱企业生产经营背离了监管改造的属性，背离了监狱企业生产经营为改造罪犯服务的目的。

注意的是，监狱企业在“监企合一”体制下把社会责任与经济责任关系本末倒置的弊端，并未随着监狱体制改革下“监企分开”后监狱经费全额保障制度的建立和完善而消失，不少监狱运行经费仍有缺口，通过监狱

企业的生产经营弥补监狱运行经费的动因仍然存在。[①] 因此，只要监狱企业的生产经营承担者弥补监狱运行经费的经济责任，就不可能真正把工作重心和主要精力放在为惩罚与改造罪犯提供劳动平台的社会责任上，并真正把后者作为其存在和发展的首要目标。

二、监狱企业未能为罪犯提供足够、适宜的劳动改造岗位

监狱企业应当为罪犯提供足够、适宜的劳动改造岗位，因为只有使罪犯进入到具体的劳动改造岗位上，才能投入实际的劳动活动中从而接受惩罚与改造，同时监狱企业也只有提供适宜罪犯劳动改造的工作岗位，才能通过劳动达到改造罪犯的目的，并通过劳动生产使罪犯获得一技之长，便于其出狱后获得良好的工作，从而回归社会成为守法公民，并非一味通过体力劳动实施惩罚。

然而，在监狱企业的生产经营实践中，虽然在计划经济时期，一度不乏有相当规模的监狱企业，但从计划经济体制转型至市场经济体制，其生产的产品在市场上并不具有高出社会平均生产水平的竞争力，因而无法持续扩大生产经营规模，从而无法持续提供数量不断增长的劳动改造岗位。

同时，据有关研究表明，“在20世纪80年代中期之前，监狱系统的工业生产一般具有与社会同等行业相当的技术和操作水平，在为数众多的以农业劳动为主的监狱，农业生产机械化程度也基本相当于社会农业生产的中等水平，服刑人员在这样的劳动条件下学习、操练职业技能，对出狱后

---

① 监狱体制改革中的“监狱经费全额保障”从相关文件规定以及改革实践情况来看，实际上有两层含义：一是“标准”意义上的全额保障，即按照2003年3月9日财政部、司法部印发的《监狱基本支出经费标准》（财行〔2003〕11号）和2007年2月26日《财政部 司法部关于调整监狱基本支出经费标准的通知》（财行〔2007〕28号）两个文件规定的标准计算出来的监狱支出经费由国家财政预算全额保障；二是“实际需要”意义上的全额保障，即监狱经费财政全额保障不是看是否达到了前述两个文件规定的支出项目范围和标准，而是从监狱执法和监管教育改造罪犯的实际需要出发，实际上所需要的经费全部纳入国家财政预算，由中央和地方财政全部予以保障，不留丝毫的缺口。从实际情况来看，不少监狱仍然需要通过监狱生产创造效益来弥补监狱经费的不足。没有按“标准”全额保障到位的监狱，需要通过发展生产，抓经济出效益来弥补监狱经费不足；按照“标准”全额保障到位的监狱也需要通过监狱生产的效益来弥补监狱经费的不足。这是一个非常令人深思的问题。参见姜爱东主编：《监狱体制改革下若干重大问题研究》，群众出版社2009年版，第39－40页、第50页。

在社会上就业谋生曾起过较好的作用。但是……部分曾经‘辉煌’的监狱生产门类，现实的市场需求已大为减弱，传统的职业技术教育方式已优势不再……其中职业技能的含量对于出狱人就业谋生的帮助令人担忧”。① 这进一步说明，监狱企业不仅未能为罪犯提供足够多的劳动改造岗位，也限于技术水平无法为罪犯提供适宜改造的劳动岗位，在为其将来获得谋生的职业技能提供适宜的培养和训练方面也做得仍然不够。

三、监狱企业未能充分维护罪犯的劳动权益

我国《监狱法》第七十二条规定：“监狱对参加劳动的罪犯，应当按照有关规定给予报酬并执行国家有关劳动保护的规定。”可见，监狱及监狱企业应当依法充分维护参加劳动的罪犯获取劳动报酬和包括获得劳动保护在内的劳动权益，这也应当是监狱企业对罪犯作为特殊劳动者的社会责任。

然而，在《监狱法》颁布之前，罪犯虽然作为从事监狱生产的事实上的劳动者，但其只被看作劳动改造的对象，并不被承认具有劳动者的法律地位，也因而不享有劳动者应有的获取劳动报酬和包括获得劳动保护在内的劳动权益。即使在《监狱法》对参加劳动的罪犯获取报酬的权利予以规定后，由于监狱财政经费无法保障或者保障不足，监狱企业的生产经营收入主要用于弥补监狱经费缺口，无力向参加劳动的罪犯支付报酬。在本次监狱体制改革启动初始，通过监狱体制改革试点，部分改革试点省份的监狱已经根据有关规定向服刑人员发放劳动报酬（在服刑人员个人使用的劳动补偿费项目下支出），其积极作用已有显现，但各地的试行标准和执行方式差异较大，包括提取标准、分配与结算方式、个人账户管理以及支出范围和方式等相关的程序和内容还缺乏科学的论证和规范，还没有形成全国通行的规范化制度。② 各省市监狱管理局对此进行了大胆改革，有的出台了相应的地方法规，如 2015 年 1 月，广东省监狱管理局制定实施了《广东省监狱罪犯劳动定额与劳动报酬管理办法》，明确罪犯劳动报酬的计件与发放，受到社会、罪犯及其亲属的充分肯定。但时至今日，全国性、统一适用的规范条文还仍然缺失。

---

①② 姜爱东主编：《监狱体制改革下若干重大问题研究》，群众出版社 2009 年版，第 145 页。

同时，在大多数监狱企业的生产实践中，罪犯不但无偿从事劳动，而且“罪犯超时、超体力劳动现象普遍存在，部分罪犯每天劳动时间长达12小时，个别从事工艺品等手工劳动的罪犯劳动时间达到14小时”。[①] 这表明，从事劳动的监狱罪犯没有获得劳动者的地位，也就无法执行国家有关劳动时长的劳动保护规定，甚至罪犯在从事煤矿开采等环境较差、危险程度较高、易引发某些职业疾病的重体力劳动时，罪犯也无法获得国家规定对普通劳动者应有的劳动保护，以致因劳动致伤、致残而无法获取应有的赔偿，也缺乏相应的法律救济渠道。实践中出现的这些罪犯无法取得合理报酬、劳动保护缺乏、合法权益无法得到维护的问题，不仅严重影响了对罪犯通过劳动进行改造的效果，而且正是监狱企业没有充分履行对罪犯作为劳动者的社会责任的表现。

第五节　加强和完善监狱企业社会责任制度

随着监狱体制改革的深入，监狱企业从监狱中分离出来，逐步回归自身本来的使命，即为监狱改造罪犯提供劳动岗位，为改造罪犯服务，这实际上是监狱企业社会责任的回归。近年来，监狱系统通过各种措施为加强和完善监狱企业社会责任而做出了种种努力，应对此予以总结和分析，并上升到制度的高度，用以指导监狱企业的工作实践。

一、把为改造罪犯服务的社会责任作为监狱企业的主要任务

通过监狱体制改革将监狱企业从监狱中分离出来，是为了更好地改造罪犯服务，使罪犯改造工作更有效率，而且重申了监狱企业是改造罪犯工作的重要组成部分。这实际上是对监狱企业社会责任目标的清晰表述，而且要求监狱企业必须把为监狱改造罪犯提供劳动岗位，为改造罪犯服务的社会责任放在首位，通过“但也要讲效益”将监狱企业经济责任放在第二

① 王林：《新时期劳动改造存在的问题及前瞻》，《监狱农场经济》2006年第3期，第5－6页。

位，明确了监狱企业社会责任和经济责任二者之间的地位和关系。

2008年，中央政法委提出，要把刑释解教人员重新违法犯罪率作为衡量监管工作的“首要标准”。司法部认真贯彻落实这一指示精神，于2008年和2010年先后两次召开全国监狱教育改造工作会议，对推进监狱教育改造工作作出部署，明确提出把教育改造罪犯作为监狱工作的中心任务。全国监狱系统坚持把改造人放在第一位，监狱主要领导抓改造、主要资源用于改造、主要时间花在改造上已经成为共识。各地监狱把教育改造罪犯体现到包括生产在内的监狱各项工作的全过程，同时，强化检查考核，使教育改造工作从“软任务”变成“硬指标”。[①] 这就更进一步明确了监狱企业作为监狱改造罪犯工作的重要组成部分，自然也应通过生产经营工作，配合监狱以教育改造罪犯作为监狱工作重心的大局，把为改造罪犯提供劳动平台作为首要工作目标和应尽的首要社会责任。据统计，截至2012年，全国监狱已为80%以上的罪犯提供了劳动岗位。

在此基础上，为了强化对教育改造工作的检查考核，针对监狱企业工作特点，据有关学者建议，“国家要把履行社会责任的情况作为衡量监狱企业绩效的主要指标，把为履行社会责任服务的情况，作为衡量监狱企业履行经济责任的尺度之一，避免监狱企业单纯追求经济效益而不顾社会效益，最终使监狱企业的性质、运行目标等真正得以复位”。[②] 这里所说的在衡量监狱企业绩效时把履行社会责任情况作为主要指标，就包括了为监狱改造罪犯提供劳动岗位，为改造罪犯服务这个首要的社会责任。

此外，大力加强罪犯职业技术教育和职业技能培训也是监狱企业为改造罪犯服务，履行社会责任的重要方面。近年来，各地监狱及监狱企业根据经济社会发展和劳动者素质提高的需要，大力加强对罪犯的职业技能培训工作，组织罪犯学习劳动岗位技能。司法部在全国监狱系统总结推广湖南星城监狱、浙江乔司监狱等单位出监教育和职业技能培训经验做法，建立完善罪犯劳动岗前、岗中和转岗培训制度，深入进行就业市场调查和罪犯刑满释放后就业愿望调查，根据罪犯回归社会的需要，开设职业技能培训中心，举办职业技能培训班，组织罪犯学习回归社会所需的实用技能，符合条件的，颁发技术等级证书和职业资格证书。各地监狱机关协调地方

---

① 教育改造罪犯除了体现在生产工作的全过程外，还包括管理、教育等工作的全过程。

② 高寒：《监狱企业社会责任研究》，《华东经济管理》2008年第3期，第106页。

有关部门定期对罪犯进行职业等级考核和开展有针对性的就业指导，提供就业信息，畅通咨询渠道，有的还定期邀请社会企业、职业介绍中心等召开就业推介会。2002～2012年，监狱系统共有139万人获得初级技术等级证书，14.9万人获得中级技术等级证书，1万余人获得高级技术等级证书。通过这些措施的实施，有效提高了罪犯适应社会的能力，促进了罪犯顺利回归社会，有的刑满释放后还通过自己创业成为致富典型。[①]

二、通过制定专门法律法规强化监狱企业的社会责任

在理论和政策层面明确监狱企业社会责任的同时，更应该通过法律制度来加以强化。如前文所述，关于企业社会责任，我国《公司法》已经予以规定并进行确认，从操作层面，《公司法》及其他法律法规也零散规定了企业对其利益相关者的社会责任。这些规定，有些基于监狱企业的特殊性不一定完全适用，也有些可以基于监狱企业作为市场参与主体时可参照适用。但是，服务于监狱罪犯改造工作，主要为监狱罪犯改造提供劳动岗位的监狱企业，社会责任比之一般社会企业更加重要，更是监狱企业的本质所在，必须通过法律加以确认和规制。

现行《监狱法》既没有关于监狱企业的规定，更遑论对监狱企业社会责任的确认和规定了。这主要是由于过去计划经济体制下“监企合一”所致，监狱企业没有独立性，被视为监狱的一个组成部分。事实上，《监狱法》也有一些零散的规定要求监狱负有一定的社会责任，如在对罪犯进行职业技术教育与培训方面，《监狱法》第六十四条规定：“监狱应当根据监狱生产和罪犯释放后就业的需要，对罪犯进行职业技术教育，经考核合格的，由劳动部门发给相应的技术等级证书。”第六十六条规定：“罪犯的文化和职业技术教育，应当列入所在地区教育规划。”在对罪犯劳动工时、劳动报酬、劳动保护、劳动保险等方面，《监狱法》第七十一条规定：“监狱对罪犯的劳动时间，参照国家有关劳动工时的规定执行；在季节性生产等特殊情况下，可以调整劳动时间。罪犯有在法定节日和休息日休息的权

① 监狱企业为罪犯进行职业技术教育和职业技能培训对罪犯改造成功具有巨大的促进作用。据统计，仅2011年，罪犯刑满时取得职业技术证书的达到参训总数的60%以上，罪犯守法守规率达91%，罪犯改好率达94%，罪犯回归社会后重新违法犯罪率始终保持在较低水平。

利。”第七十二条规定：“监狱对参加劳动的罪犯，应当按照有关规定给予报酬并执行国家有关劳动保护的规定。”第七十三条规定：“罪犯在劳动中致伤、致残或者死亡的，由监狱参照国家劳动保险的有关规定处理。”基于“监企合一”体制，这些规定其实也可在某种意义上被视为是监狱企业应当承担社会责任的一部分。

我们认为，监狱企业的社会责任应当在《监狱法》中予以明确规定。《监狱法》应当以专章来对监狱企业的性质、法律地位、社会责任等问题进行原则性规定，明确监狱企业应当以为监狱改造罪犯提供劳动岗位、为改造罪犯服务作为其主要目标。同时，鉴于监狱企业问题的特殊性、复杂性，还应当制定专门的《监狱企业法》，或者专门规制监狱企业的行政法规、部门规章，其中应以专章规定监狱企业社会责任的具体内容，如监狱企业对罪犯、职工、干警、债权人、环保、社区等方面的具体社会责任，上升为法律上的权利、义务、责任和具有可操作性的法律救济渠道。

三、杜绝监狱企业生产经营收入直接弥补监狱经费缺口

《监狱法》第八条规定：“国家保障监狱改造罪犯所需经费。监狱的人民警察经费、罪犯改造经费、罪犯生活经费、狱政设施经费及其他专项经费，列入国家预算。国家提供罪犯劳动必需的生产设施和生产经费。”据此，国家不仅应当保障监狱正常运行所需的各项经费纳入国家财政预算，还应当为监狱企业提供改造罪犯从事劳动所必需的生产设施和生产经费。换言之，监狱企业不能以弥补监狱经费为目标从事生产经营，监狱企业的生产经营收入也不应直接用于弥补监狱的经费缺口。

然而，如前文所述，尽管经过多年监狱体制改革，逐渐完善了监狱经费保障制度，建立了以省级财政为主、中央转移支付为辅的监狱经费保障体制，但监狱经费的全额保障也只是在所谓“标准”意义上的全额保障，监狱经费在实际上仍存在缺口。据统计，以 2011 年为例，该年度全国监狱系统财政拨款总额比监狱体制改革前的 2002 年增长 200% 左右，财政拨款占监狱经费支出比重达到 87.9%，改变了长期以来主要依靠监狱生产收入提供监狱经费的局面，这也从另一个侧面说明，监狱经费仍有部分财政拨款无法保障的缺口还需通过监狱企业的生产经营收入来弥补解决。

为此，必须杜绝监狱经费缺口由监狱企业生产经营收入直接弥补的弊端，将监狱企业把追求利润最大化的冲动降到最低，真正使监狱企业把为改造罪犯服务的社会责任作为主要目标。除了要进一步加大监狱经费全额保障力度，不仅实现“标准”意义上的全额保障，更要努力实现“实际需要”意义上的全额保障，尽量让监狱经费不留缺口。即使根据实际情况，一些财政较为困难或因种种原因导致监狱经费仍留有缺口的监狱，作为过渡措施，需要监狱企业的生产经营收入来进行少量弥补的，也应通过公开透明的方式，上缴到省级监狱管理机关和省级财政部门，纳入财政预算管理，由“暗补”变为“明补”，遏制监狱企业生产经营收入不透明而片面追求利润最大化以“暗补”监狱经费的动力。

同时，为了保障监狱企业为改造罪犯提供足够的劳动岗位，还应通过财政拨款的方式落实《监狱法》第八条第二款规定的“国家提供罪犯劳动必需的生产设施和生产经费”。这些拨款中应当明确包含监狱企业用于罪犯劳动改造的费用，最大限度地避免监狱企业经营状况等经济因素对提供足够、适宜的劳动岗位的影响。

四、切实保障罪犯的特殊劳动者地位及其合法权益

监狱罪犯从事劳动固然与普通劳动者性质不同，但作为特殊的劳动者的地位应当予以切实保障，其也理应享有《监狱法》规定的获得合理劳动报酬，以及劳动工时、劳动保护、劳动保险等方面的合法权益。

2003 年以来，司法部在有关地方探索试点的基础上，全面落实和规范罪犯适当劳动报酬制度，建立了罪犯劳动报酬定期统计制度，参加劳动的罪犯都能根据劳动表现获得劳动报酬，有效激发了罪犯参加劳动的成就感和荣誉感，重振了他们回归社会的信心。

在加强罪犯劳动保护和劳动工时方面，各地监狱还坚持有利于罪犯改造、有利于安全稳定的原则，健全完善新型劳动改造组织形式，科学合理地组织罪犯劳动，落实职业病防治和劳动保护政策。严格落实罪犯劳动项目准入管理制度，以“合法、安全、适宜、有效”为项目选择的基本原则，大力推进监狱产业产品结构调整，加快退出安全生产风险高、不适应罪犯改造的高危生产行业和项目，重点扶持和优先发展有利于罪犯改造、符合安全生产法规政策要求和国家产业政策发展方向的劳动项目。全国监狱系

统严格执行劳动工时制度和节假日休息制度，严禁组织罪犯超时、超体力、超负荷劳动，严禁罪犯从事有毒、有害产品和假冒伪劣产品的生产。同时，不断改善生产条件，优化劳动环境，落实劳动保护措施，切实保障罪犯的合法权益。

应当说，以上这些措施，对于进一步规范监狱企业管理，保障罪犯人权发挥了巨大作用，但考虑到我国监狱系统的对外封闭性、矛盾存在的长期性、个体逐利的天然性，需要更加重视罪犯特殊的劳动者地位，完善相关制度，保证监狱企业首要社会责任的真正落实。

第八章　监狱企业的产业布局与产业升级

监狱体制改革除了给监狱企业制度带来变革外，还随着监狱布局调整给监狱企业的产业布局带来了巨大的影响，也给监狱企业的产业发展带来新的机遇。这是因为监狱布局调整实际上也是监狱企业产业结构的调整，监狱企业要退出不适宜的产业类别，进入有利于罪犯教育改造，并在回归社会后顺利就业的产业项目，同时提升监狱企业的经济效益，实现监狱企业产业发展。对此，我们有必要从产业经济学的角度对我国监狱企业产业布局现状及其存在的问题进行分析，并思考监狱企业产业调整、发展与升级。

第一节　产业布局与产业升级的一般理论

产业在英文中为“Industry”，概念相对模糊，含义有产业、工业、行业等。我国学术界关于产业的一般定义是指具有某类共同特性的企业集合。并且从产业结构理论的角度定义产业为“具有使用相同原材料、相同工艺技术或生产相同用途产品企业的集合”。从产业结构理论的角度定义产业有较大的伸缩性，它既可以指第一、第二、第三产业的广义概念，又可以指如钢铁产业、石油产业等狭义产业概念。

一、产业布局理论

1. 产业布局的概念

产业布局是指产业在一国或一地区范围内的空间分布和组合的经济现象。从静态上看，产业布局是指形成产业的各部门、各要素、各链环在空间上的分布态势和地域上的组合。从动态上看，产业布局则表现为各种资源、各生产要素甚至各产业和各企业为选择最佳区位而形成的在空间地域上的流动、转移或重新组合的配置与再配置过程。[①]

2. 影响产业布局的因素

一般认为，影响产业布局的因素主要有以下几个方面：

其一，自然因素。自然因素是产业布局形成的物质基础和先决条件，包括自然条件和自然资源两个方面。自然因素从三个层面对产业布局产生影响：一是在社会发展的不同阶段，对产业布局的不同影响；二是对不同产业（第一、第二、第三产业）的布局的影响；三是对产业布局和产业发展的不同影响。这就是自然因素导向的产业布局。

其二，社会经济因素。影响产业布局的社会经济因素主要有基础条件、市场条件、政治条件、价格与税收条件等。基础条件的影响因素，一是历史基础条件，二是交通和通信等基础设施条件。市场条件主要是指市场结构、市场的需求量和需求结构、市场竞争、资本市场对产业布局的影响。政治对产业布局的影响是指政府通过制定和完善政治的和法律的政策措施来干预与调控产业的发展规划、区位选择等，这也叫政治或政策导向的产业布局。在价格与税收条件方面，价格对产业布局的影响主要体现在国家的价格政策、产品地区差价及产品可比价格等方面。税收对产业布局产生作用则主要通过合理的税制结构及改变税率的方法来实现。

其三，科学技术因素。科学技术是构成生产力的重要组成部分，是影响经济发展与产业布局的重要条件之一。技术决定着自然资源开发利用的深度和广度，使自然资源获得新的经济意义。技术进步通过形成地区之间

① 百度百科“产业布局”词条，http：//baike. baidu. com/link？ url = X8zSlx03jKcrqq7Koy2 - Peg_ K9YacSno0c_ lMLtOsFULoc52ms968CgIgUwYk7AFCDeyBt0Qq6LhM9sdi4aUbK，最后访问日期：2016 年 9 月 28 日。

的产业梯度、技术创新和转化，从而导致具有不同生命周期的产业梯度转移，改善地区之间的产业结构，进而影响产业布局。

其四，地理位置因素。地理位置之所以是影响产业布局的重要因素，是因为地理位置不同，自然条件、交通、信息和一系列社会经济条件也就不一样。影响产业布局的地理位置因素较多，其中最主要的是经济区位和特殊地理环境两个因素。

二、产业升级理论

1. 产业升级的概念

所谓产业升级，主要是指产业结构的改善和产业素质与效率的提高。产业升级必须依靠技术进步。产业结构的改善表现为产业的协调发展和结构的提升；产业素质与效率的提高表现为生产要素的优化组合、技术水平和管理水平以及产品质量的提高。[①]

产业升级在产业结构方面的意义主要使产业结构向着具有较高生产率、较快需求增长以更高级技术为基础的方向转移，最终表现为经济良性发展、国际贸易条件的改善。产业结构升级的核心是生产率的不断提高。简单地说，产业升级就是从目前的产业结构转变为利润更大更赚钱的产业结构。比如从传统的工厂发展为高新技术产业。

产业升级主要依赖于技术进步。一国技术进步来源于技术创新和引进、模仿新技术，发达国家主要通过技术创新实现技术进步，发展中国家主要通过投资新设备、引进和模仿新技术、承接国际产业转移实现技术进步。

产业升级和经济增长既有联系又相互区别，产业升级是指产业结构的改善和产业素质与效率的提高，经济增长是指一国国内生产总值的增长。产业结构的改善和产业素质与效率的提高代表着生产效率的提高，局部的、渐进的产业升级不一定会导致一国整体生产效率的提高和经济的增长，但是主导产业的升级、全面的和爆发式的产业升级必然导致一国整体生产效

① 百度百科“产业升级”词条，http：//baike. baidu. com/link？ url = xAkZm7ugjj03FXbv11 WdSVH-MIl88kEss4Vy1xYQLmFnmxqip8thoJa08bHpoMewtsNobtcqM3SHPEFzrxx3oeq，最后访问日期：2016 年 9 月 28 日。

率的提高和经济的增长。所以主导产业的、全面的和爆发式的产业升级与一国经济增长是融为一体的。

技术进步是决定一国产业升级和经济增长的根本因素，发达国家通过技术创新来实现技术进步和产业结构升级，发展中国家多是通过引进资本技术和模仿来实现技术进步和产业结构升级。20 世纪 80 年代冷战渐渐结束，世界政治经济格局发生了巨大变化，其主题转向和平与发展。国际贸易与国际投资的成本和风险大幅下降，加上计算机网络、通信技术和运输技术的飞速发展，大大促进了国际分工和国际贸易，为发达国家的产业转移提供了非常便利的前提条件。国际产业转移成为当今发展中国家引进资本技术来实现技术进步和产业升级的重要途径，使得发展中国家技术进步和产业升级速度大大加快，并且这一产业升级的过程是主导产业的、全面的和爆发式的产业升级，同时伴随着发展中国家经济的快速增长。国际产业转移使得发展中国家产业升级与经济增长融为一体。

2. 产业升级的经济学内涵①

产业升级在经济学不同的研究视野中具有不同的内涵。基于经济学理论的产业升级的微观界定主要是从生产要素转移的视角来阐述产业升级，认为企业逐步向资本密集型和技术密集型企业的转移和发展带动了产业升级。基于经济学理论的产业升级微观驱动因子主要包括企业的技术进步、技术创新、自身资源配置能力的提升等。

从中观视角对产业升级问题的探讨，主要是从某一产业结构内部的产业升级展开，强调生产要素从劳动密集型向技术密集型、资金密集型产业过渡；强调资源集约度从低集约度向高集约度过渡；强调生产能力从低生产率向高生产率过渡；强调产品类型从单一的产品品种向丰富的产品品种过渡；强调价值创造程度从低附加值向高附加值产业过渡；强调产业竞争力从一般竞争力向核心竞争力过渡。从宏观角度看，随着生产要素禀赋由初级（简单劳动力、物质资本、自然资源）向高级（人力资本、知识、技术、制度等）演化，资源在国民经济各产业之间移动，生产要素由低效率产业向高效率产业转移，国家整体产业体系层次结构向低投入、高产出的方向发生质的提升。

---

① 有关产业升级的经济学内涵，参见韩红丽、刘晓君：《产业升级再解构：由三个角度观照》，《改革》2011 年第 1 期，第 47 – 51 页。

基于宏观视角对产业升级的探讨，也是对社会整体产业层次结构变化的研究。这一层次是针对产业发展与产业分析方面积累最丰富、最经典研究成果的研究，也是被世界各国广泛应用的研究，主要依据产品特征以及要素密集度划分产业，进而根据各产业的比重变化来度量社会整体的产业升级。

第二节　监狱企业产业布局与产业升级的特殊性

与普通社会企业不同，我国监狱企业的产业布局与产业升级问题具有不同的社会背景，这就是监狱布局调整对其带来的巨大影响和促进作用。

一、监狱布局调整概况

1. 监狱布局及其调整

监狱布局是伴随着监狱的产生而出现的一个衍生概念，是指一定时期内、特定区域里监狱的种类、数量、关押规模和地域分布与构成情况的总和。监狱布局是监狱存在的物化表现形态之一，是监狱作为国家机器重要组成部分的物质载体，是履行刑罚执行职能的物质保障和必要条件。[①]

监狱布局调整是国家为满足一定历史时期社会发展的需求，对全国监狱种类、数量、选址、内部空间结构等通过设置、迁移、合并、改扩建、撤销等方式进行的进一步配置。监狱布局调整是伴随监狱、监狱布局的产生而产生的，是监狱事业发展中的必然，与国家的行刑理念、社会大众的价值观念、社会的政治状况、经济发展水平等诸多要素有着密切的联系。[②] 就我国监狱布局调整而言，是党中央、国务院为解决监狱布局

① 万益文、周倩：《我国监狱布局调整的由来、演进及发展趋势》，《中国司法》2008 年第 10 期，第 59 页。

② 任希全：《论监狱布局调整的几个问题》，中国政法大学硕士学位论文，2010 年，第 2 页。

不合理、监狱关押容量严重不足、狱政警戒设施陈旧落后等诸多问题作出的一项重大决策部署。监狱布局调整的顺利实施，为全面贯彻落实《监狱法》，依法履行监狱职能，提高罪犯教育改造质量，提供了坚实的物质基础和保障。

2. 监狱布局调整的背景

新中国的监狱布局形成是有其历史原因的，除了接收旧政权设在城市的监狱外，大部分劳改队、劳改农场都是通过白手起家建设在远离城市的偏僻地区，这是特定历史时期新生人民政权为了巩固革命成果、恢复遭到战争破坏的国民经济的任务所决定的。同时，在整个计划经济时期，这样的监狱布局方式也是与当时的社会经济发展状况相适应的。然而，进入改革开放的新时期，随着社会主义市场经济体制逐步建立，这种监狱布局方式渐渐不能适应日新月异的经济社会发展形势，凸显出监狱布局不合理的问题，[①] 并暴露出许多弊端：一是部分监狱地处偏远，自然环境恶劣，影响监狱安全稳定和正常工作，监狱警察职工生活艰苦，子女升学就业困难，大批工人难以安置，监狱办社会负担沉重。二是部分监狱规模过小，关押点分散，或关押点过多、过小，增加了监管改造成本。同时，有的地区监狱分布过于密集，重复设点，浪费资源；有的地区则较大范围内没有监狱，造成布点空白。三是部分监狱生产难以为继，教育改造缺乏稳定的生产场所和岗位，很大程度上削弱了劳动改造功能，增加了监狱内部不稳定因素。四是部分监狱设施陈旧简陋，危旧房屋大量存在，改扩建任务繁重。

监狱布局不合理问题及其暴露的弊端，影响了罪犯教育改造工作的顺利开展，也不利于监狱警察职工队伍稳定，不利于监狱安全稳定和长远发展，还给社会安全稳定带来了诸多隐患。

3. 监狱布局调整的历程和主要举措

监狱布局不合理的问题及其产生的弊端引起了司法部的高度重视。在充分调查研究的基础上，司法部深刻认识到监狱布局调整是顺利推进监狱体制改革的基础，监狱布局调整势在必行。为此，司法部于 2000 年向国务

---

① 我国监狱布局不合理主要表现在地势偏僻、交通不便、信息不灵、数量多、分布广、规模小等问题。参见张福森：《统一思想、狠抓落实，积极推进监狱布局调整工作》，《司法部长谈司法行政》，法律出版社 2006 年版，第 314 页。

院报送了推进监狱建设和布局调整的初步设想，提出了关于监狱布局调整的意见。

2001 年 12 月 1 日，国务院印发的《关于研究解决监狱困难有关问题的会议纪要》（国阅〔2001〕73 号）指出，“监狱布局不合理，需要通过搬迁、合并、撤销及新建等手段合理调整监狱布局”，并提出关于狱（所）政建设问题的四点初步意见：①中央和地方都要加大对狱（所）政建设的投入力度。②要加强统一规划，调整布局，细化项目。由司法部牵头，会同有关部门提出监狱布局调整方案。③要分级负责，确保狱（所）政建设投入落到实处。④要抓紧制定有关监狱建设的标准。据此，监狱布局调整试点工作有序开展。

2004 年，青海、四川、湖南、广西、河北、辽宁 6 个第一批重点省（市、区）的监狱布局调整工作基本结束。河南、云南、内蒙古、安徽、贵州、山西、甘肃作为第二批监狱布局调整的重点省（市、区）。[①]

2006 年 4 月 24 日，国务院又印发了《研究监狱布局调整和监狱体制改革试点有关问题的会议纪要》（国阅〔2006〕40 号），对监狱布局调整试点工作予以肯定，指出“总体上看，监狱分布不合理的状况得到改善，部分监狱的面貌和环境发生了根本性变化；关押能力不足、设施陈旧简陋等严重影响监狱安全的突出矛盾得到缓解，罪犯脱逃率大幅度下降……”并提出“力争到 2010 年完成监狱布局调整的工作目标和任务”。

2007 年 2 月 5 日，司法部、国家发展和改革委员会、财政部、国土资源部、建设部联合印发了《关于进一步推进监狱布局调整工作的意见》（以下简称《意见》）（司发通〔2007〕5 号），提出“按照《中华人民共和国监狱法》以及《监狱建设标准》等有关规定，坚持有利于监狱安全稳定、有利于改造罪犯、有利于组织生产、有利于生活保障和有利于分离办社会的原则，进一步加大工作力度，加快进度，以改扩建监狱为主，结合新建、迁建和撤销部分监狱，使监狱布局合理、规模适度、分类科学、功能完善、投资结构合理、管理信息化”的指导思想和目标任务。按照《意见》的要求，司法部及有关部门为推进监狱布局调整工作采取了以下主要措施：

---

① 董开军主编：《司法行政学》，中国民主法制出版社 2007 年版，第 123 页。

（1）制定和执行监狱布局调整规划和国家监狱建设标准。2003 年起，司法部与国家发改委、财政部分批审查和批复了各省（区、市）和新疆生产建设兵团监狱布局调整总体方案，形成了全国监狱布局调整总体规划。

（2）制定和修订了国家监狱建设标准。2002 年 12 月 3 日由建设部、国家计委批准发布司法部编制的《监狱建设标准》（建标〔2002〕258 号），2010 年 9 月 7 日住房和城乡建设部、国家发展改革委批准发布了司法部编制的新版《监狱建设标准》（建标 139 – 2010），提高了监狱建设和监狱布局调整的标准化、规范化水平，开启了我国监狱按高、中、低三个戒备等级建设的新时期。

（3）切实保证和落实监狱布局调整建设资金。监狱建设投资以地方安排为主，中央根据地方资金落实情况安排补助资金，重点向中西部困难地区倾斜。

（4）保证监狱建设用地。监狱建设用地属于国家公共事业的特殊用地，继续以行政划拨方式供地。对出让或收回监狱原使用土地的，将其合理的补偿用于监狱建设。

（5）减免监狱建设有关规费。财政部明确免征监狱布局调整项目建设中的三项政府性基金；财政部和国家发改委明确免征监狱布局调整项目建设中的六项行政事业性收费；财政部、国家发改委和住房建设部明确新建、迁建监狱警察职工的住房可以参照经济适用房有关政策妥善解决。

（6）落实有关专项经费。新建和迁建监狱所需的警戒、监控、办公设备及罪犯生活、医疗设备等专项经费，纳入同级财政预算予以解决。

（7）其他相关配套政策。主要是对新建、迁建监狱的干警、职工住房和生活问题予以妥善解决。

4. 监狱布局调整的主要成效

通过实施监狱布局调整，监狱布局不合理的状况得到明显改善：一是监狱布局逐步趋于合理，目前已有 90% 以上的监狱基本位于或者靠近大中城市、城镇和主要交通沿线，监狱布局与东、中、西部区域的经济社会发展相协调。二是监狱功能得到完善，关押能力得到进一步提高，监狱安全警戒等基础设施得到明显加强；驻监武警部队的营房、执勤设施不断改善，维护监狱安全稳定的能力明显增强；罪犯劳动改造、教育改造

和生活卫生设施条件不断改善，基本符合看押、管理、改造罪犯的要求。三是干警工作、生活、学习条件有了较大改善，办公室、值班室、备勤房和训练房等功能用房以及通信、报警、防暑降温等设施进一步完善，执法条件和办公环境显著改善，使得干警工作积极性大大提高。

二、监狱布局调整对监狱企业产业升级的影响

随着监狱布局调整，一大批改建、新建、迁建和拆并的监狱所属监狱企业也随之变动，其原来所从事的生产项目也发生了较大变化，改变了原有的监狱企业产业布局，有利于监狱企业产业调整、发展与升级，主要表现在以下几个方面：

第一，随着监狱布局调整，地处偏远地区的监狱，搬迁到经济相对发达、交通运输和信息资讯相对便捷的城市郊区，使监狱企业获得了新的市场契机。同时，监狱企业的生产厂房条件得到提升、[①] 生产设备等得到更新，便于淘汰或退出原来较为落后的、不适宜罪犯改造的生产项目，便于引进新的生产项目，有助于提高罪犯职业技能水平，并提高生产效率，促使监狱企业生产转型升级。

---

① 2002 年 12 月 3 日由建设部、国家计委批准发布司法部编制的《监狱建设标准》（建标〔2002〕258 号）第二十五条所列表二规定监狱罪犯劳动改造用房建筑指标为 7.6 平方米/罪犯。该版《监狱建设标准》所附《监狱建设标准条文说明》第二十五条对此作了说明：“监狱依法组织罪犯从事生产劳动是改造罪犯的基本手段。组织罪犯生产劳动的出发点和归宿点都是把罪犯改造成新人，生产劳动的组织、安排、管理都是从罪犯的改造出发。通过劳动教育罪犯树立正确的人生观、价值观，通过生产劳动，转变罪犯思想，矫正其恶习，造就其符合社会规范的新品质。作为改造罪犯的场所，在监狱中必须设置劳动改造用房。根据对全国监狱调研，监狱现有劳动改造用房平均为 4 平方米/罪犯，（以农业改造为主的监狱均无劳动改造用房）如除去以农业改造为主的监狱，单以工业改造为主的监狱统计现有劳动改造用房平均为 6 平方米/罪犯，这远不能满足监狱的需求；在新形势下，司法部要求监狱加强监管，限制犯罪人员出外劳动，所以在监狱内就有必要设置更多的劳动改造用房。本标准规定监狱劳动改造用房的指标为 7.6 平方米/罪犯，是参照全国监狱现状，且给监狱留有发展余地规定的。”2010 年 9 月 7 日住房和城乡建设部、国家发展改革委批准发布了司法部编制的新版《监狱建设标准》（建标 139－2010）第二十五条所列表二维持了劳动改造用房建筑指标为 7.6 平方米/罪犯的规定。新版《监狱建设标准》所附《监狱建设标准条文说明》对此作了说明：“劳动改造用房是根据《监狱法》和监狱监管改造工作的有关规定，依法组织罪犯生产，进行劳动改造的场所。劳动改造用房按每名罪犯建筑面积 7.6 平方米设置，其中包括生产车间、生产关键要害岗位人员用房等。从事特殊劳动改造项目的监狱，可根据其工艺流程合理确定劳动改造用房的建筑面积。”

第二，随着监狱布局调整，对符合国家产业政策的监狱企业技术改造项目，国家予以优先安排，并增加技术改造贷款和财政贴息；对扭亏无望的监狱企业，实施了政策性关闭破产，优化了监狱企业产业布局。据统计，截至2008年底，全国井下生产的煤矿已经退出了21个，政策性破产后转产的企业约80户，老企业实施升级改造的约110户，系统内10万吨以下的小煤矿已经退出。[①]

第三，随着监狱布局调整，在一省域内，以产业和资本为纽带，组建了监狱企业集团公司。这就可以充分利用产业聚合效应，按照优势互补、体系较为完整的监狱企业产业链来组织监狱企业集团公司各子公司、分公司的生产，并可以统一设置集团公司的供销分公司，为监狱企业提供原材料供应和产品市场销售服务，有效节约交易成本，形成较为合理的监狱产业布局，并有利于集团公司内整体、有序地实施技术改造，以实现监狱产业升级。

第三节　我国监狱企业的产业布局

一、我国监狱企业的生产项目类别和产业分布现状

1. 监狱企业生产项目类别

据有关资料显示，全国现有监狱600余所，1280户监狱企业，平均每所监狱大约有两户企业；在1280户企业中，工业企业所从事的产业横跨机械、建材、煤炭、冶金、化工、纺织等多个行业，生产近8000种产品。[②]

从监狱企业生产的产品门类也可以反映出其生产项目类别众多，以2006年底为例，全国监狱农场所生产的农产品就涉及多达8个类别，分别为粮食作物、油料作物、棉花、麻类、糖、烟叶、药材、蔬菜瓜果等。[③] 该

① 张福森：《中国监狱体制改革的酝酿与启动》，法律出版社2009年版，第173－174页。

② 统计数据来源于喻丹圣：《论监狱生产的改革与发展》，司法部监狱管理局内部资料，2005年。相关数据情况，前文已作注释。

③ 蒋贤孝：《监狱企业集团公司研究》，西南财经大学博士学位论文，2010年，第157页。

年度四川省监狱企业中的工业企业所生产的产品也达14个之多，分别为电锌、硅铁、焦炭、原煤、金属切削机床、汽车配件、发电机、水泥、砖、硫酸铝、芒硝、发电、服装、印刷品。①

2. 监狱企业产业分布现状

从总体上看，全国监狱企业所从事生产项目门类众多，几乎全部涉及三大产业类别，形成了“小而全”的产业局面。其中，第二产业占到一半以上，第一产业次之，第三产业最少。

从产业分布的具体情况来看，监狱企业所涉第一产业的行业类别有种植业、林业、牧业、渔业、农业服务业等。监狱企业所涉第二产业的行业类别有监狱农场办工业（劳务加工）、建筑业。以2006年为例，从当年全国监狱农场办工业生产情况看，涉及多达13个类别，分别为煤炭、制糖、轧花、食品制造、饮料制造、饲料制造、缝纫、造纸及纸制品、印刷、化学、建筑材料制造、机械、交通运输设备制造等。② 考察该年度四川省监狱企业中的工业企业分类，也发现涉及冶金、煤炭、化学、机械、建材、劳务加工6类行业。③监狱企业所涉第三产业的行业类别有交通运输业、商贸业和其他服务业。

二、我国监狱企业总体产业布局的特点及其问题

1. 空间布局散乱

从产业的空间布局看，在监狱布局调整以前，由于历史原因造成的监狱布局不合理，使得大多数监狱企业所从事的产业受到监狱所处的偏远地理位置的制约，集中表现为产业空间布局较为散乱、缺乏规划的系统性、科学性。由此造成了我国监狱企业产业发展的局限和困难，主要有以下几个方面：

其一，在监狱布局调整前，相当多的监狱企业主要从事煤矿和农业种植业，这些产业主要依托监狱所在地的矿产资源、土地资源等孤立发展，虽与社会上普通企业也有供需关系，但未能充分利用产业关联性实现所从事产业的持续健康发展。同时，由于分布散乱，监狱企业之间也未能形成

①③ 蒋贤孝：《监狱企业集团公司研究》西南财经大学，博士学位论文，2010年，第158页。

② 蒋贤孝：《监狱企业集团公司研究》西南财经大学，博士学位论文，2010年，第157页。

很好的产业协作关系，未能形成完整的产业链条，更不要说通过整合提高产业竞争力。

其二，由于监狱布局不合理，监狱企业所处地理位置偏远，交通运输条件不便利，市场资讯传播较慢，造成监狱企业产业产品远离消费市场，既不能及时将产品供应市场，从而缺乏市场竞争力，也不能及时搜集用户需求，面对市场需求变化反应迟钝，难以设计生产出有市场针对性的产品，极大制约了监狱企业的产业发展。

其三，同样由于所处地理位置偏僻，监狱企业在原材料采购、机器设备更新、高新技术利用等方面也面临较大的困难和制约，这无形中增加了生产成本，也不利于技术改造和产品升级，严重制约了监狱企业产业升级。

2. 结构布局失衡

从产业结构布局来看，全国监狱企业虽然几乎涉及了三大产业门类，产业“小而全”，但生产规模不大、发展水平高低不同，呈现出结构失衡的特点，由此造成以下几个方面的问题：

一是第一产业农林种植业缺乏深加工和高附加值，基本停留在较为简单和粗放水平，加之缺乏技术升级，经济效益日渐衰退，甚至缺乏市场竞争力，逐步被市场淘汰。

二是第二产业的工矿企业等传统产业，因分布散乱，加之煤矿、铁矿、锌矿等矿山开采业总体上是劳动密集型、资源密集型产业，缺乏产业聚集规模效应。煤炭、钢铁、水泥等行业因为存在高污染，对环境保护不利，且不符合国家产业政策导向，产能过剩，面临淘汰。

三是第三产业监狱企业涉足较少，且分布零散，基础薄弱，缺乏市场竞争力。

3. 部分产业不适宜罪犯劳动改造

监狱企业所从事的部分产业如煤矿和非煤矿山开采等属于高危行业，以及其他存在易燃易爆、有毒有害及危险化学物品的存储、运输和使用，以及露天从事的易发生泥石流、塌方、山体滑坡等安全隐患较大的行业，不适宜罪犯从事劳动改造。

第四节　我国监狱企业的产业升级

一、监狱企业产业选择的依据与原则

1. 符合产业政策

产业政策（Industrial Policy）是政府为了实现一定的经济和社会目标而对产业的形成和发展进行干预的各种政策的总和。产业政策的功能主要是弥补市场缺陷，有效配置资源；保护幼小民族产业的成长；熨平经济震荡；发挥后发优势，增强适应能力。

产业政策主要包括三个方面的内容：①产业结构政策。主要是根据经济发展的内在联系，揭示一定时期内产业结构的变化趋势及其过程，并按照产业结构的发展规律保证产业结构顺利发展，推动国民经济发展的政策。它通过对产业结构的调整而调整供给结构，从而协调需求结构与供给结构的矛盾。调整产业结构包括根据本国或本区域的资源、资金、技术力量等情况和经济发展的要求，选择和确定一定时期的主导产业部门，以此带动国民经济各产业部门的发展；根据市场需求的发展趋势来协调产业结构，使产业结构政策在市场机制的基础上充分发挥作用。②产业组织政策。即通过选择高效益的、能使资源有效使用、合理配置的产业组织形式，保证供给的有效增加，使供求总量的矛盾得以协调的政策。实施这一政策可以实现产业组织合理化，为形成有效的公平的市场竞争创造条件。这一政策是产业结构政策必不可少的配套政策。③产业布局政策。即产业空间配置格局的政策。这一政策主要解决如何利用生产的相对集中所引起的“积聚效益”，尽可能缩小由于各区域间经济活动的密度和产业结构不同所引起的各区域间经济发展水平的差距。

在市场经济运行中，产业政策具有导向作用。这种导向作用主要是：可以调整商品供求结构，有助于实现市场上商品供求的平衡；可以通过差别利率等信贷倾斜政策对资金市场进行调节，有助于资金合理流动和优化配置；可以打破地区封锁和市场分割，促进区域市场和国内统一市场的发育和形成。①

普通社会企业要想实现快速发展，就必须符合国家产业政策导向，选择国家为国民经济健康可持续发展调整优化产业结构，所鼓励和支持的产业类别进行发展。监狱企业的产业选择，也必须首先符合国家产业发展的有关政策，不能选择国家明令禁止发展的产业，对国家逐步关停的产业，要尽快实现产业转型；对国家鼓励发展的产业，要积极结合监狱企业的特点，选择发展。同时，监狱企业在产业选择时，还要重视所在地区根据国家产业政策结合实际制定的本区域产业发展政策，按照产业链条的逻辑依托区域经济发展和地区产业优势选择生产项目。

需要指出的是，监狱企业要想实现产业发展与升级，更要在符合国家产业政策导向的基础上，严格按照国家关于监狱企业的产业发展政策。在此方面，2003 年 3 月 12 日国务院批准并印发的司法部、国家经贸委商国家计委、财政部、劳动保障部、人民银行、开发银行研究制订的《关于解决监狱企业困难的实施方案》（国发〔2003〕7 号）要求，“加快结构调整，逐步形成适合监狱生产特点的产业、产品格局。对在本行业内发展前景较好或产品具有一定优势的监狱企业，要加快技术改造，实现产业产品升级；要依托优势企业发展合作生产性的加工业、原材料生产和劳动密集型产业；要开发适宜政府采购、订货和满足监狱系统内部需要的生产项目；监狱农场要发展订单农业、绿色农业、效益农业等现代农业生产。今后，一般不再发展技术和资金密集的高投入、高风险的整机产品生产；逐步退出人身事故发生率高，生产安全难以保证的危险行业；大力压缩市场供大于求、过度竞争的生产项目。”这就从战略的高度提出了“四进三退”的结构调整原则，是监狱企业产业选择方向的重要依据与原则。

2. 适宜为改造罪犯提供劳动岗位的生产项目

监狱企业是监狱改造罪犯工作的重要组成部分，主要任务是为改造罪犯提供劳动岗位。这是监狱企业有别于普通社会企业的重要所在：普通社会企业只要在符合国家和区域产业政策的基础上，选择利润高的生产项目去实现企业快速健康可持续发展即可；监狱企业虽然也要讲效益，但其主

---

① 百度百科“产业政策”词条，http：//baike. baidu. com/link？url = muvJS6sT9fkf1UwZfMuE38kdZfcLrVQ3IN1ia1Me3Jk_ TA4_ HN5Gtf3M –5RPQqmX38Pg7S8M3lwYxF_ kntcKxa，最后访问日期：2016 年 9 月 27 日。

要为改造罪犯服务，不能仅仅考虑生产项目的利润是否丰厚，而要重点考虑生产项目是否有利于罪犯改造提供劳动岗位。因此，监狱企业在产业选择时，对生产项目所提供劳动岗位数量、类别，生产规模及生产场所对罪犯数量的容纳度，是否便于对罪犯的监管等因素，是其需要重点考察的方面。

3. 有利于培养和提高罪犯劳动职业技能

监狱企业集中组织罪犯从事生产是为了通过劳动改造罪犯，培养和提高罪犯的劳动职业技能，使其拥有一技之长，以诚实劳动自食其力，最终回归社会。对此，联合国《囚犯待遇最低限度标准规则》规定：可能时，所交工作应足以保持或增进囚犯出狱后诚实谋生的能力；对能够从中受益的囚犯，特别是对青少年囚犯，应该提供有用行业方面的职业训练；在符合正当选择职业方式和监所管理及纪律上要求的限度内，囚犯得选择所愿从事的工作种类；监所内工作组织与方法应尽量接近监所外类似工作的组织和方法，使囚犯对正常职业生活情况有所准备；囚犯及其在职业训练上的利益不得屈居于监所工业营利的目的之下。①

据此，监狱企业在选择生产项目时，不宜选择体力消耗过大的煤矿和非煤矿山等开采业，而应重点考虑罪犯在监狱企业中所掌握的生产技能不能与普通社会企业相脱节，而应保持相应水准，便于其刑满释放后能够在重新就业时顺利衔接。目前广东、浙江、福建等省的监狱企业，普遍组织罪犯从事两头在外的劳务加工项目，组织罪犯从事的劳务加工项目，罪犯从事手工劳动都能学习到一定的实用技艺，便于其回归社会后能有一技之长。如缝纫加工项目的缝纫工，社会需求量很大，只要有缝纫技术，回到社会就很容易找到职业。②

此外，监狱企业在选择生产项目时，可以根据罪犯特点尽量选择有一定技术含量的高附加值的生产项目，加强罪犯职业技术培训力度，积极寻找“面向生产”与“习艺需要”的最佳契合点。据浙江省金华监狱对在押罪犯作的问卷调查显示，罪犯对就业技能培训中最期望的项目依次是：创业技能培训 47%、电脑及相关信息技术 38%、服装加工 9%、机械技术

---

① 徐景峰主编：《联合国预防犯罪和刑事司法领域活动与文献纵览》，法律出版社 1992 年版，第 239 页。转引自姜爱东主编：《监狱体制改革下若干重大问题研究》，群众出版社 2009 年版，第 165－166 页。

② 蒋贤孝：《监狱企业集团公司研究》，西南财经大学博士学位论文，2010 年，第 169 页。

4%、其他2%。从以上统计数据可以看出，监狱对罪犯就业技能培训应尽快改变“单一化”的倾向，以满足罪犯习艺的多样化需求。①

4. 有利于罪犯身心健康和监狱的安全稳定

联合国《囚犯待遇最低限度标准规则》规定，监狱劳动不得具有折磨性质；服刑囚犯都必须工作，但以医官断定其身心俱宜为限。② 从监狱企业生产实践来看，高污染、易燃易爆、有毒有害及危险化学等生产项目，不仅不利于罪犯身心健康和劳动安全，而且易被罪犯利用制造安全事故借机越狱；露天从事生产的行业，也因为劳动时罪犯分散，不便于干警看押，易于脱逃；另有一些生产产品，如刀具等也潜藏着不安全因素；简单重复、消耗体力过大的生产项目，易使罪犯长期疲劳，对劳动改造产生厌倦抵触情绪，不利于改造效果，还会影响到监狱安全。所以，监狱企业在选择产业时，也要注意到生产项目对罪犯和监狱的安全稳定带来的影响，坚决杜绝“超时间、超强度、超体力”的“三超”劳动项目，切实把保障罪犯的人身安全放在首位。

二、监狱企业产业升级的途径

1. 加快退出高危生产行业和项目

在监狱企业生产实践中，需要加快退出的高危产业行业和项目主要有纺织业、小炼铁厂、小水泥厂、小纸厂、小发电厂、资源枯竭煤矿和非煤矿山、化工等高风险、高危险、高污染的产业，这些主要是资源型产业，对环境污染较为严重，且难以保证安全生产条件。对于这些监狱企业，可以按照国家有关规定实施政策性破产或转让；对于不符合国家产业政策、环境保护要求与安全生产条件的，实行关停并转。

2006年11月2日《司法部关于贯彻全国安全生产暨煤矿整顿关闭工作电视电话会议精神进一步做好监狱安全生产工作的通知》（司发通〔2006〕81号）要求：

---

① 程荣土：《对新时期劳动改造现状的审视与思考》，监狱信息网，http：//www.cnprison.cn/bornwcms/Html/wgl/2013－06/11/4028d1173ed61e2e013f30543b8d19cf.html，2013年6月11日。

② 徐景峰主编：《联合国预防犯罪和刑事司法领域活动与文献纵览》，法律出版社1992年版，第239页。转引自姜爱东主编：《监狱体制改革下若干重大问题研究》，群众出版社2009年版，第165页。

（1）2007 年 6 月 30 日以前，在年产 15 万吨以下（含 15 万吨）小煤矿（名单略）从事井下开采的罪犯要全部撤出，安排风险较小的生产项目。罪犯撤出后，各有关省（区、市）监狱局要依法依规对原有矿井做出恰当处置，做到国有资产不流失，不留安全生产的后患。

（2）要在深入排查摸底的基础上，认真对照国务院办公厅转发的安全监管总局、煤矿安监局、发展改革委、公安部、监察部、财政部、劳动保障部、国土资源部、国资委、工商总局、电监会、全国总工会《关于进一步做好煤矿整顿关闭工作的意见》（国办发〔2006〕82 号）列举的 16 种应关闭煤矿的具体规定，凡属于关闭范围的，应坚决撤出罪犯，立即予以关闭。这 16 种应关闭的煤矿分别是：①不符合矿产资源规划和矿业权设置方案的；②不符合经批准的煤炭工业发展规划和矿区总体规划的；③未依法取得采矿许可证、安全生产许可证、煤炭生产许可证、营业执照和矿长资格证、矿长安全资格证，擅自从事生产的；④超层越界开采拒不退回的；⑤3 个月内两次或者两次以上发现有重大安全生产隐患，仍然组织生产的；⑥被依法责令停产整顿的矿井擅自组织生产或经整顿验收不合格的；⑦存在煤与瓦斯突出、自然发火、冲击地压、水害威胁等重大安全生产隐患，经论证在现有技术条件下难以有效防治的；⑧1 个月内 3 次或者 3 次以上发现未对井下作业人员进行安全生产教育和培训或者特种作业人员无证上岗的；⑨不同采矿权人，其被许可的采矿范围在垂直方向上相互重叠且影响安全生产的，只保留一个矿井，其他关闭；⑩在大型煤炭矿区范围内开采的；⑪年生产能力在 3 万吨及以下的矿井，其中属于煤与瓦斯突出、水害威胁严重的必须在 2006 年底前关闭，其他矿井必须在 2007 年底前关闭；⑫资源接近枯竭的矿井，采矿许可证到期后一律予以关闭；⑬纳入资源整合范围的矿井，未履行煤矿建设项目相关核准手续和“三同时”（安全设施与主体工程同时设计、同时施工、同时投入生产和使用）审批程序、违规越权核准，未重新取得采矿许可证、安全生产许可证和煤炭生产许可证擅自组织生产的；⑭擅自进行“三下”（建筑物下、水体下、铁路下）开采和在自然风景名胜区、文物保护区、重要水源地、重要设施等区域内开采的；⑮国家和地方产业政策明令淘汰的；⑯地方人民政府规定应予关闭的。此外，被国家安全生产监督管理部门列入关闭矿井名单的，要立即予以关闭。

（3）根据现有煤矿的服务年限和生产条件，对资源已近枯竭的监狱煤矿，要确定具体关闭日期和工作步骤，确保逐步安全退出。

（4）对一时难以退出的监狱煤矿，要按照有关规定制订切实可行的整改计划，改善其安全生产条件，落实责任制和各项安全措施，确保不发生重特大安全生产事故。

（5）要尽快建立健全监狱生产项目准入制度，今后不准再上新建煤矿和非煤矿山等高危行业的生产项目，引进其他生产项目也必须经过必要的安全评估，坚决防止安全风险大的生产项目进入监狱。

据此，以四川省监狱企业为例，已经积极退出不适宜监狱生产高危行业和项目。一是退出浪费资源能源、污染环境、不具备安全生产条件的生产项目。如2008年四川广元监狱的水泥生产项目就已经退出。二是退出已无发展前景，竞争能力低下，经济效益较差且不利于监狱安全生产的产业。如严格控制四川绵阳监狱的小石棉开采规模，其他单位已经基本退出粮茶果种植业和林业生产。三是积极退出煤炭、铅锌矿、非煤矿山、化工等高风险生产行业。例如截至2008年1月，四川省监狱系统在华鉴煤矿、五马坪白杨寺煤矿退出后，万家煤矿已封井闭坑，大路、新源煤矿的罪犯已全部撤出井下劳动，其余煤矿正抓紧做好罪犯退出井下高危岗位的相关工作，川南监狱芙蓉煤矿大量减少了井下罪犯劳动，广元监狱荣山煤矿深井的建设投产为退出打下了坚实基础。2007年共计从煤矿井下撤出罪犯5500余名，煤炭在全省监狱工农业年产值中所占比重由2006年的20%下降到了2007年的16.5%。四是逐步退出化学工业，争取在完成布局调整后停止化学产品的生产。①

2014年5月29日，司法部监狱局《关于加强监狱安全生产管理的若干规定》（司狱字〔2014〕59号）第4条规定："监狱应对罪犯劳动项目实行安全准入管理，禁止引进井下煤炭开采和非煤矿山生产项目，禁止引进易燃、易爆等高危项目，禁止引进有毒、有害等危险品生产项目，禁止使用国家明令淘汰和禁止使用的设备工艺。监狱应定期检查评估罪犯劳动项目的安全性，不符合要求的，应及时整治或调整。"监狱企业要按照安全准入制度，必须对拟引进的生产项目进行严格的安全评估，防止引进安全风险大的生产项目。对既有监狱企业生产项目达不到国家安全生产规定要求的，要限期整改，整改无效的，要予以停产或关闭。加快退出安全生产风险高、

① 刘志诚：《2007年全省监狱工作报告》，《四川监狱》2008年第1期；刘志诚：《2008年全省监狱工作报告》，《四川监狱》2009年第1期。

不适应罪犯改造的高危生产行业和项目。

2. 重点扶持和优先发展劳务加工行业和项目

监狱企业选择劳务加工产业主要是集中组织罪犯在室内从事生产劳动，便于干警监管罪犯，有利于监狱安全警戒。同时，劳务加工劳动强度也有利于罪犯身心健康，不易产生抵触劳动改造等不良情绪，大大提高监狱安全稳定。此外，从监狱企业经营角度来说，从事劳务加工既无须考虑原材料供货，也不必担心产品销路，只需集中精力关注罪犯劳动过程，有利于回归监狱生产的本质。

按照国家关于监狱企业“四进三退”的产业结构调整政策，从事劳务加工主要有两个方向：

其一，依托优势企业发展合作生产性的加工业、原材料生产和劳动密集型产业。其中，劳动密集型产业是指进行生产主要依靠大量使用劳动力，而对技术和设备的依赖程度较低的产业。以四川省为例，2007 年全省劳务加工规模不断扩大，项目引入效率和经济效益明显提升，初步形成了以服装、鞋业、电子产品、植发和箱包等为主的劳动密集型加工产业。2007 年，全省监狱企业共完成工农业总产值 22.7 亿元，同比增长 6.5%；预计实现利润 1.8 亿元，同比增长 7%；实现劳务加工收入 1.8 亿元，同比增长 43.6%。①

其二，监狱农场要发展订单农业、绿色农业、效益农业等现代农业生产。①订单农业又称合同农业、契约农业，是近年来出现的一种新型农业生产经营模式，农户根据其本身或其所在的乡村组织同农产品的购买者之间所签订的订单，组织安排农产品生产的一种农业产销模式。对监狱企业而言，发展订单农业可以很好地适应市场需要，避免盲目生产。②绿色农业是广义的“大农业”，包括绿色动植物农业、白色农业、蓝色农业、黑色农业、菌类农业、设施农业、园艺农业、观光农业、环保农业、信息农业等。在具体应用上一般将“三品”，即无公害农产品、绿色食品和有机食品，合称为绿色农业。加入 WTO 后，国际市场对农产品的高品位、高质量、优品种和无毒、无害、无污染农产品的要求迫使中国必须走绿色农业发展之路。我国自北至南跨越九个热量带，地域辽阔、多山多草原、生物资源种类繁多、品种丰富，中西部地区尤其是东北、西北、西南地区的监

---

① 刘志诚：《2008 年全省监狱工作报告》，《四川监狱》2009 年第 1 期。

狱农场可以依托绿色资源，大力发展各类特色绿色农产品。③效益农业，又称特色效益农业，是以市场为导向、效益为中心、增收为目的，运用现代科技，优化配置要素，高效开发资源，特色鲜明，形成完整产业链、安全生态链、灵敏需求链、快捷供应链的现代农业。监狱农场要想实现产业升级，通过发展特色效益农业是传统农业向现代农业迈进的必由之路。

3. 积极发展政府采购型产业

将监狱企业产品纳入政府采购，是国际上促进监狱企业产业调整与升级的重要途径和通行做法。如韩国政府规定所有国家机关、地方政府、公共组织和政府投资的企业都应当优先购买矫正所的工业劳动产品。加拿大将联邦政府的许多机构作为监狱企业产品的使用者和消费者，如矫正局、民政部、国防部、医院、学校等，都使用罪犯劳动的产品。①

根据《中华人民共和国政府采购法》第二条规定，政府采购，是指各级国家机关、事业单位和团体组织，使用财政性资金采购依法制定的集中采购目录以内的或者采购限额标准以上的货物、工程和服务的行为。所以，借鉴国际上的通行做法，将监狱企业产品纳入政府采购，并无法律障碍。同时，将监狱企业产品纳入政府采购，可以使监狱企业将注意力集中在罪犯劳动生产技能提升和产品质量提高上，避免监狱企业为考虑产品市场销路而分散精力。鼓励和支持监狱企业大力发展政府采购型产业，也适合、有利于罪犯改造和监狱企业产业结构调整，促进监狱企业产业调整与升级。

为此，《关于解决监狱企业困难的实施方案》（国发〔2003〕7 号）指出："对适宜的监狱产品实行政府采购。要结合我国政府采购制度的建立和不断完善，逐步对部分适宜的监狱企业产品和服务项目实行政府采购、订货和定点生产。目前，各级政府可先将适合监狱生产的职业服装、政府部门办公用品和家具、政府文字资料和各类试卷印刷、政府部门汽车维修保养、道路交通和市政工程用品以及目前监狱生产的煤炭、建材等大宗产品，纳入政府采购和订货的范围，由监狱企业组织生产。"

2014 年 6 月 10 日，财政部、司法部联合印发《关于政府采购支持监狱企业发展有关问题的通知》（财库〔2014〕68 号）要求，在政府采购活动中，监狱企业视同小型、微型企业，享受预留份额、评审中价格扣除等政府采购促进中小企业发展的政府采购政策。向监狱企业采购的金额，计入

① 蒋贤孝：《监狱企业集团公司研究》，西南财经大学博士学位论文，2010 年，第 170 - 171 页。

面向中小企业采购的统计数据。各地区、各部门要积极通过预留采购份额支持监狱企业。有制服采购项目的部门，应加强对政府采购预算和计划编制工作的统筹，预留本部门制服采购项目预算总额的30%以上，专门面向监狱企业采购。省级以上政府部门组织的公务员考试、招生考试、等级考试、资格考试的试卷印刷项目原则上应当在符合有关资质的监狱企业范围内采购。各地在免费教科书政府采购工作中，应当根据符合教科书印制资质的监狱企业情况，提出由监狱企业印刷的比例要求。各地区可以结合本地区实际，对监狱企业生产的办公用品、家具用具、车辆维修和提供的保养服务、消防设备等，提出预留份额等政府采购支持措施，加大对监狱企业产品的采购力度。各地区、各部门要高度重视，加强组织管理和监督，做好政府采购支持监狱企业发展的相关工作。有关部门要加强监管，确保面向监狱企业采购的工作依法依规进行。各监狱企业要不断提高监狱企业产品的质量和服务水平，为做好监狱企业产品政府采购工作提供有力保障。

各地各部门纷纷出台政策性文件对上述文件精神予以落实，将监狱企业产品纳入政府采购工作做了进一步细化。以北京为例，《北京市财政局、北京市司法局关于政府采购支持监狱企业发展有关问题的通知》（京财采购〔2014〕2506号）要求，北京市各部门各单位要积极通过预留采购份额支持监狱企业发展，切实加强对政府采购预算编制工作的统筹。在服装、印刷、金属护栏、办公家具等政府采购项目中，按照下列要求加大对监狱企业产品的采购力度：

（1）服装类。包括制服、工作服、病号服、床单被罩、学生小黄帽等，应预留本部门采购项目预算总额的30%以上，专门面向监狱企业采购。

（2）印刷类。各有关部门组织的公务员考试、招生考试、等级考试、资格考试的试卷印刷项目原则上应当在符合有关资质的监狱企业范围内采购。各部门、各区县在免费教科书政府采购工作中，在监狱企业满足教科书印制资质及印刷要求的情况下，应结合工作实际确定由监狱企业印刷的比例要求。其他日常印刷项目，各部门可结合本部门实际，预留一定份额专门面向监狱企业采购。

（3）金属护栏类。包括道路隔离护栏、防撞护栏、标志杆等，应预留本部门采购项目预算总额的30%以上，专门面向监狱企业采购。

（4）办公家具类。包括金属办公家具、学生课桌椅、宿舍上下床等，应预留本部门采购项目预算总额的30%以上，专门面向监狱企业采购。

（5）其他政府采购项目。对监狱企业生产的办公用品、消防设备等，各部门可结合本部门实际，加大对监狱企业产品的采购力度。

三、促进监狱企业产业升级的配套措施

1. 政策性关闭破产

2001 年 12 月 1 日，国务院印发《关于研究解决监狱困难有关问题的会议纪要》（国阅〔2001〕73 号）要求，对严重资不抵债、扭亏无望的监狱企业，可以实行关闭破产。在关闭破产试点工作基础上，研究提出关于监狱企业关闭破产的实施办法。“十五”期间，对监狱系统确实扭亏无望的企业，每年由司法部汇总报全国企业兼并破产和职工再就业领导小组，经国务院批准后，列入全国企业兼并破产计划。

2003 年 3 月 12 日，国务院印发的司法部、国家经贸委研究制订的《关于解决监狱企业困难的实施方案》（国发〔2003〕7 号）指出，对困难监狱企业实施关闭破产。“十五”期间，拟对 118 户困难的监狱企业分期分批实施关闭破产。每年由各省、自治区、直辖市监狱管理局提出当年关闭破产企业建议名单并制定破产预案，经所在省、自治区、直辖市企业兼并破产和职工再就业工作协调小组审核同意后，由司法部审核汇总；经债权银行、资产管理公司逐一审查后，由全国企业兼并破产和职工再就业领导小组按规定程序办理。监狱企业关闭破产由有关省、自治区、直辖市人民政府负责组织实施。监狱企业关闭破产，原则上按照《国务院关于在若干城市试行国有企业兼并破产和职工再就业有关问题的补充通知》（国发〔1997〕10 号）规定的政策执行。

对于监狱企业关闭破产的具体实施办法，2004 年 2 月 6 日，《司法部、国资委、财政部、银监会、劳动和社会保障部关于监狱企业实施政策性关闭破产有关问题的通知》（司发通〔2004〕16 号）作了较为详细的可操作性规定：

（1）监狱企业关闭破产条件。依法设立、产权属于监狱的全民所有制企业和国有独资有限责任公司。具备下列条件之一的监狱企业，可以申请政策性关闭破产：①长期亏损、资不抵债、扭亏无望的企业；②资源枯竭、无发展前途的企业；③不符合国家产业政策，需要淘汰或关闭的企业；④因监狱布局调整无法随迁而需要关闭的企业。

（2）关闭破产预案的制定。①省（区、市）监狱管理局负责研究制订所属监狱企业分期分批实施关闭破产建议项目的工作计划，组织相关监狱企业制定政策性关闭破产申报预案和实施预案。②制定企业关闭破产预案，应当以全国企业兼并破产和职工再就业工作领导小组《关于印发〈中央企业及下放的煤炭、有色金属企业关闭破产实施办法〉的通知》（国办发〔2000〕32号）和最高人民法院《关于审理企业破产案件若干问题的规定》（法释〔2002〕23号）为指导，深入开展调查研究，做到文字表述准确，法律依据充分，数据真实可信，具有可操作性。

（3）关闭破产项目的申报和审批。①监狱企业政策性关闭破产项目的申报工作，按以下程序办理：省（区、市）监狱管理局负责组织审查所属监狱企业申报关闭破产项目的预案，并报省（区、市）企业兼并破产和职工再就业工作协调小组审核，并签署意见。经审核签署意见后，由省（区、市）司法厅（局）监狱管理局正式行文报送司法部。司法部负责集中审核汇总，报全国企业兼并破产和职工再就业工作领导小组。②监狱企业破产预案审批工作由全国企业兼并破产和职工再就业工作领导小组按规定程序办理。③经国务院批准列入全国关闭破产计划项目的关闭破产监狱企业，要切实做好各项前期准备工作，并按规定将准备工作情况及相关资料报告当地政府企业兼并破产和职工再就业工作协调小组审核批准后，向所在地中级人民法院申请破产。职工安置方案须报同级劳动保障部门审核，凡职工安置方案和社会保障办法不明确、资金不到位的，不得进入关闭破产程序。④监狱企业关闭破产进入法律程序后，各有关省（区、市）监狱管理局和监狱，要积极配合法院做好债权回收、债权人会议、破产清算和职工安置工作。

（4）资产和债务划分。①各有关监狱必须按照《监狱法》，财政部、国家国有资产管理局、司法部《关于监狱资产划分有关规定的通知》（财农字〔1997〕15号），以及建设部、国家计委《监狱建设标准》（建标〔2002〕258号）的规定，将现有资产划分为监管改造用资产和生产经营用资产，做好监狱企业资产界定和清理工作。监管改造用资产不列入监狱企业破产财产范围。②省（区、市）监狱管理局统贷统还的银行贷款，要根据使用贷款的实际情况，将贷款本息划转到具体使用贷款的监狱企业，并办理好相关手续。③监狱企业为其他监狱企业贷款提供担保责任问题的处理（包括监狱企业集团中母子公司之间的担保），按照《全国企业兼并破产和职工再就业工作领导小组关于债权金融机构审查政策性破产建议项目的有关问题的通知》（国办发〔2002〕9 号）第七条第三项的规定执行，[①] 即其履行担保责任确有困难，确实无力承担担保责任的，经全国企业兼并破产和职工再就业工作领导小组报国务院同意，债权金融机构可以不再追索其担保责任。

（5）职工安置。①已参加养老、医疗、失业等社会保险的关闭破产监狱企业，应按国家有关规定，做好职工的各项社会保险关系转移和接续。符合条件的，按规定享受失业保险待遇。对企业欠缴的各项社会保险费用，按国家有关规定予以补缴。对关闭破产企业退休人员医疗保险所需资金，按国家及地方政府有关规定妥善解决。未参加社会保险的关闭破产监狱企业，其职工原则上由所属监狱用职工安置经费多渠道妥善安置。对属于资源枯竭的煤炭和有色金属矿山的监狱企业，按照当地政府对类似关闭破产企业的有关政策规定，解决好职工安置问题。②各有关省（区、市）监狱管理局要主动与当地政府有关部门的协调安置关闭破产企业职工的各项具体政策，多渠道筹集资金，妥善安置关闭破产企业职工，确保监狱的安全稳定。

司法部在全国企业兼并破产和职工再就业工作领导小组的统一领导下对监狱企业政策性关闭破产工作的职责是：①负责全国监狱企业政策性关闭破产有关政策的协调、指导和监督，包括对全国监狱企业的经营状况进行调查、分类，确定监狱企业分期分批实施关闭破产的建议项目；②做好与国务院有关部门的政策协调工作，督促各地落实监狱企业关闭破产的相关政策；③负责监狱企业申报关闭破产预案的审核汇总和报批工作，总结推广监狱企业政策性关闭破产过程中好的做法和经验。

监狱企业实施政策性关闭破产由省（区、市）人民政府及有关部门统一领导，省（区、市）监狱管理局负责组织实施。省（区、市）监狱管理

---

① 《全国企业兼并破产和职工再就业工作领导小组关于债权金融机构审查政策性破产建议项目的有关问题的通知》（国办发〔2002〕9 号）第七条规定："关于担保责任问题。实施政策性破产企业的贷款担保人应当履行担保责任，但贷款担保人如何履行担保责任不应影响金融机构对关闭破产的审查。担保企业履行担保责任确有困难的，经全国领导小组报国务院同意，债权金融机构可以采取下列方式解决：一是在偿还本金的前提下，可以免除部分或全部贷款利息；二是可以免除部分贷款本金（即本金打折）；三是担保人确实无力承担担保责任的，不再追索担保人的担保责任。金融资产管理公司按照国家赋予的资产处置权限处理担保责任。"

局组织监狱企业政策性关闭破产工作的主要职责是：①研究确定本地区监狱企业政策性关闭破产建议项目；②负责破产预案的制定、论证和上报工作；③协调处理有关政策的落实；④配合省（区、市）政府有关部门做好监狱企业政策性关闭破产预案的审查工作；⑤切实加强思想政治工作，确保安全稳定。

此外，监狱企业实施政策性关闭破产，原则上按照《国务院关于在若干城市试行国有企业破产有关问题的通知》（国发〔1994〕59 号）和《国务院关于在若干城市试行国有企业兼并破产和职工再就业有关问题的补充通知》（国发〔1997〕10 号）的规定执行。

2. 注入资本金

2001 年 12 月 1 日，国务院印发的《关于研究解决监狱困难有关问题的会议纪要》（国阅〔2001〕73 号），要求要扶持监狱企业的生产发展。对不具备破产条件并有一定效益的必保监狱企业，可考虑由国家计委一次性安排注入部分资本金。

2003 年 3 月 12 日，国务院印发的司法部、国家经贸委研究制订的《关于解决监狱企业困难的实施方案》（国发〔2003〕7 号）进一步指出，依照《中华人民共和国监狱法》关于“国家提供罪犯劳动所需的生产设施和生产经费”的规定，认真落实包括国家资本金注入在内的扶持政策，并把资本金注入作为分期分批解决 50 万名罪犯的生产劳动岗位和对有发展前景的 100 户以上的企业进行技术改造问题所需基本建设和技术改造资金的主要来源，要求对为改造罪犯提供生产项目和劳动对象的监狱企业，国家可考虑一次性注入部分资本金。可先进行试点，取得经验后逐步推广。每年具体安排额度，视情况决定。各省、自治区、直辖市人民政府根据本地财力情况予以配套安排。

2006 年 4 月 24 日，国务院印发《研究监狱布局调整和监狱体制改革试点有关问题的会议纪要》（国阅〔2006〕40 号）又提出，关于为监狱企业一次性注入部分资本金问题，请司法部会同发展改革委可先选择 1～2 家监狱企业进行试点，在实践中探索操作的办法和程序，并在此基础上研究提出具体工作意见。截至 2012 年，监狱企业生产项目由政府注入资本金的试点工作正在有序进行。

3. 政策性贷款和财政贴息

2001 年 12 月 1 日，国务院印发的《关于研究解决监狱困难有关问题的会议纪要》（国阅〔2001〕73 号）要求，对符合产业政策的监狱企业技术改造项目，国家经贸委要优先予以安排，银行增加技术改造贷款，由中央财政和地方财政按规定予以贴息。

2003 年 3 月 12 日，国务院印发的司法部、国家经贸委研究制订的《关于解决监狱企业困难的实施方案》（国发〔2003〕7 号）进一步要求，关于监狱企业技术改造所需银行贷款，由中国人民银行、财政部、国家计委、国家经贸委、国家开发银行、司法部等部门研究既符合监狱企业特点又能有效保证银行贷款偿还的监狱企业贷款政策和风险控制机制。对符合产业政策的监狱企业技术改造项目，由各省、自治区、直辖市监狱管理局报省、自治区、直辖市经贸委审核同意后，由司法部汇总审查并报送国家经贸委。国家经贸委根据国家产业政策，同时兼顾监狱企业的特点，提出审查意见，并以两部门联合发文予以立项。对银行承诺贷款的项目，按现行技改项目管理办法，积极做好项目实施工作。并再次强调了对用于企业技术改造项目贷款，由中央财政和地方财政按照有关规定予以贴息的政策。

对于监狱企业技术改造贷款贴息问题，财政部、司法部于 2004 年印发了《监狱劳教企业技术改造项目贷款财政贴息资金管理暂行办法》（财行〔2004〕168 号），作了具体的可操作性规定：

（1）贴息的范围、期限和贴息率。贴息范围是经司法部、国家发展改革委、财政部和中国人民银行审核批准列入年度技术改造项目导向计划的贷款。因借款项目单位违约形成的逾期贷款利息、加息、罚息均不予贴息。贴息期限原则上按技术改造项目借款合同规定的借款期限贴息，但贴息期限最长不超过 36 个月。年度贴息资金的计算时间为上年的 9 月 21 日至本年的 9 月 20 日。贴息率为财政部门统一按当年 1 月 1 日中国人民银行规定的一年期贷款利率给予贴息，其中，中央财政贴 50%，借款项目单位的同级财政部门贴 50%。

（2）贴息资金的申报、审查和拨付。贴息资金实行先付后贴的办法，即借款项目单位须凭贷款银行开具的利息支付清单等材料向财政部门申请贴息。符合规定贴息范围的项目，由借款项目单位按要求填制《二〇〇____年监狱劳教企业技术改造项目贷款财政贴息申请表》一式两份，并附借款合同、银行贷款到位凭证、银行签证利息单等材料复印件，报送省级监狱劳教主管部门。省级监狱劳教主管部门对本系统项目单位提交的申请贴息材料进行审核后，填写《二〇〇____年监狱劳教企业技术改造项目贷款财政贴息汇总表》，并附借款项目单位报送的借款合同、银行贷款到位凭证、银行签证利息单等材料，报送省级财政部门。省级财政部门对省级监狱劳教部门上报的申请材料审核汇总后，连同借款项目单位报送的借款合同、银行贷款到位凭证、银行签证利息单，于当年10月31日前上报财政部审批。逾期不报视同放弃当年中央财政贴息。财政部对各省级财政部门上报的申请贴息材料审查后于当年11月30日前向省级财政部门拨付中央财政贴息资金。省级财政部门应按照国库集中支付规定，于当年12月31日前将中央财政贴息资金连同地方财政贴息资金直接拨付到借款项目单位。

（3）贴息资金财务处理及监督管理。借款项目单位收到财政贴息资金后，对在建项目作冲减工程成本处理；对竣工项目作冲减财务费用处理。各有关部门和借款项目单位要严格按有关规定管理和使用财政贴息资金，并自觉接受财政、审计部门的检查监督。任何单位不得以任何理由、任何形式虚报、冒领财政贴息资金和截留、挪用财政贴息资金。对违反规定的，除将违规贴息资金追缴外，还要追究有关人员的责任。

截至2012年，全国监狱劳教企业共计实施产业升级和技术改造财政贴息项目149个，完成投资86亿元。

4. 税收扶持

2001年12月1日，国务院印发的《关于研究解决监狱困难有关问题的会议纪要》（国阅〔2001〕73号）提出对直接为改造罪犯服务的必保企业通过包括继续给予税收扶持在内的多种方式进行政策性扶持。

2003年3月12日，国务院印发的司法部、国家经贸委研究制订的《关于解决监狱企业困难的实施方案》（国发〔2003〕7号）进一步要求："今后一个时期，国家对为改造罪犯提供生产项目和劳动对象的监狱企业继续实行增值税先征后返、免交企业所得税和土地使用税等扶持政策，具体规定由财政部和税务总局另行制定。"

（1）增值税扶持政策。根据2007年2月26日财政部、司法部印发的《监狱企业增值税退税资金管理办法》（财税〔2007〕25号）第四条、第五条和第六条规定，监狱企业增值税退税款的使用用途为：①退税款的60%作为增加国家对企业补充的资本金。监狱企业须及时足额增加国家资本或资本公积。②非监狱体制改革试点单位，退税款的10%用于购置安全生产设备、设施和重大安全隐患整治；30%用于解决狱政设施、装备购置和维修经费不足问题。③监狱体制改革试点单位，退税款的20%用于解决狱政设施、装备购置和维修经费不足问题；20%转作生产发展基金，由省（区、市）监狱局企业集团公司集中掌握，按规定用途使用，经省（区、市）监狱局批准后可转增国家资本或资本公积。此外，省（区、市）监狱局可从直管的监狱单位用于解决狱政设施、装备购置和维修经费不足问题的退税款中适当集中一部分资金，用于补助困难监狱解决狱政设施、装备购置和维修经费不足问题，集中比例不超过全部退税款的15%，集中的退税款用于解决装备购置和维修经费不足的，必须在当年全部拨付给困难监狱；用于解决狱政设施建设的，应按照工程计划、项目进度拨付，最迟不得超过两个年度。具体的集中比例由省（区、市）监狱局报司法部监狱局审核确定。除省（区、市）监狱及企业集团可按上述规定集中部分退税资金以外，其他单位严禁以任何理由集中退税资金。

（2）营业税扶持政策。根据《财政部国家税务总局关于继续执行监狱劳教企业有关税收政策的通知》（财税〔2009〕146号）第一条第二项和第三项规定，在2010年底以前，对监狱企业从事建筑业劳务缴纳的营业税实行先征后退的政策。退税比例2009年为100%，2010年为80%。退还的营业税税款主要作为增加国家对企业补充的资本金，其余部分用于解决狱（所）政设施购置和维修经费不足问题。其中，用于增加国家资本金的部分不少于60%，用于解决狱（所）政设施购置和维修经费不足的部分不大于40%。

（3）所得税扶持政策。根据《财政部国家税务总局关于继续执行监狱劳教企业有关税收政策的通知》（财税〔2006〕123号）第一条规定，2008年底以前，对监狱企业继续实行免征企业所得税的政策。根据《财政部国家税务总局关于继续执行监狱劳教企业有关税收政策的通知》（财税〔2009〕146号）第二条规定，在2010年底以前，对履行管理职能的省（自治区、直辖市）级监狱管理局（包括新疆生产建设兵团监狱局）企业集团公司集中的罪犯劳动补偿费、增值税退税等款项免征企业所得税。免征的企业所得税专项用于企业对资源的补偿、环境的修复、科技创新和安全生产。

（4）土地使用税扶持政策。根据《财政部国家税务总局关于继续执行监狱劳教企业有关税收政策的通知》（财税〔2009〕146号）第三条规定，在2010年底以前，对监狱、劳教单位警戒围墙内的生产经营用地，免征城镇土地使用税。

第九章 监狱企业立法建议

当前，我国关于监狱企业的立法还很不完善，存在立法的效力层级不高，立法的系统性和协调性不强等问题，因此有必要完善《监狱法》等基本法律，加速对监狱企业专门立法，以法律条文的形式将监狱企业的基本问题确立下来。

第一节 现有监狱企业立法概况

一、立法历史沿革与现状

新中国成立初期，监狱押犯剧增，关押场所爆满，给新生的人民政权造成巨大压力。[①] 1951 年 5 月 22 日，中共中央审定批发第三次全国公安会议《关于组织全国犯人劳动改造问题的决议》，决议指出："现在，全国各地羁押的反革命犯和普通犯，已超过百万，这是一个很大的劳动力。为了改造这些犯人，为了解决监狱的困难，为了不让判处徒刑的犯人坐吃闲饭，必须根据惩办与改造相结合的原则，并适应全国各项建设的需要，立即着手制定通盘计划，组织劳动改造工作。凡有劳动条件的犯人，应一律强迫其参加。"这为新中国成立后罪犯从事生产劳动提供了政策上的依据，大批罪犯被调动从事大规模的水利、筑路、垦荒、开矿等生产事业。这一时期，监企不分和政府计划经济使得罪犯的劳动并不依附于设置在监狱内的监狱

---

① 喻丹圣：《论监狱生产的改革与发展》，《中国监狱学刊》2005 年第 1 期。

企业，而是按剩余刑期的长短确立劳动地点，罪犯的劳动服从国家的调配。此时，罪犯从事劳动，但是没有“监狱企业”的概念。

1994年以后，《监狱法》确立了“惩罚与改造相结合、教育与劳动相结合”的原则，明确了监狱作为国家专政机关、监狱经费由国家财政保障的法律地位，为监狱生产的改革发展指明了方向。国务院于1995年发布了《关于进一步加强监狱管理和劳动教养工作的通知》（国发〔1995〕4号），提出了“扶持发展监狱、劳动教养所生产单位，改革生产管理体制，以转换经营机制为中心深化企业内部改革，逐步建立适合监狱管理和劳动教养工作特点的现代企业制度”。这一阶段，监狱企业只作为监狱实践中和事实上的存在，还没有以立法条文的形式确立下来。

2002年，司法部提出了“全额保障、监企分开、收支分开、规范运行”的监狱体制改革目标。2003年1月，国务院下发了《国务院批转司法部关于监狱体制改革试点工作指导意见的通知》（国函〔2003〕15号），包括监狱企业改革在内的一系列试点工作在六个试点省市逐步展开。2007年司法部《关于深化监狱体制改革试点工作若干问题的意见》（司发〔2007〕4号）明确规定：监狱企业的主要任务是为监狱改造罪犯提供劳动岗位，为改造罪犯服务。2007年11月1日，《国务院批转司法部关于全面实行监狱体制改革指导意见的通知》（国函〔2007〕111号）颁布后，监狱体制改革逐渐深化，“监企分开”的步伐加快，监狱经费保障水平不断提高，为最终完成在全国范围推行深化监狱体制改革积累了经验。

针对监狱企业相关的罪犯劳动保护问题，2001年，司法部还颁布了《罪犯工伤补偿办法》，对《监狱法》罪犯工伤补偿的规定做了进一步细化。针对监狱企业的财政、税收、投资、信贷、政府采购等问题，2007年2月26日，财政部、司法部发布了《关于印发〈监狱企业增值税退税资金管理办法〉的通知》（财税〔2007〕25号）。2007年9月18日，司法部、银监会、财政部颁发了《关于处置监狱生产政策性专项贷款的实施意见》（司发通〔2007〕59号），财政部、国家税务总局于2009年12月11日颁发了《关于继续执行监狱劳教企业有关税收政策的通知》（财税〔2009〕146号）。2010年4月13日，财政部、司法部颁发了《关于印发〈监狱企业增值税、营业税退税资金管理办法〉的通知》（财税〔2010〕30号）。2014年6月10日，财政部与司法部联合下发了《关于政府采购支持监狱企业发展有关问题的通知》（财库〔2014〕68号）。这些零散性的文件对于实践中监狱企业的运行提供了政策支持。但是，随着实践的进一步发展，监狱企业的性质、任务以及发展方向等问题渐渐浮出水面，成为实践中争议较多的问题，从而与监狱规范运行形成比照的是，监狱企业却没有形成规范的理论支持和方向指引，目前，监狱企业多参照《监狱法》《全民所有制工业企业法》和《公司法》，作为监狱企业运营的法律依据。这三部法律各有侧重，但都不能解决监狱企业的法律关系和法律地位问题。

为解决监狱企业负担过重等历史遗留问题，促进监狱生产发展，保障改革试点工作的顺利进行，司法部和国家经贸委共同研究制订了《关于解决监狱企业困难的实施方案》，并经国务院批准，于2003年3月14日以《国务院印发关于解决监狱企业困难实施方案的通知》（国发〔2003〕7号）文件下发各地政府和有关部门贯彻执行。这个文件对监狱企业脱困、改革、发展的有关政策做出了一系列规定，是新中国成立以来国务院解决监狱企业问题最全面、最有力度的一个文件。[①] 2003年7月22日，司法部又颁布了《关于贯彻落实〈国务院印发关于解决监狱企业困难实施方案的通知〉的意见》。2004年2月6日，司法部、国资委、财政部、银监会、劳动和社会保障部五部委联合下发了《关于监狱企业实施政策性关闭破产有关问题的通知》（司发通〔2004〕16号）。

二、监狱企业立法特点

监狱企业作为监狱工作的重要组成部分，在劳动改造罪犯方面发挥着十分重要的作用，但目前尚无专门的法律法规进行规范，处于无法可依的状态。鉴于监狱企业特殊的劳动力、特殊的生产目的、特殊的管理方式等，应予专门立法。从我国现有监狱企业立法的现状可以总结出目前我国监狱企业立法的基本特点如下：

其一，从纵向看，监狱企业立法的层级不高。监狱企业的立法多为国务院部门规章或者规范性文件层级的立法，国务院行政法规和全国人大的立法缺位。在过去“监企合一”的模式下，监狱和监狱企业没有做区分，对于罪犯的劳动改造有明确的规定，但是没有明确的监狱企业的概念。在法律层级的《监狱法》里，对于监狱企业只字未提。

---

① 喻丹圣：《论监狱生产的改革与发展》，《中国监狱学刊》2005年第1期。

其二，从横向看，监狱企业立法的体系性不强，内容的完整性和协调性不强。在各部门分别就监狱企业某个问题立法的现状下，各部门之间缺乏有效的沟通和政策的衔接，导致立法的可操作性差。立法的针对性和微观性虽然较强，但没有一个部门将分立的各部门存在的问题衔接起来。

因此，监狱企业的现有立法无论是从立法的主体还是从立法内容的完整和协调性角度等来看，都不尽如人意。随着市场经济的不断发展和监狱企业的不断改革，监狱企业的各项具体制度在实践操作中逐渐走向完善。而立法的完善，作为监狱企业改革的一个重要制度保障，应当被提上日程。

第二节　监狱企业立法的宗旨与目的

监狱企业的立法，对于完善我国的现有立法体系、改革现有监狱体制、保障人权等有着重要意义。

一、改变我国现有监狱企业立法空白的现状

监狱企业与监狱的职责并非完全相同。监狱承担着惩罚与改造罪犯的职责，监狱企业作为监狱罪犯劳动改造的场所，是为罪犯劳动改造提供岗位的单位，它承担着改造罪犯和创造经济效益的双重职责，是社会效益和经济效益的有机统一。长期以来，监狱企业与监狱在实践中形成了“一套人马两块牌子”的运行局面，在关注监狱立法的同时，监狱企业的立法视为没有现成经验可循的内容被一再搁置，造成了目前我国监狱立法相对成熟，但是监狱企业立法却不系统、不完整、不协调，甚至在法律层级的文件中均未提及的局面，导致了监狱企业改革缺乏相关理论支持甚至踟蹰难行。因此，监狱企业的立法对于打破现有的靠国务院部门规章或者规范性文件运行的局面，对于完善和丰富现有的监狱立法体系，对于监狱及监狱企业管理体制的改革，都具有重要的意义。

二、促进监狱企业社会效益与经济效益的有机统一

监狱企业与市场经济下其他企业的一个最重要区别就是监狱企业的首要目的不是单纯为了追逐利润的最大化，它是经济效益和社会效益的有机统一。监狱企业的经济效益必须首先服从于社会效益。社会效益与经济效益作为矛盾双方，当二者发生冲突时，监狱企业必须首先满足社会效益的实现。在满足社会效益的前提下，监狱企业生产更多的产品满足社会的需求，从而获得更多的经济利益，来改善监狱的设备和培训条件，保证监狱企业的不断发展。在利益的驱动下，监狱企业对于经济利益的追求是自发的、主动的，在这一过程中往往忽视了社会效益这一首要任务，罪犯的改造效果往往不理想，出狱后增加了再次犯罪的概率，带来了社会安全的隐患。这一矛盾自由发展的直接结果是罪犯作为一种成本低廉的劳动工具在劳动密集型产品的生产中被无限地压榨，监狱企业以追求利润最大化为最大目标，社会效益在经济利益的面前被无限地缩小，会最终背离改造罪犯的社会目的。因此，如何以立法的形式进行合理有效的制度设计，自觉加强对社会效益的关注，从而实现监狱企业社会效益与经济效益的有机统一，对于资源的优化配置，对于罪犯的改造效果和监狱企业的良性发展，具有积极的引导功能。

三、理顺现有监狱体制不合理的制度设计，加强对罪犯基本人权的保护

从市场主体的角度出发，监狱企业要得到自身的生存和发展，就必须严格遵守国家的法律法规，自觉进行自我约束，坚决避免违法犯罪行为的发生。但在实践中，一方面，由于监狱企业劳动力的特殊性，使得一些监狱企业有可能为了追求经济利益，而与罪犯或其亲属之间进行非法交易，牟取不正当利益；另一方面，由于经济利益本身具有较大的诱惑性，特别是在过去的监狱及监狱企业管理体制下，监狱企业的经济效益决定监狱长的政绩，监狱企业的效益直接与监狱警察的收支挂钩，处于监狱管理层的监狱警察为了一己之利，可能本末倒置，片面追求监狱企业经济利益而忽视了对罪犯的教育和培训，忽视了对罪犯基本人权的尊重，压榨罪犯进行

教育改造的时间，将罪犯服刑的全部时间和精力用于监狱企业的生产，罪犯作为弱势一方，进行不间断的劳动，沦为监狱企业赚钱的工具，成为最廉价的劳动力，而监狱也无法严格、认真地履行社会责任。以上两种现象仅仅靠监狱企业的自我约束，是不可能完全避免的，“监企合一”体制下监狱的“妥协执法”问题，又可能在独立后的监狱企业中重演。因此，在监狱企业进行自我约束的前提下，为了实现创办监狱企业的双重目的，国家就必须对监狱企业保持一定的直接控制权，以防止监狱企业行为自我失控，完全倒向经济利益一边。[①] 而实现这种控制的有效手段便是以制度的形式将一系列有效制约的制度体系以法律的形式固化下来。

因此，将监狱企业的任务、管理模式、监企分开、收支分开、评价考核体系、罪犯的劳动改造与劳动保护等内容以监狱企业立法的形式确立下来，对于明确监狱企业改革的方向，理顺监狱与监狱企业的关系，保护罪犯的基本人权，具有深远的影响。

第三节　监狱企业立法的效力层级

综观我国监狱企业立法的现状可以发现，现有的监狱企业立法，具有零散性、不系统、不完整、政出多门、规范效力层级较低等特点。政出多门导致了各规范性文件之间的衔接性不够好，难以成体系；效力等级低导致了法律的权威性不够，实施效果不够好。

要加强监狱企业的立法，首先应当在法律层面对监狱企业的性质和任务做出明确的界定。目前我国《监狱法》对于罪犯劳动改造的内容放在了“对罪犯的教育改造”一章，这是极为不合理的，这在逻辑上将劳动改造视为了教育改造的内容，从而成为实践中罪犯只接受劳动改造而不享受教育培训的法律保护伞。我们认为，《监狱法》确立了“惩罚和改造相结合、教育和劳动相结合”的原则，意在从思想教育、劳动改造等多个角度对罪犯进行多角度的矫正，使其端正态度明辨是非，从而达到改造的效果。因此，“对罪犯的劳动改造”应当作为独立的一章与“对罪犯的教育改造”并列，

① 高寒：《监狱企业定位问题研究》，《农场经济管理》2007 年第 6 期。

监狱企业作为罪犯劳动改造提供岗位的单位在该章中予以明确，从而以法律的形式确立监狱企业的性质、任务、组织形式等基本内容，使得监狱企业的发展有法可依，有目标可循。

要加强监狱企业的立法，还应当以行政法规和国务院部门规章的形式颁布配套措施，对监狱企业重要事项做出明确的细化规定。《监狱法》作为监狱管理的基本法，只可能对监狱生产和监狱企业的基本问题做出具体规定。对于监狱企业的一些具体问题，如监狱企业的设立与出资、组织结构和形式、财务管理与利润上缴、产业规模和类型、罪犯的劳动改造与社会保障、监狱警察的工资确定、监狱企业的合并分立与破产以及法律责任等问题，则应当以国务院行政法规或部门规章等的形式予以固定下来。

当然，从长远来看，制定独立、系统的《监狱企业法》是非常有必要的，但是这也意味着从无到有的立法必然要经过漫长的调研与论证。从短期来看，上述零散、单项的立法形式是与现阶段监狱企业立法现状衔接过渡的立法措施，优点在于促进了立法从无到有的过渡，增加了现阶段立法的灵活性和可实施性，避免了因法律创设的繁杂程序所产生的立法空档。

第四节　监狱企业立法的主要内容

一、监狱企业的性质与定位

监狱企业的性质决定了监狱企业的出资、设立等一系列最基本的问题，它决定着监狱企业的发展模式和发展方向。因此，监狱企业立法首先应当明确监狱企业的性质问题。监狱企业的性质应当明确以下几个问题。

1. 监狱企业应当适用企业的组织形式和运作方式

目前发达国家对监狱生产的组织管理大致有两种体制：一是通过专门的全国监狱企业公司来组织生产和产品营销，如美国联邦监狱局的生产由联邦监狱工业公司组织，加拿大的监狱生产是由加拿大矫正局劳动服务公司组织，新加坡的监狱生产是由新加坡复员技训集团组织；二是借助协会之类的机构来组织，如日本的矫正协会监狱工业合作司承担了很大一部分监狱生产的组织和产品营销业务。当然，也有一些监狱直接组织生产，但是监狱不直接进入市场。如日本监狱生产的很大一部分是由国家提供原材料和设备的，还有一部分是与外界业主签订加工合同，由业主向国家缴纳罪犯劳务费。另外，处于开放式处遇之下的罪犯还可以到社会上的工厂或农场中参加劳动。[①] 因此，发达国家的监狱企业的组织形式包括企业组织形式和协会机构的组织形式，部分工厂和农场也承担了监狱企业的部分职能。

监狱生产是罪犯执行刑罚的重要手段，其依附于一定的场所和组织形式。新中国成立后，监狱的生产并没有企业，而是通过生产队的形式，以行政命令的方式调配罪犯组织生产。这种计划经济下的产物使得监狱生产的行政强制色彩浓厚，并且效率低下。20 世纪 90 年代的市场经济改革后，我国国有企业也相继完成了改革，依照市场经济的基本规律组织生产经营。按照我国现行的法律、法规，监狱作为国家刑罚执行机关进入市场进行商品交换是非法的，所以建立监狱企业是监狱劳动产品市场准入的需要，是保持监狱生产（即劳动改造工作）正常运转的需要。实践证明，企业的组织形式是监狱生产在市场经济下的必然选择，只有服从市场经济的基本规律，按企业的机制运行，罪犯劳动才能够发挥改造功能，国家创办监狱企业的目的才能得到实现。监狱企业既然具有企业的一般属性和功能，那么监狱企业也要服从市场法则，从生产项目的选择、生产资料的购买、生产过程的组织管理、成本的核算、产品的销售等各个方面，都要按经济规律办事。监狱企业生产的物质产品，绝大多数属于供个人消费的私人产品，所以，监狱企业也要追求利润目标。《国务院批转司法部关于全面实行监狱体制改革指导意见的通知》（国函〔2007〕111 号）要求："监狱企业集团及其分公司、子公司是改造罪犯工作的组成部分，主要任务是为监狱改造罪犯提供劳动岗位，为改造罪犯服务，不同于以营利为目的的社会企业，但也要讲效益。"

需要注意的是，监狱企业作为特殊的公共企业，完全采取行政管理或完全市场化运作，都不符合监狱企业发展的方向。监狱企业还是要走特殊管理、特殊政策和特殊立法之路。[②]

---

① 翟惠敏：《张福森在全国监狱长培训班上强调努力造就一支优秀的监狱长队伍　建立中国特色社会主义监狱制度》，《法制日报》2002 年 5 月 19 日。

② 范方平：《关于监狱体制改革试点的几点思考》，《中国司法》2004 年第 9 期。

2. 监狱企业是具有独立法人资格的特殊企业

在“监企合一”的体制下，监狱企业虽然也有独立的法人资格，但由于监狱企业是作为监狱的派生物，并且由监狱官员对其直接进行经营管理，因而在事实上监狱企业对监狱有很强的依附性。“监企分开”后，监狱企业与监狱在法律地位上是平等的，不再依附于监狱，其在事实上的独立性会进一步增强。但是，由于监狱企业与监狱存在着天然联系，因而，作为同样具有法人资格的监狱企业，其与监狱的关系（主要是罪犯劳动力的使用方面）不可能是建立在完全自愿平等的基础上。监狱企业必须使用由监狱提供的罪犯劳动力，这是监狱企业的天然职责。

监狱企业除了具有企业的共性之外，它还具有自己的特性，即监狱企业要承担为监狱的罪犯提供劳动岗位的任务以及对罪犯进行劳动改造的职责，虽然这一职责并不完全属于监狱企业，但监狱企业却承担着最关键的部分。这一职责是监狱职责的延伸，因而它具有政府行为的属性，属于公共企业。监狱企业作为国有企业，既有企业性更有公共性，是公共企业，它在追求利润的同时，以为改造罪犯服务为第一要务，从而减少和降低犯罪率，维护社会公共安全，提供一种公共产品或服务。

3. 监狱企业应当是国有性质的公共企业

监狱对罪犯实施劳动改造，是依据我国《宪法》《刑法》和《监狱法》的有关规定进行的重要执法活动。监狱企业兼具着改造罪犯和实现经济效益两大历史任务，而改造罪犯的任务是首要的，它是为刑罚的执行服务的，因而带有很强的公共性和政府性，这就决定了监狱企业选择国有出资的必然。

目前，我国仍具法律效力的企业法具体包括：《全民所有制工业企业法》《乡镇集体所有制企业条例》《城镇集体企业所有制条例》《中外合资经营企业法》《中外合作经营企业法》《公司法》《合伙企业法》《个人独资企业法》《乡镇企业法》等。在实践的不断运行中，全民所有制企业渐渐退出我国经济发展的舞台，而权责明确、运行规范的现代化公司制企业由于更加适应市场经济的需求，不断发展。国有出资的监狱企业作为国有企业的一种形式，也应当按照《企业国有资产法》《审计法》等法律的要求，规范自身的运行和发展。

保障国有资产的保值增值，促进国有经济的持续发展和不断壮大，是社会主义制度下对国有资产的必然要求。《中华人民共和国企业国有资产法》第一条就明确规定：为了维护国家基本经济制度，巩固和发展国有经济，加强对国有资产的保护，发挥国有经济在国民经济中的主导作用，促进社会主义市场经济的发展，制定本法。国有资产在我国国民经济中占有举足轻重的地位和作用，监狱企业作为国有企业的一个重要组成部分，适时进行改革，从某种程度上也是保障国有资产保值增值、防范国有资产流失的一大举措。

4. 监狱企业的主要任务是为监狱改造罪犯提供劳动岗位

由于监狱企业的宗旨与目的决定了监狱企业的设立应当根据改造罪犯的需要，它的主要任务应当视为改造罪犯提供劳动岗位，实现《监狱法》要求的劳动改造罪犯的目的，为改造罪犯服务。因此，监狱企业与社会企业同样作为企业，承担的主要责任和使命也是有着明显区别的。为罪犯提供劳动岗位从客观上又保证了经济效益和社会效益的统一，并且以社会效益作为首要目的。为罪犯提供劳动岗位也证明了监狱企业存在的必要性和合理性。明确了监狱企业的主要任务，对于规范监狱企业的健康运行，具有十分重要的作用。

二、监狱企业的设立与出资

监狱企业作为企业的一种，即有与其他企业的共性。监狱企业应当具备企业的一般特征，即依法成立，有必要的财产，有自己的名称和生产经营场所，能以自己的名义独立承担责任。监狱企业是附属于罪犯改造的工具，是在资源合理利用的角度上设立的具有稳定性的企业，因此它也应当符合企业设立的条件，并应在工商局注册、登记备案。但是，监狱企业与市场经济条件下其他企业相比具有其特殊性：①其他企业是在价值规律的引导下追求利润最大化的经济组织，而监狱企业虽然也追求经济利润，但是必须建立在实现社会效益的前提之下。②为监狱企业生产产品的劳动者具有身份特殊性，即《刑事诉讼法》第二百五十三条规定的“被判处死刑缓期二年执行、无期徒刑、有期徒刑的罪犯”，而不是具有自由身份的普通公民。他们的年龄跨度大，根据犯罪类型的不同也表现出不同的文化素质与职业技能，身体健康状况、劳动能力各异，犯罪前从事的职业也各异。同时由于各地罪犯数量的不同，不同地区监狱企业的规模也有所不同，即使在同一监狱，由于监狱罪犯数量的动态调整，监狱企业的规模也会相应地有所调整。③从运行成本上看，劳动力成本是一般企业成本较高的部分，而监狱企业给罪犯的工资仅为象征性的工资，对于罪犯的工伤补偿也远远低于其他企业对于员工的补偿。从部分监狱企业来看，部分监狱企业由于人员的缺乏而雇用了部分职工，他们的工资待遇与在编在职监狱警察基本一致，对于监狱企业来说是一笔不小的支出。④从产业类型上看，监狱企业多数属于劳动密集型生产企业。目前罪犯的分类和收监制度并不完善，这就决定了每个监狱里的罪犯类型也多种多样，经济金融类罪犯和偷盗型罪犯的知识结构会相差悬殊，而监狱往往选择培训难度小、技能要求低的加工型企业，以便集中统一改造。⑤从监狱企业与罪犯的关系来看，他们不会像普通企业一样签订劳动合同，监狱企业为罪犯提供的劳动岗位是其作为服刑人员的义务，因而也不完全适用我国的劳动法及相关的社会保障制度。⑥从政策的角度考量，监狱企业不能通过公开上市或者发行企业债券等方式筹集资金。[①] 但是，基于监狱企业的非营利性和承担着改造罪犯的职责，它们享受国家税收、财政等政策的优惠，监狱企业收入也必须转化为监狱支出，弥补政府财政供给的不足。监狱企业与企业的共性决定了监狱企业应当按照《公司法》等法律关于公司设立登记相关事项的规定，履行公司注册登记手续。监狱企业的特殊性决定了它的设立并不与其他企业完全一致。

现在的监狱企业大多是2004年监狱体制改革时，为了不中断对罪犯的劳动改造任务，为了保证监狱经济不受大的损失，各监狱只是将负责监狱生产经营管理职能的机构分离出来，组建而成的。监狱企业承载改造罪犯的历史使命决定了监狱企业不能完全由市场来运作，必须接受政府调控。因此，监企改革前，监狱企业是以国有企业的形式出现的，并且为国有独资企业。许多地区，监狱企业和监狱两者在资产、人员和管理上是统一的，各省监狱经所在省政府批准，组建集团公司，受省政府委托管理所属监狱企业，负责管理生产经营、投资和国有资产的保值增值。监狱是社会行政名称，监狱企业是监狱经济形态名称。[②]

监狱企业机制的改革方向，在某种程度上是由监狱企业的特殊性所决定。监狱企业与其他国有企业相比，有其特殊性：①监管的主体不同。其

---

① 刘好千、王林：《中外监狱比较研究》，法律出版社2012年版，第100页。

② 刘泉：《我国监狱企业体制改革问题的研究》，华中科技大学硕士学位论文，2005年，第5页。

他国企多数是由国有资产监督管理委员会进行监管，而监狱企业则由监狱管理局来监管。国函〔2003〕15号规定，司法部和省、自治区、直辖市两级监狱管理局、劳动教养工作管理局负责领导和管理本系统的各类生产单位，要管理好所属单位的国有资产。②其他国有企业在经历了国有企业改革后，建立了现代企业制度，公司治理结构较为规范，受市场经济的规律影响；而监狱企业由于其特殊性，又无统一的法律规范，公司组织形式和治理结构不太规范，规模一般不大。③监狱企业具有较强的附属性，它是附属于监狱的改造职能而产生的，其生产依附于监狱关押的罪犯，其管理人员与监狱管理人员有的相一致。

英国、美国、澳大利亚等国监狱分为公共监狱与私人监狱两种类型，公共监狱一般会关押重型犯罪的罪犯，而对于一些轻型犯罪的罪犯，有的采取外包的形式分包给私人监狱行使监管罪犯的职责。相应地，这些国家的监狱企业也存在两种类型，一种是诸如联邦监狱工业有限责任公司这类的公立监狱企业，还有一种是像私人监狱运营企业 CCA（Corrections Corporation of America）这类的私人监狱企业，像后者在1994年就在纽约股票市场上市。[①] 即便私人监狱的出现本身也具有重要的现实意义，但是从私人监狱诞生之日起，对其批评就从未中断，集中体现在如公共职能否授予私人企业的法律适当性问题，罪犯的有效监管与人身权益保障等方面。结合我国的国情和实践操作，私人监狱并非我国监狱企业改革的优先选择。

2007年3月16日《司法部关于深化监狱体制改革试点工作若干问题的意见》（司发〔2007〕4号）中第五条指出："监狱企业集团公司是监狱生产经营管理机构，在省（区、市）监狱管理局的领导下，对监狱管理局负责。"因此，不仅监狱作为垂直管理的国家机构，监狱企业也实行垂直管理的模式，由省一级监狱管理机构根据实际全资设立母公司或者集团公司，相应地在地市级的监狱设立子公司或者分公司，形成母子公司或者集团公司的管理体制。省级监狱管理局应当设置专门的集团/母公司管控部门，专门负责分子公司的监管、监狱经费发放与统一管理以及监狱企业利润上缴。分子公司原则上设立在各监狱内，接受母公司或者集团公司统一领导。在这一过程中，应当厘清几个关系：①监狱管理局与监狱集团公司的关系。

① 王廷惠：《美国监狱私有化研究——私人部门参与提供公共服务分析》，中山大学出版社2011年版；罗敏夏：《私人监狱公司：靠囚犯也能挣钱》，《南方周末》2012年9月5日。

监狱管理局作为集团公司的出资人和股东，又作为监狱和监狱企业的行政机关，它与监狱企业集团公司之间是领导和监管关系。其工作内容表现在对全国监狱企业的宏观调控与指导政策领导，主要通过制定统一的监狱企业相关的规章制度和政策，规范监企关系和监狱企业行为。履行出资人义务，对监狱企业集团有关资产、收入、项目等重大决策把关，包括下达任务、考核监督、收入分配，以及需要由监狱局协调的其他事项。②集团公司与分子公司的关系。集团公司与子公司是以国有资产为纽带的母子公司体制。按照《公司法》相关规定，母公司对子公司享有经营者选择权、重大经营决策权、收益分配权等；子公司作为独立的法人实体，享有法人财产权及母公司授予的其他权利。母公司应当做到对监狱企业分公司设立与否、产业类型等的科学调研，按照市场要求进行集团内各分公司资源的合理配置，在对罪犯进行劳动改造的基础上，实现经济的不断发展。③监狱与子公司的关系。“监企分开”后，监狱与子公司是两个平行运行的单位，在实践中应坚持“六个分清，六个不交叉”：职责分清，职能不交叉；核算分清，收支不交叉；组织分清，指挥不交叉；任务分清，下达不交叉；考核分清，奖惩不交叉；利益分清，分配不交叉。[①] 但是，将监狱和监狱企业的监狱警察完全分开不仅是没有必要的，而且容易导致人员机构的臃肿。双方应建立相应的协调机制，共同实现改造罪犯目的，共同将监狱企业经济发展上去，形成联动机制。

三、监狱企业的组织架构与法人治理结构

推进我国监狱企业公司制度规范运行，首要任务就是构建我国监狱企业公司治理结构。《公司法》就一般类型企业的公司治理及组织架构做出了原则性的规范，并且专设了“国有独资公司”一节，针对国有独资公司的特殊治理做出了明确规定。监狱企业法人治理的立法架构应当以《公司法》为基本依据，在《公司法》框架内，从我国具体实际出发，重点突出监狱企业特色，构筑中国特色的监狱企业公司法人制度。按照“产权清晰、权责明确、政企分开、管理科学”和国有资产管理实行“国家所有、分级管理、授权经营、分工监督”的要求，把现有监狱企业改建成为符合《监狱

---

① 陈焕奎：《关于监狱企业规范运行的思考和探索》，《中国司法》2004 年第 9 期。

法》《公司法》规定、具有多重管理职能和多种经营形式、运行灵活高效的国有独资公司。对于省一级监狱企业的国有独资有限责任公司，其所采取的是集团公司的企业类型。

1. 监狱企业组织机构设置

立法在监狱企业集团组织机构设置时应当遵循以下基本原则：①坚持精简与效率相统一的原则。监狱企业集团公司应当在监狱企业社会职能和经济职能两大任务之下，坚持以事权为中心，因事设立相应机构、岗位，并配备数量、能力相适应的管理人员，保持机构精简与完善，防止机构和人员臃肿影响效率，在保证发挥正常职能的前提下最大限度地促进效益增长。②坚持权责明确和责权利相统一的原则。集团公司须明确各个职位和机构以及人员的职责范围，做到权责明确，加强各部门之间相互配合和协调运转。③坚持协调一致与统一指挥的原则。组建公司要建立一整套制度和机制保证权力的正确使用和指挥的统一协调，以股权或产权为纽带垂直向下管控全省监狱企业，在母公司范围内应统一制定公司章程、统一制定监狱企业的基本规则和政策、统一调控各分子公司产业和产品结构、保持监狱企业特色以及监督子公司国有资产的保值增值。④坚持权力制衡与监督的原则。对于国有独资企业，应当通过建立职工代表大会和监事会加强对决策层、管理层、执行层的监督检查，使其享有的权利得到有效制衡。另外，应当加强监狱管理局及监察单位对监狱企业集团公司的监督，防止国有资产流失。

在母公司或者集团公司的具体机构设置上，要与监狱管理局的设置相分离，按照公司法要求实行法定代表人负责制，下设综合部（主要负责办公室、人力资源管理等综合性事务）、生产与市场部（主要负责监狱企业生产类型的统一调控和市场的寻找）、财务部（统一负责各分子公司的利润上缴与财务管理）等部门。

在监狱企业分子公司的组织机构设置上，各分子监狱公司监狱长为企业的法人代表，监狱内设一名副监狱长专职负责整个监狱企业的生产经营工作。其内设机构，在监狱体制改革之前，监狱设有生产、技术、质量、财务、营销等管理监狱企业生产经营的职能科（室），下设监区（分厂）、分监区（生产车间）作为具体生产组织单位，生产过程全部在监区、分监区进行。监狱内的生产过程也是罪犯劳动改造过程，两者是合一的。监狱企业的原材料采购、新产品开发、产品销售等工作大部分由监狱警察和职工来承担。[①] 监狱体制改革后，一般而言，分子公司的下属机构大体设置如下：办公室（负责综合文秘、接待工作和办公保障）；企业管理部（负责企业经营管理和人事管理）；生产部（负责生产计划、组织、现场、安全、技术管理）；营销部（负责生产业务接洽、原材料供应、产品销售）；财务部（负责财务工作）；工会办（负责工会）；工作生产车间或单位（负责对生产进行具体的组织和管理）。当然，这也不是固定不变的设置，各分子公司可根据本企业人数的多少和公司业务的多少，增添个别机构，或合并个别机构，如果采取简单一点的方法，就是分子公司比照集团公司的管理机构，实行上下对口设置。[②]

2. 监狱企业的法人治理结构

立法在监狱企业法人治理结构上，应当充分考虑监狱企业的特殊性。法人治理结构也主要是在集团公司的母公司层面上，各个机构的设置应当按照现代企业制度“产权清晰、权责明确、政企分开、管理科学”的要求，分别设立公司的决策机构、执行机构和监督机构。

《公司法》对国有独资公司设置了一些特别规定，如不设立股东会，国有资产监督管理机构可以授权公司董事会行使股东会的部分职权，决定公司的重大事项，但涉及决定公司的重大事项，如公司的合并、分离、解散、增加或减少注册资本金和发行公司债券，必须由国有资产监督管理机构决定等。还规定了国有独资公司的董事长、副董事长、董事、其他高管人员，未经国有资产监督管理机构同意，不得在其他有限责任公司、股份有限公司或其他经济组织中兼职。监狱企业作为国有独资公司，结合我国现行法律规定和监狱企业特点，在母公司层面上，应当设置以下机构：

（1）决策机构。2010 年 5 月 24 日，财政部、司法部印发的《监狱体制改革单位财务管理办法》（财行〔2010〕99 号）第二十条明确规定：“省监狱管理局受省人民政府的委托，对监狱企业集团公司履行出资人职责，负责监狱企业国有资产的具体监督管理工作并承担保值增值的责任。”监狱国有独资（集团）公司由省监狱管理局代表国有资产出资人全额组建，具有独立法人资格的监狱企业，公司设立董事会、总经理、监事会分别作为公司的决策机构、执行机构和监督机构，并设立若干职能部门。监狱国有独

① 金鉴：《监狱学总论》，法律出版社 1997 年版，第 803 页。

② 蒋孝贤：《监狱企业集团公司研究》，西南财经大学博士学位论文，2010 年，第 123 页。

资公司不设股东会，而只在母公司设立董事会和监事会，董事会作为集团公司的最高权力机构，经省监狱管理局授权行使股东会的职权，决定集团公司的重大事项，但是在公司的某些重大事项的决策上，必须由监狱企业的主管部门监狱管理局批准或亲自决定，如公司章程的制定、企业与监狱的关系、选举和更换董事、审议批准董事会报告等。董事会由监狱管理局委派或更换。董事会成员中应有职工代表，董事会设董事长一人，根据需要可设副董事长，均由监狱管理局从董事会成员中指定。这一切都充分体现了监狱管理局对监狱国有独资公司的控制。

（2）执行机构。监狱国有独资公司的总经理作为董事会的辅助机构，负责公司日常生产经营管理工作，对董事会负责。按照《公司法》规定的国有独资公司董事会的职权，总经理应由董事会聘任或解聘。由于监狱企业的特殊性质，监狱国有独资公司总经理的任职资格应有严格限制。在改革试点阶段，各监狱委派原来管生产的主要监狱领导来担任，改革过渡期满以后，应出台关于监狱国有独资公司及子公司管理人员身份的政策、法规，对总经理及其他管理人员的任职资格和身份，做出专门的规定。笔者认为应该由监狱局官员来担任，或由监狱管理局直接任命。监狱国有独资公司的董事会成员兼任总经理，须经监狱管理局批准，监狱企业的主要管理人员要有公务员身份。这一点与《中华人民共和国公务员法》第五十三条第十四项公务员不得“从事或者参与营利性活动，在企业或者其他营利性组织中兼任职务”的规定并不冲突，原因在于由监狱局官员或者监狱局任命的官员在监狱企业中担任的职务，只是监狱局委派的一种方式，该官员在监狱企业的生产经营中没有营利。

（3）监督机构。监狱国有独资集团公司的监事会由监狱管理局委派人员组成，并有民主选举的职工代表参加，是对公司执行机构的业务活动以及监狱企业特殊使命的履行进行专门监督的机构。

在监狱企业分子公司的机构设置上，应当区别于母公司。监狱企业分子公司无须设立董事会和监事会，而是由母公司委派执行董事和执行监事各1~2人，分别担任子公司的总经理和监事，负责子公司的生产经营管理和监督工作。①

---

① 刘泉：《我国监狱企业体制改革问题的研究》，华中科技大学硕士学位论文，2005年，第21页。

四、监狱企业的产业选择与市场销售

1. 产业选择

西方国家监狱生产的种类不是特别多，主要是为政府和公益机构的消费提供产品。如美国联邦监狱局下设8个集团：服装和纺织品集团、电子企业集团、军舰管理会、汽车部件企业集团、制图企业集团、工业品企业集团、办公家具集团、计算机与电子品回收利用企业集团和服务业集团。在加拿大，矫正局劳动服务公司从事的生产类型有农业和森林业、服务业、纺织品、制造业和建筑业。在日本，79.8%的罪犯参加监狱生产，17.9%的罪犯参加监狱内的维持性的工作，2.3%的罪犯参加技术培训。日本监狱生产的种类主要有木器业、印刷业、服装业、机械制造业、制鞋业、农业和手工艺业等。[①] 从监狱企业的产业选择来看，为了改造罪犯，监狱企业基本被限制在第一产业和第二产业范围内。

作为国有独资企业，监狱企业担负着改造罪犯的重任，因此，不能像市场经济下的其他企业一样，自由地从事市场竞争。监狱企业在产业选择上，应当结合我国监狱企业的特点，从单一的劳动模式向多元化转向。监狱企业提供给罪犯劳动习艺的岗位和技能应该符合社会经济发展的需要，保障罪犯所学习到的劳动技能在社会适用。在发展劳务企业和制造业的基础上，对于安全危险系数较高的行业，从保障罪犯人身安全的角度，应当予以禁止。同时，应当鼓励监狱企业从事对于罪犯出狱后容易就业的产业进行政策引导，结合罪犯的实际情况，选择有利于监管安全和生产安全、有利于改造罪犯、有利于罪犯刑释就业的产业和产品。

2. 产品销售

在发达国家，监狱产品的销售对象主要是政府部门。如在美国，联邦监狱工业公司的十大客户依次是国防部、联邦综合服务部、监狱局、劳动和社会保障部、司法部、联邦邮政局、交通部、财政部、农业部和老兵事业部。在加拿大，联邦政府部门是矫正局劳动服务公司的传统客户，其中包括矫正局、国防部、公共事务与政府服务局等部门。公司的产品市场定

---

① 翟惠敏：《张福森在全国监狱长培训班上强调努力造就一支优秀的监狱长队伍　建立中国特色社会主义监狱制度》，《法制日报》2002年5月19日。

位在联邦政府部门、省市政府以及诸如医院、中学、大学慈善组织等机构。除了这些主要的客户之外，私营企业也购买监狱产品的一部分份额。但是，都不是由监狱直接进入市场，而是通过专门的监狱企业集团或协会之类的机构作为中介，监狱只负责完成所订产品和服务。[①] 可见，不论是我国还是国际社会的通行做法，对于监狱企业产业选择和产品销售渠道都有一定的限制。

在产品销售途径上，我国明确规定，罪犯生产的产品只能在国内市场销售，禁止出口到国外，而其他企业只要有能力，就可以纵横国内外市场。在2003年2月25日司法部、国家经贸委联合发布的《关于解决监狱企业困难的实施方案》（以下简称《实施方案》）中，也明确提出“对适宜的监狱产品实行政府采购”。《实施方案》明确规定，要结合我国政府采购制度的建立和不断完善，逐步对适宜的监狱企业产品和服务项目实行政府采购、订货和定点生产。目前，各级政府可先将适宜监狱生产的职业服装、政府部门办公用品和家具、政府文字资料和各类试卷印刷、政府部门汽车维修保养、道路交通和市政工程用品以及目前监狱生产的煤炭、建材等大宗产品，纳入政府采购和订货的范围，由监狱企业组织生产。2014年6月10日，财政部与司法部联合发布的《关于政府采购支持监狱企业发展有关问题的通知》做了有益的探索，最突出的两个方面：一是在政府采购活动中，监狱企业视同小型、微型企业，享受预留份额、评审中价格扣除等政府采购促进中小企业发展的政府采购政策；二是在制服采购、考试试卷印刷和免费教科书印刷等项目上，预留整体采购项目一定份额的项目给监狱企业。因此，未来的监狱企业政府采购，应当与我国的《政府采购法》《招标投标法》等法律相结合，在适合监狱企业生产特点的项目上，在政府采购程序中给监狱企业更大程度的优惠政策，对于保障监狱企业的发展和国有资产的保值增值，是一条行得通的路径。

五、监狱企业的财务管理与利润上缴

“全额保障、监企分开、收支分开、规范运行”是监狱体制改革的目标

① 翟惠敏：《张福森在全国监狱长培训班上强调努力造就一支优秀的监狱长队伍　建立中国特色社会主义监狱制度》，《法制日报》2002年5月19日。

和监狱管理体制的基本框架。立法在监狱企业财务管理方面应当明确监狱企业财务收支与监狱财务收支分开。“监企分离”，最重要的就是要做到财政上的分离，收支分开是实现监狱体制改革的重要目标和关键环节。《监狱法》第八条规定，国家保障监狱改造罪犯所需经费。监狱的人民警察经费、罪犯改造经费、罪犯生活经费、狱政设施经费及其他专项经费，列入国家预算。这一规定确立了监狱经费由财政部门按标准全额保障的体制和制度。由于历史原因，多年来，监狱经费全额保障，仅是低标准经费保障，而非真正意义上的全额保障，保障标准对于监狱来说是较低的。[①] 因此，监狱企业在实践中往往需要补充监狱这笔差额的经费。

立法在“监企分开”的具体措施保障上，应当对相关的具体内容作出明确规定，并做到监督有力。首先，监狱与监狱企业应当分别建立独立的财务账户，做到分开结算、分开核算、分开管理。监狱企业分子公司应当按照国家法律、行政法规和会计制度的规定，定期编制财务报表，并向集团公司和监狱企业监管部门报送。其次，监狱企业资产应当与监狱资产相分离，监狱资产和企业资产应当分别确立不同归属。再次，在工资的发放上，监狱企业的工资应当仅用于罪犯和与监狱企业有合同的职工的工资发放。监狱企业应当依法为罪犯支付劳动报酬和保险费用等，所需费用需要专户管理。实践中部分监狱警察在享受国家公务员工资待遇的同时，享受监狱企业工资的双份工资待遇，这种拿监狱企业经费给监狱警察发奖金、搞福利的做法应当在立法当中予以明确禁止。最后，监狱企业与分子公司不应当有直接的收入和经费往来，而应当在省级范围内统一调配。

立法在监狱利润分配问题上，应当做到监狱企业集团公司的统一分配。监狱企业分子公司与监狱的财务账户分开之后，监狱企业分子公司的利润应当统一上缴集团公司，监狱经费不足部分应当由监狱管理局和监狱集团公司统一调配，按照利润比例返回给监狱。这样，通过集团公司和监狱管理局的分配可以在省级范围内优化资源配置，防止监狱企业和监狱资产不分的情况继续存在，同时又有利于监狱企业资产的国家管理与监督。此外，应当建立健全监狱企业财务成本控制制度创新。监狱企业应当建立成本控制制度，减省节约和预算约束，试行成本控制办法，建立健全费用开支范

① 陈乃醒：《我国中小企业的现状与加快发展的思考》，《经济管理》2005 年第 5 期。

围、标准和报销审批制度。[①] 从成本上减少支出，做到利润不断增长和监狱企业效益不断提高。

立法应当明确加强监狱企业资金和财务监管审计力度。监狱企业财务监督包括监狱企业依法接受监狱企业财政主管部门的财务监督和国家审计机关的财务审计，防范监狱企业国有资产流失，保持监狱企业国有资产保值增值。

六、罪犯的劳动改造

罪犯劳动改造是监狱罪犯改造的重要形式，也是占据罪犯主要精力的一项活动，必须严格依照法律规定执行。但是，作为监狱企业主要劳动力的罪犯，不同于《劳动法》对劳动者的界定，作为罪犯在监狱生产中的权利在很多情况下是不适用《劳动法》的。在现有法律没有对从事生产的罪犯进行特殊保护规定的情况下，罪犯作为监狱企业的重要组成部分，监狱企业的立法应当对罪犯这一特殊群体的劳动改造和劳动权利的保障进行明确而具体的规定。

要加强监狱企业立法，应当加快修改《监狱法》或者出台相应的《监狱企业生产管理条例》等行政法规，从原则上对涉及罪犯劳动改造的内容进行明确，从而使得罪犯劳动改造和保护摆脱无法可依的局面。罪犯劳动改造立法主要包括罪犯劳动的分级分类制度、罪犯劳动的休息权、获得劳动技能培训权以及获得劳动报酬和工伤保险等权利的立法。

1. 罪犯劳动的分级分类制度

监狱企业与其他企业的一个重要区别是罪犯身份的复杂性和特殊性。不同监狱企业应充分考虑罪犯的人身危险性、身体健康状况和年龄状况，不同监狱以及同一监狱内不同条件的罪犯应当分配不同的劳动内容。根据监狱企业劳动分级分类的实践，逐渐以立法的形式确立起罪犯劳动的分级分类制度。

对于分级分类的标准，应综合考虑多方面的因素和条件。首先，从性别上考虑，男犯和女犯由于性别差异带来身体健康状况的明显不同，应当

---

① 中央司法警官学院监狱企业财务管理课题组：《新时期我国监狱企业财务管理制度创新研究》，《中外企业家》2010 年第 4 期。

安排不同劳动强度的工作内容。因此，在监狱企业设立的时候，就应该充分考虑监狱企业罪犯的这一特点。我国监狱实行男犯和女犯分别关押的政策，这就使得罪犯劳动的分级分类制度具有了实践上的可操作性。其次，应充分考虑罪犯的年龄状况。对于未成年犯、青年犯和老年犯应实行区别对待，对于年老体弱的老人和未成年人应当实行照顾政策。未成年犯由于缺乏正确的教育和指引，往往一时冲动走向迷途，对他们应当以教育改造和心理改造为主，不应当安排强度较大、危险系数较高的劳动内容，但是可以安排对其进行劳动技能的培训，以利于其出狱后再就业，防止其再次犯罪。因此，监狱企业不应设置在未成年犯管教所内。老年犯应当充分考虑其年龄状况和身体条件及健康状况，对于符合特定年龄和条件的老年犯不应安排不合理的劳动内容。当然特定年龄的确定还需要立法机关在充分调研的基础上确定合理的年龄标准。最后，对于其他犯人，应当根据其心理和身体健康状况差异制定细化标准。对于精神病患者、身体有残疾或疾病的罪犯应当安排在同一监区，不应安排与其身体状况不相适宜的劳动。

罪犯劳动分级分类制度应当与罪犯入监的分级分类制度相协调，对于不同监区和分监区的罪犯，在安排其入监之前，就应当充分考虑上述标准，根据其状况进行特殊管理。

2. 切实尊重和保障罪犯劳动保护基本权利

罪犯触犯我国《刑法》，作为一种权利受限的主体，劳动改造是对其进行惩罚和改造的手段。但是，作为最基本的人，仍然享有最基本的人权，表现在劳动改造上即有休息的权利、获得劳动技能培训的权利、获得劳动报酬的权利等。在对监狱服刑人员劳动权利保护方面，联合国《囚犯待遇最低限度标准规则》（以下简称《规则》）对其作出了具体的规定。在《规则》中以“工作”的专项从第 71 条到第 76 条，对监狱服刑人员在劳动中的待遇、劳动条件和劳动环境、安全保障、劳动时间、劳动报酬等作了详细规定。我国在监狱企业劳动保护立法时，应充分考虑与国际接轨，充分尊重保障罪犯人权。

（1）休息的权利。“监企合一”的体制下服刑人员超时和超体力劳动现象严重。“监企合一”是长期以来我国监狱组织服刑人员生产劳动的组织结构特点。这一体制在计划经济时代，监狱企业的生产受国家计划体系的保障，在此时期监狱企业创造了较好的经济效益。但随着经济体制改革，实行市场经济体制，监狱企业也被推向市场，在激烈的市场竞争中，监狱企业陷入困境。为此，监狱企业不得不以服刑人员劳动生产的效益为第一目标，为实现监狱企业的生存和发展，不得不以牺牲服刑人员的休息权来换取监狱企业的经济效益，这伤害的不仅是服刑人员的身体，也极大地影响了他们的劳动积极性，最终导致劳动改造效果欠佳。[①] 监狱体制改革之后，应当说保障罪犯休息的权利已大为改善，但还有很多不足。

劳动者休息的权利是作为劳动者应享有的基本权利，也是一项最基本的人权。罪犯在监狱企业内从事劳动也应当享有该项权利，这也符合国际通行做法。联合国《囚犯待遇最低限度标准规则》第 75 条规定，囚犯每日及每周最高工作时数由法律或行政规则规定，但应考虑到当地有关雇用自由工人的规则或习惯。所定时数应准许每周休息一日且有足够时间依规定接受教育和进行其他活动，作为对囚犯所施待遇和恢复正常生活的一部分。《监狱法》第七十一条规定，监狱对罪犯的劳动时间，参照国家有关劳动工时的规定执行；在季节性生产等特殊情况下，可以调整劳动时间。罪犯有在法定节日和休息日休息的权利。尽管规定了罪犯的法定节日和休息日休息的权利，但是“参照”的规定，使得部分监狱企业在实践中对于工作时间的把握有弹性。部分监狱企业内罪犯每天工作时间超过了八小时，甚至更长。

因此，监狱企业在立法时，应当充分注重尊重和保障人权，保障罪犯的基本权利。罪犯应当享有休息的权利，任何监狱都不得剥夺。立法应当参照《劳动法》等劳动者的基本法律，并结合监狱企业基本情况，合理设定罪犯的日工作时数和周工作时数。在季节性生产、保证合同工期而不得不需要罪犯赶工延长工作时间等情况下，应当建立合理的补休机制。

《监狱法》确立了教育与改造相结合的原则，保证罪犯的休息权利是为了保障罪犯的基本人权，更是为了罪犯的教育改造，为教育改造预留合理的时间。

（2）接受劳动技能培训的权利。对监狱企业内劳动改造功能和目的的正确定位，关系到刑罚的正确执行和刑罚目的的最终实现。劳动改造的目标是将罪犯改造成为守法公民，减少重新犯罪率，掌握一技之能，成功实现罪犯的再社会化，维护社会的安全和稳定。联合国《囚犯待遇最低限度标准规则》第 72 条也规定了监所内工作的组织与方法应尽量接近监所外类

---

① 陈志海：《关于监狱体制改革试点问题的调研报告》，《犯罪与改造研究》2006 年第 3 期。

似工作的组织和方法，使囚犯对正常职业生活情况有所准备。但囚犯及其在职业训练上的利益不得屈居于监所工业营利的目的之下。因此，实行劳动改造不应单纯考虑监狱企业的利润，应综合考虑罪犯回归社会后的就业和谋生能力。企业的性质决定不能靠企业的自觉去推行罪犯劳动技能的培训，而应当依靠完备的立法和国家强制力来保障刑罚这一目的的实现。

在具体的立法制度设计上，首先，在监狱企业设置和产业结构调整的过程中，应充分考虑选择设置适合罪犯出狱后再就业的劳动类型。要根据罪犯刑满后的不同去向和社会需要而开展实用性强的职业技术培训工作，使罪犯在刑满时掌握至少一门实用技能。其次，罪犯在入监劳动改造前，有权利接受监狱企业的统一劳动技能培训，熟悉监狱生产劳动工具的使用。最后，监狱企业应鼓励罪犯进行专业技术资格的学习和掌握，立法应保障罪犯的职业技能的认可，在资格认可方面不应当对罪犯实行区别待遇，对于符合条件的罪犯应当颁发职业资格证书，切实提高罪犯刑释后的谋生能力。监狱企业应当创造条件，通过聘请相关专业领域人员授课、购买专业书籍等途径充分保障罪犯的劳动技能培训权利。

只有加强监狱企业生产管理立法的不断完善和创新，具体推进劳动改造方法的完善，充分提高罪犯的劳动技能，才能促使罪犯更好地回归社会，尽快就业，也才能减少罪犯的再犯罪率，对维护社会的和谐稳定发挥积极作用。

（3）获得劳动报酬的权利。《监狱法》第七十二条规定：监狱对参加劳动的罪犯，应当按照有关规定给予报酬并执行国家有关劳动保护的规定。该条规定确立了罪犯获得一定劳动报酬的权利。从世界范围来看，罪犯获得劳动报酬也是国外监狱的通行做法。联合国《囚犯待遇最低限度标准规则》第76条规定，对囚犯的工作，应订立公平报酬的制度。按此制度，囚犯应准至少花费部分收入，购买核定的物件，以供自用，并将部分收入交付家用。此项制度并应规定管理处应扣除部分收入，设立一项储蓄基金，在囚犯出狱时交给囚犯。罪犯劳动报酬大体分为两个部分，一部分用于赔偿因犯罪行为而给被害人造成的损害，另一部分则用于罪犯本人在狱内的必要开支及罪犯的家庭生活。[1] 对参加劳动的罪犯支付适当的劳动报酬，既是提高改造质量、尊重其人权的需要，对于罪犯来说也有利于形成良好的

---

① 力康泰、韩玉胜：《刑事执行法学原理》，中国人民大学出版社1998年版，第381页。

激励机制，提高其劳动改造的积极性，同时对于罪犯偿还债务和缓解刑满释放后重返社会初期的经济压力，具有积极意义。

尽管现实中罪犯都有劳动报酬，但是由于法律没有制定具体的实施细则，不同监狱给罪犯劳动报酬的标准把握都不同，往往具有随意性，即使我国许多经济状况比较好的监狱，根据企业经营状况和罪犯劳动改造的表现情况，也给罪犯发放较低的劳动报酬。在改革中，强调罪犯劳动报酬费用要支付到位。但同时，也还有很多监狱，因企业生产经营亏损，自身经济状况不理想，未给罪犯发放劳动报酬，而是将罪犯劳动收入用于改善罪犯吃、住条件或用于监狱企业生产再投资。这些做法都不符合《监狱法》基本规定的本意，不利于依法治监，也不利于保障罪犯的基本权利。在立法的具体制度设计上，需要明确给付罪犯劳动报酬的标准以及给付的比例和程序。

给付罪犯劳动报酬的标准，不能一概而论，应当在调研的基础上结合监狱企业的实际情况做出科学合理的设定。实践中各国对罪犯生产劳动的报酬也各不相同。例如，英国法律要求有劳动能力的罪犯必须参加劳动。监狱给予罪犯每星期劳动报酬为 9 英镑，属于低报酬制，远低于社区人员劳动报酬，而且不劳动的罪犯将受到一定惩罚，如减扣劳动报酬等。[①] 日本每个劳动的服刑人员平均每月报酬 3200 日元。新加坡平均报酬约为每月 90 美元；古巴月平均报酬在 130 美元左右，其中用于个人吃穿、零花的约占 30%，对不劳动的服刑人员由监狱负担其生活费。澳大利亚新南威尔士州矫正总署设立有矫正企业总公司，专门管理各监狱的生产。各监狱生产管理人员按照总公司下达的生产任务，负责管理监狱生产，并对罪犯劳动表现、劳动技能和生产效率进行考核，评定罪犯劳动报酬等级，平均每月报酬 20.43 美元。加拿大规定，犯人为公司工作属有偿劳动，工资高的每日可达 6~9 加元，工作突出的犯人还可以获得奖金。瑞士《刑法典》第 377 条对犯人在服刑期间劳动报酬的使用有具体规定：犯人的劳动报酬由监狱存入该犯人的账户；各监狱对犯人在刑罚执行期间如何使用其劳动报酬应做出具体规定。各监狱一般做法是：犯人劳动报酬的一半往往由监狱存入他们各自的账户，供其刑满释放后偿还债务或供家用等；另一半作为零花钱供

---

① 北京市监狱管理局：《英国的监狱管理》，《燕城之窗》2007 年第 2 期。

犯人在监狱商店购物。[1] 中国香港的监狱企业不仅保证罪犯的劳动收入，并且还实行劳动报酬随经济发展而调整的制度。中国香港监狱于 2008 年 4 月 12 日开始将犯人工资标准提高 12.14%，调整之后，中国香港犯人最高月工资大约为 475.2 港元。[2] 我国各地监狱企业也在不断创新，大理监狱在广泛进行调研和反复认真研究的基础上，于 2008 年制定出台了《云南省大理监狱罪犯劳动报酬管理办法（试行）》。为了便于各监区和监狱生产管理与财务等部门在考核计发服刑人员劳动报酬工作过程中能及时有效地做到按月准确及时兑现，监狱还根据所属各监区服刑人员劳动强度、技术含量及经济效益等情况，按不同工种和劳动改造岗位分别制定出了较为科学合理的完成定额或完成责任起酬、超定额分段计酬的办法，即实行定额报酬加超额分段报酬为总报酬的考核计发办法。[3]

综观国外罪犯工资给付标准，结合我国监狱实践，立法应考虑以下几点：①罪犯劳动报酬立法应区分不同地区的经济差异，在全国范围内设置一个最低标准，各个省市根据不同情况在本区域范围内制定不同的发放标准。②建立罪犯劳动报酬动态增长机制，根据社会经济发展水平和监狱企业效益情况，不断调整劳动报酬的水平。这样才能保障罪犯生产的积极性，在出监后也才能切实做到维持基本的生活水平。③应根据罪犯的劳动强度和劳动时间等因素，建立相应的计时或计件劳动报酬制度。④应切实保障罪犯劳动报酬的发放，监狱企业监管人员不得克扣罪犯工资。

在对罪犯劳动报酬的发放标准比例和发放程序上，各国监狱的规定并不一致。从分配的比例看，阿根廷规定“服刑人员劳动收入的 10% 用丁赔偿囚犯所造成的损失和损害；35% 用于生活费；25% 用来支付被监禁者在监狱的开支；30% 作为被监禁者的私人钱款在其出狱时付给”。墨西哥有关法律规定，监狱生产收入的分配比例是：30% 付给犯人作为劳动报酬（监狱规定该报酬与社会企业同工种的报酬是不一样的），10% 交给犯人家属，30% 留给监狱使用，30% 用于监狱的设施维修。[4] 从阿根廷和墨西哥的劳动报酬发放方式上来看，清晰地划定了留给监狱企业的财产比例。同时，由于罪犯在监狱内开支较小，由监狱在罪犯出狱时发放的或者罪犯家属保留

① 蒋孝贤：《监狱企业集团公司研究》，西南财经大学博士学位论文，2010 年，第 29 页。

② 徐超：《香港监狱为犯人加薪》，《东方日报》2008 年 4 月 25 日。

③ 施剑羽：《大理监狱对服刑人员试行劳动报酬制》，《大理日报》2008 年 11 月 4 日。

④ 郭建安、陈志海：《监狱生产管理体制改革》，《犯罪与改造研究》2002 年第 8 期。

的部分份额，能有效地保障罪犯出狱时的资金发放，不失为一个巧妙的制度设计。

3. 提供劳动条件、安全保障与工伤赔偿

（1）提供劳动条件和安全保障。《中华人民共和国安全生产法》是我国安全生产领域的基本法律。该法第二条明确规定了在中华人民共和国领域内从事生产经营活动的单位的安全生产，适用该法律。因此，监狱企业的生产也应当以《安全生产法》为依据，接受安全监管单位监管，将安全生产落到实处。联合国《囚犯待遇最低限度标准规则》第 74 条第 1 款规定，监所应同样遵守为保护自由工人而订定的安全及卫生上的防护办法。

监狱安全生产立法除了应遵守基本安全生产法律法规外，还应当充分考虑监狱企业基本情况，对一些特殊问题进行特殊规定。如在监狱内服刑和改造的罪犯，为了避免其利用监狱企业的生产设备进行损害自己和监狱监管人员的情况发生，几乎所有监狱企业在生产车间的设置上都采取了不可拆卸的特殊装置。又如在监狱发生紧急安全事故的情况下，由于监狱企业的特殊建筑和安全戒备，罪犯的人身自由受到一定的限制，对于突发性安全应急事故的防范和应对应当在立法时充分考虑，防患于未然。监狱在生产管理中应对罪犯普遍开展经常性的安全教育，并适用与社会上同行业、同工种相同的劳动安全卫生规程与标准，向罪犯发放必要的劳动保护用品，保护罪犯在劳动过程中的安全与健康，预防与减少伤亡事故和职业病危害。在我国监狱现有条件下，对于从事危险或者污染劳动的罪犯有权享受国家劳动法在这方面特殊规定的权利，对长期接触有毒、有害物质工种的罪犯应当定期进行检查和发放保健食品并定期调换劳动岗位，对那些已经患有职业病的罪犯应及时给予治疗，对罪犯工伤致伤、致死赔偿标准依据参照劳动法相关规定确定，对罪犯社会保障制度应按照联合国罪犯待遇大会所涉及的方面加以改进。

（2）罪犯工伤赔偿。2001 年司法部制定了《罪犯工伤补偿办法》，对于罪犯工伤补偿标准和程序等内容作出了具体规定，但是该规定在实践中存在着很多问题。表现在：从工伤处理主体和方式上看，监狱既要负责工伤事故定性，又要负责罪犯工伤赔偿，既是工伤事故的单位，又是赔偿的单位，因而监狱企业在处理工伤补偿时很难做到公平公正，罪犯作为监狱企业的弱势一方，其基本权利很难得到有效维护。从补偿标准和结果上看，补偿标准的工伤补偿标准与普通劳动者工伤赔偿标准有着较大差异，补偿

数额会比普通工伤赔偿的一半还要少。

联合国《囚犯待遇最低限度标准规则》第74条第1款规定，应该制定规定，以赔偿囚犯所受工业伤害，包括职业疾病，赔偿条件不得低于自由工人依法所获条件。因此，国际上对于罪犯工伤赔偿的标准与普通劳动者工伤赔偿的标准是一致的，并未对罪犯实行差别对待。从法理上来说，不论是普通劳动者的工伤还是罪犯的工伤，损害的法益都是他们的身体健康权，而身体健康权作为一项最基本的人权，是不应当差别对待的。从程序角度来说，仲裁和法院判决作为争端的最后一道屏障，是普遍适用的。罪犯服刑过程中造成的新的工伤赔偿，是新的争端，触犯了新的法益，不应被剥夺该项权利。因此，对于《罪犯工伤补偿办法》这类对罪犯明显不公平的规定已经不符合监狱企业发展现状和国际通行惯例，应当制定新的公平的罪犯工伤赔偿机制。

4. 建立健全科学的激励与评估机制

在现有监狱罪犯考核评估体系中，罪犯劳动改造是占据考核比重最大的一项内容。罪犯在监狱企业从事生产劳动，不但能够获得劳动报酬，而且在这种有效益的劳动中，罪犯就可能有发明创造、立功或重大立功表现，从而就可以获得除经济利益之外的刑事利益，即罪犯可能得到减刑、假释等刑事奖励，罪犯改造积极性必然会大大提高。在此前提下，劳动就能够较充分地发挥对罪犯的改造功能。[①]

立法在这一问题上不会解决激励与评估机制的具体技术内容，立法要解决的是制定激励与评估机制的主体、原则内容和标准等基本问题。考核制度应包括的基本内容是：①明确罪犯劳动考核的主体和人员。设立在各个监狱内的监狱企业应当作为考核的主体，具体执行的人是监狱警察，也就是各个分子公司具体实行日常监管职责的人，在各监狱及监狱企业具体考核标准的指导下，由监狱警察记录考核内容。②明确制定统一考核的原则内容。对考核的各项内容要规范化、条文化、定量化、分值化，且要有加减扣分的具体规定。一般来讲，劳动考核应包括以下四个方面的内容：对罪犯劳动改造物质成果的考核，对罪犯劳动改造思想成果的考核，对罪犯劳动技能的考核，对罪犯劳动纪律的考核。③明确对罪犯进行考核的原则。对罪犯进行劳动考核要坚持以下基本原则：民主公开的原则、客观公

① 高寒：《监狱企业定位问题研究》，《农场经济管理》2007年第6期。

正的原则、全面性的原则、与奖惩相结合的原则、坚持经常化制度化的原则。④明确对罪犯进行考核的方法和程序。对罪犯的劳动改造实行计分考核，奖扣分要严格依照罪犯计分考核的规定执行。对罪犯的劳动生产实行日考核，阶段性评比，月公布制度。日考核主要依照计分考核细则的规定，对罪犯的劳动生产定额完成数量、质量及劳动态度考核。阶段性评比主要对罪犯的劳动态度、劳动纪律、劳动质量、数量、遵守操作规程、安全生产、文明生产、爱护劳动工具等情况进行综合评比，与计分考核、劳动报酬挂钩。罪犯劳动改造表现与劳动报酬严格挂钩，实施奖惩。考核要求做到责任指标化、定额合理化、要求具体化、考核数据化、测评科学化、奖惩严明化，使罪犯通过考核看到自己劳动的效果，进而提高改造的自觉性。激励与评估制度的制定需要各个省级监狱管理机构根据本地区监狱企业的特点，制定激励与评估制度的细则。实践中部分监狱存在以金钱换取考核评分，进而获得减刑或假释的情形。此类权力“寻租”的情形，立法都应当明确禁止。

随着社会的文明进步、社会主义法治的不断完善和人权事业的不断发展，法律对于监狱企业劳动改造罪犯提出了新的期待。“一个国家法制文明发展的水平，不在于看这个国家是如何对待正常人的，而是看这个国家的法律是如何对待被告人、犯罪。”① 新形势下劳动改造的功能应逐渐明确法律功能、淡化惩罚功能，同时应通过立法具体的制度设计来切实保证罪犯劳动改造的效果和保障罪犯的人身权利，从而进一步提高劳动改造的质量和效果，减少重新犯罪率，更好地实现报应之刑向预防之刑转变，实现预防犯罪、维护社会和谐稳定的功能。在监狱立法中，除了上述主要内容外，还应对罪犯劳动生产改造的全过程予以规范，如对罪犯的劳动管理、劳动保护、劳动纪律、劳动保险以及考核奖励与处罚等内容予以规范。

七、监狱警察的管理与监管

监狱企业的管理者主要是监狱警察。从身份上看，监狱警察既是监狱改造监管者，又是监狱企业生产管理者，具有双重身份。罪犯被强制在监

① 陈兴良：《21 世纪监狱发展应注意的几个问题》，转引自杨婕、何东青：《法治化视野中的监狱生产》，《云南大学学报》（法学版）2007 年第 1 期。

狱企业参加生产劳动，是被执行刑罚，只有监狱人民警察才有这项执法资格，承担执法责任。监狱企业要进入市场参与竞争，必须按照企业规则来经营管理，监狱警察又承担了企业管理经营责任。这样，监狱警察兼具了国家执法者和企业管理者双重身份。监狱警察作为监狱企业的管理者，是国家通过公务员的管理程序选任的，而不是监狱企业按照市场规则选任的，监狱企业对管理者——监狱警察的管理和激励约束机制，具有特殊性。从管理过程看，一方面，监狱警察对企业的管理过程，是维护正常的刑罚执行秩序，维护劳动改造罪犯的生产秩序，是对罪犯劳动技能培养、劳动习惯养成的管理过程，是为监狱教育改造罪犯服务，实现监狱政治职能的过程。另一方面，对监狱企业的管理过程，也是经营管理企业的过程。通过企业管理，以保证企业原料供给、生产劳动、安全措施、产品销售、资金回收等环节有效运转，以提高企业生产效率和经济效益，保证罪犯劳动的有效性，使监狱企业资产保值增值，保证监狱企业持续发展，为国家创造物质财富和经济效益。①

监狱企业基层管理人员，一般是以监区为单位，在监狱生产岗位，直接参与产品的生产加工管理，同时还要担负一部分服刑人员的教育改造工作的监狱人民警察。监狱企业管理人员由监狱人民警察担任，既有利于对罪犯实施劳动改造，又有利于监企关系的协调，也有利于监狱生产为监管改造服务的方向和监狱企业的健康发展。监狱警察作为监狱公务人员，同时又是监狱企业管理人员，对于罪犯改造质量和效果具有重要影响。监狱警察的双重身份对其提出了更为严格的要求。实践中，监狱警察都是通过统一的国家公务员考试的途径进行招考的。在历年的招考条件中，除个别职位有工作经验和体能测试的要求外，还根据职位的特点设置了不同专业的要求。在监狱警察的职位标准和要求上，我们认为还应当对其心理健康状况、法律知识的掌握、品行等都有一个全面的考察。在上岗之前，监狱应当对其进行培训。

监狱警察进行生产劳动监管的主要内容包括以下几个方面：①劳动管理。监狱企业劳动管理主要包括劳动生产的计划（编制定员和劳动定额）、组织、管理、控制、劳动保护等。根据生产需要和对罪犯的分管、分押、分教要求，对劳动力进行全面调配，合理组织劳动力，充分利用罪犯之所

① 苑四新：《关于监狱企业改革问题的探讨和断想》，《监狱理论研究》2008 年第 4 期。

长，保证罪犯能充分地利用工作时间进行生产劳动，是监狱企业劳动管理的基本要求。②计划和生产管理。监狱企业的计划是根据国家、市场和劳动改造工作的需要，确定的监狱企业统一计划，有预见性地、科学地组织、指挥、监督和调节监狱企业的生产经营活动，它是监狱企业管理的一项重要内容。③质量管理。监狱企业进行全面质量管理，是企业为了保证和提高产品质量而对整个生产过程进行的系统管理。④设备和物资管理。设备管理主要指设备的选用、设备的维修、设备的更新改造。物资管理是指对生产所需的原料、材料、辅助材料、燃料、动力、工具、机器设备等生产资料，进行有计划的采购、保管、合理使用、节约代用和综合利用等。⑤财务管理。监狱企业财务管理，就是利用货币、价值形式，对企业生产经营活动进行综合性管理。监狱企业财务管理，必须严格按照财政部和司法部关于监狱财务和企业财务严格分开的规定。国家对监狱的财政拨款要同企业资金分开管理，专款专用，严禁挪用和占用，以确保监狱的正常运转。①

科学合理地设定监狱警察的工资水平，做到监狱警察与国家公务员队伍整体水平相一致，又与监狱企业生产效益相挂钩的原则。要充分调动监狱企业的生产经营积极性，保障国有资产的保值增值，就必须分权，即将经营决策权、人事用工权、生产组织指挥权、一定范围的收益分配权等下放给监狱企业，使得监狱企业享有一定的自主权。当然，最重要的是要完善监狱企业绩效考核机制，通过行使一定的收益分配权，根据监狱企业经营的业绩难度和风险等因素来合理确定监狱企业监狱人民警察的报酬，鼓励监狱人民警察光明正大地取得法律允许的收入，在待遇福利上给予监狱人民警察一定的鼓励，进一步调动监狱人民警察组织生产的积极性和创造性，反过来实现监狱本身所具有的社会功能。

八、监狱企业的合并分立与破产重整

1. 监狱企业变更及破产的原因

监狱企业的多数产品是初级产品、半成品，相对成本高，技术附加值低。根据规模效益原则，在技术不变的情况下，企业规模不宜过小，一般

① 刘泉：《我国监狱企业体制改革问题的研究》，华中科技大学硕士学位论文，2005年，第30页。

来说，大规模生产有利于降低单位成本，增加生产要素投入量，会带来产量超比例增长，产生规模经济。而监狱企业由于罪犯不能过多地集中关押在一起，劳动场所多数具有封闭性，又缺乏有机的内部协作和配合，规模优势差。[①] 监狱企业由于难以适应激烈的市场竞争，亏损状况十分严峻，第三次工业普查（1996～2001 年）表明，全国监狱企业亏损面为 46.46%。全国监狱系统工业企业资产负债率已达 70% 以上，甚至有的省资产负债率已突破 100% 的极限。由于难以破产和负债积累，使亏损监狱企业的债务越来越多。辽宁省监狱企业系统 23 个单位，资产总额 17 亿元，负债 15.56 亿元，平均负债率达到 90.1%，有 8 个单位已经资不抵债。河北省 23 个监狱企业，有 8 个监狱企业的资产负债率超过 100%，全系统亏损挂账累计超过 2.4 亿元。四川省监狱企业系统有 44 个单位，其中 28 个亏损，亏损面为 63%。[②] 2009 年，四川 15 家监狱企业资产为 7 亿余元，负债近 12 亿元，平均负债率达到了 145%。[③] 由此可见，监狱企业的发展面临重重挑战，需要处理大量长期所负债务，监狱企业破产迫在眉睫。

2. 立法规范监狱企业破产

监狱企业破产对于实现罪犯劳动改造有重要影响，劳动改造是考核其服刑表现的重要依据，因此，应谨慎处理监狱企业的破产问题。

立法要规范对监狱企业的破产处理，首先应当明确破产企业的认定问题。《破产法》第二条规定，企业法人不能清偿到期债务，并且资产不足以清偿全部债务或者明显缺乏清偿能力的，依照本法规定清理债务。企业法人有前款规定情形，或者有明显丧失清偿能力可能的，可以依照本法规定进行重整。《司法部　国资委　财政部　银监会　劳动和社会保障部关于监狱企业实施政策性关闭破产有关问题的通知》规定了四种可予破产的企业类型：①长期亏损、资不抵债、扭亏无望的企业；②资源枯竭、无发展前途的企业；③不符合国家产业政策，需要淘汰或关闭的企业；④因监狱布局调整无法随迁而需要关闭的企业。对这些企业要按照国家有关规定实施关闭破产，下岗失业人员享受国家规定的下岗保障和再就业扶持政策。集团公司应当通过多种途径，创新监狱企业分子公司管理机制，在集团范围

---

① 陈焕奎：《关于监狱企业规范运行的思考和探索》，《中国司法》2009 年第 9 期。

② 王建南等：《中国监狱农场经济发展战略研究》，内蒙古人民出版社 2001 年版，第 211 页。

③ 蔡小莉：《四川 15 家监狱企业破产负债近 12 亿　资产仅 7 亿》，《成都商报》2009 年 1 月 15 日。

内科学合理调控，通过实行资产重组、结构调整、债务化解等多种途径，盘活监狱企业资产，启动企业重整程序，实现企业的正常运行。

在监狱企业破产重组程序制度上，应当以《公司法》《破产法》等为基本依据，建立健全监狱企业破产重整程序。在这一过程中，应当由监狱企业集团公司作为监狱企业破产程序的管理人，对重整方案、资产评估等事宜明确界定。

九、监狱企业的优惠政策

1. 立法给予监狱企业优惠政策的原因

监狱企业肩负着实现改造罪犯和创造经济利润的双重任务，其中改造罪犯的社会效益应当是放在监狱企业的首位的，这也是监狱企业存在和设立的主要原因。由于监狱企业的特殊身份和职责，决定了监狱企业不可能完全做到以经济效益作为基本目标。为了履行社会职责，监狱企业必然要在经济利益方面做出牺牲，监狱企业的竞争力必然受到影响，自我发展能力自然不足。但是，监狱企业作为企业的一种类型，其生产的产品要进入市场，就要与其他企业相竞争。这对于监狱企业来说是非常不利的。因此，国家必须对监狱企业进行扶持，帮助监狱企业发展，给予其一定的优惠政策，否则，大多数监狱企业在竞争中会被淘汰，这也是国际上多数国家的通行做法。

2. 优惠政策的内容

首先，对于监狱企业的债务问题，应当按照现有立法的基本思路寻找解决途径。对于政策性贷款所形成的难以偿还的债务，要继续贯彻落实国务院《关于研究解决监狱企业困难有关问题的会议纪要》（国阅〔2001〕73号），根据《国务院印发关于解决监狱企业困难实施方案的通知》（国发〔2003〕7号）要求，按规定程序报请国务院批准核销。在化解监狱企业债务的同时，要根据新体制下监狱企业的性质和担负的任务，认真落实国家保障监狱生产的设施提供、资本金注入、政策性贷款、贴息、税收优惠等扶持政策。应将适宜的产品安排给监狱企业进行生产，并纳入政府采购范围，实行政府采购和订货制度。

其次，对于监狱企业的税收财政等问题，应当给予特殊优惠政策。根据现有法律法规的规定并结合监狱企业的实际，监狱企业应当进一步优化税收优惠政策。第一，对监狱企业和监狱企业用地，免征企业所得税和城镇土地税。第二，对监狱经国家计委、国家经贸委、国家发改委和省、自治区、直辖市计委（计经委）、发改委批准列入计划的固定资产投资，除国家限制发展的项目投资、监狱局机关办公设施和职工宿舍、监狱所建非警用办公设施和家属宿舍的建设投资，以及非监狱的生产经营性投资外，免征固定资产投资方向调节税。第三，对监狱企业实行增值税先征后返政策。其适用范围是：为罪犯提供劳动场所且全部产权属于监狱系统的生产单位。另外，对符合上述规定的监狱企业，利用现有的生产条件和增加投入进行改造，把原企业部分工人分离出来，组成新的生产单位，全部产权仍属于监狱，并与原监狱形成紧密工艺衔接和配套关系的，也可实行增值税先征后返政策。①

最后，在监狱企业的金融贷款问题上，对于符合一定条件的监狱企业列入国家政策性贷款范围，并由财政、计划、银行等部门负责贴息，监狱企业只需负担很低的贷款利息，以减轻监狱企业资金压力。

在现有监狱企业优惠政策的基础上，立法还应探索监狱企业投融资方面的优惠政策，对盘活监狱企业资产，形成一批有竞争力的监狱企业，具有很重要的影响。

十、法律责任

从立法技术上讲，法律责任是一部法律的重要内容，没有“法律责任”的法律在立法技术上是有缺陷的，在实践中具体制度设计会因缺乏配套的责任规定而流于形式，降低法律的权威性和可操作性。因此，无论是从《监狱法》的立法还是监狱企业的相关的立法，“法律责任”的规定都是必不可少的重要内容。

由于监狱警察与监狱企业管理人员身份的竞合，监狱企业管理人员属于国家机关工作人员，监狱企业属于国有企业，加之罪犯在监狱企业进行劳动改造的过程也是监狱改造罪犯的重要组成部分，因此，《刑法》《人民警察法》等法律关于监狱警察滥用职权和玩忽职守的犯罪也同样适用于监狱企业中发生的情况，还适用《刑法》《企业国有资产法》等关于监狱企业

① 梁劲松：《试论监狱企业体制改革》，郑州大学硕士学位论文，2005 年，第 7 页。

管理人员徇私枉法、玩忽职守等法律责任的规定。除此之外，监狱企业立法中法律责任应当包含监狱企业管理人员和监狱企业两个方面的责任。

1. 监狱企业管理人员的法律责任

（1）权力“寻租”问题。在监狱企业中，罪犯的生产任务和工作表现与其减刑、假释直接挂钩，在这一过程中，可能存在权力“寻租”空间，滋生腐败问题。个别监狱干警在生产经营环节中直接贪污受贿，少数在监管改造岗位上的干警没有这种便利，便在自己岗位上利用罪犯减刑、假释、保外就医、转监、记功奖励、分配劳动岗位等执法环节搞权钱交易，拿执法权去交换，“用钱买减刑分”，以损害执法公正性为代价谋取私利，亵渎了法律的权威，导致权力“寻租”。[①] 这种情况的发生并不是个例，以法律责任的形式追究监狱企业管理公务人员与监狱企业的法律责任，可以有效制约权力“寻租”的发生。

（2）侵犯罪犯身体健康权的问题。实践中，部分管理公务人员与利润相挂钩的监狱企业，监狱警察天然地具有追逐监狱企业效益的动机，因而有将罪犯的劳动时间和身体承受能力进行最大限度透支的可能性。再加上部分监狱警察对罪犯劳动教育的认知存在误区，对《宪法》所保护的人的基本权利的淡漠，为赶工而殴打犯人的情况时有发生。罪犯在监狱中属于绝对的弱势，监狱和监狱企业的信息又相对闭塞，不容易进入普通人的视野。因此，立法应当对这种情形的发生规定严苛的法律责任，尊重和保障罪犯的基本人权，减少侵犯罪犯身体健康权情况的发生。

2. 侵犯监狱企业资产的相关责任

监狱企业是国有独资企业，企业资产是国有资产，因此，保证监狱企业资产保值增值是《企业国有资产法》对监狱企业提出的基本要求。但实践中，很多监狱企业监管人员在保证监狱企业资产的保值增值方面做得不够好，集中表现在：一是不重视监狱企业的成本控制，成本基础管理薄弱，不重视节约，造成企业成本居高不下，严重影响了企业经济效益的提高。二是部分监狱企业领导为谋一己私利，侵吞监狱企业资产，监狱企业有限的利润被挤占，导致有的监狱企业运转不良，影响了监狱企业的持续发展，造成了国有资产的流失。这就需要以立法的形式给这些行为人以规范和威慑，做到有法可依、违法必究，以保证监狱企业资产安全。

① 刘超：《监狱企业管理体制转型研究》，湖南大学硕士学位论文，2009 年，第 14 页。

3. 监狱企业的安全生产责任

监狱企业的生产工具对于监狱企业及罪犯来说是一个极大的安全隐患。近年来，威胁监狱企业安全生产和稳定的案例时有发生，影响了监狱企业安全和罪犯改造秩序，带来很坏的社会影响。另外，部分从事化工、矿山、煤炭等高危行业的监狱企业，对于罪犯人身安全保护意识淡薄，安全技术措施没有到位，安全生产责任没有明确，导致了大规模的监狱企业安全生产事故。2014 年，司法部监狱局出台了《关于加强监狱安全生产管理的若干规定》（司狱字〔2014〕59 号），其中第 22 条规定，监狱发生生产安全事故，应立即启动预案，在确保安全的前提下组织施救，防止事故扩大，减少事故损失。同时应根据需要，尽快联系地方专门应急救援机构实施救援。较大及以上事故，省（区、市）监狱管理局主要负责人或分管负责人接到报告后，应立即赶到现场，组织或者配合施救。该规定明确了监狱和监狱企业发生生产安全事故的处置主体和程序，对于完善监狱安全生产事故处理程序有积极意义。监狱企业立法，对于安全生产责任的内容规定也必须是不可或缺的一部分。

罪犯在服刑期间的部分权利受到一定的限制，但是人类最基本的生命健康权利作为人的基本权利，是不应当被漠视的，在“法律责任”一章明确监狱企业安全生产责任以及追责机制，对于保护罪犯的人身权利，实现法治的文明进步，都有重要意义。

参考文献[①]

一、中文著作类

[1] 陈明华：《当代苏联东欧刑罚》，中国人民公安大学出版社 1989 年版。
[2] 储槐植主编：《外国监狱制度概要》，法律出版社 2001 年版。
[3] 戴艳玲：《中国监狱制度的改革与发展》，中国人民公安大学出版社 2004 年版。
[4] 董开军主编：《司法行政学》，中国民主法制出版社 2007 年版。
[5] 杜雨：《罪犯劳动改造学》，法律出版社 2002 年版。
[6] 冯果：《公司法》，武汉大学出版社 2007 年版。
[7] 冯一文：《中国服刑人员权利保障研究：以联合国服刑人员待遇标准为参照》，法律出版社 2010 年版。
[8] 高寒：《监狱经济体制改革研究》，中国市场出版社 2005 年版。
[9] 高寒主编：《监狱生产的定位与运行研究》，中国物价出版社 2002 年版。
[10] 郭建安：《联合国监狱管理规范概述》，法律出版社 2001 年版。
[11] 郭明：《中国监狱学史纲》，中国方正出版社 2005 年版。
[12] 胡平主编：《中国市场经济全书》，华夏出版社 1993 年版。
[13] 姜爱东主编：《监狱体制改革下若干重大问题研究》，群众出版社 2009 年版。
[14] 金鉴：《监狱学总论》，法律出版社 1997 年版。
[15] 李雨龙：《企业产权改革法律实务》（第 2 版），法律出版社 2005 年版。

① 本书参考文献较多，因篇幅所限，此处主要列举 164 份，并且按照姓氏拼音排序。

[16] 力康泰、韩玉胜：《刑事执行法学原理》，中国人民大学出版社 1998 年版。
[17] 刘好千、王林：《中外监狱比较研究》，法律出版社 2012 年版。
[18] 刘津：《监狱企业法人制度问题研究》，河北人民出版社 2009 年版。
[19] 刘俊海：《公司的社会责任》，法律出版社 1999 年版。
[20] 卢代富：《企业社会责任的经济学与法学分析》，法律出版社 2002 年版。
[21] 梅慎实：《现代公司法人治理结构规范运作论》，中国法制出版社 2001 年版。
[22] 宁向东：《公司治理理论》，中国发展出版社 2005 年版。
[23] 潘国和、罗伯特·麦尔主编：《美国矫正制度概述》，华东师范大学出版社 1997 年版。
[24] 潘华仿等编：《外国监狱史》，社会科学文献出版社 1995 年版。
[25] 钱弘道：《经济分析法学》，法律出版社 2003 年版。
[26] 任永安：《香港特别行政区司法制度》，中国商务出版社 2014 年版。
[27] 任永安、卢显洋：《中国特色司法行政制度新论》，中国政法大学出版社 2014 年版。
[28] 施天涛：《公司法论》，法律出版社 2006 年版。
[29] 司法部：《司法行政工作理论调研文集》，法律出版社 2004 年版。
[30] 司法部：《外国监狱资料选编》（上、下册），群众出版社 1998 年版。
[31] 司法部编：《外国监狱法规条文分解》（下册），社会科学文献出版社 1990 年版。
[32] 司法部监狱管理局：《当代中国监狱概览》，法律出版社 2000 年版。
[33] 司法部监狱体制改革办公室：《监狱体制改革文件汇编》，法律出版社 2004 年版。
[34] 唐一军、张栋：《我国监狱经济发展改革的思考——经济管理的创新与实践》，浙江大学出版社 2007 年版。
[35] 王国顺：《技术、制度与企业效率：企业效率基础的理论研究》，中国经济出版社 2005 年版。
[36] 王建南等：《中国监狱农场经济发展战略研究》，内蒙古人民出版社 2001 年版。
[37] 王平：《中国监狱改革及其现代化》，中国方正出版社 1999 年版。

[38] 王泰:《监狱管理学》，中国政法大学出版社 1996 年版。
[39] 王廷慧:《美国监狱私有化研究——私人部门参与提供公共服务分析》，中山大学出版社 2011 年版。
[40] 王戌生主编:《欧洲监狱制度与进展》，中国工商出版社 2004 年版。
[41] 王戌生主编:《罪犯劳动概论》，法律出版社 2001 年版。
[42] 吴易风、关雪凌等:《产权理论与实践》，中国人民大学出版社 2010 年版。
[43] 吴宗宪:《当代西方监狱学》，法律出版社 2005 年版。
[44] 吴宗宪:《中国现代化文明监狱研究》，警官教育出版社 1996 年版。
[45] 夏宗素主编:《监狱学基础理论》，法律出版社 2001 年版。
[46] 夏宗素主编:《狱政法律问题研究》，法律出版社 1997 年版。
[47] 辛国恩等:《二十一世纪中国监狱发展战略研究》，法律出版社 2004 年版。
[48] 徐景峰主编:《联合国预防犯罪和刑事司法领域活动与文献纵览》，法律出版社 1992 年版。
[49] 徐久生、田越光:《德国监狱制度——实践中的刑罚执行》，中国人民公安大学出版社 1993 年版。
[50] 薛瑞麟:《俄罗斯刑法研究》，中国政法大学出版社 2000 年版。
[51] 杨殿升主编:《监狱法学》（第二版），北京大学出版社 2001 年版。
[52] 杨世云、窦希琨:《比较监狱学》，中国人民公安大学出版社 1991 年版。
[53] 张创新:《现代管理学理论》，清华大学出版社 2005 年版。
[54] 张福森:《司法部长谈司法行政》，法律出版社 2006 年版。
[55] 张福森:《中国监狱体制改革的酝酿与启动》，法律出版社 2009 年版。
[56] 张开平:《英美公司董事法律制度研究》，法律出版社 1998 年版。
[57] 张全仁、翟中东:《监狱行刑学》，中国物价出版社 2003 年版。
[58] 张苏军主编:《中国监狱发展战略研究》，法律出版社 2000 年版。
[59] 张维迎:《企业理论与中国企业改革》，北京大学出版社 1999 年版。
[60] 张秀夫:《中国监狱现代化建设》，法律出版社 2001 年版。
[61] 张彦宁:《中国企业管理年鉴（1990）》，企业管理出版社 1990 年版。
[62] 何芳枝:《公司法论》，台湾三民书局 2009 年版。
[63] 王文宇:《公司法论》（第 4 版），台湾元照出版有限公司 2008 年版。

［64］中国社会科学院语言研究所词典编辑室编：《现代汉语词典》（第6版），商务印书馆2012年版。

［65］中国台湾地区证券市场发展基金会：《公司法论文集》，中国台湾地区证券市场发展基金会发行，1983年版。

二、外文（译著）类

［1］［美］R. 科斯、A. 阿尔钦、D. 诺斯等：《财产权利与制度变迁》，刘守英等译，上海三联书店、上海人民出版社1994年版。

［2］［俄］H. Q. 库兹涅佐娃、H. M. 佳日科娃：《俄罗斯刑法教程》（下卷·刑罚论），黄道秀译，中国法制出版社2002年版。

［3］［德］米歇尔·凯尔希林：《德国恢复性司法的发展》，周遵友、刘仁文译，《刑法论丛》2009年第1期。

［4］［英］约翰·伊特韦尔等编：《新帕尔格雷夫经济学大辞典》（第三卷），陈岱孙等译，经济科学出版社1992年版。

［5］［美］Y. 巴泽尔：《产权的经济分析》前言，费方域、段毅才译，上海三联书店、上海人民出版社1997年版。

［6］［美］阿道夫·A. 伯利、加德纳·C. 米恩斯：《现代公司与私有财产》，甘华鸣、罗锐韧、蔡如海译，商务印书馆2005年版。

［7］［美］安塞尔·M. 夏普：《社会问题经济学》，郭庆旺译，中国人民大学出版社2003年版。

［8］［美］弗兰克·伊斯特布鲁克、丹尼尔·费希尔：《公司法的经济结构》，张建伟、罗培新译，北京大学出版社2005年版。

［9］［美］H. 德姆塞茨：《所有权、控制与企业——论经济活动的组织》，段毅才译，经济科学出版社1991年版。

［10］［美］理查德·霍金斯、杰弗里·阿尔珀特：《美国监狱制度——刑罚与正义》，孙晓雳、林遐译，郭建安校，中国人民公安大学出版社1991年版。

［11］［美］罗伯特·考特、托马斯·尤伦：《法和经济学》（第五版），史晋川、董雪兵等译，史晋川审校，格致出版社、上海三联书店、上海人民出版社2010年版。

［12］［美］罗伯特·麦尔、刘强：《美国监狱生产的历史、现状及问题的讨

论》,《法治论丛》1999 年第 5 期。

[13] [日] 青木昌彦:《比较制度分析》,周黎安译,上海远东出版社 2004 年版。

[14] [意] 加罗法洛:《犯罪学》,耿伟、王新译,中国大百科全书出版社 1996 年版。

[15] [英] 亚当·斯密:《国民财富的性质和原因的研究》(下卷),郭大力、王亚南译,商务印书馆 1981 年版。

[16]《马克思恩格斯选集》北京:人民出版社 1972 年版,第 31 卷。

[17]《马克思恩格斯选集》北京:人民出版社 1972 年版,第 3 卷。

[18] Erwin Chemerinsky, *Constitutional Law* (*2nd*), Aspen Publishers, 2005.

[19] John H. Matheson, "Corporation Governance at the Millennium: The Decline of the Poison Pill Antitakeover Defense", Hamline L. Rev. Vol. 22, 1999.

[20] Julie M. Riewe. *The Least among Us: Unconstitutional Changes in Prisoner Litigation under the Prison Litigation Reform Act of* 1995, Duck L. J. , Vol. 47, 1997.

[21] Lynne Goodstein & Doris L. , Mackenzie (eds.), *The American Prison. Issues in Reseach and Policy*, Plenum Press, 1989.

[22] Paul L. Davies, *Gower and Davies' Principles of Modern Company Law*, Sweet & Maxwell, 2008.

[23] R. H. Coast, *The Firm, the Market, and the Law*, Untversity of Chicago Press, 2012.

[24] Roger Matthews, *An Introduction to the Sociology of Imprisonment*, Martin's Press, 1999.

[25] Stephen Livingstone & Tim Owen, *Prison Law*, Oxford University Press, 1999.

[26] Steve Gravett, *Copingwith Prison: A Guide to Practitioners on the Realities of Imprisonment*, Cassell, 1999.

[27] Thomas G. , *Blomberg. American Penology*, Aldine de Grunter, 2000.

三、中文期刊类

[1] 北京市监狱管理局:《英国的监狱管理》,《燕城之窗》2007 年第 2 期。

[2] 陈海平:《日本监狱法的新发展——〈刑事收容设施及被收容者处遇法〉评介》,《中国监狱学刊》2008 年第 6 期。

[3] 陈焕奎:《关于监狱企业规范运行的思考和探索》,《中国司法》2004 年第 9 期。

[4] 陈乃醒:《我国中小企业的现状与加快发展的思考》,《经济管理》2005 年第 5 期。

[5] 陈志海:《关于监狱体制改革试点问题的调研报告》,《犯罪与改造研究》2006 年第 3 期。

[6] 范方平:《关于监狱体制改革试点的几点思考》,《中国司法》2004 年第 9 期。

[7] 高寒:《监企分开后的监狱企业定位研究》,《集团经济研究》2006 年 9 月中旬刊(总第 206 期)。

[8] 高寒:《监狱企业的社会责任研究》,《华东经济管理》2008 年第 3 期。

[9] 高寒:《监狱企业定位问题研究》,《农场经济管理》2007 年第 6 期。

[10] 宫照军:《关于德国"监狱"制度的几点思考》,《中国司法》2013 年第 9 期。

[11] 郭建安、陈志海:《监狱生产管理体制改革》,《犯罪与改造研究》2002 年第 8 期。

[12] 韩红丽、刘晓君:《产业升级再解构:由三个角度观照》,《改革》2011 年第 1 期。

[13] 胡惠珍:《监狱企业文化构建研究》,《东方企业文化》2011 年第 24 期。

[14] 黄涛、赵纯武:《关于监狱企业公司制规范运行的研究》,《学理论》2012 年第 24 期。

[15] 黄勇峰:《新体制下"监狱企业"的多维度解析》,《监狱理论研究》2009 年第 4 期。

[16] 李陵军:《进一步强化监狱管理的几点思考》,《中国司法》2015 年第 1 期。

[17] 李庆文：《关于企业社区责任维度的分析》，《企业家天地》（下旬刊）2012 年第 1 期。
[18] 梁根林：《非刑罚化——当代刑法改革的主题》，《现代法学》2000 年第 12 期。
[19] 刘津：《论监狱企业的目标》，《河南司法警官职业学院学报》2006 年第 9 期。
[20] 刘俊海：《强化公司的社会责任——建立我国现代企业制度的一项重要内容》，王保树主编：《商事法论集》（第 2 卷），法律出版社 1997 年版。
[21] 刘世恩：《监狱企业的国家保障机制探析》，《安徽警官职业学院学报》2006 年第 4 期。
[22] 刘志诚：《2007 年全省监狱工作报告》，《四川监狱》2008 年第 1 期。
[23] 刘志诚：《2008 年全省监狱工作报告》，《四川监狱》2009 年第 1 期。
[24] 潘玉明：《对新型监狱体制下监狱企业发展加快转型的思考》，《法制与社会》2009 年第 6 期。
[25] 庞德良：《论日本法人相互持股制度与公司治理结构》，《世界经济》1998 年第 12 期。
[26] 沈贵明：《股东代表诉讼前置程序的适格主体》，《法学研究》2008 年第 2 期。
[27] 万益文、周倩：《我国监狱布局调整的由来、演进及发展趋势》，《中国司法》2008 年第 10 期。
[28] 王保树：《股份有限公司的董事和董事会》，《外国法译评》1994 年第 1 期。
[29] 王林：《新时期劳动改造存在的问题及前瞻》，《监狱农场经济》2006 年第 3 期。
[30] 王玲：《论企业社会责任的含义、性质、特征和内容》，《法学家》2006 年第 1 期。
[31] 王志亮：《关于社区矫正立法的构想》，《河南司法警官职业学院学报》2012 年第 2 期。
[32] 吴宗宪：《美国监狱劳动的历史和现状》，《中央政法管理干部学院学报》1997 年第 6 期。
[33] 肖伟志、郭树理：《WTO 与我国公共企业立法》，《北大国际法与比较

法评论》2004 年第 2 卷第 2 辑。

［34］徐洁：《健全与完善股份公司机关的策略》，《现代法学》2000 年第 1 期。

［35］杨春平：《中国监狱企业定性与发展定位思考》，《安徽警官职业学院学报》2005 年第 3 期。

［36］杨婕、何东青：《法治化视野中的监狱生产》，《云南大学学报》（法学版）2007 年第 1 期。

［37］叶常林：《公共企业：涵义、特征和功能》，《中国行政管理》2005 年第 10 期。

［38］殷书建：《对“事物性质的决定因素”两种提法的认识》，《思想政治课教学》2004 年第 12 期。

［39］喻丹圣：《论监狱生产的改革与发展》，《中国监狱学刊》2005 年第 1 期。

［40］苑四新：《关于监狱企业改革问题的探讨和断想》，《监狱理论研究》2008 年第 4 期。

［41］张丽：《对构建现代监狱企业制度的探讨》，《河南司法警官职业学院学报》2008 年第 1 期。

［42］张晓菲、刘建会、任莉桃：《罪犯劳动与报酬新论》，《河北公安警察职业学院学报》2012 年第 2 期。

［43］中央司法警官学院监狱企业财务管理课题组：《新时期我国监狱企业财务管理制度创新研究》，《中外企业家》2010 年第 4 期。

［44］宗延军、李领臣：《公司机会原则的适用主体研究》，《求索》2010 年第 4 期。

四、报纸、网络类

［1］邓志雄：《对国企定义的一些思索》，《中国经营报》2002 年 11 月 11 日。

［2］罗敏夏：《私人监狱公司：靠囚犯也能挣钱》，《南方周末》2012 年 9 月 5 日。

［3］青木：《德国监狱更像技校》，《环球时报》2011 年 8 月 4 日。

［4］施剑羽：《大理监狱对服刑人员试行劳动报酬制》，《大理日报》2008

年 11 月 4 日。
[5] 徐超：《香港监狱为犯人加薪》，《东方日报》2008 年 4 月 25 日。
[6] 翟惠敏：《张福森在全国监狱长培训班上强调努力造就一支优秀的监狱长队伍　建立中国特色社会主义监狱制度》，《法制日报》2002 年 5 月 19 日。
[7] 刘仁文：《走进德国的监狱体验“司法矫正”》，人民网，http：//pic. people. com. cn/GB/42590/6544076. html，2007 年 11 月 18 日。

五、学位论文类

[1] 陈丹：《论新形势下我国监狱企业的运作模式》，山东大学硕士学位论文，2009 年。
[2] 陈倩晖：《广东省监狱监企分开管理体制优化研究》，华南理工大学硕士学位论文，2012 年。
[3] 陈瑶：《我国监狱管理体制改革研究》，东北大学硕士学位论文，2009 年。
[4] 高波：《山东新航集团公司竞争战略研究》，山东大学硕士学位论文，2011 年。
[5] 郭金健：《监企分开：我国监狱体制改革研究》，内蒙古大学硕士学位论文，2012 年。
[6] 何雄飞：《河北省监狱管理现状及对策研究》，河北大学硕士学位论文，2010 年。
[7] 蒋贤孝：《监狱企业集团公司研究》，西南财经大学博士学位论文，2010 年。
[8] 梁劲松：《试论监狱企业体制改革》，郑州大学硕士学位论文，2005 年。
[9] 刘超：《监狱企业管理体制转型研究》，湖南大学硕士学位论文，2009 年。
[10] 刘泉：《我国监狱企业体制改革问题的研究》，华中科技大学硕士学位论文，2005 年。
[11] 庞娜娜：《山东省监狱企业管理问题研究》，山东财经大学硕士学位论文，2016 年。

[12] 覃海波：《监狱企业性质及制度变迁》，贵州大学硕士学位论文，2007 年。

[13] 任希全：《论监狱布局调整的几个问题》，中国政法大学硕士学位论文，2010 年。

[14] 汤承明：《山东省监狱企业改革研究》，山东大学硕士学位论文，2013 年。

[15] 熊李志：《监狱体制改革中湖南监狱企业的问题及对策》，湖南师范大学硕士学位论文，2015 年。

[16] 许增宁：《体制改革背景下监企规范运行模式初探》，山西大学硕士学位论文，2012 年。

[17] 杨德富：《广东省监狱管理体制改革研究——以乐昌监狱为例》，华南理工大学硕士学位论文，2012 年。

[18] 杨彬：《山东监狱企业安全管理隐患及对策研究》，石河子大学硕士学位论文，2015 年。

[19] 张雪峰：《苏联劳动营史研究（1918—1960）》，吉林大学博士学位论文，2011 年。

[20] 周道挺：《中国监狱监企分开问题研究》，苏州大学硕士学位论文，2010 年。

[21] 周亚非：《我国监狱企业管理体制改革研究》，长江大学硕士学位论文，2015 年。

后　记

鉴于企业规模宏大、国有资产亟须保护、因神秘感而监督缺失、承担职责重大、改革任务艰巨、法制化程度不高等全国监狱企业的现实情况，我于2010年底正式确立开展关于监狱企业制度的实证和理论研究，并以此作为博士后论文的主体报告设想。2011年底正式开始着手，其后断断续续，总因改革成效难评、经验总结不足、文献资料缺乏、实证资料收集不易，再加上自身经济学和企业管理学知识有限，一再拖延。直至2016年上半年完成初稿，年底完成书稿，共历时6年，总算付梓出版。其中，主要内容已作为博士后出站报告交稿。其间，我国的监狱体制改革由全面推行到基本完成，官方对改革成效有些评价，理论界对此评价不多。的确，监狱体制改革的背景、筹划、试点、推行、验收等一系列过程，事后有必要重新梳理并客观评价，这样对于继续改革和完善监狱罪犯管理工作具有重要意义。

本书能够出版，应该感谢很多人。首先，要感谢中央财经大学的黄少安教授。黄老师是我的博士后合作导师，自始至终，黄老师对于本书撰写和出版给予了无私关怀和认真指导，对书稿多次提出良好意见和建议。

其次，向在本书撰写过程中给予直接支持和帮助的管晓峰教授、卢炯星教授、李兰英教授、李涛教授、张苏教授、王凤荣教授、李增刚教授、王利军教授、崔更国教授、周础副研究员、谢晓如博士、张培尧博士、宋帮俊博士、贾占旭博士、刘乾博士、吕潇博士等表示衷心感谢！他们或参与讨论研究思路，或具体指导研究，或帮助查询资料，或提出修改建议，或补充书稿内容。

再次，需要诚挚感谢的还有本单位的各位同事，如司法部司法行政学院的严军兴同志、司法部信息中心的林振文同志、司法部监狱管理局的王林同志、司法部办公厅的房树新同志等，均对本书稿的撰写给予了大力支持！经济管理出版社的宋娜编辑，积极帮助书稿出版，认真负责编辑校对，诚恳提出核校意见，以保证书稿的整体质量，理应受到尊敬！

最后，需要真诚感谢的还有本书参考和借鉴的理论成果的诸位著作者，包括高寒、刘津、刘向红、喻丹圣、蒋贤孝等同志！这些同志，有的是熟知已久的同属司法行政系统的志同道合的同事加同人，有的是虽未曾谋面但相闻已久的理论研究同行，都在默默奉献，以笔耕不辍为司法行政理论研究事业增光添彩。

本书能够正式出版离不开以上各位同志的鼎力相助，在此一并致谢并致敬！

任永安

2017 年 2 月